经时济世
继往开来
贺教育部
重大攻关项目
成果出版

季羡林
时年九十有八

教育部哲学社會科学研究重大課題攻關項目

京津冀都市圈的崛起与中国经济发展

THE RISE OF THE BEIJING-TIANJIN-HEBEI METROPOLITAN CIRCLE AND CHINA'S ECONOMIC DEVELOPMENT

周立群 等著

图书在版编目（CIP）数据

京津冀都市圈的崛起与中国经济发展/周立群等著．
—北京：经济科学出版社，2012.7
（教育部哲学社会科学研究重大课题攻关项目）
ISBN 978-7-5141-1822-3

Ⅰ.①京… Ⅱ.①周… Ⅲ.①城市经济-经济发展-研究-华北地区 Ⅳ.①F299.272

中国版本图书馆 CIP 数据核字（2012）第 074158 号

责任编辑：于 源
责任校对：刘欣欣
责任印制：邱 天

京津冀都市圈的崛起与中国经济发展
周立群 等著
经济科学出版社出版、发行 新华书店经销
社址：北京市海淀区阜成路甲 28 号 邮编：100142
总编部电话：88191217 发行部电话：88191540
网址：www.esp.com.cn
电子邮件：esp@esp.com.cn
北京中科印刷有限公司印装
787×1092 16 开 25.25 印张 480000 字
2012 年 8 月第 1 版 2012 年 8 月第 1 次印刷
ISBN 978-7-5141-1822-3 定价：63.00 元
（图书出现印装问题，本社负责调换。电话：88191502）

课题组主要成员

（按姓氏笔画排序）

王卫民	王志广	王金杰	牛立超	宁俊飞
刘　刚	刘根节	江　霈	安虎森	李伟华
李京晓	李洪敏	李瑞林	吴　浙	邹卫星
张　贵	张　莉	张　博	周立群	郑明慧
房　林	赵欣欣	赵　翠	祝尔娟	夏良科
蒋　涛	韩彦清	鲁　莹	裴桂芬	

编审委员会成员

总　序

哲学社会科学是人们认识世界、改造世界的重要工具，是推动历史发展和社会进步的重要力量。哲学社会科学的研究能力和成果，是综合国力的重要组成部分，哲学社会科学的发展水平，体现着一个国家和民族的思维能力、精神状态和文明素质。一个民族要屹立于世界民族之林，不能没有哲学社会科学的熏陶和滋养；一个国家要在国际综合国力竞争中赢得优势，不能没有包括哲学社会科学在内的“软实力”的强大和支撑。

近年来，党和国家高度重视哲学社会科学的繁荣发展。江泽民同志多次强调哲学社会科学在建设中国特色社会主义事业中的重要作用，提出哲学社会科学与自然科学“四个同样重要”、“五个高度重视”、“两个不可替代”等重要思想论断。党的十六大以来，以胡锦涛同志为总书记的党中央始终坚持把哲学社会科学放在十分重要的战略位置，就繁荣发展哲学社会科学做出了一系列重大部署，采取了一系列重大举措。2004 年，中共中央下发《关于进一步繁荣发展哲学社会科学的意见》，明确了新世纪繁荣发展哲学社会科学的指导方针、总体目标和主要任务。党的十七大报告明确指出：“繁荣发展哲学社会科学，推进学科体系、学术观点、科研方法创新，鼓励哲学社会科学界为党和人民事业发挥思想库作用，推动我国哲学社会科学优秀成果和优秀人才走向世界。”这是党中央在新的历史时期、新的历史阶段为全面建设小康社会，加快推进社会主义现代化建设，实现中华民族伟大复兴提出的重大战略目标和任务，为进一步繁荣发展哲学社会科学指明了方向，提供了根本保证和强大动力。

高校是我国哲学社会科学事业的主力军。改革开放以来，在党中央的坚强领导下，高校哲学社会科学抓住前所未有的发展机遇，紧紧围绕党和国家工作大局，坚持正确的政治方向，贯彻“双百”方针，以发展为主题，以改革为动力，以理论创新为主导，以方法创新为突破口，发扬理论联系实际学风，弘扬求真务实精神，立足创新、提高质量，高校哲学社会科学事业实现了跨越式发展，呈现空前繁荣的发展局面。广大高校哲学社会科学工作者以饱满的热情积极参与马克思主义理论研究和建设工程，大力推进具有中国特色、中国风格、中国气派的哲学社会科学学科体系和教材体系建设，为推进马克思主义中国化，推动理论创新，服务党和国家的政策决策，为弘扬优秀传统文化，培育民族精神，为培养社会主义合格建设者和可靠接班人，做出了不可磨灭的重要贡献。

自 2003 年始，教育部正式启动了哲学社会科学研究重大课题攻关项目计划。这是教育部促进高校哲学社会科学繁荣发展的一项重大举措，也是教育部实施“高校哲学社会科学繁荣计划”的一项重要内容。重大攻关项目采取招投标的组织方式，按照“公平竞争，择优立项，严格管理，铸造精品”的要求进行，每年评审立项约 40 个项目，每个项目资助 30 万 ~ 80 万元。项目研究实行首席专家负责制，鼓励跨学科、跨学校、跨地区的联合研究，鼓励吸收国内外专家共同参加课题组研究工作。几年来，重大攻关项目以解决国家经济建设和社会发展过程中具有前瞻性、战略性、全局性的重大理论和实际问题为主攻方向，以提升为党和政府咨询决策服务能力和推动哲学社会科学发展为战略目标，集合高校优秀研究团队和顶尖人才，团结协作，联合攻关，产出了一批标志性研究成果，壮大了科研人才队伍，有效提升了高校哲学社会科学整体实力。国务委员刘延东同志为此做出重要批示，指出重大攻关项目有效调动各方面的积极性，产生了一批重要成果，影响广泛，成效显著；要总结经验，再接再厉，紧密服务国家需求，更好地优化资源，突出重点，多出精品，多出人才，为经济社会发展做出新的贡献。这个重要批示，既充分肯定了重大攻关项目取得的优异成绩，又对重大攻关项目提出了明确的指导意见和殷切希望。

作为教育部社科研究项目的重中之重，我们始终秉持以管理创新服务学术创新的理念，坚持科学管理、民主管理、依法管理，切实增强服务意识，不断创新管理模式，健全管理制度，加强对重大攻关项目的选题遴选、评审立项、组织开题、中期检查到最终成果鉴定的全过程管理，逐渐探索并形成一套成熟的、符合学术研究规律的管理办法，努力将重大攻关项目打造成学术精品工程。我们将项目最终成果汇编成“教育部哲学社会科学研究重大课题攻关项目成果文库”统一组织出版。经济科学出版社倾全社之力，精心组织编辑力量，努力铸造出版精品。国学大师季羡林先生欣然题词：“经时济世　继往开来——贺教育部重大攻关项目成果出版”；欧阳中石先生题写了“教育部哲学社会科学研究重大课题攻关项目”的书名，充分体现了他们对繁荣发展高校哲学社会科学的深切勉励和由衷期望。

创新是哲学社会科学研究的灵魂，是推动高校哲学社会科学研究不断深化的不竭动力。我们正处在一个伟大的时代，建设有中国特色的哲学社会科学是历史的呼唤，时代的强音，是推进中国特色社会主义事业的迫切要求。我们要不断增强使命感和责任感，立足新实践，适应新要求，始终坚持以马克思主义为指导，深入贯彻落实科学发展观，以构建具有中国特色社会主义哲学社会科学为己任，振奋精神，开拓进取，以改革创新精神，大力推进高校哲学社会科学繁荣发展，为全面建设小康社会，构建社会主义和谐社会，促进社会主义文化大发展大繁荣贡献更大的力量。

教育部社会科学司

摘 要

实现整体联合、增长极驱动和层级推进，无论在中国经济整体层面，还是在各区域经济层面，都是发展面临的关键问题。京津冀都市圈是环渤海地区经济发展的核心区和重要引擎，追踪其发展轨迹，阐释其发展机理，是破解中国新一轮发展的重要命题。

区域经济梯度发展需要产业结构优化协调和创新战略来引领。京津冀都市圈崛起以产业自主创新为先导，通过培育、发展新产业，延伸产业链，提升产业层次，以承担起"承南促北"、"带动中西"的使命。本书分析了京津冀省市行政规划、管理体制和政策机制的协调障碍，解析了体制改革和政府合作对区域内部帕累托改进和促成区域协调互补的作用。

区域一体化是区域经济发展的核心。京津冀都市圈经济一体化尚处探索阶段，其进程明显加快。但京津两个城市与河北间的差距始终存在并不断扩大，区域内极化效应强于扩散效应。本书分析了这种差距的成因与累积效应，认为提高区际贸易自由度、市场一体化、有效的主体组织和适当的补偿机制是实施区域经济一体化的主要途径。

区域竞合关系呈现新特点。各省市的重新定位对区域经济合作赋予了新的内涵并提升到前所未有的高度，区域合作备受重视和强调。同时竞争关系也呈现出一些新的特征。产业研发合作、市场开发、产业链打造、产业集群构建，是区域竞合关系的核心问题。转变经济发展方式、调整经济结构、自主创新以及天津滨海新区在改革开放中的先行先试将成为东部率先发展的重要引爆点。

Abstract

Achieving the overall joint, growth pole drive and level advancement are the key issues of the development, either in China overall economic level or in regional economic level. The Beijing-Tianjin-Hebei metropolis circle is the core area and an important engine of economic development in Circum-Bohai-Sea region. To achieve a new round of China's development, it needs tracking its trajectory and explaining its development mechanism.

Regional economic gradient development depends on industrial structure optimization, coordination and innovation strategy. The rise of the Beijing-Tianjin-Hebei metropolis circle extends the industrial chain and upgrades the industrial level to drive Midwest China development through breeding and developing new industries, with the industry independent innovation as the guide. This book analyses the coordination barrier of provincial and municipal administrative planning, management system and policy mechanisms in Beijing- Tianjin-Hebei to explicate the effect of system reform and government cooperation on regional pareto improvement and regional coordination and complementarity.

Regional integration is the core of the regional economic development. The economic integration of the Beijing- Tianjin- Hebei metropolis circle is at the exploratory stage and develops rapidly. But the differences between Beijing-Tianjin and Hebei always exist and continue to expand. Polarization effect is stronger than the diffusion effect. This book analyses the causes and the cumulative effect of the differences. It says that improving inter-regional trade freedom, market integration, the main organization and appropriate compensation mechanism are the main ways to implement the regional economic integration.

There are new features at regional co-opetition. The repositioning of the provinces and cities has given a new connotation to regional economic cooperation and is seen as a very important issue. While regional cooperation is taken seriously, the competitive relationship also presents some new characteristics. Industrial R&D cooperation, market development, to build the industrial chain, to build industrial clusters are the core issues of the regional competition and cooperation. The transformation of economic development mode, the economic structure adjustment, the independent innovation and the pilot projects of the new coastal region of Tianjin in the reform and opening up will make an important contribution to the eastern region which takes the lead in development.

目录

Contents

Contents

总　论

经济的快速发展和向市场经济体制的深刻转型是多年来中国变化的主旋律。不同于其他转型国家，中国经济发展和体制转型已经显示出其成功性和独特性，不仅在制度基础、路径选择、时序安排、目标取向上有自己的特色，而且经济发展道路与发达国家走过的道路不同、与传统大国的发展历程和发展模式也不同。全面地总结和阐释中国改革和发展路径、探视中国渐进式改革道路的轨迹已成为经济学以及社会科学多领域的聚焦点。

整体联合、增长极驱动和层级递推是区域经济发展的必然选择，对一个国家也是如此，这是与中国渐进式改革道路相一致的。区域一体化和经济全球化并行并趋，是当今世界的发展趋势。经济全球化发展态势不可逆转，全球金融危机的爆发不但没有减缓，相反还加快了这一进程。全球经济地理层面上国别区划趋于淡化，区域经济层面上的地理区划越来越清晰，国家和地区之间的区域经济联盟，推动区域经济集团化不断发展。区域依托增长极的带动实现区域整体的发展，如美国的128号公路和硅谷、法国的大巴黎、英国的大伦敦、日本的东京湾等。

中国经济改革的渐进性不仅呈现为改革的阶段性，而且表现为区域经济发展进程的示范性和递推性。这体现为从点到线、从线到面的逐步实验和不断深化的过程，历经了针对经济特区的局部试点、沿江沿边的逐步展开、区域经济的一体化发展等阶段。整体上看，中国经济发展历经了珠江三角洲、长江三角洲和环渤海经济圈三个增长极的发展阶段，广东深圳、上海浦东、天津滨海新区分别为这三个增长极的极点。当前，中国经济增长的第四极及其极点正在形成。

和区域经济的重要性和发展进程相一致，我国的区域规划也具有阶段性的特征。早期的区域规划是全国性的，最早是4个经济特区、沿海14个城市，后来的建设重点则集中在珠三角、长三角、环渤海三大区域上。在此期间，还提出了西部大开发、东北老工业基地振兴、中部崛起等国家战略。在这些基于全部国土面积推行的区域决策中，除了经济特区、沿海城市开放城市发展、三大区域发展这几方面取得一些成效外，其他决策多由于过于粗放而影响有限。近年来的区域规划，从全国层面细化到局部区域的层面，在全国范围内按地理区位划分功能区，按照地理区位进行针对性的区域规划，近年出台的规划之多更是史无前例，随着这些规划的出台，我国新的区域经济版图正在逐渐形成。

在中国的各大经济区域中，长三角、珠三角和环渤海经济圈已经发展为中国经济增长三个最大的增长极。三大区域发展至今，积累了很多中国渐进式改革和区域经济发展的经验和教训。我国的经济改革和区域经济发展还处于探索阶段，研究和总结这些问题，探讨中国区域经济未来发展的问题和前景，可以为三大区域未来的进一步发展，为中国其他区域发展提供参考和借鉴。

环渤海经济圈作为继珠三角、长三角之后中国的第三增长极，以京津冀都市圈为核心引擎，是“承南启北”带动北方地区经济发展的新发展极。综观长三角、珠三角和环渤海这三大区域经济的发展历程和现状，三大区域面临类似的发展机遇和深层次的问题。追踪和阐释环渤海经济圈和京津冀都市圈的发展轨迹并把握其内在机理是破解中国新一轮发展、启示中国未来增长极发展的重要命题。

一、中国增长第三极

近年来，环渤海经济圈以及京津冀都市圈一直面临着良好的发展机遇。这一方面体现在国际发展形势上，全球化发展快速推进，国际产业继续向亚太地区转移，亚洲区域经济合作与交流不断拓展和加快，东盟的经济合作进程加快；另一方面，是我国的工业化、信息化、城镇化、市场化、国际化深入发展，经济发展具有很强的后劲，物质基础、经济实力、区域竞争力显著增强。

环渤海经济圈、特别是京津冀都市圈的区域经济在理论研究和实务发展上都已取得了一些重要成果。如在区域分工合作、构建统一市场方面，从协调地区资源、构建统一市场的角度探索比较优势互补、基础设施和生态环境的整合，城市间的合作机制；在产业方面，对京津冀都市圈内部产业结构、市场结构调整及产业竞争力的研究，在产业发展思路上提出以外资、民资引进与国企改革的对接来推动体制创新；在区域内城市和产业的布局规划方面，提出了“首都经济圈”、“经济协作区”、“京津冀高新技术产业带”、“两环经济带”等规划设想；围绕滨海新区的开发开放、中关村科技园区和曹妃甸工业区的建设，提出了种种思路和规划；在引领带动北方经济参与国际竞争方面，把环渤海经济圈及京津冀都市圈的发展纳入东北亚区域经济的整体发展框架，并提出了不少重要的战略思路。

但从发展现实看，环渤海经济圈，特别是京津冀都市圈仍然还存在有很多问题。如区域市场分割，要素市场不统一；区域内省市功能定位、基础设施、公共事业、产业布局缺乏协调，重复建设严重；民营经济的发展滞后；中心城市辐射功能不强，承接国际产业转移的能力以及企业自主知识产权少，产业的国际竞争力亟待提升；水资源、生态建设、环境保护的利益冲突较严重等。

这两大地区就地域联系和经济联系来说有着巨大的潜能，相关开放与发展涉及城市定位、区域合作、国际环境、产业发展、人力资源开发、创新能力、城镇空间布局、生态环境与保护、综合交通、能源土地利用、要素流动、动态竞争能力等诸多方面。这里首先对这两大地区分别进行综合性和概要性的分析，这构成了本书的前两章。

第一章介绍环渤海区域的发展模式与增长极，提供一个关于环渤海经济圈概要的研究背景。在已有的区域经济均衡发展理论和非均衡发展理论的基础上，探讨环渤海区域经济的发展模式，研究发现，政府干预是减少区域内发展差距的必要条件，非均衡协调发展模式需要区域之间的协调与互补，需要在资源和政策等方面实行适度的地区倾斜。作为中国经济增长的第三极，环渤海经济圈的地理区域界定涉及三大区域，这三大区域既均属于我国近现代经济起步较早的地区，又相互之间息息相关。

当前，环渤海经济圈经济总量大，经济增长速度快，产业结构以第二产业为主，布局分散，产业结构趋同，能源消耗和污染防治压力大，内部发展不平衡。同时，环渤海经济圈既具有地理区位优越、资源物产丰富、基础设施发达等发展优势，也受到生态环境问题、产业同构问题、所有制结构不合理等问题的制约。未来环渤海经济圈应该遵循“五点三区两翼”的空间布局发展战略，并不断探索新的发展模式。

第二章分析京津冀的发展现状、经济结构、专业化分工等问题，提供一个关于京津冀都市圈概要的研究背景。在环渤海经济圈的三个子区域中，以京津冀都市圈经济实力为最强，其次依次为山东半岛和辽东半岛。三大区域之间存在着历史久远的经济联系和竞合关系，但是，这些关系主要立足于产业分工与产品互补的层面，还没有产生一个具有增长极作用的核心区。京津冀都市圈的扩散作用有限，还难以起到带动环渤海经济圈快速发展的作用。在环渤海经济圈的三大区域中，虽然经济结构问题仍然突出，但从制造业来看，已形成明显的地区分工。

从经济总量、市场化程度和经济外向度上看，京津冀都市圈要落后于长三角和珠三角地区，但也拥有其他一些长三角、珠三角不可比拟的优势。同时，京津冀地区的产业分工格局已经初步形成了专业化分工和竞争并存的局面；产业发展呈现出不断加深的专业化趋势，并表现出很强的重化工特征；产业发展和创新能力不足是制约该地区经济快速增长和发展的根本原因，这一问题如何解决是关系未来区域发展的关键。京津冀都市圈已成为中国未来参与国内外区域竞合的重要支撑，其快速发展不仅有利于全国区域协调发展总体战略的实现，而且有助于探索我国区域发展的新模式。

环渤海经济圈和京津冀都市圈是中国北方地区极具战略意义的产业、经贸、金融重镇，同时又是承接日、韩产业转移和连接东北亚的基础和窗口，它的崛起和发展对于带动北方地区进而推进东北亚的合作与繁荣具有重大意义。环渤海经济圈和京津冀都市圈在国家战略中的重要定位赋予了它改革发展的新内涵，把握两大区域的崛起与发展可以概括为“创新、整合与协调”三大问题，这三者也是追踪和展望该区域未来发展的关键。

所谓创新，包括制度创新、产业创新、增长方式创新、科技创新、产业组织创新、发展模式创新。创新是这一地区培育活力、动力和自生能力，进而提升区域和国际竞争力的前提。

所谓整合，包括基础设施整合、产业整合、市场整合、资源整合、金融整合、规划和政策整合。整合是该区域能量聚合、优势互补、形成合理分工与协作的内在要求，也是提升区域整体竞争力的源泉所在，也是区域合作和协调发展的内在要求。

所谓协调，是指发展的可持续性、和谐性，包括城乡发展协调、经济发展与生态环境协调、经济与社会的协调。两大区域特殊的区位和在国家战略中的重要定位决定了其构建协调的特殊意义。该区域内既有我国的政治、文化、信息中心，又有我国北方的现代制造、研发转化、国际航运和物流中心。在这一区域内构建协调发展的社会和谐，可以为全国率先示范，是两大区域科学发展的目标之所在。

这些问题形成了一个相当庞大的研究体系，我们将选择性地研究其中最重要而又具有研究可行性的那部分问题。本书以内源性区域协调体系、区域一体化、区域竞合关系为主线，对这些区域经济发展进行多视角的探析。结合这一区域转型和发展的特点，运用各种经济理论工具，试图对现行理论进行了合乎历史实际的扩展，探索内生性区域经济的形成和崛起理论，并将其与中国的经济发展、区域协调互动结合起来，进而为中国经济的和谐发展、区域协调互动等提供逻辑分析框架和理论支撑。

二、内源性区域协调体系

环渤海经济圈和京津冀都市圈都是包括多个城市的大型经济区域，在增长极推动、各城市协调分工的情况下才能实现区域的协调发展。区域经济发展的梯度特征主要体现在产业结构和技术升级上，区域能否实现快速的协调发展，取决于其产业结构是否合理、创新产业策略能否适当。其中，如何处理市场机制和政府调控之间的关系至关重要。本书探讨在相关区域中产业结构同构程度究竟有多大，传统产业如何通过产业创新向现代产业转换，在区域经济协调中如何处理政府和市场之间的关系等，并在相应分析的基础上，探讨在未来区域发展过程中的对策。

合理的区域差距是区域协调发展的前提。近年来，在中国经济快速增长的背后，出现了区域差距逐渐扩大的趋势，于是区域发展的差异性与大国经济的非同质性也就成了破解中国经济新一轮发展的逻辑起点和关注点。本书也将设计指标体系，测度、比较和分析三大经济增长极的地区差距。

第三章研究京津冀都市圈的产业同构问题。从历史上看，京、津之间制造业结构趋同问题一直比较严重，而随着北京城市结构的转型，津、冀之间产业同构问题有日渐严重的趋势。通过测算京津冀地区的产业结构相似系数和区位商指标，结合时间序列跨期比较分析，佐证了京津冀都市圈存在产业同构的观点。

考察产业同构对京津冀地区经济发展的利弊，可以从两个角度来分析。一是从行业经营绩效角度看，京津冀地区制造业行业利润与其规模优势并不存在明显的负相关关系，相反，还有微弱的正相关关系；二是从产业同构成因角度看，禀赋因素和制度因素作用下的产业同构对产业发展绩效会带来不利影响。可见，京津冀地区产业同构问题确实存在，既不能过分夸大，也绝不容忽视，实现区域经济协调发展方为应对之道。

第四章研究产业同构、产业集聚与产业转移及其相互之间的关系。从产业发展绩效和主导行业要素密集类型等视角入手，对京津冀与长三角地区产业同构的现状、特点及其对产业转移的影响进行比较分析显示，虽然京津冀产业同构问题不如长三角明显，但由于其同构成因及主导行业要素密集类型等特点，更有可能对区域经济的协调发展带来不利影响。

京津冀原材料工业集聚导源于资源禀赋和制度因素，而沪苏浙制造业的重合导源于市场和技术因素。两相对比，前者易引发重复建设、生产能力过剩及恶性竞争等问题，而后者则有助于产业集聚和行业内专业分工的深化。产业转移已有很多理论，产业同构对产业转移的影响主要通过产业同构成因特点与产业同构的负面效应、产业同构技术性特点与产业集群的正面效应、产业集聚正负面效应对区域产业转移的影响等三个方面来实现。

第五章探讨京津冀的产业创新战略。世界经济的发展史表明，经济中心的每一次转移都蕴含着新产业的出现，而产业创新不具有复制性，京津冀的崛起将以新产业的出现和产业创新为先导。通过自主创新，培育、发展、壮大新产业，抢占产业链高端，使该地区真正承担起“接南促北”、“带动中西”的重任和引领区域经济创新的历史使命。后起国家的产业创新是一个全新的工业化过程，产业创新的目的是打破现有资源瓶颈与环境压力对于经济的约束，从根本上改变在国际分工中的不利地位。创新的着眼点是经济增长主导产业的重新选择和替换，为此，科学系统的制度设计和产业政策调整是必要的。

第六章分析地方政府主导和市场机制作用下的环渤海经济圈经济协调。区域经济协调发展可全面提升区域经济的综合实力和核心竞争力。环渤海区域由于行政规划、管理体制和政策机制等方面的原因，区域合作进展缓慢。首先，通过一个以地方政府为参与人的协调博弈分析发现，使中央政策和资源整合的效应达到区域最大化，引导地方政府合作，实现区域内部帕累托改进，这是形成区域协调互补的均衡条件；累积效应、互补效应和示范效应的不断放大是促进区域经济一体化的条件。

其次，通过建立一个基于市场机制的关于区域发展的理论模型分析表明，企业偏好选择市场规模较大和贸易自由度较大的区域；当存在溢出效应时，产业的空间集中提高经济增长率；区际收入差距，随区际资本存量差距的扩大而扩大，随经济增长率的提高而缩小；当存在拥挤效应时，经济增长率随产业集中度的提高而提高，在产业集中度超过某一临界值时，随产业空间集中度的提高而下降；当溢出效应和拥挤效应并存时，提高贸易自由度会促使经济增长率降低、产业集中度提高和收入差距扩大。

第七章基于理论、测度与比较的视角研究京津冀都市圈、长三角和珠三角的地区差距。在中国当前的经济发展阶段，如何保持适当的地区差距，是当前面临的重要问题。首先，梳理关于地区差距的研究对象、研究方法和研究结论等相关研究文献，并结合京津冀进行了针对性分析。其次，以区域经济的地区差距为研究对象，探讨区域经济地区差距的定量分析模式，设计区域地区差距测度的指标体系。

通过选取我国的京津冀都市圈、长三角、珠三角为研究对象，对区域地区差距进行定量比较研究发现，京津冀都市圈协调发展程度逐渐提高，但是总体上还是要低于珠三角和长三角地区；其主要原因在于社会发展和资源环境方面的差异化程度较高；区域之间经济发展的差距呈逐渐拉大的趋势；区域内部收入差距要大于经济发展差距的加大；京津冀地区在教育和人力资本方面的差异要相对更大等。

三、区域一体化：进程与展望

影响区域经济发展的问题很多，涉及中国经济的共性问题和区域经济的特定问题，像外贸结构不合理、贸易结构有待优化、产品附加值不高、自主创新能力不强、资源约束明显等，这些问题是当前中国经济发展的共同背景。但是，更多的问题属于区域经济视角，像区域内各城市的定位分工、基础设施的配套衔接、整体竞争力的强化、区域发展的平衡、生产力合理布局等，这些区域特征特定问题的核心就是区域一体化问题。

本书将立足京津冀都市圈（或环渤海经济圈）、长三角和珠三角，通过构建指标体系、建模分析、历史分析和逻辑分析的方法，集中探讨区域经济一体化如何测度，各个区域经济中一体化程度究竟有多高，区域经济一体化的内涵如何，现今各区域一体化进程和现状如何，京津冀都市圈的一体化进程中是否实现了均衡发展，经济联系度多高以及如何变化，区域经济一体化具有哪些经济效应，面临何种机遇和挑战等，探索京津冀都市圈经济一体化的未来之路。

第八章基于测度、比较与对策的视角研究京津冀都市圈、长三角和珠三角的区域经济一体化。在全球化迅猛发展的背景下，区域经济一体化发展已是大势所趋。在梳理区域经济一体化理论及其发展、区域经济一体化实证模型的基础上，以区域经济一体化为研究对象，探讨区域经济一体化的定量分析模式，设计区域经济一体化测度的指标体系。

通过选取我国的京津冀都市圈、长三角、珠三角为研究对象，对区域一体化的发展进行定量比较，研究发现，总体来看，京津冀都市圈区域经济一体化程度较高，1989～1992 年，以及 1996～1999 年经济一体化程度有所下降，随后经济一体化程度有所提高。但是近年来，京津冀地区一体化程度又有所下降。三个区域中，珠三角经济一体化程度最低。近年来，这三大地区经济一体化程度的差距也越来越小。珠三角的市场一体化程度较低主要是由于地区的要素市场统一度和政府效能同一度差异较大造成的；而京津冀地区市场一体化程度最高很大程度上归因于其政府效能同一度的差异较小。另外，京津冀地区政策一体化差异较小也部分地解释了其经济一体化程度最高的原因。

第九章基于内涵、进程与现状研究环渤海经济圈、长三角和珠三角的区域经济一体化进程。区域经济一体化的内涵包括基础设施一体化、市场一体化、产业结构一体化、政府职能一体化和投资环保等其他一体化。我们发现，长三角一体化进程可分为四个阶段，珠三角可分为三个阶段，环渤海可分为四个阶段；区域一体化不可逆转并正在加速；长三角的一体化进程最快，然后依次是珠三角和环渤海；要推动区域一体化，适应市场要求、正确理论指导和政府宏观引导三者不可或缺；一体化进程由多种因素共同决定，一般来说，经济发展越快，一体化进程越快。

从三大区域的对比来看，不同点在于：长三角起步较早，一体化进程最快，对经济发展的贡献也最大；从一体化的各个内涵来看，三大区域具有较大的差异性，按一体化进程来看，基本上遵循长三角、珠三角和环渤海的次序。其相同点在于：区域一体化起步不早，实施较晚；各个区域均还处于一体化的探索阶段，都还没有实现一体化；而且，一体化的目标模式也还没有出现；均具有基础设施一体化先行、其现状和规划最好的显著特征；均具有产业结构一体化最为难以协调均衡的显著特征。

第十章研究京津冀都市圈的经济联系度、非均衡发展与经济增长。在梳理地区差距测度方式和相关京津冀都市圈研究的基础上，测度京津冀都市圈的地区差距发现，京津冀地区差距持续存在并不断扩大。进一步基于市场机制和政府行为的经济机制分析表明，地区差距主要导源于政府行为推动的累积效应。

通过对经济增长、资本形成和城市规模的计量分析发现，各城市的经济增长多为 GDP 单动力驱动模式，快速增长是该地区发展的基本动因；非均衡发展导致了区域内极化效应强于扩散效应，经济发展向京津两个发达城市极化的态势构成该区域的典型特征；区域内地区发展呈异质性特征，资本对于城市发展的作用较小；GDP 和资本具有自我累积效应，城市规模不具有自我累积效应。并且，城市化和技术进步等要素对经济增长没有显著性作用，而文化和劳动投入等要素对经济增长具有显著性贡献。因此整合和协调区域资源，发挥大城市对区域经济的辐射带动作用，从根本上转变经济增长方式，适当缩小区域经济差距，避免区域内部贫富的极化，是区域经济发展的战略选择。

第十一章分析区域经济一体化的效应，并探讨环渤海区域经济一体化的机遇和前景。对空间经济学中的自由资本模型进行扩展后建模分析发现，市场规模大于区际平均规模的区域将会成为工业生产中心，成为工业品的净出口区，其他区域则成为工业品的消费地；贸易创造和转移规模随贸易自由度和区域数量以及本身的市场规模而变化，市场越开放，贸易创造规模越大；经济自由化有利于大区域而不利于小区域，随着多边自由化过程，按照市场规模从小到大的次序，依次沦落为边缘化区域；经济一体化导致外围区产业和资本向一体化内部转移；生产转移规模，随一体化内部贸易自由度和经济开放度的提高而增加，随区域经济规模的扩大而减小；经济一体化使成员区域受惠，非成员区域受损；在一体化区域内部，存在福利水平上的差异。

提高区际贸易自由度、市场一体化、有效的主体组织和适当的补偿机制是实施区域经济一体化的主要途径。当前环渤海区域经济一体化正面临着前所未有的历史机遇，未来发展应致力于以下几方面：建立共同的市场体系，为区域经济一体化提供保障；推动跨省市企业重组，促进区域产业整合；深化财税体制改革，为区域经济一体化打好基础等。

四、区域竞合关系：演化与策略

区域竞合关系还是一个比较新的研究范畴，当前理论研究还不很多，综合有深度的研究文献还较少，这主要是因为，立足一国之内区域的竞合关系没有多少前期研究积累；如何将这种竞合关系和产业之间、企业之间以及国别之间的竞争合作关系区别开来，探讨其相应的经济特征、演进规律和福利影响，这是一个比较复杂和庞大的研究课题；区域经济实践还不能提供足够的理论研究素材。区域之间的竞合关系和国家、产业之间的竞合关系有何异同，良性的区域竞合关系具有哪些特征，如何培育良性竞合关系，培育良性竞合关系有哪些路径选择和福利影响等，这些问题都还尚待研究，对其的解释和解决程度，将会直接关系到三大增长极和我国其他区域在未来一体化发展的成败。

在区域内部如何规划和实施新兴战略性产业的研发合作、市场开发、产业链打造、产业集群构建等战略性合作，寻求相关产业在全国甚至全球的领先地位，是当前区域竞合关系中的核心问题。本书将提供一个基于竞合关系的，立足京津冀都市圈的北京市、天津市和河北省的相关战略选择。

第十二章基于区域竞合的视角探讨北京建设世界城市的模式。北京在“十二五”期间将致力于建设世界城市，旨在从总部经济、信息化建设、高端人才集聚、服务业提升、创新集群强化、建设城市文化和国际协调中心等方面取得突破。北京建设世界城市离不开区域经济的支撑，当前，北京与世界级城市相比具有较大差距，区域支撑体系严重不足，城市创新能力有待提高，城市运营水平需进一步提升，城市综合承载力依然严峻。

从世界城市空间演变规律、缓解北京资源环境承载力、北京的产业升级与结构优化、提高北京的创新能力、提升北京的服务功能等看，北京需要区域合作。在未来的京津冀合作中，北京要致力于以下几方面的工作：遵循科学发展、多方推动和优势互补等指导原则；搭建好区域文化融合平台、政府组织协作平台、非政府组织协作平台、城市信息化与公共基础设施有效供给平台；在路径选择上遵循市场导向、创新导向、发展导向、制度建设导向和规范政府行为导向。

第十三章基于区域竞合的视角探讨天津市产业结构发展战略。在梳理区域产业分工理论的基础上，分析京津冀都市圈产业分工合作发现，京津冀已重新界定发展定位、目标、路径等，区间竞争合作日趋密切；以建设“首都大都市圈”、“世界城市”为着力点，交通一体化将率先成为京津冀一体化的切入点；基本形成分工专业化和适度竞争的良好局面，技术创新、人才战略、产业集聚成为各省市产业政策的共同点。

选取航空航天、装备制造、电子信息、新材料新能源、石化、金融等产业，以天津为切入点，探索京津冀都市圈内各个产业上的竞合关系。从区域产业间协作合作关系来看，天津各个产业在区域经济合作中所处地位不同；天津的产业实力、企业实力还不足以撑起区域经济的增长极地位；高端大企业、优质生产要素、资金向天津及滨海新区的不断流入，说明了天津正处于一个“极化”阶段；引领区域经济协调发展的能力和潜质在提升。结合天津在区域竞合中的优势和劣势，提出了相应的发展战略。

第十四章基于区域竞合的视角探讨河北省产业结构发展战略。环渤海经济区已经进入一个新的发展阶段，形成了如天津滨海新区、河北曹妃甸新区，山东黄河三角洲，辽宁“五点一线”沿海经济带等多个发展亮点，多极化发展格局已成为环渤海区域内的一种新的发展态势。在环渤海区域经济多极化发展的现实背景下，分析区域多极化发展对河北省三次产业的影响，以及河北省产业结构在环渤海区域经济中的定位。然后，从静态和动态两个方面，分析河北省在区域竞合中的比较优势。

探讨河北省的产业发展战略，在第一产业，加强环渤海区域农牧业发展合作，加快农业产业化进程；以环境保护为切入点，实现林业生产的跨越式发展；充分利用沿海资源，加快海洋渔业发展。在第二产业，做大做强优势产业，优化整合钢铁工业，加快发展装备制造业和石化产业；培育发展高新技术产业和新兴产业，着力将新能源、电子信息和生物产业打造成为后续支柱产业；利用河北省的比较优势，融入滨海新区的现代制造业体系。在第三产业，则要以市场化、产业化和社会化为方向，重点发展现代物流、金融、旅游、文化创意等产业。

本书为教育部哲学社会科学研究重大课题攻关项目“京津冀都市圈的崛起与中国经济发展”（批准号：05JZD00016）的成果。

本课题的部分研究成果先后入选国内外学术研讨会并在学术期刊上发表。研究成果受到了各级政府部门和有关领导的重视和肯定，其中，《京津冀城市竞争力评价解析》、《FDI对京津冀都市圈的经济影响》、《京津冀地区创新能力评价与对策》、《京津冀地区的极化与扩散研究》、《环渤海地区产业结构趋同探析及政策选择》等研究报告为天津市、河北省、山东省等所采纳，在国务院、新华社、《人民日报》及天津市委、河北省委的内参上刊登系列研究成果，产生了一定社会影响。

作为应用和对策研究的理论支撑，课题组注重理论基础和研究方法的创新，在理论与实际的结合方面发挥自身的理论和方法优势，本书较多运用了转型经济学、制度经济学、区域经济学、产业经济学、发展经济学、城市群理论、增长理论、可持续发展理论等研究方法，力求对这些区域的发展问题给出一个有深度的理论阐释，并为其创新、整合和发展政策提供有力的理论支持。中国经济发展日新月异，经济理论创新没有尽头，本课题研究存在诸多不足之处，欢迎相关专家学者和各位读者不吝赐教。

第一章

环渤海经济圈发展模式与经济增长

《中共中央关于制定国民经济和社会发展第十一个五年规划的建议》明确指出，珠江三角洲、长江三角洲、环渤海经济圈，要继续发挥对内地经济发展的带动和辐射作用，加强区域内城市的分工协作和优势互补，增强城市的整体竞争力。继续发挥深圳经济特区、上海浦东新区的作用，推进天津滨海新区等条件较好地区的开发开放，带动区域经济发展。正如珠江三角洲和长江三角洲分别在20世纪80年代和90年代带动中国经济快速增长的那样，在“十二五”的起步时期，环渤海经济圈已经和长江三角洲、珠江三角洲成为了我国的三大增长极。

当今，经济全球化发展态势不可逆转，随着其不断向前推进，区域经济合作和区域一体化发展已成为全球经济发展和地区经济发展的大势所趋。在今日中国各大功能区快速发展的情况下，珠江三角洲、长江三角洲、环渤海经济圈三足鼎立的态势日益显现。在此，我们将回顾区域经济的发展模式及其选择，概述环渤海经济圈的概念界定、发展轨迹、发展现状与趋势以及发展条件，并在此基础上探讨区域经济布局和科学发展模式。

一、区域经济发展模式选择

区域经济发展理论可以划分为经典的区域非均衡发展理论和新古典主义区域发展理论两大类。经典的区域非均衡发展理论主要包括佩鲁（F. Perrous）的增长极理论、缪尔达尔（G. Myrdal）的二元经济结构理论、赫希曼（A. O. Hirshman）的不均衡增长理论、弗里德曼（John Friedman）的核心—边缘论、弗农

（Raymond Vernon）的梯度转移理论以及威廉姆森（J. G. Williamson）的倒"U"形假说等；新古典主义区域发展理论主要包括新古典增长理论、大推动理论和平衡增长理论等。

（一）经典的区域非均衡发展理论

经典的区域非均衡发展理论主要代表人物有佩鲁、赫希曼、罗斯托（Walt Whitman Rostow）等。

1. 增长极理论

"增长极"理论是20世纪50年代法国经济学家佩鲁提出的，该理论在世界各国区域发展的实践中曾经获得广泛采用。作为经济空间的增长极，它不是一个空间区位，而是处于经济空间极点上的一个或一组推进型经济部门，增长极是在一定时期内在经济空间中起着支配作用和推动作用的经济部门（产业）。增长极本身具有较强的创新和增长能力，并通过外部经济和产业之间的关联乘数效应带动区域内其他产业发展，从而促使周围其他区域经济增长。因此，作为经济单位的增长极是与主导产业相联系的。该理论从两个方面打破了经济均衡分析的新古典传统，为区域经济发展理论提供了新思路。一方面，它反对均衡增长的自由主义观念，主张区域经济非均衡增长；另一方面，通过引入空间变量丰富了经济学分析的内容。这一概念出发点是抽象的经济空间，他把经济空间划分为计划经济空间、力场作用经济空间和均质经济空间三种类型。此时的增长极思想所关心的主要是增长极的结构特点，尤其是产业间的关联效应。

20世纪60年代初罗德温（L. Rodwin）和布代维尔（J. B. Boundville）提出并系统分析了经济空间的概念，基于外部经济和集聚经济分析，首次从理论上将增长极的经济含义推广到地理含义，认为经济空间不仅包含了一定地理范围相联系的经济变量之间的结构关系，而且包含了经济现象的区位关系（或称地域结构关系），着重强调了增长极的空间特征。

点轴理论是增长极理论的延伸。从区域经济发展的空间过程看，产业、特别是工业等首先集中于少数点，即增长极。随着时间推移和经济发展，工业点不断增多，点与点之间由于经济联系的加强，必然会催生与之相适应的各种形式的交通线路，这一线路即为轴。轴线一经形成，对人口和产业就具有极大的吸引力，吸引企业和人口向轴线两侧聚集，并产生新的增长点。从而由点到轴、由轴带面，促进整个区域经济的发展。

增长极理论应用十分广泛。许多国家从城市与周围地区相互联系的角度出发，把增长极看成是加快区域发展，尤其是加快落后地区经济发展的地域组织模式。但是，大多数国家的实践表明，依据这种理论的政策的效果并不明显。如我国“三线”建设中，从内地迁至三线的一些现代化企业与当地无法形成产业链，出现产业结构联系中断，各种资源要素无法扩散，只能形成“孤岛经济”。增长极理论的应用需要一定区位条件。然而这些条件对经济落后地区来说是缺乏的，正因为这样，增长极模式还没有在这些地区成为公认的代表地区经济发展的地域组织模式。

2. 二元经济结构理论

诺贝尔奖获得者缪尔达尔提出了“地理上的二元经济”结构理论和二元空间结构理论。他批评了新古典主义经济发展理论所采用的传统的静态均衡分析方法，认为在生产要素自由流动和市场机制自发调节的条件下，各地区经济可以实现均衡这一观点并不符合发展中国家的实际。通过使用“循环积累因果关系论”来分析地理上二元经济产生的原因及其如何消除的问题。他认为，发展中国家区域经济发展的一个基本特征是地理上的二元经济，即经济发达区域和不发达区域并存的二元结构。产生这种二元经济的原因在于各地区经济发展的差别性。某些地区受外部因素的作用，经济增长速度快于其他地区，经济发展就会出现不平衡。这种不平衡发展到一定程度，就会使得在经济发展过程中，人均收入、工资水平和利润等产生区际差距，这种差距的产生进而会引起“累积性因果循环”，使发展快的区域发展更快，发展慢的区域发展更慢，从而逐步增大区际经济差距，形成区域性的二元经济结构。因此，不发达地区的政府应制定相应的政策来发展自己的经济，缩小这种差别。

对发展中国家来说，现代工业总是先集中在少数区域，而余下的空间成为区域上不发达的边缘，空间组织上表现为“二元结构”或“核心—边缘结构”，即由先进的相应发达的核心区与落后的、不发达的边缘区组成的空间系统。缪尔达尔指出，在循环和累积因果作用过程中，发达区域与不发达区域、核心区与边缘区的相互作用中存在着两种不同的效应：“扩散效应”和“回波效应”。扩散效应是指发达区域或核心区域为了保持自身的发展，不断增加向不发达区域和边缘区域采购原料、燃料和产品，输出资本、技术和设备，帮助它们发展经济，缩小区域经济差异。回波效应是指为了在发达区域获得更高的报酬，不发达区域流出其劳动和资本，发达区域或核心区域凭借自身的优势，从不发达和边缘区域吸入要素和资源壮大自己，引起不发达区域和边缘区域的衰落，扩大区域经济差异。在经济发展过程中，回波效应往往大于扩散效应，尤其在经济发展初期阶段；随着经济的深化发展，扩散效应的作用才会日益增强。而且，没有政府的干预，区域经济发展的差异将不断扩大。

3. “核心区—边缘区”理论

美国经济学家赫希曼提出了区域非均衡增长的“核心区—边缘区”理论。

他认为，经济发展不会同时出现在所有地方，而一旦出现在某处，在巨大的集聚经济效应作用下，要素将向该地区集聚，使该地区的经济增长加速，最终形成具有较高收入水平的核心区，与核心区相对应，周边的落后地区称为边缘区。

赫希曼指出，增长极对区域经济发展的两种影响："极化效应"和"涓滴效应"，这是在核心区与边缘区之间同时存在着的两种不同方向的作用。在经济发展初期阶段，极化效应居主导地位会扩大区域经济发展差异；从长期来看，"涓滴效应"将缩小区域经济发展差异。他认为，通过"涓滴效应"与"极化效应"两种市场力量的比较，如果极化占据长期优势，区域间的差距不断扩大，相应的调控政策应该出现，以维持区域较均衡的发展态势。一般而言，在这一过程中，"极化效应"往往大于"涓滴效应"，也就是说，市场力量往往使区域间的差距扩大。只有当"涓滴效应"占据优势时，市场力量才会促使区域间的差距逐渐缩小。

4. 梯度转移理论

这种理论以产品生命周期为基础，以梯度来表示区域间经济发展水平的差异，认为区域经济发展是不平衡的。这种不平衡是产品生命周期的空间表现形式。区间客观上形成一种技术梯度，有梯度就必然有空间上的推移。区域可被分为低梯度区域和高梯度区域。高梯度区域的产业主要由处于创新阶段的新兴部门所组成，而低梯度区域的主导专业化部门由处于成熟阶段后期或衰老阶段的衰退部门所组成。生产力的空间推移，首先是高梯度区域应用先进技术，先发展一步，新的产业部门、新产品、新技术和新思想等大都发源于高梯度区域；其次是随着时间的推移，逐步有序地从高梯度区域向处于二级梯度、三级梯度的低梯度区域依次推移。随着经济的发展，推移的速度加快，区域间的差距逐步缩小，最终实现经济分布的相对均衡。

这种理论认为区域经济的盛衰主要取决于区域产业结构的优势及其转移；产业结构的更新是区域经济向高梯度发展的根本动力：产业结构的更新随着时间的推移，有秩序地从高梯度区域向低梯度区域转移。在动态上，"极化效应"和"涓滴效应"共同作用，常常会使生产向高梯度区域进一步集中，从而造成区域发生的两极分化；只有在后一效应大于前一效应的情况下，区域间的差距才会开始缩小。

5. 经典的区域非均衡发展理论简要评述

经典的区域非均衡发展理论强调的是发展对于不平衡的依赖。增长极理论主张把有限的稀缺资源集中投入到发展潜力大、规模经济显著和经济效应明显的少数部门和区位，使增长点的经济实力增强，同周边区域经济形成一个势差，增长点再通过市场机制的传导媒介力量引导整个区域经济发展。增长极理论从总体上看是建立在市场经济机制之上的，所以在发达地区，产业结构和城市体系发育比较成熟，具有便捷的交通通讯联系，产业之间具有较明显的关联效应，各中心之间也有较强的空间相互作用，引进一个新的增长极，有可能产生较大的区域乘数，从而推动区域经济发展。如果市场经济体系还不成熟，增长极理论的作用机制就要受到限制，比如说，后发区域最大的弱点就是产业之间缺乏关联效应，加上落后的基础设施，引进的增长极很有可能成为区域经济中的“孤岛”，关联效应不可能促进和带动区域经济发展。

核心—边缘理论强调长期的地理渗透效应对促进后发区域经济发展和减少区域差距的重要作用，这对研究后发区域经济发展的动力机制具有一定的启发意义，但这些理论都没有阐述非均衡发展的合理界限问题。对于一个社会而言，是否存在一个最优非均衡发展的“度”。显然，这些理论忽视了区域成长过程中，区域差距扩大可能会付出因社会问题激化，并最终导致经济停滞的高昂代价。

另外，经典的区域非均衡发展理论的政策主张是不一致的，主要表现在对政府和市场作用的认识上。赫希曼和缪尔达尔的理论主张和强调政府的积极干预。他们认为，尽管经济增长的聚集会加大地区间的经济差异，但长期的地理渗透效应将足以减少这种差异。赫希曼对渗透效应能减少地区差异的乐观估计就是建立在依靠国家干预的基础上的。而在现实经济中，从世界上许多国家的经验来看，区域差异的变动一般受经济发展的内在规律性、市场作用和政府干预三种力量的影响，是三者综合作用的结果，这类理论过分强调市场作用或者政府干预的作用，也常常与经济现实相悖，结合这三方面相应情况分析区域经济，是这类理论需要继续发展的部分。

6. 循环累积效应

经典的区域非均衡发展理论认为，地区差距决定着要素流动的走向。理性的微观经济个体会最大化自身收益，从而使得生产要素具有趋利性的特点。这样，在自由贸易的条件下，生产要素会不断从收益较低的地区流向收益更高的地区。在经济发达地区，市场规模较大，在贸易自由度越高的情况下，企业相应的交易成本会较低，并且会获得较多的规模收益。为此，当一个经济中地区差距出现之后，劳动力、资本和技术等生产要素将会不断由经济欠发达地区流向经济发达地区。

经典的区域非均衡发展理论进一步认为，要素流动又决定着地区差距的变化。当要素整体上由周边城市流向中心城市时，地区差距趋于扩大化，反之则地区差距会变小。在区域的非均衡发展中，促使区域不平衡发展扩大与缩小的原动力就是由于资源在区域间的流动。区域经济发展要通过资源流动、规模经济、技术转移或者创新活动等经历一个由极化发展到均衡发展的过程。所以，在非均衡发展理论中，存在着一个“要素流动—地区差距变化—要素流动—地区差距变化……”的因果累积效应。如表 1.1 所示，在非均衡发展理论的因果累积效应中，存在着一对促使区域内发达地区和欠发达地区之间发展程度差异发生变大或者变小趋势的机制，这里用极化效应来概括通过吸引整个区域所有资源和技术，促使发达地区相对于欠发达地区来说更发达的机制；用扩散效应来概括通过资源和技术从发达地区向欠发达地区扩散，促使欠发达地区发展更接近于发达地区的机制。而区域经济发展则反映了这两种机制综合作用的结果，体现着发达地区和欠发达地区之间发展程度差异变化的趋势和结果。这里的极化效应包括了上述各理论中的极化效应、吸引作用、回流效应、溢出效应、创新活动；扩散效应则包括了上述各理论中的涓滴效应、扩散作用、扩散效应、拥挤效应、梯度转移。

表 1.1　　经典的非均衡发展理论中促使地区差距变大或者变小的机制

理　论	极化效应	扩散效应	提出者
非均衡发展理论	极化效应	涓滴效应	赫希曼
增长级理论	吸引作用	扩散作用	佩鲁
循环因果累积理论	回流效应	扩散效应	缪尔达尔
核心—边缘理论	溢出效应	拥挤效应	弗里德曼
梯度推移理论	创新活动	梯度转移	弗农

区域经济不均衡发展是经济发展的必然现象，一定的地区差距为区域发展所必需。一旦区域经济出现发展差异化态势，在市场机制的作用下，极化效应将不断扩大，地区差距不断扩大，所以除非重归计划经济，否则不存在没有差距的区域经济。另外，没有地区差距、没有发展极点的区域经济也会由于在对外经济竞争中制高点的缺乏而缺少竞争力。但是，差距过大也不利于区域持续稳定发展。差距过大的区域经济强中心城市，弱周边城市，对外依赖性过强，会严重削弱其对外竞争力。因此，形成合适的地区梯度是区域快速发展的前提。

（二）新古典主义区域发展理论

新古典主义区域发展理论源于发展经济学的相关理论，其代表人物有罗森斯坦、罗丹、诺斯、纳克斯、鲍茨和斯坦等。

1. 罗森斯坦—罗丹的大推进理论

大推进理论主张发展中国家以一定的速度和规模持续投资于众多产业，从而突破其发展“瓶颈”，推进经济全面高速增长。大推进理论的论据和理论基础建立在生产函数、需求、储蓄供给的三个“不可分性”上面。

2. 诺斯的出口基地理论

封闭经济模型主要缺陷是没有看到贸易对经济增长的潜在作用，出口基地模型弥补了这一弱点。出口基地理论的基础是静态比较分析中的外贸乘数概念。其基本思想是：一个区域的经济增长取决于其输出产生的增长，区域外生需求的扩大是内生增长的主要原动力。根据这个理论，如果每个地区都集中力量发挥自己的优势，自由贸易会逐步平衡地区间的要素（资本和劳动力）、价格（利润和工资），从而导致地区差距不断缩小。

3. 纳克斯的贫困恶性循环理论

美国经济学家纳克斯认为，发展中国家在宏观经济中存在着供给和需求两个恶性循环。从供给方面看，低收入意味着低储蓄能力，低储蓄能力引起资本形成不足，资本形成不足使生产率难以提高，低生产率又造成低收入，这样周而复始完成一个循环。从需求方面看，低收入意味着低购买力，低购买力引起投资引诱不足，投资引诱不足使生产率难以提高，低生产率又造成低收入，这样周而复始又完成一个循环。两个循环互相影响，使经济状况无法好转，经济增长难以实现。

4. 新古典主义区域发展理论简要述评

新古典主义区域发展理论提出以来，在一些欠发达国家和地区的区域开发中，受到了一定程度的重视；对工业化过程中片面强调工业化，忽视地区之间、部门之间的均衡协调发展的倾向有所影响；强调均衡的、大规模投资和有效配置稀缺资源的重要性以及市场机制的局限性，实行宏观经济计划的必要性，为欠发达国家和地区的工业化和区域开发提供了一种理论模式，产生了一些积极的作用。

其中的出口基地理论，可以作为其增长战略的理论基石之一。一个区域经济的增长取决于其输出产业的增长，区域外生需求的扩大是区域经济增长的重要原动力。观察山东、江苏、浙江等近年来获得成功的省份，也可以证明这一点。一个封闭的、没有外部需求的国家或地区，不可能有较高的增长速度，也无法获得比较利益。

新古典主义区域发展理论构建了一个庞大而严格的逻辑体系结构，认为经济发展动力来源于“报酬递减”、“比较优势”等，然而该理论是建立在一系列与现实相去甚远的假设条件之上的。不但把技术进步视作外生因素，没有纳入其分析框架之中，而且丢掉了区域（空间）的一个重要特征，即克服空间距离会发生运输费用。所有这一切，限制了这些理论的现实应用。

（三）区域发展模式选择

关于区域经济的发展模式，大都是依据经典的区域非均衡发展的某种理论提出的。根据上面的理论述评，区域经济发展中有两种可选模式：一是均衡发展模式，即每个区域、每个产业都保持相同的发展速度；二是区域经济的非均衡发展模式，即发展有快有慢、有先有后。增长极发展模式就是一种非均衡发展模式，是空间增长极理论在区域开发中的运用。增长极发展模式备受青睐，它形象直观，易于接受，我国的珠三角和长三角等地区，实际上支持了这种发展模式。当前，我国的北部、中部和西部地区虽在总体上落后于东部地区，但现在一些交通干线上已形成了若干中心城市（增长极），这些中心城市的向心作用和扩散作用是东部地区无法替代的。而且，我国地域辽阔，经济的内向型特征和资源分布的不均衡特征，决定我国的经济发展更适合采用增长极开发模式。

但是正如前所述，在增长极开发模式中，一旦区域经济出现发展差异化态势，在市场机制的作用下，极化效应将不断扩大。尤其在经济发展初期阶段，极化效应往往大于扩散效应，地区差距不断扩大，只有随着经济的深化发展，扩散效应的作用才会日益增强。但如果没有政府的干预，区域经济发展的差距将不断扩大。差距过大将不利于区域持续稳定发展。差距过大的区域经济"强中心城市，弱周边城市"，对外依赖性过强，会严重削弱其对外竞争力。因此，形成合适的地区梯度，是区域经济快速可持续发展的前提。

我国实行经济和社会可持续发展战略，区域经济发展需要走一条非均衡协调发展的道路，强调在区域经济非均衡发展的同时，采取积极的方法，对这种不均衡进行适度的调控，以实现区域经济整体的快速、健康和可持续发展。

经典的非均衡发展模式需要在资源、政策等方面适度倾斜。国家根据各地区的投资经营环境和投入产出效果，确定若干重点开发区域，并在资源分配和资金投入上实行适度的倾斜政策。比如，重点发展高新技术产业，重点发展出口创汇产品条件好和开发潜力较大的经济技术较发达地区（如京津地区、山东半岛都市群等）；重点发展生产技术设备、产业结构和产品结构严重老化、亟待大规模更新改造的老工业基地，如辽宁省中部地区等。

非均衡发展模式需要区域之间协调与互补。京津地区与山东半岛都市群经济发达，技术领先，科研力量也强，市场发育程度较高，但自然资源相对短缺；鲁南鲁北、河北省大部分地区自然资源丰富，但技术工艺比较落后，科研力量较弱，市场发育程度也较低。区域之间这种优劣并存、长短互见的状况，正是推动区域间相互依赖、互相补充，开展经济技术协作的内在动力。实行非均衡协调发展战略，在经济建设中，可以建立各区域优势互补、互通有无的新格局；在比较利益选择和优化产业结构的基础上，创造真正的经济活力。

二、环渤海经济圈——中国经济增长第三极

伴随着经济全球化的浪潮，区域之间的竞争与合作方兴未艾，国与国之间的实力竞争越来越多地表现为以若干大城市为核心的区域之间实力的此消彼长。全球化带来了生产要素全球范围内的自由流动。从世界范围来看，生产要素呈现“东移”的趋势，即由西欧转向东亚、由大西洋转向太平洋，构成了新的劳动地域分工。改革开放以来，我国的珠江三角洲和长江三角洲地区相继抓住这一趋势，大力引进外资，经济实现快速增长，使得这两个地区成为我国参与国际竞争的核心，同时也构成了带动我国整体经济增长的两个“极点”。20 世纪 90 年代中期以来，在全球生产要素“东移”趋势继续加强的同时，我国改革开放的重心逐渐“北上”。“东移”和“北上”这两种趋势的共同作用使得越来越多的人把目光聚焦在环渤海地区。环渤海地区已成为继珠江三角洲和长江三角洲之后中国经济增长的第三极，这三大区域被喻为实现中国民族伟大复兴的“三驾马车”。与之相伴随，“环渤海经济圈”、“环渤海经济区”、“环渤海都市圈”、“环渤海城市群”这样的概念不断被提起。

（一）“环渤海经济圈”概念界定

渤海是一个内海，被辽东半岛、山东半岛和华北大平原“C”字形所环抱。“环渤海经济圈”辐射面积遍及大半个中国，并且是东北、华北、西北和华东部分地区的主要出海口。东北三省及内蒙古东四盟的粮食、畜产品、石油，西北地区的煤炭、皮毛，华北地区的石油、轻纺产品，渤海的海产品，甚至远在数千里的青海、新疆的货物都要经过这里运往世界各地。环渤海经济圈处于东北亚地区的中心地带，向北，连接东北老工业基地、蒙古国和俄罗斯；向东，沟通韩国和日本；向南，联系着长江三角洲、珠江三角洲；向西，连接着中国的内陆腹地。

在经济全球化的背景下，区域经济合作的重要性逐渐被认识和重视，包括俄罗斯远东地区、中国部分地区、蒙古国、日本、朝鲜和韩国在内的东北亚地区由于地理上的相近和资源上的互补，存在潜在有利的合作条件。因此，进入 20 世纪 90 年代以来，“东北亚经济合作”这一命题不断被东北亚各国包括学术界、企业界、政府部门等各界人士所强调和推动。尤其是日本和韩国，其在资金和技术上具有明显优势，但自然资源贫乏，劳动力成本高，为了充分利用东北亚其他国家的资源和劳动力优势，推动东北亚各国经济互利合作，日本早在 80 年代初期就提出“东北亚经济圈”的构想。

而我国的环渤海地区由于地理条件优越，海岸线长，港口较多，人口较集中，工业基础雄厚，矿产资源丰富等优势，从一开始就被认为是我国参与东北亚合作的主要地区，甚至被称为东北亚经济圈形成的“核”。“环渤海经济圈”这一概念的提出始于20世纪80年代中期，其最初的推动力量来源于我国扩大改革开放、参与东北亚区域合作的迫切需要。在这种背景下，我国对环渤海地区的发展研究不断增多，国家计委在20世纪90年代初期开始研究论证环渤海经济区。1992年，党的十四大首次提出把环渤海地区作为我国加快开发的重点地区之一，1996年通过的《中华人民共和国国民经济和社会发展“九五”计划和2010年远景目标》则明确地提出，要依托沿海大中城市形成以辽东半岛、山东半岛、京津冀为主的环渤海综合经济圈，并把它作为我国七大经济区之一。至此，环渤海地区的发展由最初学者的理论研究上升到了国家核心战略的高度。而“环渤海经济圈”以及与之相类似的“环渤海经济区”、“环渤海都市圈”、“环渤海城市群”这样的概念则在之前或之后的一系列研究中用来代指环渤海地区。

环渤海地区成为我国区域经济研究中的一个热点地区，然而有的研究在对待“环渤海经济圈”的范围问题上也存在一些分歧。比如说，国家“九五”计划和2010年远景目标纲要中，作为七大经济区之一的“环渤海经济区”范围包括辽、冀、京、津、鲁、晋六省市和内蒙古中部七盟，陆地面积约111.4万平方公里，占全国陆地总面积的11.5%。而不同的学者对于环渤海地区的具体地域范围则有着不同的理解和划分，广义的环渤海地区包括北京、天津两个直辖市和山东、河北、辽宁三省及内蒙古和山西的部分地区，而狭义的环渤海地区指京、津、冀、鲁、辽五省市。当前，比较公认的是，环渤海地区总共由相关七省市的44个城市共同签约构成。

（二）环渤海区域经济板块发展的历史轨迹

从历史上来看，环渤海区域的京津冀、辽东半岛和山东半岛，均是我国近现代经济起步较早的地区。由于缺乏内河航运的便利，环渤海区域近现代经济的出现，最初是与一些主要的枢纽港口以及港口后方铁路网的建立相联系的。早在20世纪初，围绕着各自的枢纽港口——天津、大连和青岛，京津冀、辽东半岛和山东半岛都出现了核心地区的萌芽。沿着铁路干线形成的、大城市高度集中的主发展轴，主要是北京—天津—塘沽发展轴、沈阳—鞍山—大连发展轴和济南—淄博—青岛发展轴，它们都已经在这些地区存在了很长时间。再加上在各个枢纽港口后方，又相继建成了可以延伸到内陆腹地的铁路网，使得这些核心地区的经济发展均能够以资源丰富、人口众多的后方腹地作为重要依托（见表1.2）。

表 1.2　　京津冀、辽东半岛、山东半岛的主发展轴和腹地范围

核心地区	枢纽港口	主发展轴	直接腹地	后方腹地	腹地人口（万人）
京津冀	天津	北京—天津—塘沽	北京市、天津市河北省中部、北部	山西中部、北部、内蒙古中部	12 883
辽东半岛	大连	沈阳—鞍山—大连	辽宁全省	吉林、黑龙江、内蒙古东部	10 885
山东半岛	青岛	济南—淄博—青岛	山东全省	河北南部、山西南部、河南北部	18 957

资料来源：《中国区域经济统计年鉴》（2010）。

在环渤海区域的三个核心地区中，京津冀地区由于长期地处京畿要地、一直领风气之先，近现代经济的发展也略早于辽东半岛和山东半岛。1860 年第二次鸦片战争失利之后，南北漕运通道大运河沿线的重要水陆码头天津被迫开埠通商。此后不久，洋务运动在直隶地方，也就是今天的京津冀地区迅速兴起，官办的天津机器制造局、大沽船坞等军工企业在天津市区和海河大沽口相继兴建。1881 年，随着位于滦县唐山镇的官办开滦煤矿开始投入生产，中国的第一条铁路——唐（山）胥（各庄）也很快开通运营。到了 1897 年，原先长度仅 9.7 公里的唐胥铁路，向西已经延伸到了北方洋务运动的中心天津和大清帝国的首都北京，向东则前出山海关到达辽西走廊的绥中。至此，京津冀地区已经具备了实现工业化的一些基本条件。特别是天津，由于西北紧邻清政府所在地北京这个巨大的消费城市、东有唐山开滦煤矿可以提供大量的动力用煤，并且来自海上的轮船还可以经由海河直接到达市区，很快就成为当时中国北方最重要的经济中心。

在 20 世纪 20 年代前后的民国北京政府时期，京津冀地区的工业化进程一度明显加快。随着京汉、京绥、津浦等铁路相继通车，以天津作为枢纽的京津冀核心地区的腹地范围迅速扩大，为京奉铁路沿线的北京、天津、塘沽、唐山等地的工业发展提供了机会。1928 年，民国政府定都南京，全国的经济中心转到了上海，这虽然对京津冀地区的经济发展产生了一些不利影响，但京津冀地区的工业，特别是轻工、纺织等服务于民生的行业仍然拥有广阔的市场机会。到 1937 年抗日战争爆发之前，天津一直是仅次于上海的全国第二大工业城市。

1949 年新中国成立后，作为近现代工业兴起较早的地区，京津冀地区不仅要为三北地区提供各种消费类工业产品，也开始承担起支援中西部地区工业发展

的重任。因此，在轻工业继续得到发展的同时，京津冀地区的重工业发展也逐渐走向了全国的前列。在国民经济恢复时期的1952年，京津冀地区的轻工业总产值超过了辽宁、山东两省的总和，而其重工业总产值则不足辽宁省的四成（见表1.3）。“一五”计划期间，京广铁路沿线成为国家重点投资地区，一大批工业项目相继落户北京、保定、石家庄、邢台、邯郸等城市。其中属于苏联援建的“156项”工业项目的就有10项之多，在东部沿海地区仅次于辽宁省。在此后的“大跃进”运动中，拥有丰富铁矿资源的京津冀地区，发展成为位居辽宁省之后的全国第二大钢铁产区。而且，首钢、唐钢、宣钢、承钢、邯钢、石钢、邢钢、天钢等一批骨干钢铁企业，由于有来自燕山山脉、太行山脉等地的铁矿石供应，在3年调整时期受到的影响较小。

表1.3　环渤海区域各省、市工业总产值（1952～1979年） 单位：亿元

地区	1952年			1970年			1979年		
	工业总产值	轻工业	重工业	工业总产值	轻工业	重工业	工业总产值	轻工业	重工业
京津冀	45.34	33.71	11.62	289.43	144.84	144.58	593.4	265.1	328.3
北京	9.07	5.61	3.46	97.14	33.43	63.7	189.6	76	113.6
天津	19.71	16.36	3.34	102.77	54.83	47.94	175.5	89.7	85.8
河北	16.56	11.74	4.82	89.52	56.58	32.94	228.3	99.4	128.9

资料来源：国家统计局：《全国各省、自治区、直辖市历史统计资料汇编（1949～1989）》。

从1965年开始，我国进入了“三线”建设时期，全国范围内大规模的工业投资，对于京津冀地区重工业的发展又产生了很大的刺激作用。到1970年，京津冀地区的重工业总产值和轻工业总产值已经基本持平，特别是首都北京，甚至发展成为仅次于上海的全国第二大重工业城市。进入20世纪70年代，随着大港油田、华北油田相继投入开发，燕山石化、天津石化、沧州炼油厂等石化企业陆续建成，京津冀地区重工业发展的速度进一步加快。到了改革开放初期的1979年，京津冀地区的重工业总产值已经超过了辽宁省，跃居环渤海区域的首位，并且其轻工业总产值，仍然接近辽宁、山东两省的总和，继续扮演着三北地区消费类工业产品主要供应者的角色。

与京津冀地区相比，辽东半岛及辽宁省近现代经济的大规模起步虽然要略晚一些，但这一地区及作为其后方腹地的整个东北三省，却曾经是我国工业化程度最高的地区。1894年甲午战争战败后，清政府为巩固国防、开发东北三省，开始在山海关外修建铁路。1900年，京奉铁路支线铺轨到了辽东半岛上第一个开

埠的港口营口。1903 年，京奉铁路铺轨到离当时东北三省的政治经济中心奉天（沈阳）只有 60 公里的新民。与此同时，中俄合办的东清铁路和南满支线也分别从中俄边界的绥芬河和满洲里、松花江边的哈尔滨、辽东半岛的旅顺港开工建设。1902 年，横贯东北三省北部并连接辽东半岛南端旅顺港的东清铁路干支线全部完工。这些铁路的建成，为东北三省工业的发展提供了便利的条件。到 20 世纪 20 年末，东北三省已经形成了比较完整的铁路网，近现代工业也具有了一定的规模。1931 年“九一八”事变之后，日本帝国主义指使一些日本财团在东北三省，特别是辽宁省兴建了大量的工业设施。

新中国成立前后，辽宁省已成为全国最大的原材料和装备工业基地。1952 年，辽宁省的重工业总产值为 30.80 亿元，相当于北京、天津、河北、山东四省市重工业总产值之和的 2 倍多，占到了全国的近 1/4。当时，辽宁省的钢产量占全国的 69.7%，水泥产量占全国的 39.4%，原油产量占全国的 53.3%，甚至自行车的产量也占全国的 30%。在“一五”计划期间，根据资源基础和已有条件，中央政府决定继续将东北地区作为经济建设的重点地区。其中，在沿大连经沈阳向北一直通往哈尔滨的哈大铁路沿线及其附近的大连、沈阳、长春、哈尔滨、鞍山、抚顺、本溪、锦州、吉林、齐齐哈尔等各大中城市中，集中布局了 58 个苏联援建的工业项目，占全部“156 项”工业项目的 37.2%。其中仅辽宁省就达到 24 个，占到了东部沿海地区的 2/3 以上。因此，中国工业发展初期所急需的原材料和机器设备，有很大一部分是由东北三省，尤其是辽宁省的工业企业提供的。“二五”计划之后，由于中央政府要在全国六大经济区分别建立相对独立的工业体系，特别是受“三线”建设期间工业企业的生产设备和人员大量内迁的影响，辽宁省工业总产值占全国的比重逐步下降。而由于重工业的发展占用了绝大部分的生产要素，致使辽宁省的轻工业发展越来越成为弱项。但是，直到改革开放之初的 1979 年，辽宁省的重工业总产值仍然高居全国各省、市、自治区的首位，超过了河北、山东两省重工业总产值的总和。

山东半岛及其所在的山东省，在近现代经济的起步时间上与辽东半岛地区不相上下，但在很长的时间里工业化程度却较低。1904 年从青岛通往济南的胶济铁路通车。1912 年，从天津经由济南通往浦口的津浦铁路全线通车。此后，在胶济铁路和津浦铁路沿线，开始有近现代工业出现，其中工业发展最快的是青岛和淄博。作为一个天然良港和胶济铁路的起点，青岛建城之后不久就成为一个重要的国际贸易中心。1914 年，第一次世界大战爆发，日本乘机赶走德国人、占领了青岛。此后，青岛遂成为日本商人获取中国的资源和进入中国市场的重要枢纽港口之一。1922 年，中国政府收回青岛主权。作为北洋军阀统治下的“胶澳商埠”和直属南京政府的“青岛特别市”，在进出口贸易逐步扩大的基础上，以广大的腹地地区丰富的农产品为原料的轻纺工业也很快得到了发展。到 20 世纪 30 年代，青岛已经成为中国沿海地区仅次于上海和天津的第三大工业城市。而胶济铁路沿线的淄博，则成为当时少有的在当地矿产资源基础上发展起来的重工业城市。1904 年胶济铁路及博山支线通车后，沿线的其他许多矿产地也很快有了开发的价值，并且吸引了一些民间资本前来开矿。然而，在山东半岛的其他地区，特别是在远离胶济铁路、津浦铁路和海岸线的许多地区，几乎没有什么近现代工业。

新中国成立之初，山东半岛及山东省的近现代工业还是十分弱小的，并且轻工业占了绝大部分。1952 年，山东省的工业总产值仅为 20.08 亿元，不足京津冀地区或辽宁省的 1/2，其中重工业总产值仅为 2.24 亿元，远少于河北省、北京市和天津市。而且，“一五”计划期间，山东省没有一个城市被列为重点建设城市，苏联援建的“156 项”工业项目也没有一个被布局在山东省。尽管如此，1952 年以后，山东省的工业发展速度却一直是环渤海区域的三个核心地区中最快的。其主要原因，一是山东省农业比较发达，可以为地方工业的发展积累大量的资金；二是山东省拥有比较丰富的矿产资源和农产品，可以为地方工业的发展提供充足的原料。特别是 1965 年我国第二大油田胜利油田的发现，更是大大促进了山东省重工业的发展。到 1970 年，山东省与辽宁省、京津冀地区的工业总产值之比，已经从 1952 年的 1∶2.20∶2.26 上升为 1∶1.60∶2.05，其重工业总产值也超过了河北省、天津市。1970 年之后，随着胜利油田的大规模开发和齐鲁石化等石油化工企业的建设，以及以“五小工业”为主体的地方国有工业的全面发展，山东半岛及山东省的工业发展开始进入快车道，重工业薄弱的状况得到了初步的改善。到改革开放之初的 1979 年，山东省的工业总产值与辽宁省、京津冀地区的差距进一步缩小到 1∶1.26∶1.89，并且其重工业总产值与轻工业总产值也基本持平。

（三）发展的现状与趋势

随着滨海新区的开放开发纳入国家发展战略，环渤海地区进入了跨越式发展阶段。根据各省市 2009 年的统计公报，环渤海三省二市地区生产总值之和占全国的 25.3%，进出口总额占全国的 23.1%，尤其是利用外国直接投资的比重占到了 38.9%，在全国利用外资增长速度下降的大背景下，环渤海各省市吸引外资的数量都有不同程度的增长，凸显了强劲的吸引力。当前形势下，滨海新区的开放开发以及冀鲁辽新发展格局的形成将有力地促进环渤海地区的快速增长。

1. 经济总量稳步提升，在全国的比重增加

2008 年环渤海五省市的地区生产总值达到了 77 564.7 亿元，占全国国内生产总值的 25.8%，超过长三角①和珠三角②，将近二者总和的 80%（见图 1.1）。大长三角与大珠三角的地区生产总值之和为 101 194.1 亿元，占全国 GDP 的比重为 33.66%。

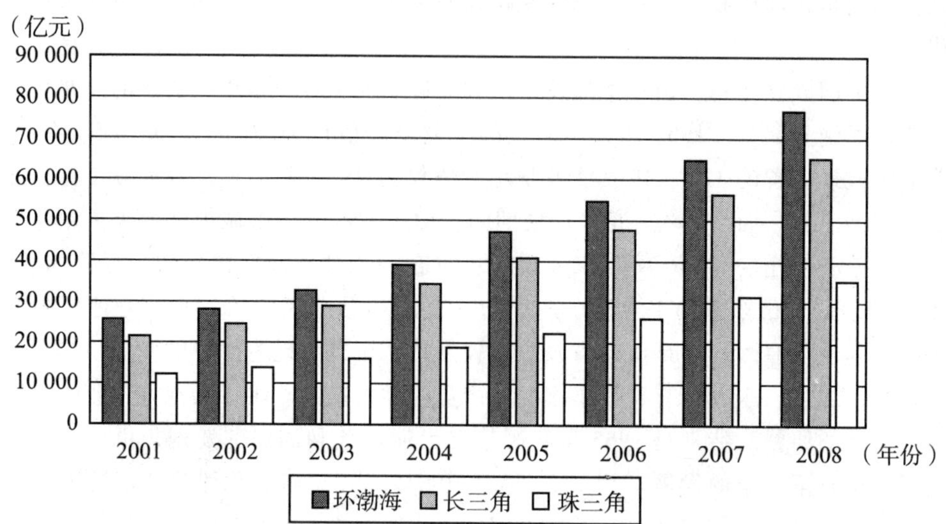

图 1.1　近年来环渤海区域与长三角、珠三角经济总量的比较

资料来源：《中国统计年鉴》(2009)。

就环渤海区域内部而言，2008 年，山东省的 GDP 达到了 31 072.1 亿元，次于广东省和江苏省排在全国的第三位；各城市 GDP 的排名北京和天津分别排在第二位和第五位。发展速度的差异导致各省市在地区经济总量的比重也有明星的变化。“十五”期间，北京、天津和山东的发展速度更快一些，其比重均有所增加，而辽宁和河北的比重则都有不同程度的下降。从 2000 ~ 2008 年，辽宁省经济总量在地区中的比重下降了 3 个百分点，山东则增加了 3 个百分点（见图 1.2）。从绝对的发展速度来看，“十五”时期辽宁省和河北省年均经济增长率都为 11.2%，比全国 9.5% 的平均增长速度要快不少，但是相对于其他几个省市 13% 以上的增长速度则显得慢了。尤其是辽宁省，在“九五”时期的发展在环渤海地区的发展中相对较慢，导致其在整个地区的比重下降。

---

① 这里，参照国务院 2008 年的《进一步推进长江三角洲地区改革开放和经济社会发展的指导意见》，长三角以两省一市计，即江苏、浙江全省和上海市。

② 珠三角以广东地区计。

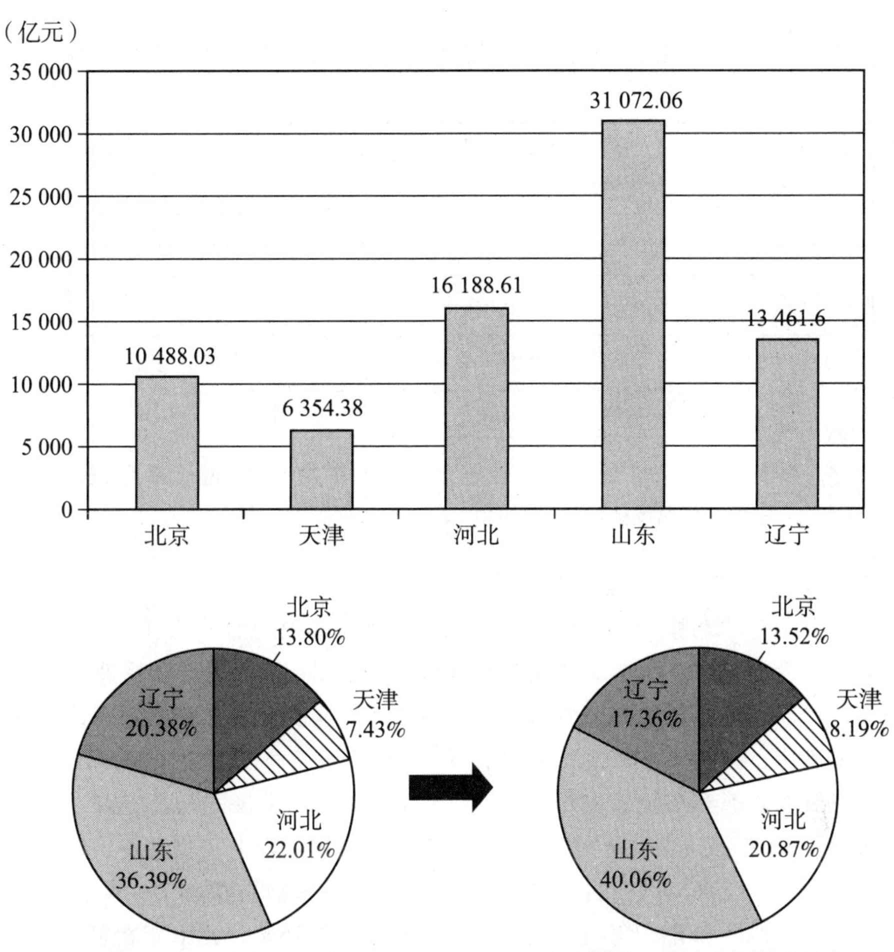

图 1.2　2008 年环渤海地区各省市 GDP 总量比较

资料来源：《中国统计年鉴》（2009）。

2. 经济增长速度明显高于全国平均水平

从整体的增长趋势来看，环渤海地区在近年来保持了快速的经济增长。2004 年环渤海地区 GDP 增长率达到了 20.1%，一举超过了长三角和珠三角地区。2005 年受国家宏观调控的影响，环渤海地区的经济增长速度下降比较大，2006 年在长三角和珠三角地区经济增长速度均有所回升的情况下，增长速度仍然有所下滑。这三大经济区的发展速度均要远高于全国的平均经济增长速度（见图 1.3），这在一定意义上表明，环渤海区域已经和长三角、珠三角地区一样成为中国经济的“增长极”，它在中国经济发展中的引领和带动作用日益已经显现。

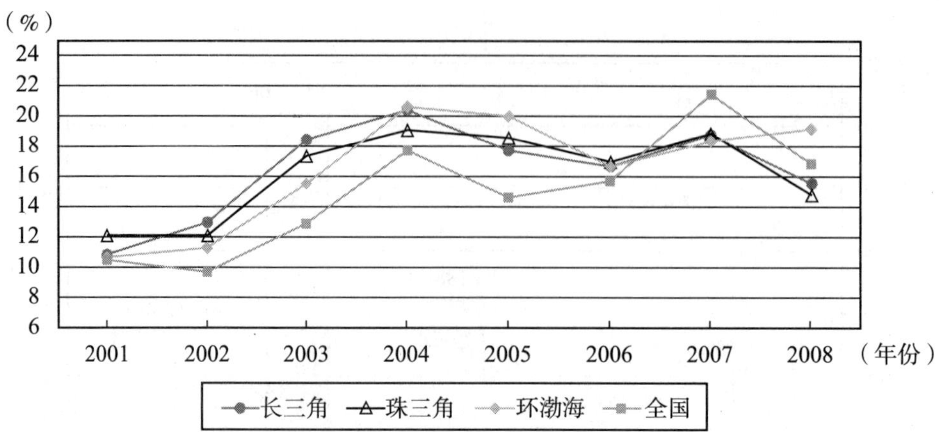

图 1.3 环渤海、长三角、珠三角和全国平均 GDP 增长率比较

资料来源：根据《中国统计年鉴》（2000～2009）整理。

3. 经济重心"北移"与外向型经济拓展

经济重心有"北移"的倾向。首先表现为外资和内资的"北进"。

近年来，由于中、西部地区能源原材料大省采掘业和关联产业快速发展，东南沿海发达地区综合成本上升和结构调整导致增长速度放缓，而北方尤其是沿海地区发展迅速，国内外资金逐渐呈"北移趋势"。而天津滨海新区的开放开发纳入国家发展战略等都凸显了北方尤其是环渤海地区未来发展的前景。以天津市为例，2008 年天津市引进国内资金到位额 920.13 亿元，较上年增长 50.34%，远大于实际吸引外商直接投资的 74 亿美元。而且内资来源更加集中，来自环渤海地区、长三角地区和珠三角地区的资金比重达到 77.15%，比上年提高 33 个百分点。值得一提的是，全市引进超亿元内资大项目 162 个，到位资金 731.7 亿元，增长 57.9%，占到全市的 79.5%。

同时，环渤海区域经济强劲的发展势头正吸引越来越多的外资，外资"北移"迹象表现得尤为显著。中国社会科学院发布的《中国城市竞争力报告》显示，全国各地区的城市中外资增长最快的是环渤海地区。该区域外向型经济特征明显，对外贸易，尤其是出口和 FDI，是推动区域经济增长的重要力量。2008 年，环渤海区域利用外商直接投资占到了全国的 38.99%。

从各省市的情况来看，北京市固定资产投资比例不高，但是出口、进口以及消费是拉动经济增长的主要因素；天津市则是对外贸易和外资对经济增长起主导作用，消费水平相对不高。河北省利用外资比重较低，消费和固定资产投资是拉动经济增长的主要因素。对于山东省和辽宁省而言，出口、外资、固定资产投资和消费对经济的推动作用均很大（见表 1.4）。

表 1.4　2008 年环渤海区域中各省市主要指标占环渤海地区比重　单位：%

	对外贸易总和	出口	利用外资	固定资产投资	GDP 比重	社会消费品零售总额
环渤海地区占全国比重	24.24	18.10	38.99	24.06	25.80	24.67
北京	10.60	4.02	6.38	2.23	3.49	4.23
天津	3.14	2.95	7.79	1.97	2.11	1.84
河北	1.50	1.68	3.59	5.13	5.38	4.50
山东	6.17	6.51	8.61	8.93	10.33	9.57
辽宁	2.83	2.94	12.62	5.80	4.48	4.53

资料来源：国家和各省市的统计年鉴（2009）。

4. 区域产业结构依旧以第二产业占主导

环渤海地区产业结构依旧是第二产业占主导，第三产业的比重增加低于长三角和珠三角的水平，甚至低于全国平均水平。北京市三次产业结构优化明显，其他省市则表现为第二产业比重增加，第三产业比重减少。

2008 年，环渤海地区三次产业的比重为 1∶6.16∶4.64，这种产业构成和长三角、珠三角乃至全国的情况相比，有很明显的特点。首先，近年来产业结构表现为第二产业尤其是制造业的比重加大，而第一、第三产业的比重呈下降趋势。其次，环渤海的三次产业结构的变化和长三角、珠三角类似，主要表现为第二产业 2001 年之后比重增加，但之后比重下降；而第三产业的变化则正好相反，经历了一个先降后升的过程。再其次，环渤海、珠三角和长三角地区第二产业的比重均高于全国的平均水平，第一产业则均低于全国平均水平。最后，环渤海地区第三产业所占比重过低，不仅低于长三角和珠三角，甚至低于全国的平均水平（见表 1.5）。

表 1.5　环渤海、大长三角、大珠三角和全国三次产业结构比较

地　区	第一产业	第二产业	第三产业
环渤海	1.00	6.16	4.64
长三角	1.00	10.43	8.38
珠三角	1.00	9.34	7.78
全国平均	1.00	4.95	3.75

资料来源：由《中国统计年鉴（2009）》整理而得。

在环渤海地区的各省市中北京市的产业结构一枝独秀，2008 年三次产业的比重为 1∶23.2∶75.8，已基本接近发达国家的水平。2000 年，北京市三大产业占生产总值的比重为 3.7∶38∶58.3，到 2008 年该比值变为 1.1∶25.7∶73.2，而其他省市虽然产业结构调整一直是经济发展的目标之一，但成效都不很明显，第二产业得到了不同程度的加强，第一、第三产业的比重则有所下降，而且第三产业增加值的比重占 GDP 的比重低于全国的平均水平。2006 年除北京之外其他省市第二产业的比重均在 50% 以上，而全国的平均水平是 48.7%。很多的城市更关注短期的经济增长而不是长期的经济结构的调整和优化。工业主导的经济一个最直接结果就是对于能源的高消耗以及对环境的破坏，而随着国家对于节能减排要求日益严格，将很大程度上影响地区经济的持续增长和科学发展。

表 1.6　　2006～2008 年环渤海地区各省市三次产业结构比较

	第一产业			第二产业			第三产业		
	2006 年	2007 年	2008 年	2006 年	2007 年	2008 年	2006 年	2007 年	2008 年
北京	1.25	1.12	1.08	27.84	27.86	25.68	70.91	72.87	73.25
天津	2.71	2.2	1.93	57.08	57.64	60.13	39.92	40.8	37.94
河北	13.78	13.02	12.57	52.44	52.24	54.22	33.78	33.63	33.21
山东	9.69	9.69	9.66	57.76	57.08	56.97	32.55	33.53	33.36
辽宁	10.55	10.28	9.67	51.12	53.11	55.8	38.32	36.63	34.52

资料来源：国家和各省市的《国民经济和社会发展第十一个五年规划纲要》及《国民经济和社会发展统计公报》。数据经笔者计算处理。

5. 制造业布局分散，产业同构性问题还没有根本解决

虽然环渤海区域五省市经济发展速度普遍较高，三次产业结构不断优化，但我们通过表 1.7 对比与分析，可以发现渤海各地方区域经济发展政策还存在着较大问题。一是制造业布局分散，全区由京津、山东半岛和辽东半岛这三大块独立的制造业区域组成，相互之间联系松散，没有形成合力。二是区域内部之间的地域分工格局尚未形成，城市间的生产协作紧密程度较低。城市之间的分工协作关系尚不成熟，甚至出现结构趋同、恶性竞争的局面。三是区域内部差距较大，京津、山东半岛、辽东半岛发展不平衡，有的地区多是以劳动密集型制造业占主导，多以来料加工形式存在，而有的地区则是高新技术产业（如电子及通信设备制造业）多，技术含量高、产品附加值高。

表 1.7　　2009 年环渤海五省市经济指标及重点发展的主导产业

	GDP（亿元）	增长率（%）	三次产业结构	重点发展的主导产业
北京	12 153.03	9.34	1.1∶25.7∶73.3	方便和功能性食品行业、循环经济、新型建材和绿色建材、装备制造、休闲度假和乡村旅游服务
天津	7 521.85	11.95	1.9∶60.1∶37.9	农产品深加工、整车研发、化工、无缝钢管、生物技术与现代医药、新能源与环保、电子信息产业
河北	17 235.48	7.64	12.6∶54.2∶33.2	钢铁、装备制造、石油化工、食品医药、建材、纺织服装、黑色金属矿采选业、现代农业等新兴产业
辽宁	15 212.49	11.30	9.7∶55.8∶34.5	冶金、石化、电子信息、机械
山东	33 896.65	9.58	9.7∶57.0∶33.4	机械工业、新型建材、电子及通信设备制造业、汽车工业和建筑业、新型建材

资料来源：由北京、天津、河北、山东、辽宁 2009 年度国民经济和社会发展统计公报和《中国统计年鉴（2010）》整理而得。

环渤海地区各次区域具有很强的产业同构性。环渤海地区各主要城市在长期计划经济体制下分别形成了较为完整的产业体系，产业的同构性较为突出，差异性和互补性不明显，相互之间的贸易需求较弱，地方政府之间通过协商来实现经济一体化的动力不足。尤其是计划经济所形成的条块分割难以在短期内打破，一些主要城市之间不但缺少经济的合作，而且存在经济发展目标和地区定位雷同的情况，重复建设和恶性竞争在不同程度存在。以港口建设为例，目前，环渤海众多港口发展目标和发展政策基本相同，三大子港口群——东北港口群、山东港口群和京津港口群之间竞争多于合作。大连、天津、青岛三个主枢纽港之间就是典型的竞争，在规划港口发展和定位上出现了矛盾冲突，三大主枢纽港不约而同地将集装箱定为未来发展的重点。港口之间形成的不是互补关系，而是竞争大于互补的局面，难以做到分工合作，充分利用资源，实现优势互补，区域整体优势发挥不明显。这样的同构性产业对背后腹地的服务也是重叠的，同时损害了各个次区域的利益，以至于在未来面对全球竞争时，最终损害国家的利益。

6. 能源消耗量和污染防治压力将构成地区经济的新挑战

环渤海地区能源利用效率较高，但是工业主导型经济导致能源消耗量大，污染防治压力将在一定程度上影响着地区经济的发展。虽然各省市一直将产业结构调整作为经济发展的重要目标，但成效不很明显，有的城市更关注短期的经济增长而不是长期的经济结构的调整和优化。工业主导的经济一个最直接的结果就是对于能源的高消耗以及对环境的破坏，而随着国家对于节能减排要求日益严格，将很大程度上影响地区经济的持续增长。

能源消费弹性系数是反映经济增长所需能源消耗的测度指标，能源消费弹性系数越大，意味着经济增长利用能源的效率就越低，反之则越高。从表 1.8 可以看出，相对于全国的平均能源消费弹性系数，环渤海各省市能源利用效率还是比较高的，2005 年后各省市相应值均在 1 以下。

表 1.8　　环渤海区域各省市与全国能源消费弹性系数比较

地区	2000 年	2001 年	2002 年	2003 年	2004 年	2005 年	2006 年	2007 年	2008 年
全国	0.01	0.47	1.19	1.66	1.6	0.93	0.76	0.59	0.41
北京	—	—	0.43	0.44	0.75	0.61	0.53	0.45	0.07
天津	0.87	0.37	0.28	0.43	0.95	0.77	0.69	0.61	0.51
山东	—	1.03	1.56	1.36	1.39	1.32	0.74	0.61	0.37
辽宁	1.58	0.14	0.00	0.63	0.96	0.97	0.78	0.68	0.56

资料来源：历年《中国统计年鉴》和各省市统计年鉴。由于数据的可获得性，河北省的数据缺失。

由于没有河北省的能源消费弹性系数，可以通过比较万元地区生产总值能耗比较分析河北省能源的利用效率。北京市万元地区生产总值能耗从 2003 年就下降到 1 吨标准煤以下，并且一直处于下降的趋势之中。2004 年为 0.85 吨标准煤，2005 年下降到 0.8 吨标准煤，2006 年进一步下降到 0.75 吨标准煤。而根据河北省历年单位 GDP 能耗等指标公报，2007 年河北省万元 GDP 能耗为 1.84 吨标准煤，2008 为 1.72 吨标准煤，2009 年为 1.64 吨标准煤。由此可见，尽管河北省的能源利用效率是逐步提高的，但与环渤海其他省市相比还有不小的差距。

由于数据的原因，还难以将环渤海地区污染物排放进行定量和比较分析。依据国际经验，在经济加速增长的初期必定会加大对周边环境的污染。而环渤海大部分地区主要依靠第二产业尤其是工业的发展带动经济增长，这将会面临能源消耗和环境污染的双重压力和挑战，制造业以及钢铁、重化工业的大力发展对环境的破坏是难免的。从这个意义上说，环渤海地区各省市需要在节能减排和经济快速增长之间取得一个好的平衡。

7. 区域内部经济发展严重不平衡

位于京津冀与辽东半岛之间的辽西地区（锦州市、葫芦岛等市），河北北部及位于京津冀与山东半岛之间的黑龙港平原（沧州市和衡水市等地）、鲁西北平原（德州市），经济发展水平仍然较低。2008 年的人均地区生产总值分别只有全国平均水平的 65% 左右和 90% 左右（见图 1.4）。按照“核心—边缘”模式的观点，它们都还属于边缘地区。[①] 因此，环渤海区域经济板块目前并非是一个统一的经济体，而且其三个核心地区在产业发展方面缺乏关联性，与有着单一核心地区的大长三角区域经济板块和内部各个核心地区之间联系相当紧密的大珠三角区域经济板块都有着很大的不同。如何借助于国家的区域开放政策，全面促进环渤海区域发展与合作，仍是一个需要深入探讨的问题。

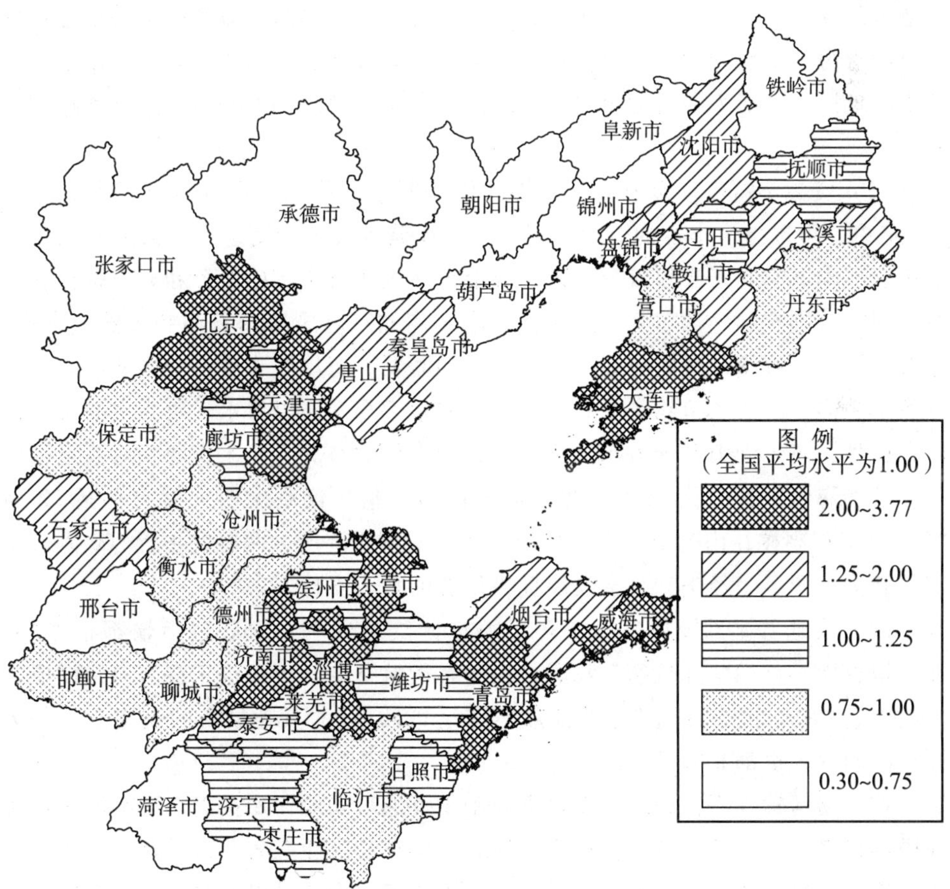

图 1.4　环渤海区域各省市人均生产总值（2004）

资料来源：吴哲：《京津冀地区的经济发展与环渤海区域合作》，载周立群主编：《创新、整合与协调——京津冀区域经济发展前沿报告》，经济科学出版社 2007 年版。

---

① 边缘地区也叫做“外围地区”，即 Periphery Region，是与核心地区 Core Region 相对而言的。本章中提到的边缘地区，是以它们的人均 GDP 是否低于全国平均水平作为判断标准的。

（四）区域经济发展条件

1. 环渤海区域的发展优势

（1）区位优势。环渤海区域地处东北、华北、西北的交汇点，是我国北方进入东北亚和太平洋的门户。环渤海区域的海岸线绵延5 800公里，60多个港口星罗棋布，包括北京、天津、沈阳、大连、太原、济南、青岛、石家庄等40多座大中城市遥相呼应。辐射面积遍及大半个中国，并且是东北、华北、西北和华东部分地区的主要出海口。东北三省及内蒙古东四盟的粮食、畜产品、石油，西北地区的煤炭、皮毛，华北地区的石油、轻纺产品，渤海的海产品，甚至远在数千里的青海、新疆的货物都要经过这里运往世界各地。而且环渤海地区是东北亚的中心地区、欧亚大陆桥的重要起点之一，向东与韩国隔海相望，与日本距离也相近。

（2）资源丰富。环渤海地区的资源优势明显，首先是环渤海五省市总人口2.6亿多，可以提供丰富的劳动力资源。土地储备较为丰富，这可大大降低设厂的运营成本，有利于吸引投资进入。环渤海地区还有丰富的能源和矿产资源，山东、河北分别有胜利油田和华北油田，渤海湾储藏着丰富的石油和天然气资源，且较易开采，可满足环渤海地区工业发展的需要。海岸线长度占全国海岸线总长度的1/3多，海洋动植物资源非常丰富，非常适合发展以海水养殖为主的海洋经济，此外，还可大力开展海水淡化工程，能有效弥补北方淡水资源相对匮乏的状况。环渤海地区智力资源密集度在全国首屈一指，仅京津两地就有包括22所“211”工程高校在内的100多所高校，数百所科研院所，两院院士近700人，丰富的智力资源可为经济和社会发展提供足够的智力支持。

（3）交通等基础设施齐全。环渤海地区交通便利，海陆空运输都很通畅。在空运方面，首都国际机场是我国最大的客运航空港，天津也正在努力建设成为“北方航空客运中心”和“东北亚航空客运集散地”，其他城市的航空业，如大连、济南等，也都非常发达。

在海路运输方面，该地区港口资源密集及港口功能作用突出。环渤海区域是我国港口密集区，港口分布在辽宁、河北、山东和天津三省一市。其中，在辽宁有大连、营口两个国家级枢纽港和丹东、锦州等6个二类以上对外开放口岸；在河北、天津有秦皇岛、天津两个国家级枢纽港，以及京唐港和黄骅港；在山东有青岛、烟台、日照三个枢纽港，以及龙口、威海等9个一类开放港口和4个二类开放港口。环渤海港口吞吐量主要集中在大连、营口、天津、秦皇岛、烟台、青岛等几个大港口，占环渤海地区港口货物总吞吐量的80%左右，占全国主要港口总吞吐量的40%左右，集装箱吞吐量占全国主要港口的22.5%。环渤海集中分布着我国能源输出的重要港口，煤炭装船泊位专业化程度高，全国5个大型专业化的煤炭装船港在该地区有4个。

北京与天津港口岸直通，两市实现了港口功能一体化；首都国际机场和天津滨海国际机场联合，率先实现了中国民航跨区域的机场的整合；铁路建设方面，北起山海关、南至山东烟台的环渤海经济圈铁路大动脉已经建成；连接胶东半岛和辽东半岛的烟台—大连铁路轮渡已经建成；港口建设方面，2010年环渤海地区新增港口吞吐能力7.4亿吨，以大连、天津、青岛等港口为枢纽，重点建设集装箱、进口铁矿石、进口原油和煤炭装船中转运输系统。基础设施的优势，有力地促进了环渤海区域的生产要素流动，并吸引了大量投资。

（4）外向型经济发展迅猛。该地区是外商在北方投资最密集的地区，且具有投资不断增加的趋势。全球80多家跨国公司在华设立的研发机构，其中40%以上设在北京；而天津目前拥有外商投资企业1万余家，其中全球500强企业在天津设有200余家生产性投资企业；大连的外商投资企业无论数量和质量在全国都是一流的。经过多年的发展，外商投资带来的先进技术和管理、营销等先进理念，对于优化区域产业结构、形成新兴制造业具有重要意义。

（5）经济实力雄厚，创新能力强，金融业较发达。环渤海区域已成为继珠江三角洲和长江三角洲之后的又一个大规模区域制造中心。依托原有经济基础，环渤海地区不仅保持了钢铁、原油等传统产业的优势，同时，新兴的电子信息、生物制药、海洋经济等高科技产业也迅猛发展，经济实力相当雄厚。京津唐地区已经成为中国电子信息产业发展的中心之一。有关专家分析指出，京津地区是中国科研实力最强的地区，仅北京重点高校就占全国的1/4，而天津也拥有30多所高等院校和国家级研究中心，研发及促成电子信息产业科技成果转化，均得天时地利。目前，有全国最大的电子信息产业科研、贸易、生产基地之誉的北京中关村地区，已集中了软件开发及信息技术的各类优秀人才，摩托罗拉、惠普、松下、微软、富士通等均在北京设立了研发中心，摩托罗拉、韩国三星等国际跨国公司进驻天津开发区早已形成相当大的生产规模，其自身发展及辐射作用都在扩大。

环渤海区域金融业存贷款规模占全国的1/4强，北京是全国大多数金融机构的总部所在地，天津、青岛、大连作为国家14个沿海开放城市中的成员，外资金融机构已颇具规模。

2. 区域经济发展的制约因素

由于历史、体制等方面的原因，环渤海区域仍面临一些制约区域经济和社会协调发展的深层次的矛盾和问题。

（1）生态和环境问题。生态和环境问题表现在两个方面：一方面是淡水资源缺乏。环渤海地区严重缺水城市有25个，占该地区城市总数的一半左右，北京、天津、青岛等大城市严重缺水，在一定程度上阻碍了经济的发展。另一方面是沙尘严重。环渤海地区处在地理环境比较脆弱的地带，是我国北方沙尘天气最为严重的地区，沙尘暴造成了环境质量的大幅度下降。因此，环境治理已经成为该地区经济持续发展中的重要问题。

（2）经济结构同构问题远没有从根本上解决。在长江三角洲经济圈、珠江三角洲经济圈内，江浙、广东地区产业关联度强，形成了分工细化、相互协作的共生共长关系。环渤海各个区域虽然从20世纪80年代都开始提出发展各自的主导产业，90年代把选择培育区域主导产业提到了前所未有的战略高度，但真正拥有区际竞争优势产业的地区并不多，绝大多数地区还没有形成基于本地特有的自然、经济、技术、文化等优势而发展的有竞争力的主导产业。区域内部的辽东半岛经济区、京津冀经济区、山东半岛经济区分别形成了较为完整的经济体系。但三大板块之间联系还不多，没有形成紧密的贸易联系，缺乏紧密的分工协作关系，还处在各自为政的状态，区域产业结构的差异性和互补性不明显，产业同构问题也还存在。

（3）国有经济比重过大，市场配置资源能力相对较弱。环渤海地区国有工业比重不仅远高于东南沿海地区，而且高于全国平均水平。据2008年的统计数据，全国规模以上工业增加值为548 311亿元，其中，国有及国有控股工业总产值为143 950.02亿元，占全部的比重为26.25%；环渤海地区的这一比重为26.61%，其中辽宁省的比重高达34.45%；而同期珠三角的比重为15.89%，江苏省的比重为10.52%，浙江省的比重为12.94%。区域内国有企业众多，机制不灵活，在要素合理流动，特别是在共同利益基础上跨省市的项目开发和资产重组，或共同组建大型企业集团等方面进展不大，市场机制资源配置还相对较弱。2008年长三角、珠三角区域的国有投资占全社会固定投资的比重在25%～30%[①]之间，而环渤海区域北京、山东、河北、天津、辽宁依次为37.44%、26.66%、39.01%、42.60%、29.33%。很明显，国有投资比重过大会限制民间投资的比重份额，也会影响到这一地区的经济活力及效益。这在一定程度上影响到了“十一五”期间环渤海地区的经济发展。

（4）中心城市辐射力不足，“龙头”带动作用不强。区域经济发展必须有“龙头”带动。长三角、珠三角区域经济之所以发展迅速，就在于有上海浦东新区、深圳特区的“龙头”带动。综观环渤海区域的经济发展状况，尽管北京、天津等城市对于区域经济的发展也发挥着重要作用，但比起上海在长三角中以及广州、深圳在珠三角中的集聚辐射效应还有很大差距，其经济能力和带动作用还

① 资料来源：《中国固定资产投资统计年鉴（2009）》。

没有使之成为该地区的中心，与其他地区和城市群之间也没有建立起联系紧密、分工协作的经济体系。京津冀地区的辐射半径还没有到达辽东半岛和山东半岛，两个半岛对京津冀地区的辐射相对更弱。目前看来，区域发展尚缺乏真正的“龙头”带动。国家开发建设天津滨海新区并将其定位为环渤海地区的经济中心，就是力求在“龙头”带动方面有所突破。但区域内各省市经济都具有一定的独立性，都有各自的中心城市，省市之间的竞争发展格局导致了经济发展政策的重合、城市定位雷同、经济功能重复、资源争夺无序的局面，制约了整个区域协调快速发展，也制约了地区中心城市作用的发挥。尤其是距离较远的城市，产业协调困难，难以实现资源的高效配置，很难形成较大的规模优势。

（5）行政分割，缺乏有效的协调机制。区域内共有五省两市7个省级行政单元、40多个地市级行政单元。各地方政府强势介入经济发展，对资源控制能力强，整个区域经济带有较强的行政色彩，相互之间的竞争意识远大于合作意识，区域一体化发展的行政阻力较大。各个次区域内在招商引资、外贸出口和产业发展上还存在着无序竞争。地方政府在区域发展中政策的制定实施上往往以本位利益为出发点，具体表现有，盲目地减免税收或无节制地给予企业直接援助以吸引投资或争夺市场；行政强制设立壁垒，对本地企业采取经济补贴或减免；以恶性抬价形式争夺外地原材料或恶性降价形式推销本地产品，导致出口产品价格大幅下降，使国家利益受到极大的损害。区域经济发展缺乏有力的协调机制，成立于1996年的环渤海地区经济联合市长联席会议制度，对上没有牵头部门，对下没有行政约束力，组织形式还比较松散，有待于建立和完善各种高效、务实、多赢的环渤海区域合作协调机制。

3. 环渤海区域的发展机遇

2006年年初，国务院出台了《关于推进天津滨海新区开发开放有关问题的意见》，标志着天津滨海新区开发建设由地区发展战略上升为国家发展战略。滨海新区作为综合改革试验区，先行先试，探索新一轮改革的新路径。滨海新区的开发开放以此为引擎，带动整个环渤海区域的快速协调发展。滨海新区的建设列入国家“十一五”规划之后，区域经济发展遇到重大的历史性机遇，已经并将继续对整个环渤海地区产生深远的影响。从国际背景看，目前恰逢韩日两国产业转移的良机，以环渤海地区距韩、日比较近的区位优势和丰富的资源优势，要抓住这个机会，承接其产业转移，发展区域内经济。

三、区域经济合理布局和科学发展

综上所述，环渤海区域是保证我国政治和经济稳定的核心地区，是三北地区发展的引擎，是东北亚地区国际经济合作的平台。为实现该区域经济的振兴，必须贯彻落实科学发展观，准确地把握区域发展策略与发展模式。

（一）“五点三区两翼”的空间经济结构

环渤海经济圈应形成以京津都市圈、山东半岛城市群和辽中南地区为支点，以渤海南北两翼为辅助，以区域经济一体化为核心，国有、民间、外资相互竞争，相互渗透的混合经济为支撑的发展格局。

1. “五点三区”是区域经济腾飞的关键

五点是指撬动区域发展的五大支点，包括中关村科技园、滨海新区、曹妃甸、青岛、大连。三区是指京津冀、山东半岛城市群和辽中南地区。其中以中关村科技园、滨海新区、曹妃甸为核心的京津冀都市圈包括北京、天津、唐山、秦皇岛、廊坊、保定、沧州、承德和张家口等9个城市约17.8万平方公里。该地区是我国政治、科技、教育、文化和金融的中心，人口和面积位于三个地区之首，工业基础较好，产业门类齐全，其中钢铁、石油化工、海洋化工和建材等原材料工业发展潜力大，智力技术密集型产业和交通运输、商贸物流等产业具有优势，尤其是机械电子业、商业服务业、旅游业已成为本区重要支柱产业。山东半岛城市群包括青岛、济南、烟台、淄博、威海、潍坊、东营、日照等。该地区受日、韩经济辐射影响较大，以机械电子、轻纺、食品、石油和天然气开采、石油加工、化学工业为主导产业，自然资源丰富，农业和海洋产业基础雄厚，劳动密集型产业发达，特别是电子信息和家用电器产业竞争力强，市场化程度较高，是我国重要的对外开放基地，在这三个地区中竞争力上升最快。辽中南地区包括沈阳、大连、抚顺、鞍山、本溪、辽阳、铁岭、丹东、营口、盘锦等。该地区以冶金、机械、石油化工、建材为主导产业，是我国最大的重工业基地，对东北地区的辐射影响最大。

可见，这三个地区经济实力相差不大并各有特色，但是首位度不高，目前难以形成单一的区域经济发展中心，其原因在于：

第一，环渤海区域空间跨度太大，难以形成单一经济中心。环渤海经济圈占地18.25万平方公里，北京到青岛和大连的距离分别为832公里和903公里；而珠江三角洲经济区包括广州、深圳、佛山、江门、惠州和肇庆市等，占地面积4.16万平方公里；长江三角洲包括上海、杭州、宁波、绍兴、湖州、苏州、嘉兴、舟山、无锡、常州、南京、南通、镇江、台州、扬州和泰州市，占地面积9.86万平方公里；东京都经济圈占地1.35万平方公里；大巴黎经济圈占地1.2万平方公里。所以，环渤海区域在规模和空间跨度上都是超级的，单一中心格局难以实现区域经济协调发展。

第二，单一增长中心并不是区域经济发展的必然结果。区域经济学理论认为，增长极是创新中心、社会交往中心、信息聚集中心和服务中心，是依托城市或在城市附近不发达的较低层次的发展轴线上建立，但并不是所有的城市都是增长极，增长极是具有主导型产业的聚集点。其主要功能是启动型工业，核心是建立强大的工业体系。由于环渤海经济圈地域跨度大，区域内各地经济活跃并自成体系，所以不可能只有一个增长中心，可以形成一个多中心、结构合理的网络等级体系。多个中心和副中心的多极化增长和发展格局很可能是该区域空间经济结构的重要特征。

2. "南北两翼"是撬动周边区域经济升腾的杠杆

"南北两翼"是指鲁辽及河北的部分地区。从2008年山东、辽宁、河北三个省份的各项经济发展指标看：山东省和辽宁省人均固定资产投资、存款余额、外商直接投资、消费品零售额、进出口总额均高于河北省；而河北省在人均城镇可支配收入和从业人员比例方面高于辽宁省。可见，山东省和辽宁省在需求和供给方面都比河北要好一些，但是，辽宁省存在着城镇居民可支配收入低和下岗待业人员多的问题。因此，其投资和消费由政府拉动或转移支付所产生的比例较高，也在一定程度上体现出收入分配差异大的问题。另外，辽宁还存在着产业结构发展不平衡，重工业和资金密集型产业占比重较大，而劳动密集型产业落后，市场适应能力弱等问题。

从三省各项指标增长情况来看，山东的增长速度明显高于河北省和辽宁省，其发展后劲较足。根据《2009年中国省市区综合竞争力排行榜》，环渤海地区各省市综合竞争力排名分别为：北京在中国大陆地区排第二名；山东排第五名；天津位列第八名；河北和辽宁分别为第十一、十二名。因此，山东省是环渤海经济圈的重要力量，能否发挥其中间带动作用是环渤海经济圈形成与发展的关键。

3. "五点三区两翼"分工协作、一体化发展

"五点三区两翼"的功能分配是：京津冀都市圈作为环渤海区域的经济增长中心，要发挥其对华北和西北的辐射和带动作用。山东半岛城市群要发挥其区位优势，直接参与环黄海经济圈的分工与合作，吸引日本与韩国的直接投资，形成东连日韩、南连长江、北连辽中南、西连京津的桥头堡，进而带动山东与河南两省的发展。辽中南地区则要发挥其东北地区的"领头雁"作用，积极参与东北亚地区的分工与合作，除了吸收日、韩跨国公司的投资进行老工业基地的改造以外，还要加强与俄罗斯、朝鲜、蒙古国等国的经贸往来和技术交流，在空间上南接山东半岛、西连京津，形成我国现代化的重工业基地和原材料生产加工基地。山东省作为环渤海经济圈的南翼，起着联系京津冀都市圈和山东半岛城市群的桥梁作用，既可以接受上述两地区的辐射，又可以把辐射传递到河南和河北南部地区。积极发展特色农业、海洋产业、原材料工业、重化工业和机械制造业。特别是要加强综合交通运输体系的建设，为京津冀都市圈和山东半岛城市群的空间联系提供便利。还要注意开放劳动力市场，加快劳动力的流动速度，为山东半岛城市群和京津冀都市圈提供劳动资源的支持，进而加速城市化进程和提高社会福利水平。辽宁省是环渤海地区的北翼，是联系京津冀都市圈和辽中南地区的纽带，是上述两地区的直接腹地，又是辐射东北和内蒙古的中间环节。因此，三点两翼在空间上是一个稳定的三角形结构，内部距离最短，可达性很强，容易实现一体化发展格局。

（二）探索新的发展模式

环渤海区域应以自己的区位优势为基础，确立区域经济发展新模式。

1. 统筹规划，合理布局，加快区域一体化步伐

以京津冀都市圈、山东半岛都市群、辽中南地区区域发展规划为基础，落实整个环渤海地区的产业分工和功能定位。要摆脱行政区划对区域合作的影响，整合大连、天津、青岛、曹妃甸等港口资源，打造北方航运中心，以资源优势为基础，互补多赢为原则，进行合理的产业分工。

充分发挥市场配置资源的基础性作用，实现区域经济、文化、教育、科技的全面融合。消除行政壁垒和市场障碍，共同培育和发展环渤海地区统一、开放、有序的市场体系，使资源、人才、资金、企业资产等生产要素在区域内顺畅流动。调整不利于跨地区重组的体制和政策尤其是税制和金融体制，促进区内工业企业通过兼并、收购、参股控股、合资、合作、租赁和承包经营等方式跨地区流动和重组。尽快形成环渤海地区互联式、一体化交通网络，区内机场、港口、高速公路和铁路等运输设施和电力设施应通盘考虑，科学规划，避免重复建设、负荷不均衡造成的浪费。建立完善综合服务体系。建设区域统一的人才、信息市场，实现资源共享；推动高等院校、科研院所的合作，提高智力资源利用效率；整合旅游和文化资源，活跃区域旅游和文化交流；共同治理和保护环境，建设生态良好、环境优美的经济圈；实现环渤海地区由物资交换发展到科技、金融、人才、医疗、环保、旅游等多领域、全方位的合作。

2. 以自主创新为先导，打造先进制造业基地

环渤海区域科教发达，人力资源和自然资源丰富，工业基础雄厚，高技术产业和创新产业基础良好。它拥有北京中关村和天津滨海新区等我国重要的创新产业基地；还有以青岛的海尔、海信、青岛啤酒、澳柯玛、双星“五朵金花”为代表的现代企业集团；有以摩托罗拉、诺和诺德、三星电子等为代表的大型跨国企业集团；另有胜利油田、渤海油田、辽河油田、华北油田、大港油田等石油基地；并且有世界著名的辽宁重工业基地。实力雄厚的制造业已经造就了一支高素质的产业大军，积累了丰富的生产和管理经验，培育了许多有才干的企业家，这是一笔非常宝贵的财富，应善加利用。

应该充分发挥本区域的优势，不断增强自主开发能力，推进环渤海区域产业结构升级。完善政府支持、企业主导、产学研结合的开发体系，确立企业在技术创新和科技投入的主体地位，把技术引进和消化吸收再创新结合起来，有效整合人才资源，全面提升区域自主创新能力。在积极引进和吸收世界先进生产技术、加速产品的更新换代、形成“雁行”发展序列的同时，还应以创新产业为龙头，积极开发具有自主知识产权的产品，实现“跳跃式”发展。同时，抓住日本、韩国以及世界其他国家的跨国企业集团加速产业转移和跨国投资的时机，进行老工业基地的嫁接改造，调整产业结构，进而发展成为具有国际竞争力的制造业基地。

3. 以港口和综合交通体系为支点构造现代服务业基地

环渤海区域港口和交通网密度大、数量多、吞吐量和运输量大。港口在区域经济中发挥着非常重要的作用，它不但能够带动以港口为核心的港航产业及相关产业的发展，也带动第三产业和制造业的发展，并增加就业量，还是吸引跨国公司投资办厂的重要区位因素，对当地经济具有巨大的拉动作用。因此，发展以港口为核心的产业链条，是世界主要港口城市和区域的重要战略，如荷兰的鹿特丹港、比利时的安特卫普港、中国香港的维多利亚港、新加坡港、日本的横滨港、韩国的釜山港等都已成为所在城市的支柱产业。

根据国内外的经验，环渤海区域应该重新审视港口的地位和作用。目前，该地区的港口分工合作的格局还未真正形成，各省市之间的陆海空综合交通体系还有待完善，交通网络一体化程度低，严重影响着港口和综合交通体系对区域经济的拉动作用。因此，有必要对港口产业和综合交通体系优化组合，统一规划，进行一体化管理和经营；合理分工，整合腹地货源市场；大力发展港口关联产业，提高港口企业和综合交通体系的整体效益和竞争能力。从而提高商品和要素的流动速度，以降低流动成本，提高对区域经济的贡献水平。在环渤海中心城市建设一批集批发、零售、仓储、运输为一体的配货中心、商业中心和商品集散地，形成快捷通畅的现代物流网络体系。

4. 发展循环经济，走可持续发展道路

循环经济倡导在物质不断循环利用的基础上发展经济，是符合可持续发展战略的一种全新发展模式。其主要原则是：减少资源利用量及废物排放量，大力实施物料的循环利用以及努力回收利用废弃物。发展循环经济是实施可持续发展战略的重要实现方式，是进行老工业基地改造、产业结构调整、解决环境污染、促进区域经济健康发展的有效途径。开展循环经济建设，以此推动老工业基地的调整改造和资源枯竭城市的转型，实现经济增长方式由粗放型向集约型的转变。

环渤海经济圈是老工业比较集中的区域，如何改造老工业，使其摆脱目前的困境，这是摆在政府和企业面前的重大课题。走可持续发展的道路不仅适用于老工业基地，对于新建项目和新型产业最初的定位也尤为重要。绝不能走先污染后治理、先破坏后恢复的恶性循环的老路。这是因为生态环境承载能力是有限度的，超出这个限度就不能够恢复，就造成了永久性的破坏。

总之，环渤海经济圈具有独特的区位优势、地缘优势、要素禀赋优势，发展基础良好。通过区域经济一体化和市场化的发展，实施三点两翼梯度推进式发展战略，能够把区位优势转化为区域经济的发展优势。在发展过程中，要摆脱传统的落后观念进行实质性合作，积极推进区域经济一体化和市场化进程，根据自己的优势确定发展战略，走可持续发展的道路。

第二章

京津冀经济振兴、产业发展及影响

改革开放以来，中国经济发展从整体上表现出明显的“南盛北衰”格局。经过约30年的发展，中国南部经济逐渐进入经济增长相对稳定的调整期。2005年，珠江三角洲和长江三角洲地区若干重要经济指标增幅逐渐回落，说明长期以来该地区所依赖的粗放式增长模式将面临转变和调整。而2002年以来，以京津冀都市圈为代表的北方经济开始显现出发展的活力，成为推动中国经济增长的重要力量。正是基于上述背景，中央把天津滨海新区纳入国家经济发展战略，如何通过滨海新区的开发开放，促进京津冀都市圈的快速发展并带动未来北方经济的持续稳定发展，是历史赋予京津冀都市圈的重要使命。

一、京津冀在环渤海区域中的地位

自改革开放以来，组成环渤海区域经济板块的京津冀、辽东半岛和山东半岛三个核心地区，对经济体制变革和市场体系形成的适应性有着很大的差别。正是由于这一因素的长期作用，逐渐使得三个核心地区相互之间的实力对比发生了巨大的变化。

其中，以山东半岛及其所在的山东省对改革开放最为适应，从改革开放当中得到的收益也最多。1978年时，山东省的地区生产总值仅占到环渤海区域5省市的27.2%，到2005年，这一比重已经提高到40.1%，而且还有继续上升的趋势。

相比之下，辽东半岛及其所在的辽宁省却对改革开放表现出了强烈的不适应性，并且导致其在环渤海区域中的地位明显下降。辽宁省的地区生产总值占环渤海区域5省市的比重，在1979～2008年期间竟然从27.6%减少到17.4%，并且下降的趋势至今尚未停止。

至于京津冀地区，最初对改革开放也是不适应的，但后来又从不适应到逐渐适应。其经济发展进程以1994年为转折点，呈现出先抑后扬的态势。北京、天津、河北三省市地区生产总值占环渤海区域五省市的比重，先从1978年的45.2%缓慢下降到1994年的38.7%，下滑趋势与辽宁省如出一辙，然后再逐步回升到2008年的42.6%，又显示出了与山东省完全相同的趋势（见图2.1）。1994年3月，天津市委、市政府设立滨海新区领导小组，加大滨海新区的开发建设力度，正是促使京津冀地区走出经济增长低谷的原因之一。与此同时，从1994年开始实行的分税制财政体制，对于中央财政支出非常集中的首都北京及其所在的京津冀地区的经济增长也有很大的促进作用。

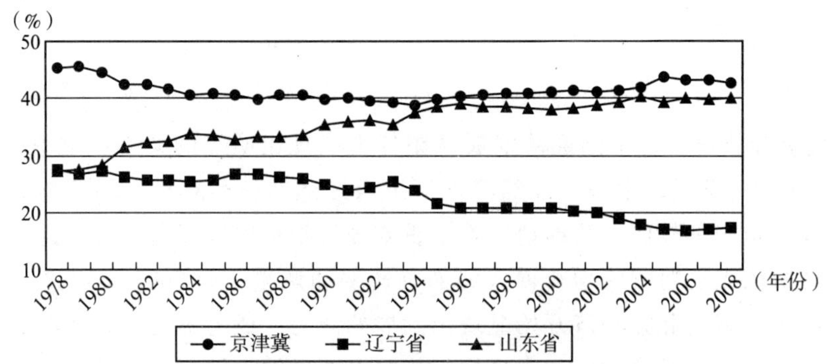

图2.1 京津冀、辽宁省和山东省地区生产总值占环渤海区域的比重（1978～2008年）

资料来源：《新中国六十年统计资料汇编》。

从总体上来看，在环渤海区域的三个核心地区中，目前经济实力最强的依然是京津冀地区，其次是山东半岛及山东省，最后则是辽东半岛及辽宁省。而且，如果将京津冀地区作为一个整体，其经济发展水平目前在环渤海区域也是最高的。2008年，北京、天津、河北三省市人均地区生产总值的加权平均值为33 461元，是山东省的101.1%、辽宁省的107.0%。然而需要指出的是，在京津冀地区内部，经济发展十分不平衡。其中北京市和天津市的人均地区生产总值，一直位居全国各省、直辖市、自治区的第二、三位，仅次于上海市。而作为京津两市主要腹地的河北省，目前的人均地区生产总值仍然远远低于山东、辽宁两省。并且整个京津冀地区还有将近40%的人口居住在人均地区生产总值低于全国平均水平的边缘地区（见表2.1）。这说明，作为一个核心地区京津冀虽然具有强大的经济实力，但其辐射作用目前却十分有限，难以起到全面带动环渤海区域快速发展的作用，甚至未能使京津周边地区普遍受益，以至于形成了“环京津贫困带”。

表 2.1　环渤海区域各省市人均地区生产总值和核心—边缘地区人口比重（2008 年）

地区	人均地区生产总值（元）	核心地区人口占比重（%）	边缘地区人口占比重（%）
京津冀	34 219	60.66	39.34
北京	63 029	100.0	0
天津	55 473	100.0	0
河北	23 239	44.80	55.20
辽宁	31 259	66.56	33.44
山东	33 083	74.93	25.07

资料来源：《中国统计年鉴（2009）》、2009 年各省、市统计年鉴。其中边缘地区系指人均地区生产总值低于全国平均水平的地级市。

从三次产业构成的角度来看，京津冀地区作为一个整体，目前实力最为突出的产业部门当属第三产业。2008 年，北京、天津、河北三省市第三产业增加值合计占到了环渤海区域的 50.7%，比 1994 年京津冀地区处于经济增长谷底时的 41.3% 提高了 9.4 个百分点。其中仅北京市的第三产业增加值，就占到了环渤海区域的 1/4 以上，几乎相当于天津市与河北省的总和。而京津冀地区的第二产业，虽然在 1994 年以后也逐渐走出了低谷，但其增长趋势仍然无法与环渤海区域的后起之秀山东省相匹敌。到 2008 年，京津冀地区的第二产业增加值占环渤海区域的比重，已经比山东省低了 6 个百分点。特别是北京市第二产业增加值占环渤海区域的比重，在 1994 ~ 2008 年期间依然是下降的（见表 2.2）。显然，第三产业在北京的高度集中，并没有促进京津冀地区第二产业的快速发展。再加上山东省的第三产业不够发达，而辽宁省的第二产业又发展缓慢，这就使得在环渤海区域经济板块中，仍然缺少能够与长江三角洲、珠江三角洲相匹敌的，第二产业与第三产业均衡发展的核心地区。

近年来，京津冀地区在第三产业发展方面的优势，主要集中在金融业、其他服务业和房地产业这三大领域。而在这三大领域发展最为突出的，又都是首都北京。作为全国的政治中心和国有经济经营管理中心，北京市在金融服务业发展方面本来就有着环渤海区域其他城市都不具有的资源垄断优势，随着中央政府直接管辖下的国有金融机构逐渐走向市场化，北京的金融中心职能得到了迅速的扩充。而与政府自身运转有关的其他第三产业部门，如科学研究、技术服务和地质勘察业，水利、环境和公共设施管理业，居民服务和其他服务业，教育，卫生、社会保障和社会福利业，文化、体育和娱乐业，公共管理与社会组织，国际组织等，随着分税制财政体制的建立和中央财政支出能力的增强，同样也大量地集中在北京。再加上受到上述两个部门发展强力带动的房地产业，使得2008年北京市第三产业的区位商高达1.864，其中金融业、其他服务业和房地产业的区位商更是分别高达3.035、1.667和2.334。相比之下，京津冀地区批发和零售业、住宿和餐饮业的发展却并不突出。2008年，北京、天津、河北三省市批发和零售业、住宿和餐饮业的区位商加权平均值均小于1（见表2.3）。显而易见，第

表2.2　各省市第二、三产业占环渤海区域的比重（1978～2008年）

单位：%

地区	1978年			1994年			2008年		
	GDP总额	第二产业	第三产业	GDP总额	第二产业	第三产业	GDP总额	第二产业	第三产业
京津冀	45.3	45.1	55.3	38.7	38.2	41.3	42.6	37.7	50.7
北京	13.2	15.4	16.9	10.5	9.8	14.4	13.5	6.6	25.2
天津	10.0	11.4	13.2	7.0	7.9	7.7	8.2	9.4	7.9
河北	22.1	18.3	25.2	21.2	20.6	19.2	20.9	21.7	17.6
辽宁	27.0	32.1	18.9	23.8	24.6	24.9	17.4	18.5	15.2
山东	27.7	22.7	25.8	37.5	37.1	33.7	40.0	43.8	34.1

资料来源：国家统计局《全国各省、自治区、直辖市历史统计资料汇编（1949～2009）》、《中国统计年鉴（2009）》。

表2.3　环渤海区域各省市第三产业主要部门区位商（2008年）

地区	第三产业	交通运输、仓储和邮政业	批发和零售业	住宿和餐饮业	金融业	房地产业	其他服务业
京津冀	1.192	1.054	0.964	0.833	1.467	1.083	1.350
北京	1.864	0.796	1.283	1.371	3.035	1.667	2.334
天津	0.965	0.833	1.207	0.865	1.209	0.912	0.843
河北	0.845	1.307	0.662	0.473	0.552	0.771	0.911
辽宁	0.878	0.877	1.168	1.016	0.547	0.885	0.812
山东	0.849	0.996	0.965	1.170	0.700	0.962	0.710

注：各部门区位商=各部门增加值占环渤海区域的比重/地区生产总值占环渤海区域的比重。
资料来源：《中国统计年鉴（2009）》。

三产业的优势部门与周边地区的经济发展之间缺乏内在联系，而且流通部门发展滞后不利于京、津两市第二产业向外扩散。如果将河北省的情况与辽宁省、山东省相比，我们会发现在工业化远远没有达到饱和的情况下，第三产业越发达，就越有可能抑制一个地区的第二产业发展。

与第三产业高度集中于京津冀地区，特别是集中于北京市的状况有很大的不同，近年来环渤海区域的三个核心地区在第二产业，特别是制造业的发展方面要相对平衡一些。其中山东省的制造业，无论是增长速度还是总体规模，目前在环渤海区域都位居领先地位。正是因为制造业发展的带动作用，在改革开放之后的30多年中，山东半岛的经济发展后来居上，逐步超过了在制造业发展方面具有传统优势的辽东半岛。2007年，山东省规模以上工业企业制造业增加值为11 407.1亿元，占环渤海地区的48.3%，制造业区位商高达1.221。而辽宁省规模以上工业企业制造业增加值则只有4 544.6亿元，仅占了环渤海地区的19.2%，制造业的区位商低于山东。与辽宁省相比，在同样属于传统老工业基地的京津冀地区，自改革开放以来的制造业发展显得较为平稳。2007年，北京、天津、河北三省市规模以上工业企业制造业增加值为7 658.8亿元，占环渤海地区的32.4%。但是，京津冀地区制造业的区位商却只有0.751，说明其制造业在环渤海地区经济发展中所起到的作用要远小于第三产业（见表2.4）。

从制造业各部门的发展情况来看，环渤海区域的各个部分之间已经形成了明显的地区分工（见表2.5）。

在京津冀地区，制造业的优势部门呈现出两极分化的态势。其中京津两地在高新技术产业领域具有优势，特别是通信设备、计算机及其他电子设备制造业和医药制造业两个部门。而河北省则以钢铁工业及其下游产业为特色，包括黑色金属冶炼及压延加工业和金属制品业两个部分。此外，还有在北京、天津、河北三省市均发展较快的交通运输设备制造业。如果将京津冀地区作为一个整体，在增加值位居其前10位的制造业部门中，只有这五个制造业部门的区位商高于制造业的平均水平。

在辽东半岛及辽宁省，装备制造领域的一些传统优势仍然保留着。例如，交通运输设备制造业和通用设备制造业这两个重要的装备制造业部门，目前的区位商都比较高。但是，目前辽东半岛及辽宁省最具优势的制造业部门，却是位于装备制造业上游的原材料部门，即石油加工、炼焦及核燃料加工业和黑色金属冶炼及压延加工业，它们的增加值总额及区位商在整体优势上要高于上述两个装备制造部门。此外，辽宁省所有其他主要的制造业部门，目前的区位商均低于制造业的平均水平。

表 2.4　　环渤海区域各部分制造业主要部门增加值和区位商（2007 年）

项目	京津冀		辽宁省		山东省	
	部门	增加值/区位商	部门	增加值/区位商	部门	增加值/区位商
全部制造业	增加值	7 658.8	增加值	4 544.6	增加值	11 407.1
	占环渤海地区	32.4%	占环渤海地区	19.2%	占环渤海地区	48.3%
	区位商	0.751	区位商	1.137	区位商	1.221
增加值居前 10 位的制造业部门	通信设备、计算机及其他电子设备制造业	905.5（1.318）	石油加工、炼焦及核燃料加工业	493.9（2.526）	纺织业	906.5（1.941）
	黑色金属冶炼及压延加工业	1 977.0（1.294）	通用设备制造业	424.4（1.548）	农副食品加工业	1 157.0（1.733）
	医药制造业	249.0（1.061）	交通运输设备制造业	375.0（1.537）	化学原料及化学制品制造业	1 189.3（1.588）
	交通运输设备制造业	560.3（0.900）	黑色金属冶炼及压延加工业	835.1（1.394）	非金属矿物制品业	749.8（1.398）
	金属制品业	259.7（0.807）	专用设备制造业	195.5（1.247）	通用设备制造业	820.2（1.270）
	电气机械及器材制造业	341.3（0.700）	非金属矿物制品业	274.5（1.206）	电气机械及器材制造业	570.6（1.268）
	专用设备制造业	267.1（0.668）	电气机械及器材制造业	216.73（1.134）	专用设备制造业	463.3（1.255）
	化学原料及化学制品制造业	472.5（0.583）	农副食品加工业	280.7（0.990）	交通运输设备制造业	505.9（0.880）
	非金属矿物制品业	320.2（0.551）	化学原料及化学制品制造业	215.5（0.678）	通信设备、计算机及其他电子设备制造业	518.2（0.816）
	通用设备制造业	374.2（0.535）	通信设备、计算机及其他电子设备制造业	167.8（0.623）	黑色金属冶炼及压延加工业	724.8（0.514）

续表

项目	京津冀		辽宁省		山东省	
	部门	增加值/区位商	部门	增加值/区位商	部门	增加值/区位商
区位商≥制造业平均值的其他部门					工艺品及其他制造业	187.6（1.880）
					造纸及纸制品业	329.9（1.830）
					橡胶制品业	263.4（1.775）
					有色金属冶炼及压延加工业	392.7（1.652）
					食品制造业	291.1（1.480）
					纺织服装、鞋、帽制造业	254.0（1.463）
					塑料制品业	220.9（1.245）

注：区位商 = 制造业部门增加值占环渤海区域的比重/地区生产总值占环渤海区域的比重，占制造业增加值比重不足 1% 的部门未单独计算。

资料来源：2008 年北京、天津、河北、山东、辽宁统计年鉴（仅包括国有制造业企业及年产品销售收入在 500 万元以上的非国有制造业企业）。

表 2.5　　环渤海区域各部分的制造业分工特征

地区	具有优势的制造业部门	集中分布地
京津冀	高新技术产业	北京、天津
	钢铁工业及其下游产业	燕山、太行山山前地带及渤海湾沿岸
	汽车工业	天津、北京、保定
辽宁	装备制造业	沈阳（飞机、机床） 大连、葫芦岛（造船、机车）
	钢铁、炼油等能源原材料加工业	鞍山、本溪（钢铁） 大连、抚顺、锦西（炼油）
山东	消费品工业	青岛（家用电器）等多个城市
	能源原材料加工工业（钢铁除外）	淄博（炼油、有色金属）、招远（黄金）、鲁中丘陵（水泥）
	装备制造业	济南（机床）等多个城市

资料来源：据各省、市、自治区 2008 年统计年鉴。

在山东半岛及山东省，具有明显优势的制造业部门仍然集中在生产最终消费品领域，但范围已经有了很大的扩展。其中的纺织业、农副食品加工业和电气机械及器材制造业三个部门，无论是增加值还是区位商，均位于制造业的前列。而且，山东省还有一些规模较小的最终消费品生产部门，如工艺品及其他制造业，造纸及纸制品业，橡胶制品业，纺织服装，鞋、帽制造业，食品制造业，塑料制品业等，也有着高于制造业平均水平的区位商。在原材料基础产业方面，山东省避开了京津冀地区和辽宁省均具有优势的黑色金属冶炼及压延加工业，而在非金属矿物制品业、化学原料及化学制品制造业、有色金属冶炼及压延加工业方面确立了自己的优势。再加上主要由通用设备制造业和专用设备制造业组成的装备工业，山东省制造业的优势部门要远远多于京津冀地区和辽宁省。

二、区域经济联系与竞争合作关系

环渤海区域三个部分之间，曾经有着比较密切的经济联系，并且这种经济联系最初主要是以今天的京津冀地区为主导的。

19 世纪后期，辽东半岛和山东半岛的近现代经济刚刚开始萌芽的时候，它们与地处京畿要地、近现代经济发展领先一步的天津、唐山等城市之间就已经有了一些物资往来。19 世纪末，辽东半岛和山东半岛港口建设所用的水泥，就来自洋务运动中建立的唐山细绵土厂，并且经由今属天津市的蓟运河运去的。当时的天津机器制造局，是中国北方规模最大的军工企业，生产的火炮、挖泥船在辽东半岛和山东半岛的海防建设中也都起了作用。20 世纪初，随着户部银行、交通银行等官办的近现代金融机构的建立，辽宁、山东两省与大清帝国首都北京的经济联系也更加密切。到了 20 世纪 20 年代的民国北京政府时期，由于首都北京政治形势变幻莫测，一度拥有 9 国租界天津遂成为中国北方最重要的经济中心。此时，从辽宁到山东，从河北到山西，都可以感受到天津的经济影响。1928 年民国政府定都南京，北京失去了全国政治中心的地位，但天津与周边地区的经济联系却有增无减。

20 世纪 30 年代初，天津的对外贸易量相当于当时中国的 1/4，来自华北、西北、东北的物产从这里运往世界各地；天津的全部金融资本相当于中国的 17%左右，今天的解放北路就曾经是一条金融街，集中了 40 多家银行，其中外国的银行就有 17 家。因此，河北、山东、辽宁的许多商人，也都以天津作为他们的经营基地。一直到新中国成立之初，环渤海区域各个部分之间的物资贸易和资金融通仍然十分频繁。

计划经济体制时期，环渤海区域三个部分之间传统的经济联系开始发生变化。由于资金、各种生产资料，甚至几乎所有的工业消费品都有计划部门分配，建立在市场经济基础上的资金融通和物资贸易逐渐萎缩。从 1958 年开始，各地区为了建立完整的国民经济体系，争相发展当地供给不足的短缺部门，使得京津冀地区、辽宁省和山东省之间原有的生产地区分工格局也受到了一定的冲击。

特别是随着 20 世纪 50 年代末六大经济协作区的建立，京津冀、辽宁省、山东省分别成为华北、东北和华东经济协作区的组成部分，环渤海地区各个部分之间的经济联系被进一步割裂。但是，由于资源供给状况和工业基础不同，环渤海区域各个部分在物资供应方面仍然要互通有无。例如，环渤海区域的纺织工业主要集中在京津冀地区和山东省，它们也是中国主要的棉花产区。后来辽宁省为了满足居民的消费需求，也建立了一些纺织企业。但由于辽宁省的气候不适宜于种植棉花，不得不从京津冀地区和山东省调入棉花。又如，20 世纪 70 年代，山东省“五小工业”得到了全面的发展，但其所需的一部分机械、钢铁、化工产品，仍然要从重工业发达的辽宁省调拨。因此，一直到改革开放初期，环渤海区域各个部分之间的物资供应关系与过去相比并没有发生很大的变化。即辽宁省和京津冀地区（主要是北京、天津、唐山三市）向山东省提供各种工业制成品，而山东省向京津冀地区和辽宁省提供各种农产品。

自改革开放以来，随着外向型经济的迅速发展和中心城市扩散作用的逐渐增强，我国东部沿海地区其他两大区域经济板块内部的经济联系日渐加强。特别是以上海市和长江三角洲核心地区为中心的大长三角区域板块，由于自身经济规模庞大，外向型经济发展迅速，不仅内部的经济联系越来越密切，其扩散作用甚至还波及安徽、江西等内陆省份。而在大珠三角区域经济板块内部，福建、广西、海南的许多经济活动，则都是围绕着靠近港澳地区，在发展对外贸易方面具有得天独厚优势的珠江三角洲核心地区展开的。相比之下，在拥有京津冀、辽东半岛、山东半岛三个核心地区的环渤海区域，目前各个核心地区之间的经济联系却远不如大长三角区域板块和大珠三角区域板块内部的经济联系密切：

首先，由于京津冀、辽东半岛和山东半岛三个核心地区分别拥有自己的枢纽港口、主发展轴和后方腹地，使得人们在获取能源原材料供应、延伸制造业产业链和促进生产地区分工、引进外资和从事对外贸易等方面，一般都会按照距离优先的原则行事，而不是刻意地寻求与实力最强的核心地区进行合作。诸如京津冀与山西北部、内蒙古中部地区之间的经济联系，辽东半岛与东北三省其他地区之间的经济联系，以及山东半岛与河北南部、河南北部、山西南部地区之间的经济联系，都是不可能被割裂的。集中分布在京津两市的高新技术产业，辽宁中南部的装备工业，山东半岛的食品、纺织工业和青岛市的家用电器产业等优势产业集群，都在当地形成了具有一定规模，但相互之间却很少有分工合作的产业链。甚至国际上主要的集装箱班轮公司在安排北美、欧洲等远洋航线时，也都要依次挂靠天津港、大连港和青岛港，以分别满足这些枢纽港口及其腹地发展进出口贸易的需求。特别是环渤海区域制造业规模最大的山东省，目前在国内市场上有着明显的优势，每1元人民币社会消费品零售额的工业总产值高达6.045元，略低于大长三角区域，已经远远超过了大珠三角区域（见表2.6）。但山东省主要的优势产业，特别是轻纺工业的产业链却比较短，因而也只是将高新技术产业密集的京津冀地区和重化工业集中的辽宁省作为自己的市场来看待。

表2.6　环渤海区域各部分工业总产值与大珠三角、大长三角的比较（2008年）

地区	工业总产值（亿元）	占全国（%）	工业总产值与社会消费品零售额之比
京津冀	45 947	9.1	4.006
辽宁省	24 769	4.9	5.037
山东省	62 959	12.4	6.045
大长三角	149 431	29.4	6.905
大珠三角	52 574	10.4	4.116

注：工业总产值为规模以上工业企业工业总产值。

资料来源：《中国统计年鉴（2009）》。

其次，虽然京津冀、辽东半岛和山东半岛三个核心地区之间也存在着一些共同拥有和相互竞争的制造业部门，如汽车工业及装备制造业的某些行业，但是，由于这些部门在国内市场上，甚至在全球市场上的竞争都是竞争比较激烈的，下游厂商大多采取全球采购的方式寻求合作者。再加上各地政府为了促进当地经济发展、形成具有竞争力的产业链，多鼓励供应商在下游用户所在地附近建厂，这使得环渤海区域范围内的有关企业之间难以形成密切的内在联系。以汽车工业为例，无论是北京现代、天津一汽、保定长城，还是沈阳金杯、烟台东岳，都在当地拥有一定规模的零部件生产基地，并且很少有在环渤海区域范围内的其他核心地区寻找零部件供货商的打算。沈阳金杯在生产轻型客车时，除了采用本地的零部件之外，还通过上海华晨集团（申华控股）在长三角地区采购零部件和组织产品的销售。沈阳金杯旗下的金杯通用公司，现在已经纳入了上汽通用的旗下，大量的零部件都来自上汽集团的关联企业。与金杯通用情况相似的还有烟台东岳，其被上汽通用收购之后，上汽通用将原先位于上海的经济型轿车生产基地迁到烟台，这使得烟台东岳实际上也被纳入了长三角地区的汽车工业体系。即使是在京津冀地区，虽然有北京现代、天津一汽、保定长城等多家汽车企业，但相互之间的联系并不多。这些企业除了向设在当地的关联企业采购零部件之外，更多的是在长三角地区，甚至还有珠三角地区采购零部件。

最后，外商直接投资在京津冀、辽东半岛、山东半岛三个地区之间所表现出的不同特点，也说明目前在这些地区之间，以及环渤海区域作为一个整体，都还有着较高的空间成本，从而不利于相互之间经济联系的扩大。尽管环渤海区域对外开放的起步时间并不晚，但外向型经济发展的程度与珠三角区域和长三角区域相比仍然有着很大的差距。到 2008 年，大珠三角区域和大长三角区域地区生产总值的出口依存度已经分别达到 1 152.08 美元/万元人民币和 875.95 美元/万元人民币。相比之下，京津冀地区、辽宁省和山东省的地区生产总值的出口依存度分别只有 318.95 美元/万元人民币、313.16 美元/万元人民币和 311.13 美元/万元人民币（见表 2.7）。显然，在经济总量更大的情况下，之所以环渤海区域的外商直接投资少于珠三角区域和长三角区域，主要是由于环渤海区域的空间成本较高。特别是对于那些要在中国进行生产，然后再将产品输往世界各地的厂商来说，环渤海区域并不具有突出的优势。其中唯一的例外是天津，随着最近 10 年多来的滨海新区建设，外向型经济大规模发展的条件已经成熟。但是，由于并没有完全解决京津冀、辽东半岛、山东半岛三个核心地区相互之间空间成本较高的问题，天津滨海新区仍然未能全面带动京津冀地区外向型经济的发展。而在辽东半岛和山东半岛，由于与日、韩两国仅有一水之隔，进出日、韩市场空间成本相对较低，所以集中了较多的日、韩投资企业。然而，同样也是因为空间成本的问题，制约了辽东半岛和山东半岛的日、韩投资企业与京津冀地区相关日、韩投资企业之间前后向联系的发展。

表 2.7　环渤海区域各部分出口总值及其与大珠三角、大长三角的比较（2008 年）

地区	出口总值（万美元）	占全国（%）	出口依存度（美元/万元人民币）
京津冀	10 535 311	7.36	318.95
北京	3 471 870	2.43	331.03
天津	4 150 023	2.90	653.10
河北	2 913 418	2.03	179.97
辽宁省	4 215 597	2.95	313.16
山东省	9 667 344	6.76	311.13
大长三角	57 372 644	40.1	875.95
大珠三角	41 125 055	28.7	1 152.08

注：出口依存度为单位 GDP 的出口总值。
资料来源：《中国统计年鉴（2009）》。

因此，从整体上来看，环渤海区域经济板块内部的经济联系主要还只是产业分工与产品互补的关系。不可否认，这首先与京津冀都市圈、辽东半岛和山东半岛三个核心地区在地理空间上的分隔有关。但这也在一定程度上说明，缺乏一个经济影响力能够与珠三角地区和长三角地区相匹敌的核心地区，已经成为制约环渤海区域进一步发展与合作的重要因素。

三、京津冀经济发展现状与潜力

（一）京津冀都市圈概述

京津冀都市圈是指北京、天津与河北省部分城市所构成的区域，是我国的政治和文化中心所在地、人口和经济的密集区，是我国参与全球化经济竞争的重要基地和率先基本实现现代化的区域，在我国政治、经济、社会发展中具有重要的战略地位。2004 年 2 月，在河北廊坊召开的京津冀区域经济发展战略研讨会上，"廊坊共识"得以达成，京津冀都市圈的框架范围得以明确界定，以北京、天津、廊坊、保定、唐山、秦皇岛、沧州、张家口、承德和石家庄，形成了京津冀都市圈的"2+8"格局。京津冀都市圈是环渤海经济圈腾飞的"领头雁"；而在东北亚地区的国际经济合作过程中，该地区所扮演的重要角色同样是无可替代的。

京津冀都市圈既是我国的政治和文化中心，也是人口和经济的高度密集区，是未来中国参与国际竞争的重要依托，拥有十分突出的战略地位。从资源总量上看，京津冀都市圈的范围为183 704平方公里，占全国总面积的比重为1.9%，人口7 779万，占全国总人口的比重为5.86%。而从经济总量上看，2008年该地区国内生产总值达到33 031亿元，占全国GDP的10.99%。地方财政收入3 460.53亿元，占全国财政总收入的12.1%。固定资产投资额16 071.1亿元，占全国固定资产总额的9.3%。进出口贸易总额3 905.14亿美元，占全国进出口总额的15.2%。实际利用外资171.35亿美元，占全国实际利用外资总额的17.99%。

表2.8描述了2008年京津冀都市圈各城市经济发展的基本情况。无论从人口数量还是从GDP总量来看，北京和天津都是该地区的核心城市。北京和天津与河北省的8个城市一起，共同构成了一个经济实力雄厚的都市圈。

表2.8　　2008年京津冀都市圈经济发展的基本情况

城市	人口（万人）	面积（平方公里）	GDP（亿元）	GDP在全国城市中的排名
北京	1 664	16 411	10 488.1	2
天津	1 145	11 920	6 354.4	6
石家庄	981	15 800	2 838.4	25
唐山	741	13 472	3 561.2	19
保定	1 089	22 112	1 580.9	55
沧州	696	13 419	1 716.2	47
廊坊	408	6 429	1 051.5	77
秦皇岛	294	7 812	809.0	105
张家口	420	36 829	720.4	119
承德	340	39 500	714.9	121
合计	7 779	183 704	29 834.8	
占全国的比重（%）	5.86	1.9	9.92	

资料来源：各省市2009年统计年鉴。

（二）京津冀与长三角、珠三角经济发展现状比较

经过改革开放30多年的发展，从地域上看，中国已经形成了三大经济发达的都市圈。这三大都市圈包括珠三角、长三角和环渤海地区。其中，京津冀都市圈是环渤海地区的核心。从目前的现实情况看，长三角、珠三角和京津冀三大都

市圈，分别构成了华北、华东和华南三大区域经济社会发展的龙头。2008 年这三个都市圈的 GDP 总量为 178 759 亿元，已经占到全国的 54.6%。但是三大都市圈的发展是不平衡的。相比已经较为成熟、初具规模的长三角和珠三角而言，京津冀都市圈在总体经济水平、市场化程度、对外开放层次以及区域内合作等方面还存在着一定的差距。

从经济总量和平均量上看，京津冀都市圈明显落后于长三角和珠三角地区。根据 2008 年统计资料测算，京津冀、长三角和珠三角三大都市圈地区生产总值分别占全国 GDP 总值的 11%、22% 和 12%，京津冀都市圈与珠三角都市圈基本位于同一水平上，与长三角都市圈差距明显。而从人均和地均 GDP 看，大长三角是大珠三角的 1.23 倍和 1.81 倍，是京津冀都市圈的 1.38 倍和 2.19 倍。

从市场化程度来看，作为我国传统的老工业基地，计划经济体制对该地区的影响很大。在计划经济的惯性作用下，国有经济体制改革的滞后长期制约着京津冀地区的经济发展。2007 年京津冀三省市国有及国有控股企业实现工业增加值占规模以上工业增加值的比重分别达到 53.63%、44.66% 和 32.05%。而浙江、江苏和广东的同期比重分别为 14.99%、13.53% 和 20.04%。

从经济外向度来看，与长三角、珠三角都市圈相比，京津冀都市圈的经济对外开放程度较为落后。这集中表现在两个方面：首先，整体对外开放程度较低，无论从吸引外资的量还是从进出口规模上看，都与其他两大都市圈相比存在较大差距。2008 年京津冀都市圈实际利用外资总额占全国的 18%，远低于大长三角的 50%，也低于大珠三角的 22%。进出口总额占全国的 9%，远远低于大长三角、大珠三角的 36% 和 28%。其次，京津冀都市圈内 10 个城市之间对外开放程度也存在着相当大的差距。北京、天津占据了都市圈外商直接投资和进出口 90% 以上的份额。其余 8 个城市，除省会城市石家庄和港口城市秦皇岛外向型经济较为活跃外，其余城市在吸引外资和出口方面较为落后，与长三角、珠三角同等规模城市相比存在差距明显。

（三）京津冀发展的优势和潜力

尽管与长三角和珠三角都市圈相比，京津冀都市圈在经济发展水平上落后，但是由于其独特的地理区位和经济、政治地位，该地区拥有长三角、珠三角不可比拟的优势。作为中国的政治和文化中心，京津冀都市圈拥有丰富的自然资源、雄厚的工业基础、优越的区位条件和广阔的腹地，是环渤海地区无可争议的核心和龙头。

第一，京津冀都市圈具有独特的政治、信息优势和科技人才优势。例如，仅仅从科技方面看，京津冀都市圈内拥有 400 多所高校和科研机构，是全国综合科技实力最强的地区。

第二，自然资源丰富和工业基础雄厚。一方面，京津冀地区矿产资源丰富，是全国重要的能源和原材料基地；另一方面该地区工业基础雄厚，从历史来看，近代天津是与上海齐名的北方工业、金融和商贸中心，是“双峰经济”的一峰。20 世纪 30 年代以后天津经济有所衰落，但工业基础仍然存在。20 世纪 90 年代，经过“三、五、八、十”四大战略的实施，天津的工业已经重新焕发了生机。尤其是天津经济技术开放区，其经济增长速度和经济效益长期居于全国前列。经过计划经济时期的转型和发展，北京由新中国成立前的消费性城市转变为工商业城市，其经济实力可以与上海、广州并驾齐驱。虽然河北是农业大省，但工业门类齐全，尤其是黑色金属等重工业在全国具有举足轻重的地位。

第三，区位条件优越，交通物流便捷。京津冀都市圈地处环渤海，与日本、韩国隔海相望。拥有天津港、秦皇岛等众多优良海港，海上交通便利。区域内各主要城市地理位置相连，位于都市圈中心的天津更是京津城市带和环渤海城市带的交汇点，与北京、唐山、保定等区域内大型城市的距离不超过 200 公里。北京是全国铁路交通枢纽。优越的地理位置和完善的交通基础设施降低了区域内物流成本，有利于推动区域内要素流动。

第四，天津滨海新区被纳入国家发展战略，为京津冀都市圈的发展提供了新的机遇。天津滨海新区自 1994 年建立以来，发展十分迅速。2005 年 6 月温家宝总理在天津考察时指出，加快天津滨海新区开发开放是环渤海区域及全国战略中重要的一步棋。2006 年 5 月 26 日国务院在“关于滨海新区发展的若干意见”中正式将天津滨海新区定位为“第三增长极”，将其功能定位为“北方对外开放的门户”、“高水平的现代制造业和研发转化基地”、“北方国际航运中心和国际物流中心”。2006 年 8 月 8 日国务院在对天津总体规划的批复中直接将天津定位为北方经济中心。这两个定位确立了天津尤其是滨海新区在京津冀都市圈中的核心地位和增长极作用，对推动环渤海地区乃至全国经济发展将起到重要作用。

四、近 30 年京津冀产业演进轨迹

京津冀都市圈的产业发展格局，长期以来受到政府和学术界的诟病。学术界普遍认为，“产业结构趋同、低层次重复建设和恶性竞争”是京津冀地区产业发展的基本特征，并强调这一产业发展格局是造成京津冀经济增长缓慢的重要原因。而体制因素和增长方式的粗放，是形成上述产业格局的根本原因，其中体制因素包括国有经济比重高、区域内行政割据、对外开放程度低和传统计划经济的影响等。

近年来，在对京津冀都市圈各城市产业进行深入调研的基础上发现，对该地区产业发展格局及其作用和成因的上述认识并不完全符合现实。经过 30 多年的改革开放，京津冀地区的产业分工格局发生了重大变化，已经初步形成了专业化

分工和竞争并存的格局。这种格局的形成既是对外开放和市场经济发展的结果，又是在外部竞争压力下产业演进的必然趋势。

同时，现有的产业发展格局与经济增长之间，并不存在直接的因果关系。产业结构同构和低水平竞争，不仅表现在京津冀区域内部，也同样表现在呈快速发展的珠三角和长三角地区。而从2002年以来京津冀地区经济增长的情况看，在宏观环境的影响下，现有产业发展格局恰恰是该地区近年来经济快速增长的主要支撑。

（一）产业发展格局现状的基本判断

根据2007年工业大的行业统计数据，表2.9对京津冀地区产业发展格局的现状进行了描述。在北京、天津和河北的工业分行业区位商大于1的行业中，两市一省全都拥有的行业为医药制造业、石油加工、炼焦及核燃料加工业，并且两个行政区都拥有的行业分布甚广，几乎包含了通信设备、交通运输、黑色金属等所有产值比重较高的行业。因而，根据该表的数据可以看出，京津冀地区内部产业结构存在着严重的同构现象。

表2.9　　2007年北京、天津和河北工业区位商大于1的行业

	北京		天津		河北	
排序	行业	区位商	行业	区位商	行业	区位商
1	通信设备、计算机及其他电子设备制造业	2.85	石油和天然气开采业	3.72	黑色金属矿采选业	6.48
2	仪器仪表及文化、办公用机械制造业	2.10	通信设备、计算机及其他电子设备制造业	2.19	黑色金属冶炼及压延加工业	3.70
3	印刷业和记录媒介的复制	1.98	黑色金属冶炼及压延加工业	2.18	皮革、毛发、羽毛（绒）及其制造业	1.50
4	电力、热力的生产和供应业	1.69	交通运输设备制造业	1.66	食品制造业	1.41
5	交通运输设备制造业	1.64	金属制品业	1.30	电力、热力的生产和供应业	1.24
6	水的生产和供应业	1.52	石油加工、炼焦及核燃料加工业	1.26	非金属矿物制品业	1.14

续表

北京			天津		河北	
排序	行业	区位商	行业	区位商	行业	区位商
7	石油加工、炼焦及核燃料加工业	1.42	医药制造业	1.25	煤炭开采和洗选业	1.14
18	医药制造业	1.34	橡胶制品业	1.05	医药制造业	1.10
9	专用设备制造业	1.32	通用设备制造业	1.00	石油和天然气开采业	1.04
10	燃气生产和供应业	1.29	仪器仪表及文化、办公用机械制造业	1.00	石油加工、炼焦及核燃料加工业	1.04
11	工艺品及其他制造业	1.11			农副食品加工业	1.03
12	饮料制造业	1.03			金属制品业	1.00

资料来源：《中国统计年鉴》、《北京统计年鉴》、《天津统计年鉴》和《河北经济年鉴》(2008)。

使用行业数据对京津冀地区主要城市进行调研后发现，建立在大的行业数据基础上的上述产业分工格局只是表面上的，并没有反映京津冀地区产业发展的真实现状。根据更微观的行业及产品数据，表2.10描述了2008年京津冀地区各主要城市的优势产业的情况。

表2.10表明，京津冀地区各主要城市产业之间并不存在所谓严重的产业同构现象，而是表现出一个初步的专业化分工格局。更为重要的是，这种专业化分工格局基本上建立在各主要城市资源禀赋差异和比较优势的基础之上。尽管有些产业存在着不同程度的竞争，但是在许多情况下竞争是错位或适度的。如果说存在着恶性竞争的话，这种竞争并不发生在京津冀地区内部，而是发生在京津冀与其他区域同一产业之间。例如，交通运输和通讯设备制造业在珠三角、长三角和环渤海地区的激烈竞争。

表2.10　　2008年京津冀地区各主要城市工业的专业化分工情况

城市	优势产业和产品
北京	高新技术产业，主要包括手机、微型计算机和软件；轿车
天津	手机、电子元器件、大规模半导体集成电路和手机电池；轿车、客车和汽车电子类零部件；石油化工和海洋化工；无缝钢管和其他金属制品；中成药；新能源和环保产业
石家庄	化学原料药；纺织服装

续表

城市	优势产业和产品
保定	SUV 和皮卡及汽车零部件；太阳能和风能等新能源；输变电设备制造
张家口	矿山设备；钢材；煤电能源；葡萄酒和果汁饮料
唐山	钢材；建材；煤电能源；海洋化工

资料来源：各城市 2008 年统计公报、"十一五"发展规划纲要和实际调研资料的综合。

根据上述分析我们得出如下结论：与大的行业数据所反映的情况存在差别，在京津冀各主要城市之间已经初步形成了专业化分工和适度竞争并存的格局，基本上不存在所谓的由重复建设而导致的恶性竞争现象。从具体产品看，最激烈的竞争并不发生在区域内部，而是发生在区域之间的同一产业。

作为补充，我们选择了京津冀地区区位商大于 1，且产值比重较大的优势产业，并对其效益情况做出进一步的分析。表 2.11 描述了 2007 年京津冀地区医药制造、通讯设备、交通运输、黑色金属四个代表性的优势产业的经济效益情况。

表 2.11　　2007 年京津冀优势产业成本费用利润率与全国的比较*

单位：%

	医药制造	通讯设备	交通运输	黑色金属
全国	10.93	3.86	6.84	6.42
北京	13.07	4.42	4.23	1.81
天津	10.01	7.41	8.53	4.48
河北	11.32	8.56	6.68	6.90

* 由于数据的不可获得性，北京除交通运输外的三个行业的成本费用利润率通过公式折算：成本费用利润率 = 利润总额/(主营业务成本 + 营业费用 + 主营业务税金及附加)，一般会略高于实际值。天津除交通运输外三个行业的成本费用利润率为 2006 年 1 ~7 月统计月报数据。

资料来源：《中国机械工业年鉴（2008）》、各省市统计年鉴（2008）。

医药制造业是两市一省均有的优势产业，都表现出良好的经济效益水平，北京和河北的成本费用利润率都高于全国平均水平。在上述五大优势产业的成本费用利润率的比较中，北京高于全国平均水平的仅有医药制造，天津高于全国平均水平的产业分别是通讯设备和交通运输，河北高于全国平均水平的分别是医药制造、黑色金属和通讯设备。这说明在京津冀内部，天津和河北拥有较强的制造业优势，天津的主要优势表现在通讯设备和交通运输等资金和技术密集型的现代制造业，而河北的优势主要表现在黑色金属等资源型重化工业。

（二）专业化和重化工化：产业发展格局演进的基本趋势

上述分析所使用的横截面数据仅仅说明了该地区产业发展格局的现状。当运用1989年和2007年的历史数据进行纵向对比分析时，可以发现京津冀都市圈的现有产业格局是历史演进的结果。表2.12描述了北京、天津和河北1989年和2007年工业区位商大于1的行业分布的对比情况。1989～2007年间京津冀各省市，尤其是天津市的产业格局发生了重大的变化。这种变化表现在两个方面：一是该地区各省市的产业分布越来越专业化；二是重化工业的比重越来越高。

京津冀各省市产业分布的专业化趋势首先表现为它们的相对专业化指数①的变化。表2.13描述了北京市、天津市和河北省2003～2007年的相对专业化指数的变动情况。该数据表明，2003～2007年天津市和河北省的地区相对专业化指数是不断增加且相对较高的。因而，相对于全国其他省市，天津市和河北省存在着专业化不断加深的趋势。

表2.12　　1989年和2007年北京、天津和河北区位商大于1的行业分布变动

北京	1989年（16）	炼焦、煤气及煤制品业（3.55）；印刷业（3.50）；化学工业（2.18）；文教体育用品制造业（2.04）；饲料加工业（1.95）；电子及通信设备制造业（1.83）；交通运输设备制造业（1.79）；缝纫业（1.69）；黑色金属冶炼及压延加工业（1.56）；仪器、仪表及其他计量器具制造业（1.48）；工艺美术品制造业（1.44）；金属制品业（1.11）；橡胶制品业（1.10）；木材加工及竹、藤、棕、草制品业（1.09）；机械工业（1.08）；医药工业（1.01）
	2007年（12）	通信设备、计算机及其他电子设备制造业（2.85）；仪器仪表及文化、办公用机械制造业（2.10）；印刷业和记录媒介的复制（1.98）；电力、热力的生产和供应业（1.69）；交通运输设备制造业（1.64）；水的生产和供应业（1.52）；石油加工、炼焦及核燃料加工业（1.42）；医药制造业（1.34）；专用设备制造业（1.32）燃气生产和供应业（1.29）；工艺品及其他制造业（1.11）；饮料制造业（1.03）

① 地区相对专业化指数即某一地区各行业的专业化系数与全国其余地区相对应行业的专业化系数差的绝对值之和，用来衡量i地区与其余地区平均水平的制造业结构差异程度。其计算公式是：$k_i = \sum_k \left| s_i^k - s_i^{\bar{k}_i} \right|$，$s_i^k = E_i^k / \sum_k E_i^k$，$s_i^{\bar{k}_i} = \sum_{j \neq i} E_j^k / \sum_k \sum_{j \neq i} E_j^k$。其中，i、j、k分别为地区i，地区j和行业k。$E^k$为地区i行业k的工业总产值。

续表

天津	1989年（19）	采盐业（2.43）；化学纤维工业（1.86）；电子及通信设备制造业（1.60）；饲料加工业（1.54）；金属制品业（1.50）；橡胶制品业（1.45）；文教体育用品制造业（1.31）；电气机械机器材制造业（1.29）；化学工业（1.24）；石油和天然气开采业（1.22）；黑色金属冶炼及压延加工业（1.21）；缝纫业（1.18）；机械工业（1.16）；炼焦、煤气及煤制品业（1.15）；工艺美术品制造业（1.13）；皮革、毛皮及其制品业（1.12）；交通运输设备制造业（1.07）；其他工业（1.03）；仪器、仪表及其他计量器具制造业（1.00）
	2007年（10）	石油和天然气开采业（3.72）；通信设备、计算机及其他电子设备制造业（2.19）；黑色金属冶炼及压延加工业（2.18）；交通运输设备制造业（1.66）；金属制品业（1.30）；石油加工、炼焦及核燃料加工业（1.26）；医药制造业（1.25）；橡胶制品业（1.05）；通用设备制造业（1.00）；仪器仪表及文化、办公用机械制造业（1.00）
河北	1989年（10）	黑色金属矿采选业（5.27）；采盐业（1.79）；电力、蒸汽热水生产及供应业（1.50）；煤炭采选业（1.39）；建筑材料及其他非金属矿物制品业（1.33）；炼焦、煤气及煤制品业（1.19）；黑色金属冶炼及压延加工业（1.08）；纺织业（1.07）；医药工业（1.07）；造纸及纸制品业（1.02）
	2007年（12）	黑色金属矿采选业（6.48）；黑色金属冶炼及压延加工业（3.70）；皮革、毛发、羽毛（绒）及其制造业（1.50）；食品制造业（1.41）；电力、热力的生产和供应业（1.24）；非金属矿物制品业（1.14）；煤炭开采和洗选业（1.14）；医药制造业（1.10）；石油和天然气开采业（1.04）；石油加工、炼焦及核燃料加工业（1.04）；农副食品加工业（1.03）；金属制品业（1.00）

资料来源：《中国统计年鉴》、《北京统计年鉴》、《天津统计年鉴》和《河北经济年鉴》（1990、2008）。

表2.13　　2003～2007年北京、天津和河北地区相对专业化指数

	2003年	2004年	2005年	2006年	2007年
北京	0.5554	0.6341	0.6084	0.6506	0.6533
天津	0.4560	0.5622	0.5378	0.5929	0.5907
河北	0.5772	0.6198	0.6282	0.6229	0.6183

资料来源：《中国统计年鉴》、《北京统计年鉴》、《天津统计年鉴》和《河北经济年鉴》（2004～2008）。

更为重要的是，京津冀地区产业专业化不断深化表现为重化工业比重的不断增加。图 2.2 描述了 1990～2008 年北京市和天津市工业总产值中重工业产值比重的变动情况。1990～2008 年，京津冀各省市工业产值中的重工业比重明显高于全国平均水平。其中北京市的重工业比重由 58.1% 增加到 83.9%，天津市的重工业比重由 47.8% 增加到 81.5%，河北省重工业的比重由 1990 年的 51.5% 增加到 2008 年的 80.6%。其中最为典型的是天津，经过 30 多年的产业演进，天津已由一个著名的轻工业城市发展为一个重工业城市。

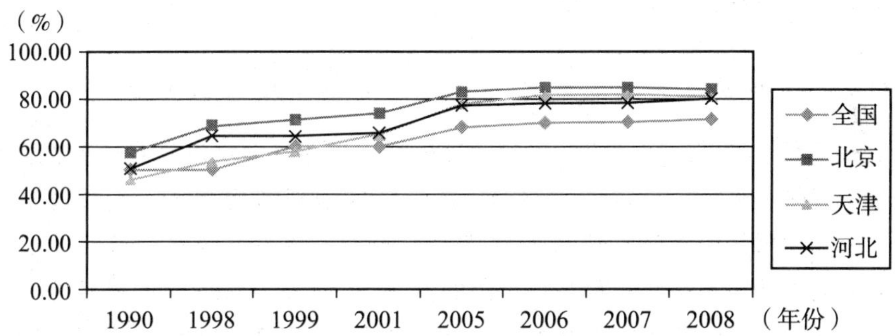

图 2.2　全国、北京、天津和河北工业总产值中重工业产值比重

资料来源：《中国统计年鉴》、《北京统计年鉴》、《天津统计年鉴》和《河北经济年鉴》(1991～2008)。

表 2.12 和图 2.2 的数据对照进一步发现，在京津冀地区产业格局的演进过程中，该地区曾经拥有的轻工业产业优势逐渐丧失，而其重化工业优势则得以保持和扩大。从全国范围看，京津冀地区产业结构的上述演进结果是被动的，是与南方新兴工业城市产业竞争的结果。而重化工业的产业优势之所以保持，一是因为南方新兴工业城市工业发展主要集中于产业链的下游；二是因为北方拥有重化工业赖以生存和发展的资源优势。

改革的初始阶段，消费品行业受到计划经济时期优先发展重工业、赶超战略的长期压抑，存在着广阔的市场需求空间。以广东和江浙为代表的新兴工业城市，首先通过发展以轻工业为主的消费品行业快速发展起来，并带动了为其提供原材料、动力和装备的上游重化工业的发展。南方新兴工业城市的发展，对京津冀地区产业演进的影响是双重的：一方面在最终消费品市场上展开激烈竞争；另一方面又为该地区具有比较优势的重化工业的发展提供了市场空间。尤其是 2002 年以来，随着中国工业化进程的加速，南方业已出现产业链向上游转移的重化工化趋势，这种趋势由于受到新一轮宏观调控的阻断或抑制，京津冀地区的重化工业优势才得以进一步发挥。

上述判断与京津冀地区产业发展的实际是吻合的。以 2002 年为转折点，京津冀各主要城市的经济发展都步入了快速增长的通道。其中重化工业的发展成为该地区新一轮经济增长的主要支撑。例如，经济发展长期低迷的张家口市，其GDP增长在2001年为5.1%，而2002年迅速提高到9.5%，2005年又出现了13%的高增长速度，主要依赖的是化工、冶金和能源等重化工业的发展。

所以，动态地看，京津冀地区的产业发展呈现出不断加深的专业化趋势，并表现出很强的重化工特征。这一演进趋势并不是区域内部产业竞争造成的，也难以用行政干预来解释，而更多地表现为珠三角和长三角地区新兴工业城市产业发展中竞争和带动双重作用的结果。

（三）产业发展和创新能力：区域经济快速增长的关键

本章考察京津冀地区产业发展和演进规律，是探讨制约该区域经济快速增长的因素。当前理论界主要从区域空间格局、区域治理结构和区域发展规划等方面，讨论京津冀都市圈经济增长相对滞后的原因，并提出各自的政策建议。但是，无论从国际还是从珠三角和长三角的实际经验看，区域空间布局不合理、缺乏发展规划和治理结构不完善并不是改革开放30多年来京津冀地区经济增长相对滞后的根本原因。[①]

京津冀都市圈经济增长和发展大致可以划分为三个阶段：20世纪80年代初到90年代中期的缓慢增长、20世纪90年代中后期的恢复增长、2002年以来的加速增长时期。

20世纪80年代初到90年代中期，在珠三角和长三角新兴工业城市的竞争压力面前，京津冀都市圈曾经具有竞争优势的轻工业产业优势逐渐丧失。其中的主要原因是体制改革的滞后，尤其是国有经济改革的迟滞和对外开放的不足。而在这一时期，南方的新兴工业城市则主要利用体制创新优势和开放的机遇，通过发展以轻工业为主的最终消费品产业快速发展起来。在珠三角和长三角的竞争压力面前，京津冀都市圈的产业发展和经济增长出现了缓慢增长的特征。

20世纪90年代中后期，外资的引进、民间资本的逐渐启动和南方工业发展的带动，京津冀地区传统的比较优势产业开始复苏和发展，例如医药、电子信息、交通运输、黑色金属和化工等产业。其中，电子信息和交通运输主要依赖的是大型跨国公司的进入及其对原有产业基础的整合。而医药、黑色金属和化工则

---

① 从珠三角和长三角发展的实际看，无论是空间布局还是区域发展规划都是经济发展到一定阶段的产物。此外，杨开忠（2004）认为，珠三角和长三角地区的经济发展中，区域内各城市治理机制的缺乏和产业竞争，在某种程度上成为经济充满活力的象征。尤其是长三角在区域治理机制的建设上存在着长期滞后的现象，反而在京津冀和环渤海地区地方政府之间的联系和合作机制在20世纪80年代就建立起来了。

主要依赖国有投资和民间资本的启动。随着产业的复苏和发展，京津冀地区的经济增长开始恢复。

2002年以来，随着中国工业化新阶段的到来，珠三角、长三角地区产业链重化工化受到宏观调控政策的抑制，京津冀都市圈的重化工工业得到快速发展。在重化工业的带动下，京津冀地区进入了加速增长的新阶段。与之相对应的是南方，尤其是浙江工业出现了图2.3所显示的“高进低出”所谓“悲惨式”增长的局面。由于南北方产业链结构的差异及其对经济增长的影响，有的学者提出，在区域上中国经济增长可能进入了“北盛而南衰”的格局。

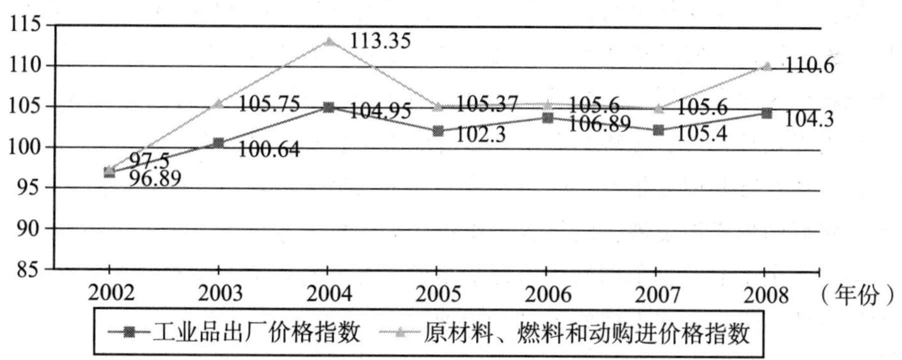

图2.3　2002~2008年上半年浙江省工业品出厂价格和原材料购进价格指数变动情况

资料来源：《新中国六十年统计资料汇编（1994~2008）》。

而根据世界经济发展的历史经验，经济增长和发展不仅受到资源禀赋的影响，更重要的是受到制度条件和技术发展的影响。此外，宏观环境是不断变化的，过分依赖宏观环境的增长是高风险的。更为重要的是，2003年以来，面对新的宏观环境压力，珠三角和长三角的产业发展进入调整期，这一时期产业发展速度放慢可能孕育着未来更快的增长。

京津冀都市圈各主要城市产业之间现有的产业格局，尽管为该区域的进一步发展奠定了重要基础，但是动态地看，如果京津冀区域在产业发展中无法实现自我发展和创新，仅仅是被动地调整，则会付出类似上一轮产业调整的沉重代价，并成为制约未来经济增长的主要因素。

所以，从京津冀产业发展和演进的历史和现实看，产业发展和创新能力不足是制约该地区经济快速增长和发展的根本原因。

产业发展能力主要指某一产业的产业链在该区域的延伸和形成产业集群的能力，而产业创新能力则是指产业技术研发及其新兴产业的孵化能力。在微观层次上，经济增长集中表现为产业链和产业集群在某一地区的延伸、扩张和新兴产业的形成和发展。改革开放30多年以来，从京津冀地区产业演进的规律看，产业的发展和创新能力不足，是导致该区域企业和产业缺乏市场竞争力的根本原因。例如，在2006年中国大企业集团竞争力500强排名中，浙江、山东和江苏各拥有109家、104家和73家企业，分列前三甲。而北京、天津和河北各拥有11家(不包括国字头企业)、8家和12家，两市一省加在一起仅有31家企业，还不到浙江省的1/3。因而，该地区的企业竞争力明显落后于长三角地区。

产业发展和创新能力不足，对京津冀都市圈发展的影响主要表现在以下几个方面：

第一，在京津冀都市圈，没有形成真正的具有创新能力的产业链和大的产业集群，这使得该区域优势产业的比较优势难以转化为竞争优势。这种现象既表现在依托该地区的人力资源比较优势发展起来的电子信息、交通运输和医药产业上，也表现在具有资源优势的黑色金属冶炼与压延和化工等产业上。区域内部缺乏完整的产业链和产业集群，已经严重制约了该地区产业和企业通过产业链延伸和产业集群的形成而发展，以便放大比较优势和提升竞争优势的机会和空间。

第二，由于缺乏自主创新，尽管京津冀都市圈的若干重要产业已经嵌入国际产业供应链，但是基本上都处于“微笑曲线”的低端。外资在京津冀都市圈的跨国经营，仅仅是把产业链上的某个环节，尤其是东道国或地区具有资源优势的环节放在东道国或地区，以实现其产业在全球的优化配置和整合。只有占据高端并拥有自主创新能力的本土企业，才会从根本上考虑在一定的区域范围内建立自己的完整产业链，并不断进行深化。

第三，在京津冀都市圈产业发展中，由于中心城市，尤其是天津的优势产业聚集度和高端化不足，造成中心城市对周边城市的产业发展缺乏足够的辐射、扩散和带动作用。

解决前两个问题的基本途径，是通过自主创新和制度创新延伸现有优势产业的产业链、形成优势产业集群，并不断孵化出新的产业增长点和新兴产业。解决后一问题的关键是推动天津滨海新区的开发和开放，把它真正建设成现代制造业和研发的转化基地，并通过不断的产业高端化带动整个区域产业的发展。

正是着眼于京津冀都市圈经济的快速发展，中央政府将天津滨海新区定位为“继深圳经济特区、浦东新区之后，又一带动区域发展的新的经济增长极”。在产业发展上，要求滨海新区“走新型工业化道路，把增强自主创新能力作为中心环节，进一步完善研发转化体系，提升整体技术水平和综合竞争力”。因而，基于现有的产业发展格局和未来经济增长的需求，作为新的区域经济增长极，天津市应当在该地区产业专业化分工不断深化、渗透和融合中起到真正的促进、引领和带动作用。

五、对中国未来经济发展的影响

与珠三角和长三角发展历史时期不同，当前，京津冀地区可以充分地利用后发优势，在发展过程中借鉴珠三角和长三角发展的经验和教训。因而，国务院在20号文件中，强调推进天津滨海新区开发开放的重大意义表现在三个方面：一是提升京津冀及环渤海地区的国际竞争力和对外开放水平；二是有利于实施全国区域协调发展总体战略；三是有利于探索新时期区域发展的新模式。这三个方面的表述足以说明，以天津滨海新区为核心的京津冀都市圈的振兴和发展对中国未来经济和社会发展的重大影响。

首先，京津冀都市圈将成为参与国际竞争，尤其是东北亚区域合作与发展的重要支撑。

20世纪70年代以来，在经济全球化快速推进的同时，经济活动的区域集聚正在支配着当今的世界经济版图。其中，都市圈是经济活动集聚最为重要的表现。因而，通过国家区域发展战略的实施，形成若干个具有国际竞争力的城市群，是中国未来参与国际竞争的最终依托。从现实的经济发展看，珠三角、长三角和京津冀都市圈已成为具有国际竞争力的城市群。

同时，加快滨海新区的开发开放，推动京津冀都市圈经济发展，有利于促进中国与东北亚地区的经济合作和扩大北方地区对外开放的水平，提升环渤海地区的国际竞争力。在经济全球化和区域经济一体化的新形势下，东北亚已经成为全球经济中最具活力和发展潜力的地区之一。京津冀都市圈邻近日本、韩国，处于东北亚经济圈的中心地带，是中国参与东北亚区域合作的前沿。提升京津冀和环渤海区域经济综合竞争力，是中国参与周边区域合作和竞争的迫切需要。

其次，京津冀地区的快速发展将有利于实现全国区域协调发展的总体战略。

京津冀都市圈的经济发展状况，对中国总体经济发展具有直接影响。地处沿海的天津滨海新区，交通便利，开放条件优越，是扩大对外交流合作、提高国际竞争力的重要依托。新区的开发开放和京津冀都市圈的振兴，必将带动环渤海地区的发展，辐射和推动中国北方经济发展，解决南北经济发展差距问题，促进中国区域经济协调发展。

最后，京津冀的发展将有助于探索我国区域发展的新模式。

尽管京津冀地区发展相对落后，却拥有后发优势，在发展过程中可以充分地借鉴珠三角和长三角的成功经验和教训。同时，从中国整体改革出发，通过在滨海新区先行试验一些重大的改革措施，有助于国家探索新的发展思路和发展模式。

第三章

京津冀地区产业同构问题研究

在我国东部沿海三大都市圈中，京津冀地区合作较少，经济联系与协作程度也严重不足，区域行政壁垒、分工协作的体制障碍较为严重，区域一体化程度仍然较低。京津冀地区各个城市经济发展大多呈现内闭式自我循环发展模式，城市之间各自为政、发展目标相似、产业结构雷同，这些问题造成京津冀地区竞争力较长三角和珠三角弱。2008 年，京津冀地区生产总值达到 2.98 万亿元，仅相当于长三角地区的 45.5%，和珠三角地区相近，但如果按人均 GDP 算，还不到珠三角地区的 1/2。另外，京津冀地区虽然拥有两大重量级核心城市，但其对地区经济的辐射和带动能力却很有限，并暴露出一些问题，如盲目投资，重复建设和恶性竞争等，这些都将我们的目光转向了区域产业同构问题。

一如当初对长三角地区产业同构问题的忧虑，作为环渤海区域这一第三增长极的核心区域的京津冀地区，其产业同构问题同样不容我们忽视。和长三角地区一样，京津冀地区也是产业同构研究重点关注的区域，它涵盖了多个省级行政区，具备进行省际间产业同构分析的基础。不过，也有学者对京津冀地区产业同构问题发出不同的声音，认为产业同构现象的产生有其内在必然性（王永锋、华怡婷，2008），它是区域间产业分工和协作的端倪，京津冀地区的产业同构问题并非人们想象中那么严重，基本不存在由重复建设而导致的恶性竞争现象（刘刚、赵欣欣，2008）。那么，究竟京津冀地区产业同构问题是否严重，它又是否会带来诸多负面影响，相信会有越来越多的学者发出更多的声音。

一、产业同构理论研究聚焦

（一）产业同构的理论解释

产业同构是改革开放30年来中国区域产业经济发展的重要命题，也是产业经济研究的一个重点领域。对产业同构问题的关注始于20世纪80年代，但产业同构的负面影响却早在新中国成立后一段时间就暴露出来了。新中国成立后，由于当时计划经济体制下一些不合理的政策目标，我国存在着严重的地区间产业同构问题，各地区自成体系，“诸侯经济”现象严重；改革开放后，在地方保护主义和地区利益的驱动下，各地竞相发展收益高、对地方经济和税收贡献突出的工业行业，造成区域内各城市间产业结构趋同现象。产业同构问题对国民经济持续健康发展造成长期不良影响。国内许多学者和一些国外学者对我国产业同构问题进行了大量研究，虽然采用的工具和得出的结论不尽相同，但这却为我们研究京津冀地区的产业同构问题提供了丰富的理性材料。

1. 产业同构的内涵

产业同构又称产业结构趋同，是指邻近地区间产业结构构成比例趋于相似，特别是主导产业、优势产业雷同，缺乏错位化、差异化发展格局。需要进行说明的是，产业结构趋同大多数情况下都指的是地区间的工业结构趋同，即地区间工业的行业门类、数量比例、空间分布、产出比重趋于一致，而非地区间三次产业结构趋同，也不是地区间工农业结构或轻重工业结构趋同（李荣国等，2000）。

实际上，从定义上看，研究产业同构问题就是研究地区间产业分工是否合理，区域存在产业同构也就意味着区域产业分工和专业化弱化，从而导致资源配置效率的损失。产业同构与区域分工，二者的意义其实是一样的，只是表述方式和角度不同而已，因此，有学者建议使用“区域分工”或“地区专业化”等经济学语言，而不是使用“产业同构”这一非经济学语言（樊福卓，2008）。

2. 产业同构的简单分类

产业同构可分为合意的产业同构和非合意的产业同构，目前，通常所指的产业同构主要是非合意的产业同构，而合意的产业同构容易被忽视。所谓合意的产业同构，是指在市场机制正常发挥资源配置作用的基础上，由于区域间市场需求结构、要素条件的相似性及产业资本的自由进入而最终形成的区域产业结构趋同，是正常范围的趋同，即合意性趋同（李燕华、王俊杰、党辉，2008），它的产生并非是坏事，对区域经济发展的正面影响往往要大于负面影响。

非合意的产业同构，指的是在资源配置中政府发挥主导作用的基础上，地方政府基于地区利益或者政绩意识，脱离当地经济发展与建设的条件和特点，背离区域经济分工的客观要求，片面追求地区产业结构体系的独立性、完整性，使用财政资金，或者通过其直接、间接控制的国有企业，进行不负长期责任或最终责任的投资活动而造成的产业结构趋同。

进入21世纪以来，以现代化大都市为核心的都市圈已经成为全球经济最活跃的区域，并逐渐成为全球经济的主导区域和控制中心，并且区域之间的竞争不再是过去那种单个城市之间的竞争，而会表现为各都市圈之间的整体竞争。因此，单个城市的产业发展和规划必须考虑整个都市群地区的利益，由于都市圈地区在地理资源环境、经济文化环境、资源禀赋上的相似性，区域产业分工和合作显得尤为重要，各个城市必须根据其比较优势发展各自优势产业，这样才能促进整个都市圈的合理发展。事实上，在完全流动的生产要素市场和商品市场，通过竞争性市场机制的有效配置，各都市间会自发形成具有比较优势的产业。遗憾的是，在现实情况下，由于行政区划限制、地方保护主义、不合理的产业规划以及一些非人为的因素，都市圈内往往容易出现非合意性的产业同构现象。

（二）产业同构的测度方法

目前，测量产业同构最常用的方法主要包括结构相似系数法、结构差异度指数法和区位商法，而其他一些指标如基尼系数法，由于其计算方法过多，较不统一，且相对复杂，这里不予介绍。应当说明的是，由于产业同构是一个相当复杂的问题，仅仅使用单个指标很难对其进行全面而又准确的衡量，因此，需要综合使用几种测度方法才能作出比较全面的分析。而在研究实际问题的时候，有些学者常常根据这几种测度方法进行适当的改造和变通，提出新的、更有利于现有统计资料使用的测度方法。

1. 结构相似系数法

1979年，联合国工业发展组织（UNIDO）国际工业研究中心提出了结构相似系数，用该系数测定了各国的产业结构相似度，以此来衡量产业的同构程度。其表达式如式（3.1）所示：

$$S_{ij} = \sum_{k=1}^{n} (X_{ik}X_{jk}) \Big/ \sqrt{\left(\sum_{k=1}^{n} X_{ik}^2\right)\left(\sum_{k=1}^{n} X_{jk}^2\right)} \tag{3.1}$$

其中，S_{ij}为i区域和j区域的结构相似系数；i和j是相比较的两个区域；X_{ik}和X_{jk}分别是i区域和j区域内k产业占各自整个产业的比重。S_{ij}的值在0和1之间，越接近0说明两个区域的产业同构程度越低，越接近1说明两个区域的产业同构程度越高。在具体计算过程中，X_{ik}和X_{jk}选用的数据主要包括k产业总产值的比重、增加值的比重或者k产业从业人员占整个行业的比重。当然，为了简化运算过程，完全可以直接使用总产值、增加值或者从业人员的绝对数值来计算产业结构相似系数，而不需使用该绝对数值与总体数值的比重，二者计算的结果是完全相等的，因为表达式（3.1）从整体看是一个除法运算过程，总体数值可以从表达式（3.1）中的分子和分母中提取后并约掉。

结构相似系数法的使用相对简单，而且应用起来较为方便，因此，多数学者都使用该方法来测算产业同构度。周国富（2005）等人利用结构相似系数对我国改革开放以来产业同构的演化轨迹进行了实证分析，研究结果表明，我国各省之间的产业同构表现为先强化、后弱化的趋势。不过，使用该种方法却难以跟上当今行业分工日益细化和产品差别化的趋势，常常容易夸大产业同构问题，如陈建军（2004）就认为，我们面对的市场是一个产品高度差别化的市场，而且随着经济的发展、市场化进程的加快，产品的差别化和市场的细分化都会进一步深化，而这种趋势是目前这种受统计资料局限的产业相似系数所不能反映出来的。

2. 结构差异度指数法

结构差异度指数和结构相似系数的计算方式虽不一致，但其内涵基本为一种负相关关系：结构相似系数越高、结构差异度指数越低的地区，产业同构程度越强；结构相似系数越低、结构差异度指数越高的地区，产业同构程度越弱。

结构差异度指数如式（3.2）所示：

$$D_{ij}=\frac{1}{2}\sum_{k=1}^{n}|X_{ik}-X_{jk}| \tag{3.2}$$

其中，D_{ij}为 i 区域和 j 区域的结构差异度指数；i、j、X_{ik}和 X_{jk}的定义与结构相似系数一致。D_{ij}的值在 0 和 1 之间，越接近 0 说明两个区域的产业结构差异度越低（同构度越高），越接近 1 说明差异度越高（同构度越低）。

应当指出，无论结构相似系数还是结构差异度指数，其计算结果只能反映出数学意义上区域间产业结构的整体相似程度强弱，并不能告诉我们产业同构带来的负面影响到底有多严重，或者说其严重程度有多高，而这却是我们最关心的问题。

3. 区位商法①

区位商，即产业的地区专业化指数，用于衡量某一区域要素的空间分布情况，反映某一产业部门的专业化程度，以及某一区域在高层次区域的地位和作用等。其表达式如（3.3）所示：

$$E_{ij}=\frac{q_{ij}/q_j}{q_i/q} \tag{3.3}$$

其中，q_{ij}表示 j 地区的 i 产业的产值；q_j表示 j 地区的全部产业总产值；q_i表

① 也有一些文献称其为区位熵，二者概念含义完全一样，只是文字上略有不同。

示 i 产业的全国总产值；q 表示全国所有产业总产值。显然，如果 $E_{ij}>1$，表示 j 区域 i 产业部门的集中程度大于全国的平均水平，是 j 区域的专业化部门和产品输出部门；E_{ij}值越大则该区域该产业部门的集中程度越高，该产业在全国的专业化程度就越高。区位商指标也常常用于衡量一个地区的行业竞争力。

需要说明的是，区位商是个相对指标，只是反映了区域专业化的相对程度，而不能完全反映区域的实际专业化程度。区位商大于 1 的产业部门可能总体规模很小，这一产业部门的专门化产品在区内所占的比率将会非常小；或者是在实力较弱的区域，某些产业部门的区位商很高，但由于总体经济规模较小，该产业的总量规模有可能很小，所以，在使用区位商这一方法时，还得考虑其他的方法加以佐证。在研究产业同构问题时，区位商方法通常都是与产业结构相似系数配合来使用。

4. 其他方法

为了克服上述三种测度方法的缺陷，有些学者通过改进和变通原有测算方法从而得以从不同角度验证考察地区产业结构的变化趋势，如邱风（2005）等参照克鲁格曼（1991）对产业同构程度所构造的指标，定义一个两地区产业结构的差异系数，该指标可以避免在测算产品层次的相似系数时需要同量纲数据的问题。该指标表示如下：

$$Y_{i,j}=\sum_{k=1}^{n}\left|\frac{X_{ik}}{X_{i+j,k}}-\frac{X_{jk}}{X_{i+j,k}}\right| \tag{3.4}$$

其中，i、j 代表两个地区；X_{ik}、X_{jk}代表 i 地区和 j 地区的 k 产品产量；$X_{i+j,k}$代表两地区 k 产品的区域总产量；n 代表两地区产品种类数；$Y_{i,j}$代表两地区产品层次的结构差异系数。$Y_{i,j}$越大，则表明两地区产业结构的差异性越大。应当指出，作者通过使用该指数对细化到产品层面上的差异进行考察，从而更进一步的反映了两地区的产业同构问题，也减小了前几种指数在测算产业同构程度时所产生的夸大效应。

（三）产业同构成因：强制性因素和诱致性因素

现有文献关于区域产业同构成因的解释有很多，归纳起来，主要围绕两条主线展开：一是着眼于政府角度，认为现有的制度安排和晋升机制促使地方政府出于政绩和发展的冲动，往往会竞相发展同一产业甚至是同一产品，那么产业同构很有可能发生，这是一种由政府主导的强制性制度因素所引起的产业同构；二是立足于市场化等诱致性因素。由于相邻地区受自然条件、地理区位、市场因素、技术因素等地区绝对优势或是比较优势的影响，同一行业的多个产业集群有可能同时出现于邻近的多个地市或省市，使得这些地方也呈现出相似的主导产业或优势产业格局。例如京津冀的天津、唐山等地都拥有发展钢铁工业得天独厚的资源与物流优势，因此都孕育出了各自的钢铁制造与加工产业集群，这种产业同构的形成过程可以视为一种市场自发的、诱致性的过程。在现实中，区域产业同构产生的原因往往并不能简单归结为一种因素造成的结果，而兼有上述两种原因所考虑的各种因素。

1. 政府主导的制度性因素

Young（2000）较早地对中国各省区产业同构产生的原因进行了分析，他认为，在中国渐进式经济转轨的进程中，地方政府为了巩固既得利益，利用尚未改革所制造出的寻租机会，制造了很多人为的市场扭曲来保护和攫取原有的租金。而原有的扭曲又造成进一步的扭曲，最终改革非但没有促进国内市场的整合，反而加剧了区域市场的分割。此后，人们多将产业同构现象与地方利益联系在一起，认为在现有的晋升激励机制下，地方政府为了最大化自身收益，必然会模仿成功地区的经济发展战略。有关这类文献大多数通过构造地方政府的效用函数，建立静态博弈或是动态博弈模型，并结合实证检验，对地方政府的集体非理性行为从理论上进行更加严密的论证。

刘瑞明（2007）利用一个完全静态博弈模型，借助政治控制权收益的概念，进一步解释了在信息约束与风险规避条件下，晋升激励机制会促使地方政府采取模仿经济发展战略来最大化自身利益，而这种经济模仿发展战略必然会导致产业同构的形成。

王燕武、王俊海（2009）利用不完全信息动态博弈的理论框架，揭示地方政府行为与地区间产业同构之间的关系，认为在单一的中央政府依托相对绩效考核的晋升激励假设下，不用类型的地方政府会采取模仿战略来最大化自身利益，进而导致地区产业同构现象。他们根据 1999 ~ 2007 年中国省际间工业产业结构相似系数的变动情况来进行实证检验，并得出结论：近年导致我国产业结构趋同的关键因素主要是由 GDP 增长率等绝对绩效指标带来的晋升激励扭曲。

综合各种观点，由于地方政府之间的利益不一致，导致区域竞争大于区域合作，地方保护主义盛行，相邻城市会在资源、项目、招商引资方面展开激烈的竞争，地方政府所制定各种政策只会考虑自身利益，忽略整个区域经济的平衡发展，导致大量的重复建设和资源浪费，地区比较优势难以发挥。在我国现行的政治体制下，地方政府是地区经济发展的主导者，也是地区产业选择的主体，因此，地方政府对区域产业同构现象负有不可回避的责任。而根据博弈模型的解释，即使地方政府明白其行为会导致地区产业同构和其他一些不合理的后果，地方政府依然没有动力放弃自身利益而去维护整体利益。所以只有从地方政府在经济社会改革中的行为入手，才能真正了解产业同构形成的深层次原因。

2. 自发性的、诱致性的因素

（1）禀赋因素。工业部门的布局导向与区域禀赋条件有关，特别是自然资源禀赋和劳动力资源禀赋等。在区域内部，邻近省市往往具有一致或相似的禀赋结构，如此也就极容易形成较为相似的制造业行业结构。

（2）市场因素。地理区位和市场空间是产业发展的前提。区位优越和对接市场便利，有利于产业集聚和产业发展绩效的提高。若邻近省市的地理区位和对接市场条件相似，其产业布局也就极易相近或雷同。

（3）技术因素。技术扩散与分工合作是产业集聚形成的内在动因。产业集聚的广泛化、深入化会在一定程度上推动技术溢出效应和跨省市产业协作链条的形成，加剧邻近省市间主导行业、优势行业的趋同，进而强化产业同构。

由此可见，产业同构的产生也有一定的必然性。例如，长三角地区在资源禀赋，包括自然条件、人文历史背景、文化传统、要素禀赋以及经济发展的初始条件、制约因素上都相当类似，特别是长三角16个城市，更是如此。由此决定各地政府在选择本地区发展战略和主导产业时，必然会有相同或类似的选择。技术因素也是长三角产业同构的另一成因。产业集聚使同行业企业在空间布局上相对集中，这为区域内跨省市的技术扩散和分工合作创造了条件。技术扩散和分工合作又能为区内企业带来显著的产品创新优势和成本节约效应，提升市场竞争力，从而吸引更多的同业企业落户该区域。在这种技术因素的作用下，长三角的产业集聚与技术扩散、分工合作效应在“正反馈”机制中互为强化，推动该区域产业同构趋势进一步增强。

（四）产业同构的影响

有关产业同构的评论这些年来主要集中在长三角地区，多数是批评长三角产业同构现象严重，容易引起重复建设和恶性竞争等问题，并造成资源浪费和市场分割，加剧原材料短缺和加工能力过剩的矛盾，难以形成规模经济和发挥地区比较优势。也就是说，多数学者认为，我国存在的产业同构问题都以非合意的产业同构为主，不利于地区协调发展。不过，也有不少学者认为对产业同构的负面效应有过分夸大之嫌，相反，一定程度的产业同构现象对地方经济发展有正面影响。通过整理相关文献资料，可以发现，产业同构的影响究竟是好是坏，主要在于产业同构是引起恶性竞争还是良性竞争，是遏制分工还是与分工深化并存。

1. 负面影响

产业同构问题早在新中国成立之后就已经显现了，并且曾经一度达到非常严重的地步，对我国区域经济发展造成消极影响，给国民经济发展带来严重的后果。早先是由于计划经济体制下，我国为实现赶超发达国家的目标，大力发展重工业，强调区域自成体系，造成各个地区工业自成体系，各省区盲目建设和生产，都建立了钢铁、有色金属、燃料动力、化学、机械、建材、轻工、纺织等许多行业和门类的“大而全”、“小而全”的区域产业结构，“诸侯经济”特征十分明显。这种现象的直接后果便是许多工业企业达不到规模经济，亏损面大，工业产品质量不高、档次低、竞争力不强，资源浪费严重，对国民整体发展造成不利影响。1952～1978年，中、西部地区固定资产原值占全国的比重上升了28%，而工业产值占全国的比重只上升了9%，产业同构的负面效应严重（江世银，2005）。

改革开放后，我国逐步引进了市场机制，但由于同一产业在原料市场和产品市场上的竞争性，再加上政府主导型经济下决策者利益与地区居民利益的偏离，不可避免地，地方保护主义、地区间形形色色的产业大战和恶性竞争现象相应产生。而市场的分割遏制了分工的进一步深化和产品竞争力的提高，经济发展受到遏制（刘瑞明、白永秀，2010）。20世纪80年代发生的棉花大战、蚕茧大战、羊毛大战等和90年代的VCD大战、冰箱大战、彩电大战、洗衣机大战等依然让人触目惊心。

产业同构的负面影响直接表现为：大部分地区无法发挥区域优势，盲目引进，盲目布局，盲目发展收益高、对地方经济和税收贡献突出的工业产业，区域市场分割严重，阻碍全国统一市场的形成。而汽车工业和部分基础产业的盲目发展尤为突出。比如，许多省区竞相盲目引进国外资源或设备，重复发展一些新的热点产品，如钢铁、汽车、摩托车、自行车、空调、录像机、乙烯、聚酯、平板玻璃、原油一次加工等，而且大都未达到经济规模。在主要工业产品中，全国30个省区市都生产的有电力、食用植物油、饮料酒、毛线、锯材、家具、水泥等，29个地区都生产的有硫酸、化肥、塑料、钢、钢材锅炉、泵、拖拉机，28个地区都生产的有烧碱、合成氨、轮胎、平板玻璃、铁合金、机床、风机、黑白电视机，27个地区都生产的有农药、铅、电缆、电话机、彩电，26个地区都生产的有铜，25个地区都生产的有纯碱、内燃机、表，另有20～24个地区生产丝、煤油、自行车、船舶、洗衣机、空调器、钟①。在很多主导产业中，不但没有出现投资不足的问题，而且总是出现严重的区域趋同现象。比如，在各省区市“九五”规划和2010年远景目标纲要中，绝大多数省份把电子、机械、石化汽车、建筑等选择为本省区的主导产业。有26个省区把汽车机械工业列为主导产业，24个省区把电子工业列为主导产业，25个省区把化工工业列为主导产

① 李铁军主编：《面向新世纪的中国产业结构》，经济管理出版社1998年版，第61～62页。资料转引自江世银（2005）。

业，18 个省区把冶金工业列为主导产业，20 个省区把建筑建材工业列为主导产业[①]。

2. 正面影响

在考虑产业同构的正面影响上，有学者认为，产业同构在一定程度上可以促进市场竞争，通过优胜劣汰法则筛选出真正具有竞争力的优质企业。东京大学教授丸川知雄在分析中国电视机工业的发展历程时就曾指出，中国形成具有竞争力的电视机工业是和“重复建设”紧密相关的，重复建设形成了市场竞争，促进了有竞争力的电视机工业的脱颖而出（丸川知雄，1999）[②]。实际上，重复建设并不一定具有负面影响，问题的根源在于竞争力较弱的企业并不一定会被市场淘汰，在很多情况下，由于地方政府的支撑，“退出机制”应该发挥的功能却受到了阻碍，形成了市场的恶性竞争，最终导致市场合理配置资源的功能失灵。

魏后凯（2007）认为，区域产业同构可以看做是区域产业竞争和冲突的结果。它既可能会产生消极的负面影响，也可能会产生积极的正面影响，是一个中性的概念。且近年来，随着经济全球化的推进和科学技术的迅猛发展，地区间产业分工出现了由传统的部门间分工逐步发展为部门内的产品间分工[③]，进而又开始向产业链分工方向发展的趋势。在这种新型区域分工格局下，一方面是出现产业同构的趋势，另一方面区域产业分工和专业化却在不断深化。例如，浙江省纺织服装工业 85% 集中在绍兴、宁波、杭州、嘉兴、温州、湖州等地，虽然这些城市都在发展服装工业，但其产品差异较大，宁波侧重男装，温州侧重男装和休闲装，杭州侧重女装，湖州织里主要是童装，可见，产业同构和产品间的分工深化可以并存，那么产业同构所造成的重复建设和恶性竞争问题也就没那么严重。

尽管这些研究都提出合乎逻辑的观点，并从理论上论证产业同构未必弊大于利，但是理论界一直拿不出相关合理的实证研究为其提供强有力的支撑，这也使得人们对省市间产业同构影响的好坏无法达成一致意见。不过，从现有文献可以

---

① 王一鸣、胡勇：《新形势下调整我国地区经济结构的思路和对策》，载《经济工作者参考资料》第 92 期，第 48 页。资料转引自江世银（2005）。

② 转引自陈建军：《长江三角洲的产业同构及产业定位》，载《中国工业经济》2004 年第 2 期。

③ 在魏后凯（2007）一文中，将产业分工划分为三个阶段：第一个阶段为部门间或产品间分工，就是不同区域发展不同的产业部门，进行专业化生产。这种专业化称为部门专业化，它是经济发展早期阶段的产业分工形式。第二个阶段为部门内或产业内分工，就是不同区域都在发展同一个产业部门，但其产品种类是不一样的。这种专业化称为产品专业化。第三个阶段为产业链分工，即虽然很多地区生产同一产品，但是各个区域按照产业链的不同环节、工序甚至模块进行专业化分工。国外学者称之为功能专业化，部分国内学者称之为产业内分工。

看出，如果从产业集群促进产业同构形成的这个角度上看，一定程度的产业同构对区域经济发展还是有利的。

二、京津冀地区产业同构实证研究

（一）京津冀地区产业同构历史演化轨迹

1978 年以后，为充分调动地方和企业发展经济的积极性，国家采取了一系列以“放权让利”为核心的改革举措。这些改革措施的出台和实施，具有明显的分权特征。它们一方面极大地调动了各地方和企业发展经济的积极性；另一方面也在很大程度上导致了地区间的利益冲突和区域产业同构的不断强化。具体表现就是，各地纷纷发展价高利大、对地方经济带动作用强、税收贡献突出的加工工业，区域间围绕资源和市场的矛盾日趋激化，产业同构现象严重。在这样一种大形势下，京津冀地区自然无法逃脱产业同构的命运。当然，京津冀地区产业同构形成也有其独特之处，最典型的也最为熟知的便是京、津两大核心城市的龙头之争。

1. 京津之争

从历史角度看，天津城市的形成和发展，最重要的原因是临近北京这个几朝古都。由于北京的自然和经济条件并不优越，需要经由天津地区进行水运活动，这就为天津地区形成稳定的中心聚落、市镇和城市创造了必要条件，天津也就成为北京的经济辅助城市。天津的近代工业也是在北京清政府的支持下发展起来的，其主要目的首先是护卫京都的需要。在清朝末年，由于政局动荡，为保存自己的经济实力，官僚和军阀开始在天津置办产业，兴建住宅。之后，这些官僚资本开始大量投资于天津工商业。发展到后来，天津的近代工业逐渐由最初的官办转为私人投资。可以说，北京的官吏和军阀是促使天津近代工业兴起的重要因素之一。到了两次世界大战期间，天津一跃成为仅次于上海的第二大工业城市，在经济方面已经大大超过北京。由于京津两市功能互补，相互促进，造就了清末以来两市经济文化的空前繁荣。这一阶段，天津人口规模迅速扩大，从 1860 年前后的 10 万余人增加到 1949 年新中国成立前的 243.2 万人，而此时的北京，则是全国的政治中心、文化中心和典型的消费型城市，人口 197.9 万人，京津冀地区其他城市的人口规模均在 20 万以下①。

① 上述资料经简单归纳和整理，主要来源于：祝尔娟等著：《全新定位下京津合作发展》，中国经济出版社 2009 版，第 34～37 页。

表 3.1　1933 年北方四大工业城市在全国 12 个主要工业城市中地位

		天津	青岛	北京	西安	12 城市合计
厂数（家）	实数	1 224	140	1 171	100	9 679
	%	13	1	12	1	100
工人数（人）	实数	34 769	9 457	17 928	1 505	461 693
	%	8	2	4	0.05	100
资本（千元）	实数	24 201	17 650	13 029	161	320 569
	%	8	6	4	0.05	100
生产净值（千元）	实数	74 501	27 098	14 181	413	1 094 852
	%	7	2	1	0.05	100

资料来源：据樊如森：《天津——近代北方经济中心》，载禹贡网。转引自周立群主编：《创新、整合与协调》，经济科学出版社 2007 年版。

新中国成立后，北京在 1953 年编制的《改建与扩建北京市规划草案要点》里被定位为“我国政治、经济、文化中心”，之后，北京开始大力发展重工业，到 20 世纪 70 年代末期，其重工业规模水平超过天津。而天津也利用既有的工业基础，建立起齐全的产业门类，结果是京津两市产业结构和经济门类趋同，两市结束了历史上的互补合作关系，走上了产业竞争的道路。此后，京津发展长期各自为政，缺乏联合，两市产业同构问题严重，导致了生产要素难以跨区域优化组合，两市在产业项目、港口基础设施方面存在恶性竞争，重复建设和资源浪费问题严重。比如，20 世纪 90 年代，国家计委计划在京津地区投资 30 万吨乙烯生产基地，按照当时国际惯例，乙烯生产规模在 60 万吨才有效益，而京津两市各不相让，最终各建了一个 15 万吨的项目，但始终无法产生规模效应。再比如，在天津港还没有“吃饱”的情况下，北京在河北唐山新开辟了一个京唐港[①]。产业同构、缺乏区域协调，使得京津冀地区特有的“双核模式”无法给这一地区带来良好的辐射作用，形成了“发达的中心城市与落后的腹地”格局。根据 2004 年完成的《河北省经济发展战略研究》报告称，在国际大都市北京和天津周围，环绕着 3 798 个贫困村、32 个贫困县、272.6 万贫困人口[②]。

直到 2005 年 5 月，国务院在批复的《天津城市总体规划》中明确将天津定位为北方的经济中心。北京则定位为“国家首都、国际城市、文化名城、宜居

① 参见《“环渤海”：今天与未来》，天津滨海新区网：http：//www.bh.gov.cn/zjbh/system/2006/05/24/000003402.shtml。

② 参见《3798 个贫困村围京津，劳动力将在北京形成贫困区》，中国网：http：//www.china.com.cn/chinese/jingji/944291.htm。

城市”，不再作为“经济中心”，而在《北京城市总体规划（2004～2020）》中又提出要将北京建设成“世界城市”作为努力目标，这将进一步加强京津两市错位发展的趋势。两大核心城市的错位发展将有利于未来京津冀地区形成相互合作的格局。另外，随着滨海新区纳入国家发展战略，势必吸引重化工业、信息产业、装备制造业等工业行业向天津集中，中央给予滨海新区的大的发展项目以及滨海新区自身的政策和制度优势将会吸引大量跨国公司投资，恰好为迎接北京的工业结构调整提供新的空间，为两个城市快速转向新的功能定位提供了条件和机遇，京津关系将走向一个崭新的合作共赢阶段。可以预见，未来京津地区的工业结构趋同现象将逐渐趋于缓和，但由于历史原因，京津两地产业同构问题在较长一段时间内仍将存在。

2. 津冀冲突

环抱京津的河北是京津冀都市圈的经济腹地，是我国重要的能源、原材料生产和供应基地，是全国重要的重化工业生产基地，已形成了以煤炭、电力、冶金、机械、化工、纺织等为主的门类齐全的工业体系，基础厚重。长期以来，河北省一直扮演着京津“护城河”的角色，满足京、津两市对生产要素资源、劳动力资源和农产品的需求，并承接来自京津的产业转移。河北对自身地位也很明确，一直以来并不存在与京津两市的激烈冲突，并且河北与京津存在阶段性的差距，产业结构差异较大，因此，京冀、津冀的产业同构问题一直不是人们重点关注的对象，河北也一直默默无闻的发挥着其经济腹地的作用。

然而，近年来，随着北京的产业和城市结构的转型，使得部分产业向周边地区转移，给天津和河北带来了机遇，同时也带来了相互竞争。北京已不再将原材料工业作为产业发展重点，但天津、河北仍然在钢铁和石化工业上倾注了极大地投入力度。天津市“十一五”期间将冶金工业、化学工业列入七个要进一步壮大的优势产业之列①，河北省“十一五”期间更是把钢铁产业、石油化工业列入了三大“做大做强”的战略支撑产业之中②，这加剧了京津冀地区钢铁销售市场的竞争③。据河北省发布的《环京津城市集群发展调研报告》称，河北省一些城市定位不明晰，缺乏可持续发展的思路。许多地区尚未健全由公路、铁路、水路、民航等组成的交通运输体系，与京津的交通衔接处于“对而不接、近而不通、通而不畅”的状态。城市集群内部的城市之间没有建立起便捷通畅的交通

① 参见《天津市国民经济和社会发展第十一个五年规划纲要》，北方网：http：//news.enorth.com.cn/system2006/02/20/001236442.shtml。

② 参见《河北省国民经济和社会发展第十一个五年规划纲要》，中国网：http：//www.china.com.cn/chinese/zhuanti/06hxhb/1180969.htm。

③ 参见《进一步整合京津冀钢企建立大华北钢铁公司》，载《证券日报》2010年1月29日第C02版。

运输网络，无法形成发展合力。环京津城市集群发展的政策措施尚不完善，缺乏必要的政策导向，与京津具有体制、政策等上的梯度差；与京津高层交流合作，产业转移、交通对接等重大战略性问题合作进展相对缓慢，生态补偿机制尚不健全①。

尤其值得注意的是，天津滨海新区和河北曹妃甸这两大京津冀都市圈的经济新增长极，都将钢铁、石化等原材料工业作为支柱产业。在这一背景下，京津冀地区特别是天津、河北两省市在今后若干年内由原材料工业竞相发展带来的主导产业趋同趋势将进一步增强。因此，未来津冀两地的产业同构趋势将有所加强，其产业同构问题不容忽视。

3. 京津冀都市圈协调发展进程

20世纪70年代以来，受计划经济的影响，京津冀三省市各自为政，发展大而全的自成一体的经济体系，造成区域内产业同构，重复建设、恶性竞争现象严重，严重阻碍区域一体化发展。到了80年代，北京率先联合周围一些城市，对区域一体化发展进行规划研究，期望能促进区域协调发展，有效破解产业同构问题。不久后，全国最早的区域协作组织——华北地区经济技术协作会成立，在一定程度上有效促进了地区间的物资调剂。但其弊端却也很快暴露，如华北协作区区域范围过大、地区间经济关联度低、凝聚力下降以及缺少日常工作机构的组织。

90年代后，学术界对产业同构问题的广泛关注促进了区域协调合作的进一步深化。1991年起，北京城市科学研究会联合京津冀9个城市的城科会共同开展了京津冀区域城市协调发展研究，先后召开3次研讨会，在一些基本原则和发展方向达成共识，并取得一些研究成果。然而，京津冀地区区域协作的势头并没有因此而增强，区域间协作也难以深入开展。华北地区经济技术协作会在1982～1990年共举办了7次会议，此后就销声匿迹；环京经济协作区自1994年后也进入了走走停停的状态。区域内产业同构、企业间无序竞争，大量资源被浪费，使得京津冀都市圈与长三角、珠三角的距离逐渐拉大。

1996年，北京市科委制定的《北京市经济发展战略研究报告》指出，北京周边地区的范围主要包括天津市和河北省北部地区，即以京津为核心，包括河北省的7个市，面积共16.8万平方公里的“首都经济圈”。至此，京津冀地区经济合作开始进行新的阶段。2001年，两院院士吴良镛先生在有关大北京规划研究的开题报告《面向新世纪建设“大北京”》中认为，大北京应以京津为主轴，

① 参见《河北省环京津城市集群发展驶入“快车道”》，中国河北网：http://www.hebei.gov.cn/article/20100428/1438182.htm。

以唐山、保定为两翼，根据各自发展需要，整合产业布局，发展中等城市，构建大北京地区组合城市，以实现优势互补、共同发展。2004 年 2 月达成的“廊坊共识”将编制京津冀地区总体发展规划列为实现区域合作的重要举措之一。2006 年，国家发改委着手制定《京津冀都市圈区域规划》，意图在城市群落相对密集，同时各自发展水平又较为悬殊的环渤海地区，以相关配套的产业政策为牵引，建设经济、社会实现一体化和谐发展的京津冀都市圈。

从以上叙述中可以看出，京津冀一体化区域协调发展进程是曲折的，但我们有理由相信随着我国经济体制改革的深化，政府管理水平的提高，以及国家对都市圈区域协调发展的重视，京津冀都市圈必然会冲破重重障碍。不过，就目前来看，京津冀都市圈区域协调发展的道路还很长。

（二）京津冀地区产业同构实证分析

在产业同构实证研究方面，比较常用的方法是先测定地区间三次产业结构相似系数，然后再深入到制造业的结构相似系数，并得出产业细分后相似系数大大降低的结论，也有少数学者深入到产品层面的研究，目的是为验证产业同构并不意味着产品同构（邱风等，2005）。另外，时间序列数据的引入使得产业结构相似系数这一局限性较大的指标的应用变得更加灵活，也令实证分析动态化。综合前人的思路，本节的研究思路是从“三次产业结构——工业制造业结构”的研究角度，利用产业结构相似系数和区位商两个指标，比较分析省市间产业同构情况，同时结合时间序列数据进行跨期分析，以得出省市间产业同构的历史发展趋势，并利用该趋势对未来作出适当预测。

1. 三次产业结构层面

从三次产业结构看，北京已经形成了“三二一”的产业结构，第三产业作为拉动北京经济增长的主要推动力，优势作用相当明显。经北京统计局初步核算，2009 年北京第三产业增加值较去年增长 10.3%，而第一、二产业增加值分别为 4.6%、9.7% 的增长速度；天津和河北主要以第二产业为主，呈现出“二三一”的产业结构，其中，河北第一产业比重相对较高。2009 年北京、天津和河北省的三次产业增加值和比重如表 3.2 所示。

通过整理京津冀三次产业的总体结构，可以简单判断出，北京作为京津冀地区服务中心城市的优势地位明显，第三产业十分发达，与天津、河北的产业同构度应该不会太高，而天津和河北则有可能存在较高的产业同构现象。于是我们利用产业结构相似系数法对京津冀三次产业的产业同构进行测度来证实这一判断。

利用表 3.2 中数据，可以计算得，北京与天津的产业结构相似系数为 0.8237，北京与河北的产业结构相似系数为 0.7618，天津与河北的产业结构相似系数为0.9806。显然，从三次产业结构层面上看，天津与北京以及北京与河北的产业结构相似系数相对较低，而天津与河北的产业同构问题却相当严重。原因很简单，同为“二三一”产业格局的天津和河北，必然在三次产业结构层面上出现较高的产业同构程度。

表3.2　　　　京津冀地区三次产业增加值及比重

	地区生产总值（亿元）	第一产业		第二产业		第三产业	
		增加值（亿元）	比重（%）	增加值（亿元）	比重（%）	增加值（亿元）	比重（%）
北京	11 865.9	118.3	1	2 743.1	23.2	9 004.5	75.8
天津	7 500.8	131.01	1.7	4 110.54	54.8	3 259.25	43.5
河北	17 026.6	2 218.9	13	8 874.9	52.1	5 932.8	34.9

资料来源：根据2009年京津冀国民经济和社会发展统计公报相关数据整理。

当然，仅仅通过三次产业的比较以及选用产业结构相似系数法，我们并不能武断地认为，天津与河北存在严重的产业同构问题。由于工业仍是京津冀地区的主导性产业，并且工业内部行业间的同构性问题更具比较和分析价值，因此，为更进一步分析，我们需要深入到工业部门制造业的结构层面上，并结合其他测度方法进行静态截面（即省市间比较）以及动态比较分析（即时间序列跨期比较）。

2. 工业行业的产业同构测算

在对京津冀地区工业行业产业同构度测算前，首先，必须明确测算指标的选用：本节选用产业结构相似系数和区位商两个指标，并以统计年鉴中按行业划分的工业企业增加值为单位计算产业结构相似系数和区位商。其次，对计算时所采用的具体工业行业进行说明。考虑到地区间产业同构产生的原因（特别是制度性因素）以及产业同构负面影响发生作用的条件（工业行业所生产的产品在地域上必须是可贸易①），排除工业中的采掘业和电力蒸汽热水及煤气自来水生产供应业等都是相当依赖资源和人口分布的行业，剩下30个制造业行业，而由于废弃资源和废旧材料回收加工业在京津冀地区所占比重都较小，甚至在较早的年份都没有统计数据，也给予剔除。因此，本部分将以余下29个制造业行业为口径来计算产业结构相似系数和区位商。

（1）工业层面的结构趋同。2007年，北京与天津的制造业结构相似系数为

① 对于生产“不可贸易”产品的工业行业，纳入产业同构度的计算范围没有意义，因为该类产品的生产和供给只能由本地区来提供，那么该行业在每个城市必不可少，如自来水、供暖行业。

0.9637，北京与河北的制造业结构相似系数为0.597，天津与河北的制造业结构相似系数为0.7156。通过计算工业层面的制造业结构相似系数，我们发现，京津地区产业同构程度要大于津冀和京冀地区，这与三次产业结构层面得出的结论不同，而通过对第二产业的细分，京津冀地区的产业结构相似系数得到很大程度的下降。京津冀地区的产业同构问题目前仍集中于京津两市，主要原因是由于北京与天津两个直辖市在资源结构、文化环境、地方制度等影响产业同构方面的因素上都具有相似性，并且早些年两个城市之间的相互竞争，造成了两地的制造业结构趋同问题比较严重。由此可见，京津两地的制造业结构趋同问题需要较长时间进行消化，短时期内难以有较大改变。

通过静态截面比较，我们还可以得出的一个看似无用的结论是：津冀产业同构程度要大于京冀产业同构程度。然而，这却提醒我们利用动态数据来观察津冀地区制造业结构相似系数的发展趋势。为揭示京津冀地区制造业结构相似系数的历史变化过程，我们选用2000～2007年的数据。数据来源于2001～2008年《北京统计年鉴》、《天津统计年鉴》和《河北经济年鉴》，计算结果如表3.3所示。

表3.3　　京津冀制造业结构相似系数时间序列

地区	2000年	2001年	2002年	2003年	2004年	2005年	2006年	2007年
京津	0.9677	0.9633	0.9160	0.9662	0.9383	0.9629	0.9684	0.9637
津冀	0.4919	0.4686	0.3779	0.6214	0.5566	0.5451	0.6661	0.7156
京冀	0.5664	0.5758	0.6250	0.5541	0.5251	0.6813	0.6285	0.5970

资料来源：2001～2008年《北京统计年鉴》、《天津统计年鉴》和《河北经济年鉴》。

由表3.3可以看出，津冀两地制造业结构相似系数一开始呈现出下降趋势，然而到了2003年左右，转而呈现出上升趋势，变化趋势十分明显，这一结果证实了前面的判断：随着近年来天津、河北加大工业投入力度，并积极承接来自北京的产业转移，津冀地区的产业同构有加强的趋势，这不得不引起我们对未来的担忧。京津地区的制造业结构相似系数一直徘徊在高位不下，不过在2008年却突然出现一个跳跃，直接降到了0.8270（见图3.1），这使得我们对京津地区的未来产生乐观情绪。京冀地区的工业结构相似系数一直都在低位徘徊，很明显，这两个地区无论从历史还是当前的角度看，都不存在严重的产业同构问题。

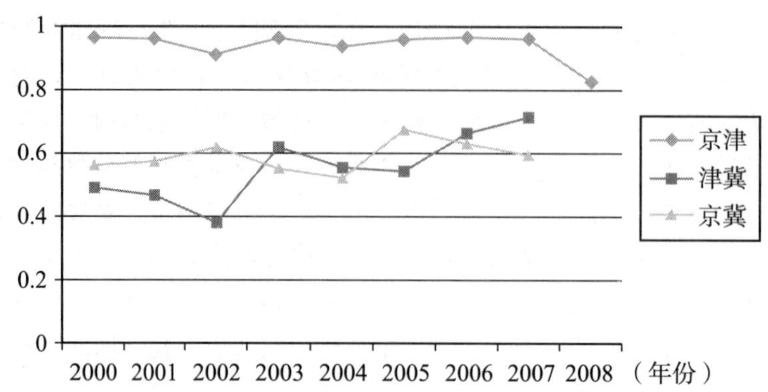

图 3.1　京津冀地区制造业结构相似系数变化曲线

资料来源：2000～2008 年《北京统计年鉴》、《天津统计年鉴》和《河北经济年鉴》。

从以上分析来看，京津冀地区的产业同构问题仍旧主要体现在京津两市之间，不过京津两市的产业同构问题有逐渐趋缓的迹象。然而，津冀两地的产业同构问题却有日渐突出的趋势，这将重新引发人们对该地区产业结构尤其是工业结构趋同给区域经济协调发展造成严重不利影响的担忧。

综合各类指标的静态横截面比较以及动态时间序列比较不难看出，目前京津冀地区的产业同构主要集中在北京和天津这两个城市的产业结构趋同上，但是通过观察时间序列变化趋势，未来京津之间产业同构问题有减缓趋势，而津冀地区的产业同构问题却有日趋增强的趋势，这为津冀地区的政策制定敲响了警钟。在总结出这些结论的同时，还得出其他一些有意思的结论：

第一，从指标使用来说。各项指标所做的实证研究并不是万能的，在我们看来，计算产业同构的指标大都属于相对指标，一般不能作为绝对指标来使用，也就是说，这些指标是用来比较地区之间的同构度的大小，或者作为时间序列来考察某个地区产业同构程度的变化情况，或者用于经验型判断，而光凭指标数值的大小一般不能评价出该地区产业同构的严重程度。例如，1985 年美国的东北部与中西部的制造业结构相似程度达 0.88。美国与德国、美国与法国、德国与法国之间的产业结构相似系数，分别为 0.93、0.95、0.94。2000 年，美国与加拿大的制造业结构相似系数为 0.88、英国与法国为 0.89、日本与韩国也高达 0.90。然而，发达国家学者并没有出现对本国与其他国家产业同构化问题的忧虑[①]。可见，要正确应用产业结构相似系数等指标，不应仅凭该指标的数值大小来判断两地产业同构程度的大小，而需要通过比较两个以上数值来说明究竟哪两地的产业

① 陈建华：《长江三角洲产业结构趋同问题的再研究》，载《上海市经济学会学术年刊（2007）》，上海人民出版社 2008 年版。

同构问题更为严重，或者根据时间序列数据来判断产业同构的演进趋势。

第二，从论证方法来说。已有文献验证某区域产业同构程度，常用的方法是从三次产业——行业细分后的工业行业——进一步细分后的产品同构来计算三种情况下的产业结构相似系数，通过行业细分后产业结构相似系数下降来说明产业同构现象，对此我们并不敢苟同。因为这几种计算结果并不具备可比性，三次产业所选用的 X_{ik} 和 X_{jk} 加总求和后并不等于行业细分后的 X_{ik} 和 X_{jk} 的总和。再有，就算在总和相等的情况下，行业细分后出现产业结构相似系数下降也属于正常现象。假设全社会只存在一个大类的行业，无论该产业产值为多少，两个地区的产业结构相似系数必然为 1，也就是说 A 地区只生产 100 个单位，而 B 地区生产 1 000 个单位，产业结构相似系数依然为 1，两个地区存在着高度产业同构现象。如果将这个大类行业进行细分成 X 和 Y 两个小行业，然后再计算其产业结构相似系数，很明显，该系数肯定不会等于 1，这也能粗略推论出，在大类行业产值不变的情况下，将其进行细分，这样计算出来的新的产业结构相似系数在绝大多数情况是会出现下降的。那么，利用行业细分，然后计算产业结构相似系数，并与其上一级大类行业计算出来的指标进行比较，得出产业结构相似系数出现下降的结果，从而认为该地区不存在严重的产业同构现象，这样一种做法实际上并不准确。很明显，通过行业的细分，产业结构相似系数很有可能会出现下降，这相当于在玩的一个“数字游戏”，而就此推论出该地区产业同构程度并不严重的结论并不严密。因此，我们认为产业结构相似系数只能用于同等情况下地区之间的比较、时间序列比较或者是用于经验判断，而当成绝对指标来推出结论并不十分科学。

因此，本章没有对产品间的结构相似系数进行计算，即使得出产品间的结构相似系数大为下降的结论，意义也不大。如果继续做，也只能用来做时间序列比较，这就意味着再耗费大量时间重复前面的工作。毫无疑问，这会使得本章内容严重“同构”。

（2）行业微观层面的结构趋同。采用区位商可以衡量区域内部各地区工业行业的集聚状况，也可以清晰地了解各地区在全国范围内具有一定竞争力的优势行业，这里我们依然排除了一些资源采掘类行业和电力蒸汽热水及煤气自来水生产供应业等生产服务性行业，使用的数据为 2007 年 29 个行业的工业增加值，计算京津冀地区各制造业的区位商见表 3.4。

由表 3.4 可以看出，北京排在前五位的优势制造业按区位商（E_{ij}）值大小顺序依次为仪器仪表及文化、办公用机械制造业，印刷业和记录媒介的复制，通信设备、计算机及其他电子设备制造业，医药制造业，工艺品及其他制造业。天津排在前五位的工业行业依次为通信设备、计算机及其他电子设备制造业，黑色

表 3.4　京津冀地区制造业区位商

行　业	北京		天津		河北	
	E_{ij}	M(%)	E_{ij}	M(%)	E_{ij}	M(%)
农副食品加工业	0.22	1.11	0.43	2.14	0.93	4.59
食品制造业	1.10	2.19	0.71	1.41	1.08	2.14
饮料制造业	1.06	2.13	0.73	1.47	0.87	1.74
烟草制品业	0.34	1.06	0.12	0.36	0.49	1.52
纺织业	0.21	1.11	0.20	1.06	0.84	4.40
纺织服装、鞋、帽制造业	0.68	1.64	0.45	1.09	0.45	1.08
皮革、毛皮、羽毛（绒）及其制品业	0.04	0.07	0.21	0.32	1.74	2.75
木材加工及木、竹、藤、棕、草制品业	0.14	0.16	0.19	0.21	0.80	0.88
家具制造业	0.86	0.59	0.67	0.46	0.73	0.50
造纸及纸制品业	0.48	0.89	0.28	0.52	0.91	1.69
印刷业和记录媒介的复制	2.79	2.05	0.68	0.50	0.88	0.65
文教体育用品制造业	0.39	0.23	0.63	0.37	0.19	0.11
石油加工、炼焦及核燃料加工业	1.01	3.34	0.50	1.65	1.14	3.76
化学原料及化学制品制造业	0.54	4.26	0.85	6.64	0.87	6.78
医药制造业	1.96	4.79	1.39	3.40	1.01	2.46
化学纤维制造业	0.08	0.07	0.10	0.09	0.32	0.27
橡胶制品业	0.22	0.22	0.95	0.97	1.03	1.06
塑料制品业	0.38	0.87	0.84	1.90	0.82	1.87
非金属矿物制品业	0.60	3.09	0.28	1.46	1.23	6.38
黑色金属冶炼及压延加工业	1.44	13.84	2.21	21.22	3.57	34.26
有色金属冶炼及压延加工业	0.07	0.35	0.15	0.74	0.27	1.31
金属制品业	0.75	2.41	1.15	3.70	1.14	3.66
通用设备制造业	0.91	4.97	1.12	6.10	0.75	4.11
专用设备制造业	1.52	4.97	0.90	2.94	0.96	3.15
交通运输设备制造业	1.54	11.44	1.41	10.50	0.46	3.46
电气机械及器材制造业	0.78	5.04	0.72	4.63	0.63	4.09
通信设备、计算机及其他电子设备制造业	2.53	21.34	2.68	22.63	0.09	0.77
仪器仪表及文化、办公用机械制造业	3.34	4.14	0.83	1.03	0.28	0.35
工艺品及其他制造业	1.65	1.61	0.49	0.47	0.24	0.23

资料来源：2008 年《北京统计年鉴》、《天津统计年鉴》、《河北经济年鉴》和《中国统计年鉴》。

金属冶炼及压延加工业，交通运输设备制造业，医药制造业，金属制品业；河北排在前五位的依次为黑色金属冶炼及压延加工业，皮革、毛皮、羽毛（绒）及其制品业，非金属矿物制品业，石油加工、炼焦及核燃料加工业，金属制品业。如果综合考虑工业区域配置系数（M）[①]，天津和北京的优势行业主要为技术密集型行业，具体表现为以电子信息技术为代表的知识技术密集型行业，该行业的工业增加值占该地区所有行业工业增加值的比重都超过20%；而以交通运输设备、仪器仪表、专用设备制造业为代表的技术资本密集型行业，以及以高技术为特征的现代医疗制造业，这些也是京津两市具有高区位商、产值比重也较大的行业。河北省则属于典型的资源加工型产业区，冶金、采矿、机械制造、皮革毛皮制品以及农作物为原料的食品制造业（农副食品加工业、食品制造业和饮料制造业这三类食品业的区域配置系数之和超过8%）是其优势所在。在三省市所共同拥有的优势行业方面，黑色金属冶炼及压延加工业和医药制造业这两个行业的区位商三省市同时大于1，另外还有5个行业的区位商两省市同时大于1，这7个行业的工业区域配置系数之和分别为56.94%（北京）、61.46%（天津）和46.28%（河北）。

由表3.5可见，津冀和京冀地区形成产业同构的主要工业行业为黑色冶金，而医药制造业的区域配置系数并不高；京津地区则更多集中在技术密集型产业，以交通运输、通讯设备等电子设备为主的高端制造业。对于黑色冶金业来说，由于该类产业属于资源依托型产业，是其他制造业的基本原料，加上津冀地区地处环渤海地区，在各区域加工制造业均比较发达的情况下，自然对这些资源的消耗数量大，出现产业同构也属正常现象。因此，从现阶段看，津冀之间的工业结构趋同性未必会造成恶性竞争现象。而京津两地在电子设备、交通运输设备等高端制造业上的趋同值得我们警惕，其工业区域配置系数的数值都很高并且非常接近。

例如，交通运输设备制造业的工业区域配置系数分别为11.44%（北京）和10.50%（天津），这两个数值不仅高而且非常接近。可见，未来京津地区的工业结构需要加快调整步伐。

---

① 工业区域配置系数（M）为某区域某行业产值与该区域所有行业总产值之比，由于本章主要使用的数据为工业增加值，所以该系数值为某区域某行业工业增加值与该区域所有行业工业增加值的比值，而所有行业指的是本章所考虑的29个制造业，并非统计年鉴上所列出的所有工业行业。值得注意的是，有些行业的区位商指标值虽然很高，但其总量和规模却可能较小。因此，使用工业区域配置系数可以辅助区位商指标来进行具体行业分析。比如北京市的仪器仪表及文化、办公用机械制造业的区位商指标值在所有行业里是最高的，但是其工业区域配置系数只有4.14%，远不如电子设备制造业的21.34%。

表3.5　　京津冀地区区位商至少两省市同时大于1的行业

行　业	北京		天津		河北	
	E_{ij}	M(%)	E_{ij}	M(%)	E_{ij}	M(%)
食品制造业	1.10	2.19	0.71	—	1.08	2.14
石油加工、炼焦及核燃料加工业	1.01	3.34	0.50	—	1.14	3.76
医药制造业	1.96	4.79	1.39	3.40	1.01	2.46
黑色金属冶炼及压延加工业	1.44	13.84	2.21	21.22	3.57	34.26
金属制品业	0.75	—	1.15	3.70	1.14	3.66
交通运输设备制造业	1.54	11.44	1.41	10.50	0.46	—
通信设备、计算机及其他电子设备制造业	2.53	21.34	2.68	22.63	0.09	—
总计	—	56.94	—	61.46	—	46.28

总之，从行业划分来看，津冀两地之间的产业同构属于正常现象，而京津分析产业同构问题必须从多个角度进行。产业同构程度到底有多高，只是我们想要得到的其中一个结果。事实上，产业同构带来的影响是利大于弊还是弊大于利才是我们最关心的问题，对京津冀地区产业同构影响辨析也将从下一部分开始。

三、产业同构影响辨析

由以上多个角度和跨期研究可见，京津冀地区存在一定程度的产业同构问题，但是由于各种指标的局限性，关于产业同构的关键性问题，即产业同构是否造成了恶劣的后果，并无法从指标中反映出来，而对产业同构影响的分析大多停留在定性分析阶段，定量实证分析的文献较少，而且从不同的角度出发，产业同构影响的结论也会大相径庭。例如，樊福卓（2007）在讨论中国工业的地区专业化问题时发现，相对规模较大的地区的专业化系数①倾向于较低，而相对规模较小的地区的专业化系数倾向于较高。如果从这个角度看，北京和天津都是超大规模城市，那么存在产业同构也就近似于一种合理的行为。当然，对产业同构的影响分析并不是通过简单几句话就能表述清楚的。因此，本章将从产业发展绩效和产业同构成因这两个角度来分析京津冀地区产业同构的利弊问题。

① 专业化系数越大，说明该地区专业分工越强，产业同构程度也就越低。

（一）产业同构与行业利润水平

对产业同构负面影响的其中一个考虑主要是基于这样的思考：从产业发展角度看，过高的产业同构度会对区域经济发展带来不利影响。其中一个重要方面就是，当局部区域内某一行业的企业过度集群、出现重复建设和恶性竞争现象后，会使区域内该行业生产要素市场供不应求（导致生产要素价格上涨和企业生产成本上升），同时企业产品市场供过于求（导致产品价格下跌和经营收入下降），对企业经营绩效带来负面冲击。重复建设和恶性竞争的一个必然结果是行业经营绩效降低，其最集中体现在该地区企业利润水平低于全行业平均水平。但是，我们尚不能将这一现象简单归结为由产业同构程度强弱导致的结果，因为利润水平的高低还受行业背景、经济形势、市场供求关系等系列因素的影响。因此，还须从行业角度入手作进一步分析。

一般来说，若某区域内各省市在某行业上都具有相对较高的规模优势，那么该区域该行业的总收入在国内全行业中所占的比重也相对较高。这里以区域行业总收入占国内全行业收入的比重 L_k［如式（3.5）所示］来说明某行业在该区域的集聚程度和“拥挤”程度。其中，X_{ik} 为 i 省市 k 行业的主营业务收入，m、n 分别为该区域和全国包括的省市数。

$$L_k = \sum_{i=1}^{m} X_{ik} / \sum_{i=1}^{n} X_{ik} \tag{3.5}$$

为剔除行业宏观大环境对利润指标的影响，本章以各省市该行业总收入利润率与国内全行业收入利润率之差 P_k［如式（3.6）所示］来反映该区域行业经营绩效与国内平均水平的差异。其中，X_{ik}、Y_{ik} 分别为 i 省市 k 行业的主营业务收入和利润总额，m、n 分别为该区域和全国包括的省市数。图 3.2 是京津冀三省市 L_k、P_k 两项指标的散点关系图。

$$P_k = \frac{\sum_{i=1}^{m} Y_{ik}}{\sum_{i=1}^{m} X_{ik}} - \frac{\sum_{i=1}^{n} Y_{ik}}{\sum_{i=1}^{n} X_{ik}} \tag{3.6}$$

若较高产业同构度导致行业经营绩效降低的假设成立，那么两区域内集聚程度高的行业（各省市合计收入份额占国内全行业比重较高的行业）应呈现出更为典型的“恶性竞争”现象，比该区域其他行业具有更低的相对利润水平。但通过对图 3.2 的分析可发现，京津冀地区，占国内全行业收入比重较高的一些行业，其相对利润水平并未显著低于同一区域内占国内全行业收入比重较低的那些行业。

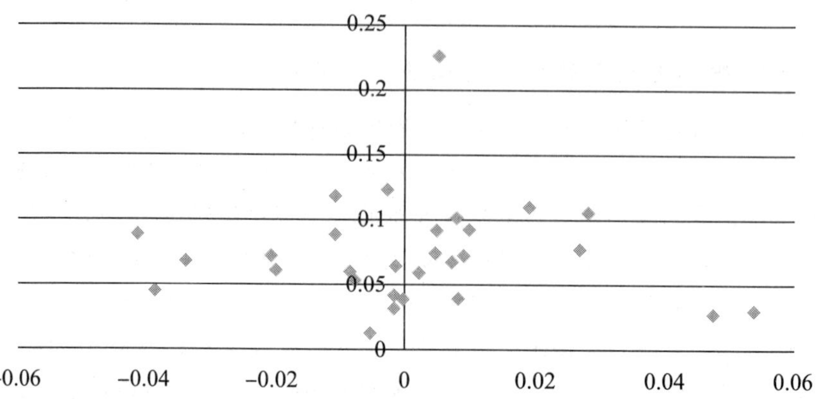

图 3.2　2007 年京津冀地区工业行业集聚程度与相对利润率比较

注：纵轴：L_k；横轴：P_k。

资料来源：根据 2007 年京津冀三省市统计年鉴计算。

换句话说，两区域 L_k 和 P_k 指标都未呈现出一种负相关关系，反而甚至还有微弱正相关关系。

在京津冀三省市收入合计占国内全行业比重低于 5% 的 8 个行业中，有 5 个行业利润水平低于国内同行业平均，且其区位商指标在三省市的数值并不接近。例如，工艺品及其他制造业的区位商数值在北京、天津和河北分别为 1.65、0.49 和 0.24，可以认为该行业在三省市的同构度较低，但其利润水平恰恰却是这 8 个行业中最低的；在比重高于 5%、低于 10% 的 15 个行业和比重高于 10% 的 6 个行业中，则分别只有 8 个和 2 个行业的利润水平低于国内同行业平均。如果将 10% 以上视为规模较高的话，那么在这规模较高的 6 个行业中，却有 4 个行业的利润水平高于全国平均利润水平。规模最高的为黑色金属冶炼及压延加工业，其区位商指标三省市均同时大于 1 且有两省市大于 2，但其利润水平也高于全国平均利润水平。

可见，在京津冀地区，相对利润水平较低的行业，并不一定是不具规模优势、在国内比重较低的行业；相反，各省市同具规模优势且一般认为更易滋生重复建设、恶性竞争现象的行业，其利润水平与其规模优势的负相关关系并不十分显著，特别在规模优势较大的 6 个行业中（即 L_k 值大于 10% 的 6 个行业），仅有 2 个行业的利润水平低于国内平均水平。

这一分析表明，在京津冀，各省市间主导产业的雷同和优势产业的重合并未对企业经营状况带来更多的负面影响。至少就现阶段而言，近似产业在邻近省市的高度集聚，以及一定程度的产业同构，并不是影响两大区域产业发展绩效的主要因素，产业同构对当地企业绩效的消极效应尚缺乏足够的现实证据予以支撑。因此从这个意义上讲，京津冀地区产业同构带来的负面影响并不严重。

（二）制度性因素和自发性因素对产业同构的解释

1. 制度性因素对京津冀地区产业同构的解释作用

与长三角和珠三角不同的是，京津冀地区政治经济色彩一直都比较浓厚，具有“弱市场、强政府”的特征。作为中国的政治文化中心、老工业基地，京津冀地区受传统计划经济体制惯性影响比较大，尽管近年来企业所有制结构调整加快，但国有企业比重仍然偏高，民营企业的竞争力逊于珠三角和长三角地区，因此，京津冀地区的经济发展对政府的依赖性较高，国家批准投资的大项目建设对该地区发展具有很强的推动作用。据 2007 年统计，北京市和天津市的国有及国有控股工业企业增加值占规模以上工业增加值的比重分别高达 53.6% 和 44.7%，而长三角地区除了上海稍高外，江苏和浙江仅分别为 13.5% 和 15.0%，珠三角地区的广东省也只有 20.0%（见图 3.3）。由此可见，京津冀地区产业集聚和整合过程更多依靠政府的力量，那么，制度性因素成为该地区产业同构形成的重要原因也就不足为奇了。

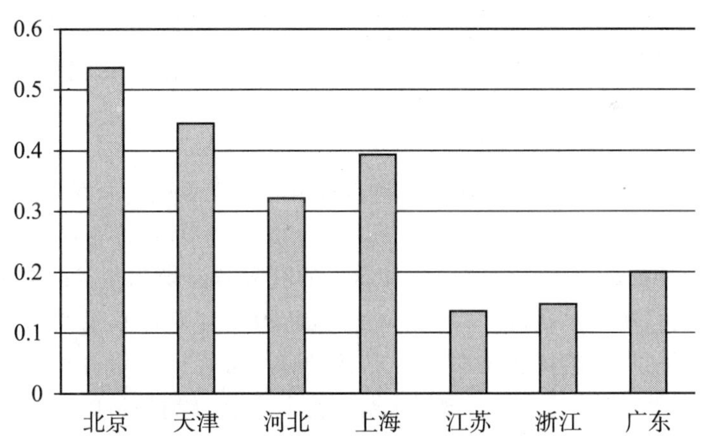

图 3.3　三大都市圈国有及国有控股工业企业工业增加值占总工业增加值比重

资料来源：根据《中国统计年鉴（2008）》计算。

2. 自发性因素对京津冀的解释

京津冀地区内几个各省市具有普遍优势的行业，主要是自然资源禀赋因素起作用而带来的集聚。以钢铁工业为代表的黑色金属冶炼及压延加工业是该区域优势最为显著、各省市均有较大规模的主导性行业；此外，石化工业也是该区域具有集聚优势的行业之一。

表 3.6　　2007 年京津冀鲁辽晋蒙七省市原油、铁矿石、原煤产出情况

省市	原　油		铁矿石		原　煤	
	产量（万吨）	占全国比重（%）	产量（万吨）	占全国比重（%）	产量（亿吨）	占全国比重（%）
北京	—	—	—	—	0.06	0.24
天津	1 924.28	10.33	—	—	—	—
河北	660.01	3.54	30 953.96	43.78	0.87	3.44
山东	2 793.05	14.99	1 740.70	2.46	1.45	5.74
辽宁	1 207.17	6.48	—	—	0.63	2.49
内蒙古	—	—	5 605.80①	7.93	3.54	14.01
山西	—	—	2 768	3.92	6.30	24.94
总计	6 584.51	35.34	41 068.46	58.09	14.17	50.87

注：①内蒙古铁矿石产量数据为 2006 年数据。

资料来源：京津冀鲁辽晋蒙七省市统计年鉴、《中国统计年鉴（2008）》以及《2007 年中国国土资源公报》。

钢铁、石化等原材料工业在京津冀三省市的密集布局，与该区域得天独厚的自然资源禀赋优势密不可分。我国主要矿产资源和能源在地理分布上呈现出“北富南寡”的局面，而京津冀地区及周边的环渤海、华北各省市更是具有极其丰富的煤、铁、油资源蕴藏。如表 3.6 所示，2007 年京津冀及其周边的鲁辽晋蒙七省市，原油、铁矿石和原煤三大主要资源产量合计分别占据了全国总量的 35.34%、58.09% 和 50.87%，禀赋优势明显。早在计划经济时期，受“生产资料优先增长”理论的影响，河北省的唐山、邯郸、邢台等凭借丰富的煤铁等资源发展重化工业，北京、天津也布局了钢铁、机械、化学等重化工业，并延续至今。

3. 两种因素对产业发展绩效的影响

由于京津冀地区产业同构的成因特点，导致该地区产业同构现象对产业发展绩效和区域经济发展有着特有的影响机理。邻近省市优势行业重合对当地企业经营绩效的影响是否显著，与其产业同构的成因特点有着密切关系。京津冀原材料工业的集聚可以归结为禀赋因素和制度因素的作用结果，从长远看，该种作用因素下产生的产业同构将有可能对产业发展绩效的带来不利影响。

首先，由于京津冀的产业同构主要是由供给优势（资源禀赋丰富）而非需

求优势（对接市场便利）催生的，因此当相邻省市间重复布局达到一定程度后，更容易产生局部市场内的供过于求现象，恶性的市场竞争更有可能出现。以钢铁、化工为代表的原材料工业部门，由于产品生产本身的技术特点，行业内上下游采购关系并不明显，企业间更多是同业竞争而非上下游合作关系。例如，若邻近地市都拥有规模庞大的钢铁生产企业，其产品的同质性高于互补性，在供过于求的作用下该区域将存在较其他区域更为激烈的产品市场竞争。另外，该类行业不仅存在着较高的资本密集投入特征，而且由于产品生产加工对技术、设备等条件要求较高，大多采取企业内部自成一体的加工配套模式，或围绕龙头企业周边布局协作厂商，较少采用跨地市的外部采购模式。因此，产业同构带来的负面效应将大于由产业集群带来的正面效应。

其次，由于京津冀各省市优势行业的重合大多具有很强的政府投资或行政推动背景，因此在地方利益的刺激下重复建设现象还有可能被进一步放大。而如果产业同构是在市场因素下自发形成的，其投资主体会更加多元化、民间化、市场化，因此当市场需求条件发生变化时，其产业与投资布局更容易做出相机调整，由产业同构所带来的重复建设和恶性竞争问题也能在这种内在机制作用下被有效化解。比如，长三角地区的制造业产业同构程度远高于京津冀地区（见表3.7），区位商指标三省市同时大于1的工业行业有6个，区位商指标两省市同时大于1的工业行业共有8个，但是长三角地区经济发展的成就却是有目共睹的。可见，政府投资或行政推动背景下产业同构的负面影响会更为严重。

表3.7　　2007年沪苏浙三地制造业优势行业重叠情况

地区	区位商同时大于1的工业行业
上海—江苏—浙江	文教体育用品制造业，金属制品业，通用设备制造业，电气机械及器材制造业，仪器仪表及文化、办公用制造业
上海—浙江	家具制造业，印刷业和记录媒介的复制
江苏—浙江	纺织业，纺织服装、鞋、帽制造业，化学纤维制造业
上海—江苏	通用设备、计算机及其他电子设备制造业

资料来源：根据上海、江苏、浙江统计年鉴（2007）有关数据整理。与前面测算京津冀区位商不同的是，长三角所使用的数据为各行业的工业总产值，而非工业增加值，但对最终结果的影响也不大。

综上所述，从产业发展绩效的角度出发，产业同构并未给京津冀地区工业行业带来太大的负面影响，所谓恶性竞争带来行业利润下降的事实并不成立；但是，如果从产业同构成因角度出发，由禀赋和制度因素导致的产业同构，相比于由市场和技术因素导致的产业同构，对区域经济发展带来的不利影响更严重，这种产业同构会带来省市间更强烈的资本竞夺，具体表现为地方政府间招商引资竞争的加剧——典型例子是天津与河北在中石油百万吨乙烯、千万吨炼油等大型投资项目上所展开的项目争夺战。因此，从不同角度分析产业同构影响时，得出的结论也不尽相同，这告诉我们，对产业同构造成的影响既不能过分担心它，也不能轻易忽视它。

（三）区域协调发展之路

制度性因素是形成京津冀地区产业同构的重要因素，它也是遏制京津冀地区经济协调发展的最大障碍。因此，突破行政区划的限制，打破条块分割、各省市各自为政的产业发展格局，充分发挥市场机制和政府政策规划的引导作用，通过促进各省市合理有序的联合和协作，使得京津冀地区成为我国政治经济社会文化的发展高地。北京未来的定位与发展已经使得京津冀产业同构问题有趋弱的势头，而更加值得注意的是河北与天津以及河北省内各城市之间。北京已经在重点发展现代服务业，而天津应大力发展高新技术产业、设备装备制造业，河北省各城市应按照城市的规模、资源禀赋、经济发展状况等实际情况进行产业分工，实现区域内交接棒式的产业梯次转移、产业的联动发展，形成都市圈内各具特色、分工协作、优势互补的产业群。例如，处于工业化中期的城市，可以发展资金、技术密集型的支柱产业，正在工业化中期过渡的城市，考虑选择劳动、资金密集型产业，在轻工业领域或基础性重工业领域进行发展，而工业化后期的城市则可以考虑在高新技术、服务业领域发展。

其次，加快经济体制改革步伐，加大对国企改革力度，建立健全统一、开放、竞争、有序的市场体系，制定区域产业发展的总体规划，实施科学有效的区域产业政策，推进京津冀区域产业结构的优化升级，这些都是当务之急。前面已经提到过，京津冀地区国有工业企业比重高于全国水平，而且远高于长三角和珠三角地区。可见，适应社会主义市场经济发展要求，推进国有企业体制改革，建立现代企业制度，不仅非常有必要，而且面临的困难也比其他地区大要多。在推进区域一体化方面，可以考虑进行金融和税制改革，如将企业所得税改为属地征收，改变银行存款不能异地贷款使用的原则，对不同地区注册的企业给予同样公平的待遇，依据企业还贷能力正常发放贷款；促进生产要素的完全流通，消除关卡，打破地区封锁和市场分割，建立京津冀地区统一大市场，实现人才、资金、企业资产等生产要素的资源共享和顺畅流动。

上述论述正是针对区域协调发展所提出的政策建议。由此可见，实现区域经济协调发展，促使省市间、城市间的产业规划不再相互冲突，合理实现区域分工才是解决京津冀地区产业同构问题的关键。同时需要注意的是，在我国现有行政体制下，地方政府主要关心上级政府对其所做出的评价，要破除“囚徒困境”下的区域内地方政府之间的非合作均衡，必须有一套更加合理科学的官员晋升规则，促进地方官员将注意力更多集中在提高服务本地公众的满意度和规划发展符合本地比较优势的工业行业，以避免过度的、恶性的、无序的竞争。

第四章

产业同构、产业集聚与产业转移
——基于京津冀和长三角的比较视角

产业同构是改革开放 30 年来中国区域产业经济发展的重要命题，本章将继续分析相关问题。经济学界对该命题倾以长期的关注和探索，尤其是对东部沿海地区省际间、市际间的产业结构趋同或同构现象进行了大量研究。京津冀、长三角和珠三角地区是中国区域经济发展的三大龙头区域，其中京津冀和长三角涵盖了多个省级行政区，具备进行省际间产业同构问题分析的基础。近年来国内学界对长三角地区产业同构的研究已经积累了非常丰富的文献，对该地区产业同构的现状、来源、影响等也都进行了较为深入的分析。事实上，京津冀地区的产业同构现象虽然在表面上不如长三角地区显著，但并不意味着产业同构问题对该地区经济发展的影响可以被忽略。我们认为，两地产业同构的成因和作用机制具有不同的特点，对这些特点作进一步比较分析，有助于客观地把握产业同构现状、趋势和对经济发展的影响。本章还将并在此基础上，分析产业同构的成因及其特点，探讨产业同构与要素密集类型的关系，分析产业同构对产业转移的影响及其作用机制。

一、京津冀与长三角产业同构的测度与比较

同以往大多数研究一样，由于工业仍是京津冀与长三角地区的主导性产业，并且工业内部行业间的同构性问题更具比较和分析价值，因此我们以两地区工业部门重合度高的行业为分析对象。需要指出的是，虽然深入到产品等分层次的同构性研究已经在学界层出不穷，但由于侧重点偏向于对两地区同构性的特点进行

比较，因此分析层次对研究结论不存在大的影响。

本章以工业总产值为指标计算了2008年京津冀和长三角地区内部各省市间27个主要工业行业的结构相似系数和结构差异度指数（见表4.1）。计算结果表明，京津冀三省市间的结构相似系数水平明显低于长三角三省市，而结构差异度指数则明显高于长三角三省市。该结果反映出了目前两地区产业同构程度的基本现状：京津冀地区产业同构程度弱于长三角地区。

表4.1　　2008年京津冀、长三角工业行业结构相似系数及结构差异度指数

京津冀地区	京津	京冀	津冀	平均值
结构相似系数	0.782	0.392	0.759	0.644
结构差异度	0.294	0.469	0.374	0.379
长三角地区	沪苏	沪浙	苏浙	平均值
结构相似系数	0.747	0.600	0.866	0.738
结构差异度	0.291	0.374	0.183	0.283

资料来源：根据《中国工业经济统计年鉴（2009）》计算所得。

从行业的角度看，京津冀同时具有优势的行业数量和所占份额也低于长三角地区。在27个行业中，如表4.2所示，京津冀三省市只有医药制造业一个行业的区位商同时大于1，以及交通运输设备制造业、专用设备制造业、食品制造业等5个行业两省市区位商同时大于1，这些行业总产值占京津冀三省市各自工业总产值的比重分别为58.35%、50.56%和47.53%。

表4.2　　2008年京津冀主要工业行业区位商及总产值所占比重

行　业	北京		天津		河北	
	区位商	比重（%）	区位商	比重（%）	区位商	比重（%）
交通运输设备制造业	1.68	11.08	1.61	10.59	0.43	2.82
通信设备计算机及其他电子设备制造业	2.65	22.91	1.56	13.47	0.08	0.66
电力热力的生产和供应业	2.02	11.93	0.57	3.36	1.12	6.57
专用设备制造业	1.46	4.17	1.19	3.40	0.68	1.94
医药制造业	1.63	2.53	1.02	1.58	1.00	1.55
黑色金属冶炼及压延加工业	0.65	5.73	2.06	18.16	3.86	33.99
总计		58.35		50.56		47.53

资料来源：根据《中国工业经济统计年鉴（2009）》计算所得。

而在长三角地区，如表 4.3 所示，有多达 5 个行业三省市区位商同时大于 1，另有 6 个行业两省市区位商同时大于 1，且这些行业总产值占沪苏浙三省市工业总产值的比重分别为 66.49%、65.95% 和 59.56%。这从另一个角度证明了长三角地区产业结构趋同现象强于京津冀地区。

表 4.3　　2008 年沪苏浙主要工业行业区位商及总产值所占比重

行　业	上海		江苏		浙江	
	区位商	比重（%）	区位商	比重（%）	区位商	比重（%）
金属制品业	1.31	3.88	1.35	4.01	1.46	4.33
通用设备制造业	1.81	8.82	1.38	6.72	1.50	7.28
专用设备制造业	1.19	3.40	1.08	3.10	0.81	2.31
交通运输设备制造业	1.56	10.24	0.81	5.34	1.00	6.43
电气机械及器材制造业	1.16	6.93	1.42	8.50	1.50	8.98
通信设备计算机及其他电子设备制造业	2.42	20.97	1.69	14.64	0.48	4.18
仪器仪表及文化办公机械制造业	1.42	1.40	1.72	1.69	1.28	1.26
纺织业	0.33	1.38	1.71	7.20	2.60	10.98
纺织服装鞋帽制造业	1.01	1.88	1.71	3.19	1.90	3.54
化学原料及化学制品制造业	1.11	7.41	1.45	9.71	0.97	6.48
化学纤维制造业	0.23	0.18	2.37	1.85	4.84	3.79
总计		66.49		65.95		59.56

资料来源：根据《中国工业经济统计年鉴（2009）》计算所得。

从产业发展的角度看，过高的产业同构程度显然会对地区经济发展带来不利影响，这一点早已得到学术界的广泛共识。但是，京津冀地区产业同构程度弱于长三角地区这一事实并不能简单的导出结论——京津冀经济发展受产业同构的负面影响小于长三角。因为，无论是产业同构的成因，还是其所呈现出的具体特征，各个区域间并不完全一致。探究并把握其成因和特征差异，对于解析产业同构现象对产业发展和经济运行的影响有着重要意义。

二、产业同构与产业发展绩效：京津冀和沪苏浙比较研究

在相关文献中，人们较多地把产业同构作为一个可量化指标来反映所谓的“重复建设”和“恶性竞争”问题（陈建军，2004）。但是，无论结构相似系数还是结构差异度指数，其计算结果只能反映出数学意义上区域间产业结构的整体

相似程度强弱，并不能直接反映出“重复建设”或“恶性竞争”现象的存在与否。产业同构与“重复建设”二者之间的逻辑联系在于：如果区域间产业同构现象严重，那就意味着它们具有较多共同的优势行业或劣势行业，而“重复建设”或“恶性竞争”现象一般就出现在邻近几个区域同时具有规模优势的行业之中。

前面分析指出，长三角三省市间（或两两之间）具有共同规模优势（区位商大于1）的行业数量要远多于京津冀地区，且这些行业在各省市工业增加值中所占的比重也远高于京津冀地区。那么前者是否呈现出了比后者更为严重的“重复建设”和“恶性竞争”格局呢？

“重复建设”和“恶性竞争”的一个必然结果是行业经营绩效降低，其最集中体现在该地区企业的利润水平低于全行业平均水平。以本章分析的27个主要工业行业为例，京、津、冀三省市工业企业整体收入利润率①分别为4.87%、5.99%、7.36%，低于长三角地区上沪、江、浙三省市的6.58%、8.34%、6.14%。可见，我们尚不能将其归结为是由产业同构程度强弱导致的结果。由于利润水平的高低还受行业背景、经济形势、市场供求关系等系列因素的影响，因此还须从行业角度入手作进一步分析。

一般来说，若某区域内各省市在某行业上都具有相对较高的规模优势，那么该地区该行业的总收入在国内全行业中所占的比重也相对较高。我们以地区行业总收入占国内全行业收入的比重 L_k②来说明某行业在该地区的集聚程度。为了剔除行业宏观大环境对利润指标的影响，这里以各省市该行业总收入利润率与国内全行业收入利润率之差 P_k③来反映该地区行业经营绩效与国内平均水平的差异。图4.1A和图4.1B分别是京津冀三省市和沪苏浙三省市 L_k、P_k 两项指标的散点关系图。

若较高产业同构度带来“重复建设”的假设成立，那么两地区内集聚程度高的行业（各省市合计收入份额占国内全行业比重较高的行业）应呈现出更为典型的“恶性竞争”现象，比该地区其他行业具有更低的相对利润水平。但是图4.1A和图4.1B的分析发现，无论京津冀地区还是长三角地区，占国内全行业收入比重较高的一些行业，其相对利润水平并未显著低于同一地区内占国内全行业收入比重较低的那些行业。换句话说，两地区 L_k 和 P_k 指标都未呈现出一种负相关关系，反而甚至还有一些正相关关系。

① 收入利润率=利润总额/主营业务收入。

② $L_k = \sum_{i=1}^{m} X_{ik} / \sum_{i=1}^{n} X_{ik}$，$X_{ik}$ 为i省市k行业的主营业务收入，m、n分别为该地区、全国的省市数。

③ $P_k = \sum_{i=1}^{m} Y_{ik} / \sum_{i=1}^{m} X_{ik} - \sum_{i=1}^{n} Y_{ik} / \sum_{i=1}^{n} X_{ik}$，$X_{ik}$、$Y_{ik}$ 分别为i省市k行业的主营业务收入和利润总额，m、n分别为该地区、全国的省市数。

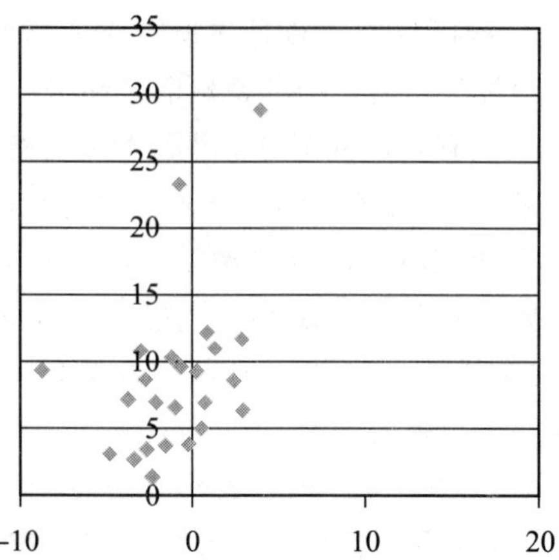

图 4.1A　2008 年京津冀三省市工业行业集聚程度与相对利润率比较

注：纵轴：L_k（单位：%）；横轴：P_k（单位：%）。

资料来源：根据《中国工业经济统计年鉴（2009）》计算所得。

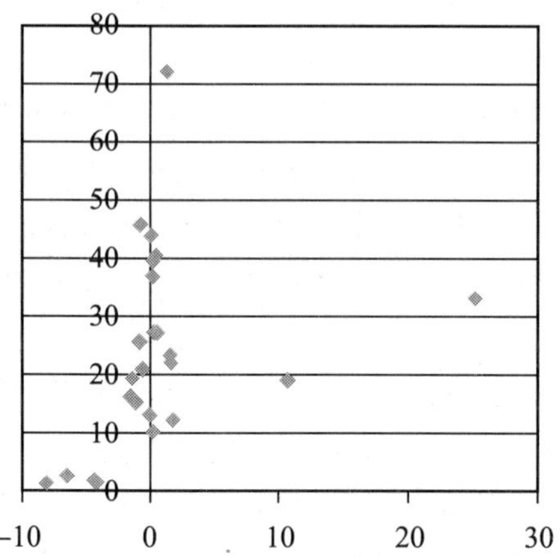

图 4.1B　2008 年沪苏浙三省市工业行业集聚程度与相对利润率比较

注：纵轴：L_k（单位：%）；横轴：P_k（单位：%）。

资料来源：根据《中国工业经济统计年鉴（2009）》计算所得。

在京津冀三省市收入合计占国内全行业比重低于 5% 的 7 个行业中，有 5 个行业的利润水平低于国内同行业平均水平；在比重高于 5%、低于 10% 的 12 个行业和比重高于 10% 的 8 个行业中，分别只有 6 个和 3 个行业的利润水平低于国内同行业平均水平。

在沪苏浙三省市收入合计占全国同业比重低于 20% 的 12 个行业中，有高达 9 个行业的利润水平低于国内平均水平；在比重高于 20%、低于 35% 的 6 个行业和比重高于 35% 的 7 个行业分别只有 2 个和 2 个行业的利润水平低于国内平均水平。特别是占据举足轻重地位的代表性行业，如通信设备计算机及其他电子设备制造业、纺织业、电气机械及器材制造业、通用设备制造业、交通运输设备制造业等，其利润水平均与国内同行业平均水平大体一致。

两相比较可以发现：两大地区，特别是长三角地区，相对利润水平较低的行业，恰恰是那些不具规模优势、在国内比重较低的行业；相反，各省市同具规模优势且一般认为更易滋生“重复建设”、“恶性竞争”现象的高比重行业，其利润水平往往高于国内全行业平均水平。

这一分析表明，在京津冀和长三角两大地区，各省市间主导产业的雷同和优势产业的重合并未对企业经营状况带来更多的负面影响。至少就现阶段而言，一定程度的产业同构并不是影响两大地区产业发展绩效的主要因素，产业同构对地区产业发展的消极效应尚缺乏足够的现实证据予以支撑。

三、京津冀与长三角产业同构成因的区别

相关文献对于不同地区间产业同构成因的比较分析较为薄弱。我们的研究表明，正是这些成因上的特点，使得不同地区的产业同构现象对产业发展绩效乃至地区整体经济有着不同的影响。

根据第三章分析，地区内部产业同构主要源于四方面因素：由政府主导的制度性因素，以及自发性、诱致性的禀赋因素、市场因素和技术因素。京津冀与长三角地区产业同构的成因特点，在以上四个方面上有着不同的侧重，这导致了两地区的产业同构现象对产业发展绩效和区域经济发展有着不同的影响机理。本书第三章已就京津冀地区以禀赋与制度因素为主导的产业同构成因进行过探讨，而与京津冀不同，长三角地区的高度产业同构现象主要源于市场因素和技术因素，尤以出口为导向的境外市场需求因素最为关键。

长三角地区是改革开放以来我国外向型经济发展最迅猛的地区，以外资为主要驱动力、以加工贸易出口为主要特色的外向型经济不仅拉动了地区经济的增长，也在客观上导致了该地区产业同构的强化。为考察外向型经济对长三角地区产业同构的影响，我们将京津冀和长三角地区制造业各行业的出口比重做一比较。由于产业集聚是导致产业同构产生的直接因素，我们重点考察两地区内制造业集聚程度与出口商品比重二者间关系。

与前面相似，这里以地区内各省市某行业工业总产值之和占国内全行业总产值的比重 S_k①为指标来体现某行业在该地区的集聚程度。为了剔除行业自身技术

① $S_k = \sum_{i=1}^{m} U_{ik} / \sum_{i=1}^{n} U_{ik}$，$U_{ik}$为 i 省市 k 行业的工业总产值，m、n 分别为该地区、全国的省市数。

性特点对产品出口比重的影响，以地区内该行业出口比重与国内全行业出口比重之差 T_k[①]为指标来体现该地区本行业出口比重与国内平均水平的差异。图 4.2A 和图 4.2B 分别为京津冀和长三角三省市 S_k、T_k两项指标的散点关系图。

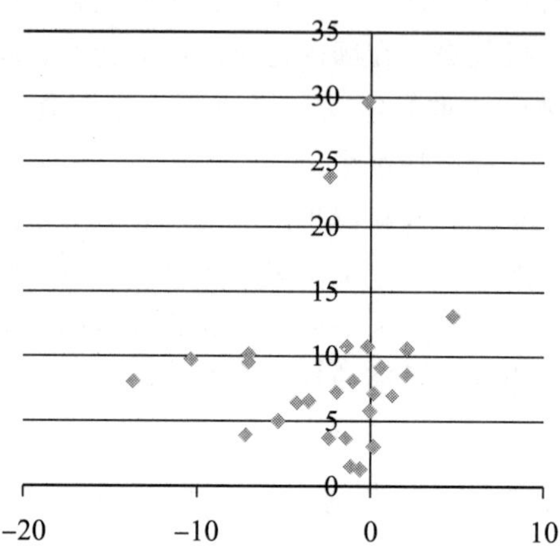

图 4.2A　2008 年京津冀三省市工业行业与产品出口比重比较

注：纵轴：S_k（单位：%）；横轴：T_k（单位：%）。

资料来源：根据《中国工业经济统计年鉴（2009）》计算所得。

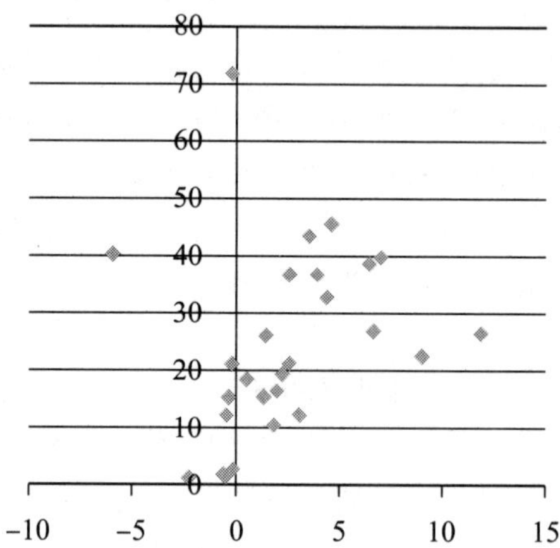

图 4.2B　2008 年长三角三省市工业行业集聚程度
集聚程度与产品出口比重比较

注：纵轴：S_k（单位：%）；横轴：T_k（单位：%）。

资料来源：根据《中国工业经济统计年鉴（2009）》计算所得。

---

① $T_k = \sum_{i=1}^{m} V_{ik} / \sum_{i=1}^{m} U_{ik} - \sum_{i=1}^{n} V_{ik} / \sum_{i=1}^{n} U_{ik}$，$U_{ik}$、$V_{ik}$分别为 i 省市 k 行业的工业总产值和出口交货值，m、n 分别为该地区、全国的省市数。

通过上面两个图的比较可以看到：长三角制造业整体对外向型经济的依赖度较高，大部分行业的出口比重都高于国内平均水平；反观京津冀，虽然同处东部沿海，但是大部分行业的出口比重低于国内平均水平，更低于长三角地区。这显示了两地区外向型经济活跃程度的差异。

通过图 4.2B 还可以看出，长三角各行业出口比重与其产业集聚程度存在一定正相关：长三角三省市工业总产值合计占国内全行业比重低于 25% 的 15 个行业中，接近半数（7 个）行业出口比重低于国内平均水平；而产值比重高于 25% 的 12 个行业中，则有 10 个行业的出口比重高于国内平均水平，并且通用设备制造业、通信设备计算机及其他电子设备制造业、专用设备制造业、交通运输设备制造业几个主要行业都比国内平均水平高了 5% 以上。反观图 4.2A 的京津冀，则完全没有呈现出这种关联性。由此可见，由于沪苏浙发展外向型经济具有相似的便利条件，因此在一些对外出口较为发达的行业上具有共同优势，进而在这些行业上形成了跨省市的产业集聚。因此，以出口为主的市场需求因素是导致长三角产业同构度较高的主要根源。

技术因素是长三角形成较高产业同构度的另一成因。产业集聚使同行企业在空间布局上相对集中，这为区域内跨省市的技术扩散和分工合作创造了条件。技术扩散和分工合作又能为区内企业带来更多的产品创新优势和成本节约效应，提升市场竞争力，从而吸引更多的同业企业落户该地区。在这种技术因素的作用下，长三角的产业集聚与技术扩散、分工合作效应在“正反馈”机制中互为强化，推动该地区产业同构趋势进一步增强。

四、产业同构与要素密集类型

京津冀与长三角产业同构现象的差异还体现在两地行业结构的要素密集类型上。资本、劳动力、技术是工业发展的主要要素投入。地区工业结构对不同要素密集类型行业的偏向性，对经济发展和区域产业合作有重要影响。需要指出的是，虽然技术要素在产业发展中的作用越来越大，但是由于技术是附着于资本或劳动力这两种原始要素投入的，且在度量上不具有太强的独立分析性，因此这里重点产业分析资本和劳动力，根据这两种要素密集程度把制造业划分为资本密集型和劳动力密集型。

这里以固定资产合计与全部从业人员年平均人数的比值（资本劳动比）作为指标来考察两地区工业行业的要素密集偏向性。整体上看，2006 年京津冀全部工业的资本劳动比为 23.2 万元/人，而沪苏浙为 16.9 万元/人，前者比后者的资本投入密集度更高、劳动力投入密集度更低。从行业的角度来看，表 4.4 是京津冀与长三角地区区位商排名前10位工业行业的资本劳动比统计。京津冀区位商排名前7位的行业，其资本劳动比均高于10万元/人；而在长三角排名前10位的行业中，有7个的资本劳动比低于10万元/人。对比之下，京津冀的优势行业偏向于资本密集型，而沪苏浙则更偏向于劳动密集型。

再进一步看，通信电子、交通运输设备、通用设备、电气机械等在长三角所占比重较高的行业，其企业的资本劳动比均低于京津冀同业企业。也就是说，长三角的工业不仅在整体结构和行业结构上比京津冀更偏向于劳动力密集型，而且其优势行业也比京津冀同业的劳动力投入密集度更高。

表4.4　京津冀与长三角地区整体区位商排名前10位工业行业资本劳动比

京津冀地区			长三角地区		
行　　业	资本劳动比（万元）	区位商	行　　业	资本劳动比（万元）	区位商
黑色金属矿采选业	10.4	3.44	化学纤维制造业	35.7	2.76
黑色金属冶炼及压延加工业	35.2	2.64	纺织服装鞋帽制造业	3.4	2.02
通信设备计算机及其他电子设备制造业	21.8	1.33	纺织业	8.7	1.91
石油和天然气开采业	54.6	1.31	通用设备制造业	8.6	1.74
医药制造业	20.8	1.15	仪器仪表及文化办公机械制造业	7.3	1.64
食品制造业	12.4	1.1	金属制品业	7.6	1.59
电力热力的生产和供应业	146.2	1.09	电气机械及器材制造业	8.7	1.48
专用设备制造业	9.6	1.04	通信设备计算机及其他电子设备制造业	15.6	1.46
仪器仪表及文化办公机械制造业	9.7	1.03	化学原料及化学制品制造业	31.8	1.28
金属制品业	8.2	0.95	专用设备制造业	9.6	1.18

资料来源：根据《中国工业经济统计年鉴（2007）》计算所得。

京津冀地区具有优势的采掘业、原材料工业，需要大量固定资产投资，其生产过程主要依赖机械而非人工，因此资本投入密集度相对高。与之相反，长三角具有优势的电子、纺织、五金机械等行业是我国优势出口行业，其在国际市场的竞争优势源于廉价的劳动力成本。因此，该地区在出口市场导向下形成的优势行业，自然会倾向于具有劳动力密集型特点的行业，或者产业链中具有劳动力密集投入特征的环节。

要素密集类型的区别使得产业同构对两地区经济发展的影响存在一些区别。由于京津冀都在一些资本密集型的行业达到相当规模的发展水平，产业同构会带来省市间更强烈的资本竞夺，具体表现为地方政府间招商引资竞争的加剧——典型例子是天津与河北在中石油百万吨乙烯、千万吨炼油等大型投资项目上所展开的项目争夺战。而沪苏浙的优势行业重叠于某些劳动力密集型行业，因此在产业同构背景下劳动力资源的稀缺会相对突出。近年来，由珠三角地区蔓延到长三角地区的制造业“劳工荒”现象正是这一趋势的写照。

五、产业同构正负面效应对区域产业转移的影响

区域产业转移是近年来中国区域及产业经济发展中一个广受关注的重要现象。从产业同构视角看，不同成因、不同特点的产业同构现象，会对经济发展带来各不相同的正面或负面效应，进而也会在客观上对区域产业转移的开展产生影响。这里将分别分析京津冀和长三角两区域产业同构的正、负面效应，以及这些效应对区域产业转移可能带来的影响。

（一）产业同构成因特点与产业同构的负面效应

区域内邻近省市间由于优势行业重合所带来的重复建设与恶性竞争现象是产业同构负面效应的集中体现。局部空间内同行企业的过度集聚，会使要素市场和产品市场出现无法避免的激烈竞争，进而抬高要素价格、压低产品价格，压缩企业利润空间。因此，产业集聚超过一定限度后，恶性竞争局面的出现会催生企业向外迁移的动力，通过产业转移来获取更加广阔的经营空间。

本章的研究表明，虽然长三角比京津冀具有更高的产业同构度，但沪苏浙三省市间优势行业的高度重合与行业经营绩效之间并没有明显的相关关系，产业同构并未对当地企业的经营绩效造成过多的不良影响。从这个意义上讲，产业同构现象的存在并不会迫使区内企业向区外转移。

本章认为，邻近省市优势行业重合对当地企业经营绩效的影响是否显著，与其产业同构的成因特点有着密切关系。京津冀原材料工业的集聚可以归结为禀赋因素和制度因素的作用结果，而沪苏浙在外向型加工制造业上的重合则很大程度上源于市场因素和技术因素。两相对比，从长远看，前者对产业发展绩效的不利影响将有可能强于后者。

首先，由于京津冀的产业同构主要是由供给优势（资源禀赋丰富）而非需

求优势（对接市场便利）催生的，因此当相邻省市间重复布局达到一定程度后，更容易产生局部市场内的供过于求现象，恶性的市场竞争更有可能出现。反观长三角区域，其优势行业主要以区外特别是国际市场为目标，区域内集聚企业并不存在对区内市场的激烈争抢，因此，局部范围内的产业高密度布局并不会使区内企业的市场需求形势恶化。

其次，由于京津冀各省市优势行业的重合大多具有很强的政府投资或行政推动背景，因此在地方利益的刺激下重复建设现象还有可能被进一步放大。而长三角各省市优势行业的重合很大程度上是在市场因素下自发形成的，且投资主体更加多元化、民间化、市场化，因此当市场需求条件发生变化时，其产业与投资布局更容易做出相机调整，由产业同构所带来的重复建设和恶性竞争问题也能在这种内在机制作用下被有效化解。

综上所述，由禀赋和制度因素导致的产业同构，相比于由市场和技术因素导致的产业同构，对区域经济发展带来的不利影响更强。

（二）产业同构技术性特点与产业集群的正面效应

导致产业同构现象产生的直接原因是地区内优势行业的重叠，而这种重叠除了有可能带来资源浪费、恶性竞争等负面效应以外，还可能产生一些正面效应：推动产业集群进一步形成，带来行业内部专业化分工的规模经济效应、技术溢出的学习效应和交易成本节约效应等。因此，京津冀和沪苏浙各自的优势行业重叠及产业同构现象，到底是产业集群的正面效应起明显作用，还是重复建设等负面效应占主导地位，是决定两个地区企业实施区域转移动机强弱的关键。总体来看，沪苏浙的重叠优势行业比京津冀更利于体现产业集群正面效应，主要由于以下两方面的原因。

1. 产业链越长越有利于体现产业集群正面效应

通信电子、汽车、机械设备等相对高加工度制造业一般具有比较长的产业链，其整机生产需要无数一级、二级、三级乃至更上游零配件供应商支撑。若邻近省市在这些行业上具有重合优势，那么各自地域范围内的零部件厂商可以向邻近地市的整机厂商供货，整机厂商也可以分享邻近地市的零部件配套体系。区域共同市场和协作体系的形成，既有利于零部件厂商创造规模经济效应，也便于整机厂商节约采购成本。这样，邻近省市优势行业重叠的产业集群正面效应就凸显出来。

而以钢铁、化工为代表的原材料工业部门，由于产品生产本身的技术特点，行业内上下游采购关系并不明显，企业间更多是同业竞争而非上下游合作关系。例如，若邻近地市都拥有规模庞大的钢铁生产企业，其产品的同质性高于互补性，该区域将存在更为激烈的产品市场竞争，由产业同构带来的负面效应将大于由产业集群带来的正面效应。

2. 劳动力密集型行业更易实现区域分工协作

行业要素密集类型特点影响着区域经济协作，因为在生产环节方面，劳动力密集型行业一般更容易实现在空间布局上的分离。很多偏向于劳动力密集型的行业，其在产业链各个环节上大多具有不同的要素投入偏向性。例如，劳动力投入密度相对处于中、上游水平的机械设备行业，最终整机生产一般具有较强的资本密集型特征，而在一些上游零部件生产上则需要投入更加密集的劳动力。

在这些行业内部，产业链各个环节具有技术和经济上的布局可分割性：资本、技术投入较为密集，或者对物流、高端人才等要求较高的生产环节，会自发趋向于布局在中心城市；普通劳动力投入较为密集的环节则将自发趋向于布局在劳动力成本更低的周边二、三线城市。这种差异性布局可以充分发挥各级地市不同的禀赋优势。更重要的是，该过程中有助于推动以跨地市行业分工协作为基石的区域经济联动格局的形成。

反观原材料工业和其他重化工业部门，不仅存在着较高的资本密集投入特征，而且由于产品生产加工对技术、设备等条件要求较高，因此大多采取企业内部自成一体的加工配套模式，或围绕龙头企业周边布局协作厂商，较少采用跨地市的外部采购模式。因此，这些行业对区域经济协作的助推效应普遍弱于带有劳动力密集型特征的行业，产业集群的正面效应也相对难以体现。

（三）产业集聚正、负面效应对区域产业转移的影响

1. 长三角产业集聚效应对企业区域转移动机的影响

一方面，虽然产业同构现象在长三角较为严重，但该现象对企业经营绩效的潜在危害因当地产业同构较为特殊的成因特点而被化解了，产业同构负面效应体现不足，因此并未过多催生出企业向外迁移的动机。而另一方面，沪苏浙三省市具有重叠优势的工业行业，大多更易于放大产业集群的正面效应。因此，该地区主要优势行业内部各生产环节之间存在着密切的分工协作，促使地区形成了一批在全国乃至世界范围内具有重要影响的区域性产业集群。鉴于此，长三角地区企业潜在的区域转移动机会被一定程度上削弱。

不可否认，2009 年以来，以 IT 代工企业为代表的沪苏浙加工制造类企业，向中西部地区迁徙的势头极为强劲，广达、仁宝、纬创等标杆型企业均向内陆省市大规模转移产能。但是我们应当看到，这种迁徙主要是由于该区域的劳动力、土地水电等要素成本攀升到了一个令企业不得不转移的严重程度，而并不是由该区域产业同构问题所导致。事实上，正是由于与产业同构相伴而来的产业集聚效

应广泛存在，客观上延缓了相关行业本应更早出现的大规模区域转移步伐。

2. 京津冀产业集聚效应对企业区域转移动机的影响

而在京津冀区域，虽然京津两地电子、汽车等行业上具有一定的共同优势，具备开展跨省市行业协作的基础，但是整个地区的重叠优势行业主要还是钢铁等原材料工业和重化工业。这些行业具有比较强的资本密集型投入特征，大多集中布点于大型城市和工业新区，对中小城市产业发展的辐射与带动作用不足。同时，这些行业内各地企业的生产体系往往自成一套、相对独立，邻近省市企业间的同质竞争性大于合作互补性，行业内跨省市分工协作尚未充分展开。

优势行业的技术性特点也对京津冀区域合作的开展和深化造成了一定不利影响。一方面，中心城市与周边二、三级城市产业脱节、缺少互动，即“点”对“面”带动薄弱；另一方面，中心城市与中心城市之间存在激烈的产业竞争和市场冲突，“点”与“点”互动不足。因此，在京津冀区域虽具有地缘上的先天区域合作优势，但并未呈现出如长三角一般的区域协作格局。

从产业转移视角来看，虽然京津冀产业同构现象不如沪苏浙严重，但产业同构负面效应比产业集群正面效应体现的相对更明显，在客观上会使该区域企业存在更强的向外转移动机。只不过，中西部地区在煤、铁、油等与原材料工业关系最密切的大宗资源方面与东部地区相比优势并不明显，再加上发展原材料工业对交通物流条件特别是港口运输能力有较高需求，因此京津冀优势行业部门的转移态势目前尚不显著。

综上所述，产业集群的形成，以及产业过度集聚后并生的产业同构现象，对长三角和京津冀产业进行区域转移的动机有着不同的影响机理。从根本上看，京津冀由禀赋和制度因素导致的产业同构，比沪苏浙由市场和技术因素导致的产业同构更有可能对地区经济发展带来不利影响。尽管目前京津冀产业同构程度低于沪苏浙，但其同构的危害性今后却可能被进一步释放，也更可能推动区域内企业的向外迁移。

对此，京津冀乃至范围更广的环渤海地区更应该注意区域性行业布局的规划和统筹。一方面，该地区各省市应该在产业结构优化升级的过程中更加重视高加工度制造业对传统原材料工业的替代，将产业发展从较多依赖资源禀赋转化为更多借助技术创新；另一方面，应尽可能减少非市场性、行政性力量对行业重复建设可能产生的推波助澜，将投资主体多元化、市场空间广泛化和企业定位差异化结合起来，提升传统优势行业的竞争力，减小区内行业恶性竞争萌发的可能性。

第五章

京津冀的产业创新战略研究

随着当代世界经济竞争主体由企业转向产业，产业创新日益成为各国各地区关注和研究的焦点。目前，我国处在经济发展的关键时期，面临着经济结构转型和迫切需要提升国际竞争力的压力。京津冀都市圈崛起承担着“接南促北”、“带动中西”的重任，同时肩负新时期的“自主创新”和“和谐社会”道路和模式的探索。京津冀都市圈经济发展既有很多战略机遇，又面临很多严峻挑战。就目前来看，京津冀都市圈发展不同于深圳特区和上海浦东新区，政策和资源（劳动力、土地）的比较优势在逐渐减弱，内外资企业发展“两张皮”较为突出。如何通过产业创新走一条新型工业化道路，是京津冀都市圈在新时期的重大任务。

一、京津冀产业发展特点与趋势

目前，中国科学院发布的《中国现代化报告（2010）》显示[①]，2008 年京沪津社会现代化指数位居前三，并已完成以工业经济为主要特点的第一次社会现代化，达到中等发达社会水平，而河北省位列第 16 位，在全国处于中游位置。自改革开放以来，相对于整个环渤海经济圈而言，京津冀三省市的经济地位总体上呈现先降后升的趋势，但京津冀三地各自的情况并不相同。改革开放的 30 多年来，天津经济地位下降最为突出，河北变化不大，北京则呈明显的上升趋势。

① 中国科学院中国现代化研究中心发布的《中国现代化报告（2010）》。

1978 年京津冀三省市 GDP 之和占环渤海地区经济总量为 38.4%，占全国的比重为 10.3%。但以后 10 多年基本呈下降趋势，1994 年两项比重分别下降到 34.2% 和 8.4%。1995 年以后逐渐回升，2010 年，京津冀三省市 GDP 之和占环渤海地区及全国的比重分别上升到 35.5% 和 10.8%（见图 5.1、图 5.2）[①]。

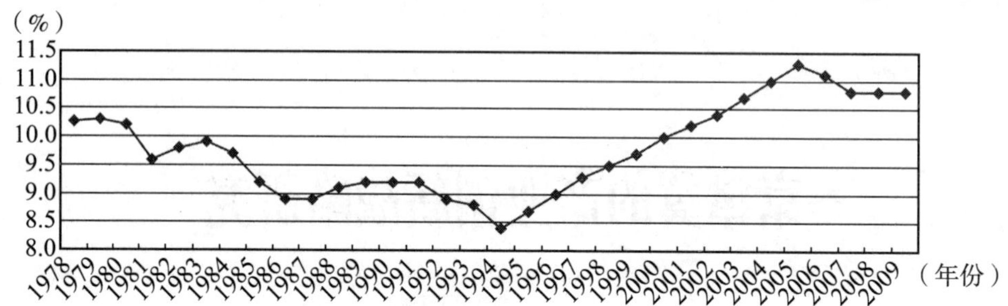

图 5.1 京津冀三省市 GDP 总和占全国比重的变化

资料来源：根据《中国统计年鉴》（1979～2010）和相关省市统计年鉴数据整理。

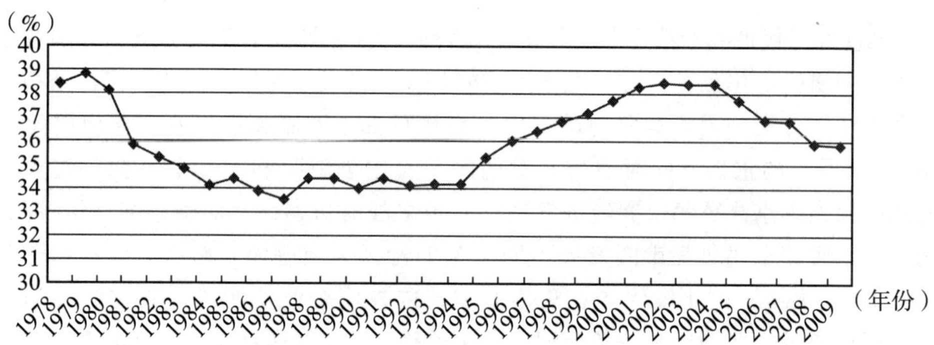

图 5.2 京津冀三省市 GDP 总和占环渤海七省市比重的变化

资料来源：根据《中国统计年鉴》（1979～2010）和相关省市统计年鉴数据整理。

（一）京津冀三省市产业发展特点

1. 京津冀形成了自己的优势产品和优势工业行业

改革开放 30 多年来，京津冀形成了的自己优势产品。从京津冀地区主要工业产品产量来看，北京啤酒、生铁、塑料、金属切削机床、汽车、微型电子计算机等产品产量占优；天津市则在化学纤维、家用电冰箱、房间空调器、彩色电视机、原油、烧碱、轿车、大中型拖拉机、集成电路等产品上产量最大；河北省的很多工业产品产量在京津冀三省市中处于领先地位，如纱、布、机制纸及纸板、

① 本章文中特别说明除外，其他数据均来自京津冀三省市的历年《国民经济和社会发展统计公报》。

原盐、卷烟、生铁、钢、发电量、成品钢材、水泥、平板玻璃、木材、硫酸、纯碱、农用氨、化学农药等产品。另外，北京家用电冰箱、生铁、钢、成品钢材、水泥、集成电路等产品的产量，天津的原盐、成品钢材、平板玻璃、纯碱、塑料、汽车等产品产量，尽管不如其他两省市，但也具有相当高的产量（见表5.1）。

表5.1　　2009年京津冀地区主要工业产品产量

地区＼产品	化学纤维（万吨）	纱（万吨）	布（亿米）	机制纸及纸板（万吨）	原盐（万吨）	啤酒（万千升）	卷烟（亿支）	成品糖（万吨）
全国	2 747.28	2 393.46	753.42	8 965.13	6 662.79	4 162.18	22 901.50	1 338.35
北京	0.30	0.56	0.11	9.47	—	161.28	193.22	—
天津	10.34	4.32	2.58	31.23	227.53	31.69	207.00	—
河北	23.55	105.09	45.38	375.95	393.76	111.59	742.50	3.66
京津冀	34.19	109.97	48.07	416.65	621.29	304.56	1 142.72	3.66
地区＼产品	电冰箱（万台）	空调器（万台）	洗衣机（万台）	彩电（万台）	原煤（亿吨）	原油（万吨）	天然气（亿立方米）	发电量（亿千瓦小时）
全国	5 930.45	8 078.25	4 973.63	9 898.79	29.73	18 948.96	852.69	37 146.51
北京	—	—	0.37	—	0.06	—	—	242.65
天津	53.87	375.40	23.65	140.50	—	2 296.96	14.30	415.77
河北	—	—	19.43	—	0.85	599.09	10.87	1 742.46
京津冀	53.87	375.40	43.45	140.50	0.91	2 896.05	25.17	2 400.88
地区＼产品	生铁（万吨）	粗钢（万吨）	钢材（万吨）	水泥（万吨）	玻璃（万重量箱）	乙烯（万吨）	纯碱（万吨）	烧碱（万吨）
全国	55 283.46	57 218.2	69 405.40	164 397.78	58 574.07	1 072.62	1 944.77	1 832.37
北京	442.67	464.85	769.72	1 080.33	—	84.13	—	6.74
天津	1 763.40	2 124.2	4 079.67	699.51	679.55	18.91	82.97	109.32
河北	13 321.78	13 536.27	15 158.01	10 684.55	10 964.52	—	199.45	71.23
京津冀	15 527.85	16 125.32	20 007.4	12 464.39	11 644.07	103.04	282.42	187.29

续表

产品 地区	氮、磷、钾化肥（万吨）	塑料（万吨）	汽车（万辆）	轿车（万辆）	集成电路（亿块）	微型电子计算机（万部）	移动电话机（万部）
全国	6 385.01	3 629.97	1 379.53	748.48	414.40	18 215.07	61 924
北京	0.22	120.81	127.06	53.81	18.29	842.66	21 355
天津	13.58	188.57	60.24	52.90	6.16	1.52	8 559
河北	214.35	68.47	51.43	7.79	0.08	—	—
京津冀	228.15	377.85	238.73	114.5	24.53	844.18	29 914

注：“—”代表无相关数据。布：亿米；卷烟：万箱；原煤：亿吨；天然气：亿立方米；发电量：亿千瓦时；平板玻璃：万重量箱；木材：万立方米；汽车：万辆；微型计算机：万部；集成电路：万块。其他单位为万吨或万台。

资料来源：根据《中国统计年鉴（2009）》和相关省市统计年鉴数据整理。

从总体上看出，京津冀地区具有比较优势的工业行业包括：黑色金属矿采选业、煤炭采选业、黑色金属冶炼及压延加工业、煤气生产和供应业、食品制造业和电子及通信设备制造。而以下这些工业行业在全国范围内不具备比较优势：电气机械及器材制造、皮革、毛皮和羽绒及其制品业、木材加工及竹藤棕草制品业、有色金属矿采选业、化学纤维制造业、烟草加工业。

北京市具备比较优势的工业行业主要有：专用设备制造业、电子及通信设备制造、印刷业、记录媒介的复制、仪器仪表及文化办公机械制造业、医药制造业、石油加工及炼焦业；而相对没有优势的工业行业主要有：有色金属冶炼及压延加工业、纺织业、橡胶制品业、烟草加工业、黑色金属矿采选业、非金属矿采选业等。北京市比较有优势的工业产品主要有：微型电子计算器、乙烯、塑料树脂、汽车、机车等。

天津市具备比较优势的工业行业主要有：电子及通信设备制造、家具制造业、石油和天然气开采业、交通运输设备制造业、金属制品业、医药制造业；而相对没有优势的工业行业主要有：木材加工及竹藤棕、草制品业、非金属矿物制品业、化学纤维制造业、皮革、毛皮、羽绒及其制品业、烟草加工业、食品加工业。天津市比较有优势的工业产品主要有：自行车、碳酸盐、汽车、电子计算器、家用洗衣机、工业锅炉等。

河北省具备比较优势的工业行业主要有：黑色金属矿采选业、黑色金属冶炼及压延加工业、食品制造业、煤炭采选业、电力、蒸汽、热水生产和供应业、医药制造业；相对没有优势的工业行业主要有：电气机械及器材制造、烟草加工业、有色金属矿采选业、仪器仪表及文化办公机械制造、电子及通信设备制造、文教、体育用品制造。河北省比较有优势的工业产品主要有：照相胶卷、绒线毛线、平板玻璃、碳酸盐、原盐等。另外，化学农药、精洗煤、成品钢、机制纸及纸板、拖拉机、钢、工业锅炉等产品的生产也具有一定的优势。

2. 京津冀地区发展不均衡，产业结构差异大

从经济结构上看，作为全国的老工业基地，京津冀地区第二产业仍然占有主导地位。从各省市来看，北京市由于特殊的地理、政治、文化等因素，高科技行业以及服务业比较发达；2009 年北京的产业结构为 1.0∶23.5∶75.5，第三产业产值所占比重高达 75.5%，占据明显的优势。天津市的第二产业和第三产业所占比重都比较大，其产业结构为 1.7∶53.0∶45.3。河北省是农业大省，第一产业产值相对于京津地区所占比重较大，第二产业占主导地位，第三产业次之，其产业结构为 12.8∶52.0∶35.2（见图 5.3）。

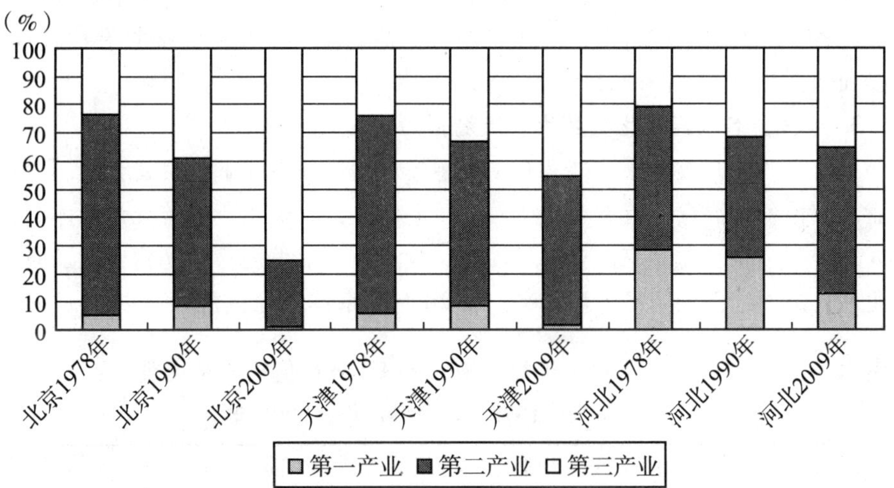

图 5.3　京津冀 GDP 构成三次产业比重变化（1978 年、1990 年、2009 年）

资料来源：根据《中国统计年鉴》（1979～2010）整理。

三省市的产业发展重点与各自的功能定位及资源条件密切相关。在第二产业方面，1978 年北京、天津、河北三省市第二产业比重分别为 71%、70%、50%，1990 年北京、天津、河北三省市第二产业比重分别为 52%、58%、43%。可见从 1978～1990 年三省市的第二产业比重都有所下降，下降幅度分别为 19%、12%、7%。1990～2009 年三省市的第二产业比重变化不一，北京下降了 28.9%，天津下降了 4.7%，而河北省则上升了 9%。截至 2009 年，北京第二产业比重为 23.5%，天津、河北的第二产业比重则都超过 50%，分别为 53% 和 52%，津冀两省市正在成为新型工业化基地。在第三产业方面，从 1978～2005 年产业结构朝着优化趋势发展，1978 年北京、天津、河北三省市第三产业比重分别为 24%、24%、21%；1990 年三省市第三产业比重分别增加到 39%、33%、31%；2009 年北京第三产业比重达到了 75.5%，天津的第三产业比重也达 45.3%，河北第三产业比重相对较小为 35.2%。通过比较，可以看出北京的第三产业比重提高很快，天津次之，而河北省的第三产业比重提高较小，北京、天津两个城市服务业的高度发展主要与它们的区域中心效应密不可分，因此能够汇聚大量的人流、物流、资金流、信息流。在第一产业方面，北京、天津的第一产业比重变化不大，1978 年、1990 年、2009 年北京第一产业比重分别为 5%、9%、1%，天津分别为 6%、9%、2%，河北则呈大幅下降趋势，1978 年、1990 年、2009 年分别为 29%、25%、12.8%（见表 5.2 和图 5.4）。近年来，河北与京津连接比较好的有两个产业：一是蔬菜等农副产品；二是旅游。目前河北蔬菜在京津市场占到一半左右，河北一些蔬菜生产基地与北京、天津的蔬菜批发市场形成了比较稳固的供销关系，京津还把河北一批养殖场确定为生猪活贮基地。通过上述数据我们也可以看出，河北省在农产品的生产、加工方面具有比较优势，可以加强与北京、天津的合作。

3. 地区公有制经济比重较大，市场活力不足

尽管自改革开放以来，外商及中国港澳台地区投资企业、民营企业、股份制企业及其他各种混合所有制企业所占比重不断上升，但由于受传统计划体制及行政区划分割影响较深，京津冀地区国有企业比重明显偏高；而私营企业及股份制企业的比重则远低于全国平均水平。在 2009 年京津冀地区规模及以上工业企业

表 5.2　北京、天津、河北的 GDP 产值构成及比重（1978 年、1990 年、2009 年）

地区	年份	第一产业产值	第二产业产值	第三产业产值	第一产业比重（%）	第二产业比重（%）	第三产业比重（%）
北京	1978	5.6	77.4	25.8	5.1	71.1	23.7
天津	1978	5.0	57.5	20.1	6.1	69.6	24.3
河北	1978	52.2	92.4	38.5	28.5	50.5	21.0
北京	1990	43.9	262.4	194.6	8.8	52.4	38.8
天津	1990	27.3	179.5	104.1	8.8	57.7	33.5
河北	1990	227.9	387.5	280.9	25.4	43.2	31.3
北京	2009	118.3	2 855.5	9 179.2	1.0	23.5	75.5
天津	2009	128.9	3 987.8	3 405.2	1.7	53.0	45.3
河北	2009	2 207.3	8 959.8	6 068.3	12.8	52.0	35.2

资料来源：根据《中国统计年鉴》（1979～2010）整理。

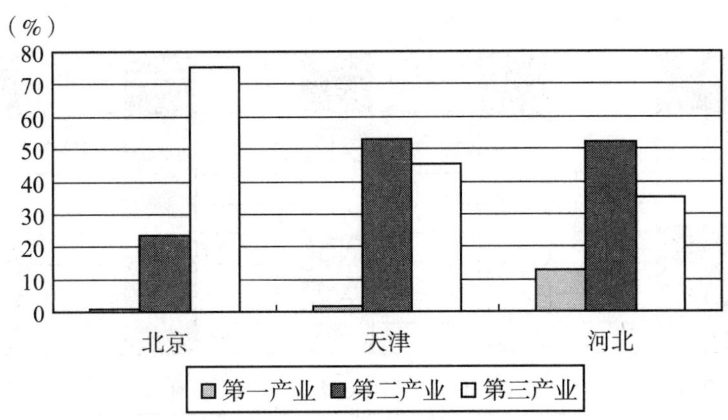

图 5.4　2009 年北京、天津、河北的 GDP 构成

资料来源：根据《中国统计年鉴（2010）》数据整理。

的工业总产值中，国有及国有控股企业的比重为 36.2%，超过了全国平均水平（为 26.7%）。北京、天津、河北的国有及国有控股企业的比重都超过了全国平均水平，分别为 49.6%、39.6%、28.2%，都高于全国平均水平。因此，从工业总产值来看，京津冀地区的公有制经济占比重较大（见表 5.3 和图 5.5）。

与国有企业比重偏高相对应的是，京津冀地区私营企业工业总产值比重为 23.6%，低于全国平均水平（29.6%）。京津冀地区外商投资及中国港澳台地区投资企业的工业总产值所占比重为 29.0%，与全国平均水平 27.8% 基本相当。其中，北京、天津外商投资企业工业总产值所占比重都高于全国平均水平，分别为 41.8%、41.7%，而河北仅为 16.3%。这表明了京津冀地区吸引外资水平存在较大落差。京津两地外资比重很高，而河北省外资比重不仅远低于京津两市，也低于全国平均水平。

表 5.3　2009 年京津冀地区全部规模及以上工业企业工业总产值

单位：亿元

地区	全部规模以上企业工业总产值	国有及国有控股企业	集体企业	股份制企业	私营企业	外商及中国港澳台地区投资企业
全国	548 311.42	146 630.00	9 587.00	50 209.00	162 026.18	152 686.62
北京	11 039.13	5 470.70	65.60	1 747.92	677.22	4 611.29
天津	13 083.63	5 180.42	159.98	1 103.06	1 871.05	5 449.68
河北	24 062.76	6 787.97	572.31	2 084.08	8 817.90	3 910.99
京津冀	48 185.52	17 439.09	797.89	4 935.06	11 366.17	13 971.96

资料来源：根据《中国统计年鉴（2010）》和《中国工业经济统计年鉴（2010）》整理。

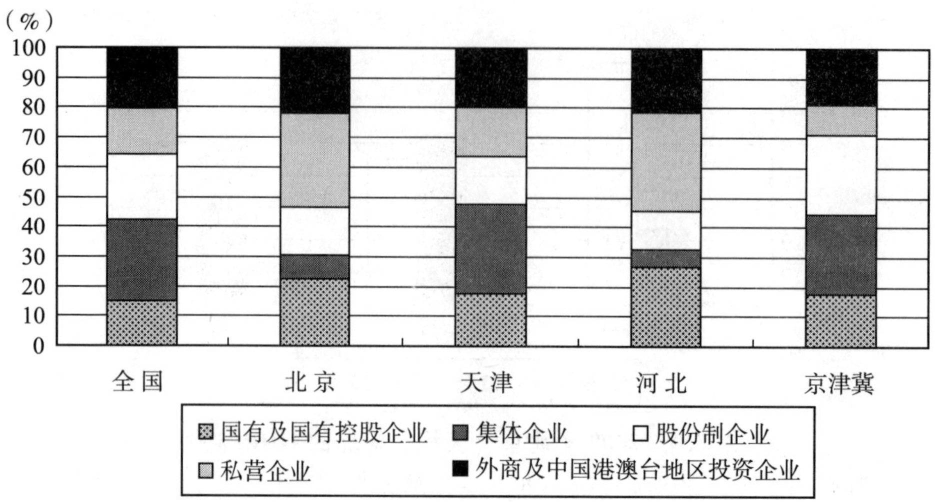

图 5.5　2009 年京津冀地区全部规模及以上工业企业总产值分类比重

资料来源：根据《中国统计年鉴（2010）》和《中国工业经济统计年鉴（2010）》整理。

与珠三角、长三角相比，京津冀地区经济活力不足。造成这种现象的原因是国有经济比例太高，国际和民间资本的介入和表现力度均没有东南沿海地区出色。京津冀地区形不成合理的产业链，主要原因是这一地区长期以来由于受传统计划体制及行政区划影响较深，国有企业占主导位置，地区政府对资源控制能力强，政府对企业干预比较大，市场决定资源配置的力量还相对较弱。因此就难以形成分工细腻、网络完善的产业链。

京津冀地区地方政府对资源控制能力强，政府对企业干预比较大，国有企业改制进程因此也受到一定影响。"入世"后，作为老工业城市密集、老字号集中的京津冀地区，随着改革深化，民营资本的加入、强势国有企业的重组，企业制度创新的"内生性"能量可能在未来几年显现出来。随着旧的经济发展包袱逐渐被甩掉，该地区将迎来新的发展。

可见，京津冀地区的经济发展需要有更多的国外和民间资本投入，这些资本能充分展示自己的资本特征，同时一部分企业通过与有实力的跨国公司开展合资合作，可以提高产业层次，提高企业管理水平，并加快与国际接轨的步伐。当然也可以通过"簇群经济"的产业组织形式克服企业规模较小、产业层次相对较低等问题。

4. 轻重工业比重结构有待于整体规划

表 5.4 和图 5.6 表明，2009 年京津冀地区全部国有及规模以上非国有企业工业总产值为 48 486.13 亿元，其中重工业 39 524.51 为亿元，占 81.5%，远高于全国平均水平 70.5%。2009 年河北省的重工业总产值为 19 158.22 亿元，北

京与天津分别为 9 272. 42 亿元和 11 093. 87 亿元。无论是整个京津冀地区还是北京、天津、河北各自，重工业比重都远高于全国平均水平。北京的重工业比重最高，高达 84. 0%，天津和河北也分别为 82. 9%、79. 6%。从上述数据分析可以看出，京津冀地区的重工业比重较大，三个地区重轻工业比重结构及产值差异不大。因此，在缺乏有效的区域协调机制的情况下，就会造成各自为政，低水平重复建设和无序竞争，导致区际分工弱化和结构趋同，反过来又引发新一轮的更加激烈的竞争，造成大量的资源浪费，整体经济效益下降。经济三方的优势无法互补，三方的劣势也无法克服，更无法从整体上形成一种合力。从长远看，“京津冀”要承担起全国“第三极”引擎的重大历史责任，轻重工业比重结构有待于从整体上来考虑。

表 5. 4　2009 年京津冀地区全部国有及规模以上非国有工业企业工业总产值及比重

地区	轻工业		重工业		重轻工业比
	总产值（亿元）	比重（%）	总产值（亿元）	比重（%）	
全国	161 498	29. 5	386 813	70. 5	2. 4
北京	1 766. 71	16. 0	9 272. 42	84. 0	5. 2
天津	2 290. 38	17. 1	11 093. 87	82. 9	4. 8
河北	4 904. 53	20. 4	19 158. 22	79. 6	3. 9
京津冀	8 961. 62	18. 5	39 524. 51	81. 5	4. 4

资料来源：根据《中国统计年鉴（2010）》和相关省市统计年鉴数据整理。

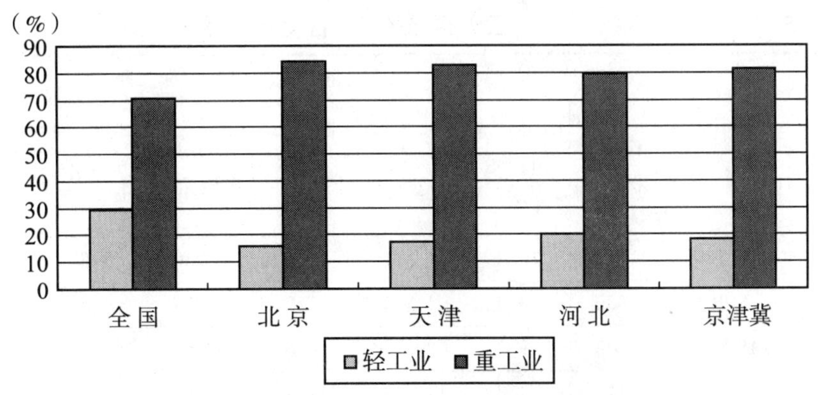

图 5. 6　2009 年京津冀地区全部国有及规模以上非国有工业企业工业总产值比重

资料来源：根据《中国统计年鉴（2010）》和相关省市统计年鉴数据整理。

（二）后发国家和地区产业演进的新趋势

1. 产业发展与区域经济的日趋融合

目前，世界经济的区域化特点日益明显，产业发展越来越与区域经济相融合，成为世界经济发展的重要支撑力量。世界上经济最发达的地区都是以城市带的形式存在的。据统计，美国 GDP 的 75% 来源于区域经济，日本也超过了 63%。

与国际经济发展的趋势一样，我国区域经济发展也显露出强劲势头。改革开放以来，我国以大城市为中心加强了发展水平相近地区的经济联系与合作，逐渐形成了各具特色的经济区。其中影响最广泛、发展最快的三个区域分别是：以广州、深圳和珠海为中心的珠江三角洲地区，以上海为中心的长江三角洲地区和以北京、天津为中心的京津冀都市圈。从 20 世纪 80 年代以来，这三个区域相继创造出区域发展的奇迹。它们在竞争中前进，有力地拉动了全国经济增长，是我国经济保持健康快速增长的三部引擎。2009 年长江三角洲地区地域面积为全国的 2.2%，人口为 11.1%；珠三角地区地域面积为全国的 0.43%，人口为 2.2%；京津冀地域面积为全国的 0.34%，人口为 7.5%，三大区域生产总值占全国比重超过 41%（见表 5.5），这三大区域的社会固定资产投资总额 65 964.5 亿元，占全国的 29.4%。而其实际利用外资金额则占到了全国的 93.6%。在国内消费方面，三大区域在 2009 年实现社会消费品零售总额 53 677 亿元，占全国同期总量的 40.4%。三大区域越来越成为我国经济发展的增长点，如何进一步规划和引导区域经济的发展成为我国经济发展中核心问题。

表 5.5　　三大区域 GDP 占全国比重

年份	全国 GDP（亿元）	京津冀		长三角		珠三角		三大区域 GDP 占全国比重（%）
		GDP（亿元）	GDP 占全国比重（%）	GDP（亿元）	GDP 占全国比重（%）	GDP（亿元）	GDP 占全国比重（%）	
1980	4 518	462	10.2	811	18.0	250	5.5	33.7
1985	8 964	830	9.3	1 546	17.2	577	6.4	32.9
1990	18 548	1 708	9.2	3 071	16.6	1 472	7.9	33.7
1995	60 794	5 277	8.7	11 143	18.3	5 382	8.9	35.9
2000	99 215	9 889	10.0	19 170	19.3	9 662	9.7	39.0
2009	340 507	36 910	10.8	72 494	21.3	32 147	9.4	41.5

资料来源：根据《中国统计年鉴》（1979～2010）及各省市统计年鉴数据整理。

2. 产业演进强调政府作用

具有该模式特性的国家和地区，其产业结构成长受到政府或超级财团的直接干预和影响。首先，由于后发国家和地区在工业化起步时处于商品经济比较薄弱阶段，市场机制的自我调节作用较小。其次，从演化经济学角度来看，由于国家干预和控制经济的历史传统和习惯惯性，在产业演进过程中，政界和财界一开始就裹缠在一起，其界限不很明确，如印度尼西亚、新加坡、韩国等国。最后，由于可支配资源和生产要素的短缺，产业演进单凭市场机制的调节不可能很短时间内做到。

虽然后发国家和地区中政府作用不同于先发国家和地区的模式，但在不同的国家和地区也是不尽相同的。首先，政府通过经济计划（发展战略）、经济立法和经济措施扶植“战略产业”的起飞和诱导经济按既定的目标发展。如第二次世界大战后日本政府为改变畸形的经济结构和克服经济的严重失衡，确定扶植关系到日本经济恢复和平衡发展的最薄弱产业，诸如钢铁、电力、铁路、海运等基础产业，并把当时有限的原料、能源和资金大部分分配给这些产业，政府还优先为需要巨额资金且工程周期长的基础物资部门进行生产投资。第二次世界大战后10年这些基础产业的发展为日后的日本产业结构合理化创造了良好条件。其次，发展中国家政府干预经济的切入点应当主要是努力培育市场，完善竞争机制，提高企业和产业的竞争能力，实现资源的优化配置。在存在着政府干预的条件下，资源配置应当主要靠市场，如从20世纪80年代末、90年代初开始马来西亚、印度尼西亚、菲律宾推出了不少新的举措：把原国有企业通过整体或折股变卖的方式推向市场；逐步放开由国家控制的投资领域，允许私人资本自由投入；解除过去对劳动力、土地、货币等资源流动或再组合的行政性限制，并逐步放开了国家对外汇的管制以实现本国货币与国际货币的自由兑换。再其次，政府通过政策导向作用使资源在产业间流动实现结构转换，促进产业合理化和高级化。马来西亚在产业结构转换过程中的政策重点是战略产业培育和向重点产业的资源导入，印度尼西亚的政策重点是开放各种要素市场，创造资源流动与优化组合的条件。最后，促进区域性市场的建立，发展“贸易集团化”。后发国家和地区在有一定工业化基础之后，面临着发达国家的贸易保护主义抬头、开拓国际市场的挑战，于是如东南亚各国陆续撤除相互间的贸易壁垒，建立了区域性统一市场，发展了“贸易集团化”——东盟，形成区域性、互补性的统一市场。当然，随着经济发展的内外部环境的改变，区域经济的发展模式也应作相应地调整。当然，不同经济发展阶段对特定因素有不同要求，随着经济发展水平的提高，传统要素的作用会逐渐减弱，而新兴要素的作用将会加强。

3. 产业升级具有非线性、跨越式特征

由于受到政府和垄断力量的直接影响，产业演进进程步伐大大加快，一些产业一步跨越幼稚阶段而进入成熟阶段，“不断破坏旧的并创造新的产业结构的‘产业突变’构成一种‘创造性的破坏过程’。”[①] 由此，造成后发国家和地区的产业成长不是按照一般顺序线性发展，而是非连续性、非线性、跨越式的。如在计算机业，印度抓住了软件技术的机遇，通过跨越式发展，成为了软件出口强国。技术在产业结构升级中仅仅是必要条件，此外，管理、制度、政策、资源禀赋和智力也影响、制约产业升级。这仅仅谈到了产业供给方面，产业需求方面也会产生对等影响。缺乏需求的产业升级是没有任何意义的，需求的偏离实际也使产业升级容易出现偏差。这在很多工业化后行国家和地区中能够找到具体案例。

4. 产业机构升级常依赖于国际产业转移

这些国家和地区往往在国际分工中处于劣势，产业演进进程和产业结构升级一定程度上依赖于国际产业转移。如韩国的纤维工业发展得益于20世纪60年代中期日本对韩国的大举转移，韩国的造船、钢铁、汽车工业飞速发展也得益于日本70年代开始的相关产业转移，亚洲“四小龙”的兴起也同样得益于美、日60年代以后对该地区的产业转移。20世纪70年代末，美、日又从韩国、新加坡、中国香港和台湾地区等地撤出部分产业而转移到泰国、马来西亚、印度尼西亚、菲律宾等地，另外亚洲“四小龙”也对泰国、马来西亚、印度尼西亚、菲律宾等国实行产业梯度转移。产业转移、再转移是发展中国家的经济发展动力之一，它通过中间产品、资本、先进技术的转移，使发展中国家获得部分生产要素从而加速国民经济的发展。但这种产业转移、再转移如果不能通过消化吸收和再创新，就会受控于产业输出国。因为产业的某些关键技术工艺、营销渠道和科技人员掌握在外方手中。

5. 后发优势和比较优势的“双重陷阱”[②]

后发优势是后进国家地位所致的特殊有利条件，这一条件在先行国家是不存在的，后进国家也不能通过自身的努力创造，它们是因时间纬度而存在（Gerchenkron，1962）。美国经济学家列维（Levy，1966）把这种后发优势归纳为：对现代化的认知优势，发展阶段的跨越优势，借鉴计划和技术优势，现代化前进预测优势，以及得到先行国家资金和技术帮助优势五个方面。伯利兹等人（Brezis et al.，1993）把基于技术发展的后发优势概括为“蛙跳”模型。而阿伯拉莫维茨（Abramovitz，1989）针对大部分后进国家与现行国家的差距不断加大的事实，提出经济趋同是“有条件的趋同”，认为所谓的“后发优势”是“潜在”的，要把这些“潜在”的“后发优势”转变为“现实”，需要具备“技术”、“社会

① 参见熊彼特：《资本主义、社会主义与民主》，中国商务出版社1999版，第146～147页。

② 主要指东盟十国、巴西等拉丁美洲等。

能力”和“历史、现实及国际环境的变化”三个方面要素。赶超型工业化国家和地区与其他国家的国际贸易基本上按照比较优势理论，国内的学者林毅夫、蔡昉、李周（1999a、1999b）和林毅夫（2002）等也指出，只有按照经济的比较优势来组织生产活动，企业和整个经济才能最大限度地创造经济剩余。

但是，目前包括我国在内的发展中国家出口的产品主要是劳动密集或自然资源密集的初级产品，进口的主要是发达国家生产的工业制成品。这种国际贸易格局在一段时间中使发展中国家得到了一些贸易利益的同时，强化了自己的低水平的产业结构，同发达国家的经济差距也进一步扩大了，由此进入“比较优势陷阱”。克鲁格曼也曾预言：如果不能在技能和教育方面投资更多，亚洲的增长曲线最终必然下跌。“如果增长的引擎是较发达国家的工业产品和欠发达国家的初级产品出口，那么，较发达国家的引擎就比欠发达国家的引擎转动的略为快一些”。[①] 在发达国家出口工业制成品，发展中国家出口初级产品的国际分工格局中，发展中国家的出口依赖于发达国家的增长速度，造成了发展中国家对发达国家的依附性。发达国家始终处于主动地位，而且，在国际贸易中初级产品和工业制成品交换的贸易条件越来越恶化，最终也掉入“后发优势陷阱”。杨小凯（2000）从制度方面提出“后发劣势”的观点也值得思考。

6. 对新兴工业化国家与地区产业演进的再认识

在总结这些新兴工业化国家和地区的成功经验时，以新兴工业化国家与地区论为代表的新古典派经济学家、世界银行的巴拉沙认为由私营企业倡导的具有比较优势的工业化，是新兴工业化国家和地区的产业演进道路，国家干预应为出口企业参与自由贸易体制服务。

以弗兰克和阿明为代表的依附理论认为，20 世纪 70 年代东亚新兴工业化国家虽然在一定程度上有所发展，但在世界资本主义条件下，它是以剥削和压迫工人阶级为前提的工业化，这种发展不过是加强了对发达资本主义的依附性，不可能改变边缘地位。而且，这种工业化是纳入了跨国公司的国际生产结构和分工格局，但却又缺乏与国内经济有机联系的“关节脱臼式”的发展。真正的发展，唯有摆脱世界资本主义体系的控制。

德国弗勒贝尔等人的“新国际分工”论，发展了依附理论。其理论依据是世界体系论，认为工业发达国家的资本为了寻求廉价的劳动力，把劳动密集型产业转移到第三世界，最典型的就是“出口加工区”。

而调整学派反对将新兴工业化国家与地区的这种现象视作是“泰勒主义经

① 参见刘易斯：《增长引擎的减慢》，载《现代国外经济学论文选》第 8 辑，商务印书馆 1984 年版，第 2511 页。

济”的出现。他们认为20世纪60年代后期，中心地区（发达国家）积累体制的福特主义（低价格高工资）面临危机，其结果推进了生产的国际化，特别是跨国公司向边缘地区（外围发展中国家）强制转移部分产业。但这一工业化同时也反映了接受国乘机发展工业化的意志。也正由此，“泰勒主义经济”才被限于特定的国家范围。

（三）产业创新：京津冀产业的新选择

上述后发国家和地区产业演进中遇到的问题，最优的方案就是创新，通过产业创新推动矛盾的解决。

1. 产业创新的含义

“创新”（Innovation）一词，来源于1912年美籍奥地利经济学家J. A. 熊彼特（J. A. Shumpeter）的成名之作《经济发展理论》（The Theory of Economic Development）。他首次提出创新概念是指把生产要素和生产条件的“新组合”引入生产体系，以获得潜在的利润。英国经济学家弗里曼（1997）第一个系统研究了产业创新，他认为产业创新是一个系统概念，系统因素是产业创新的成功决定因素，产业创新主要包括技术创新、产品创新、流程创新、管理创新和市场创新。陆国庆（2002）也持有相近的观点，产业创新是技术创新、产品创新和市场创新等的系统集成，是企业创新的最高层次和归属，运用技术创新、产品创新、市场创新或组合创新等来改变现有产业结构或创造全新产业的过程。而国内学者张耀辉（2002）则认为产业创新就是用新的产品和新的技术满足需求，其结果形成了一个崭新的产业。产业创新是行业整体创新，而不是局部的创新，因此，它包括企业技术创新和行业内技术扩散两个过程，只有创新的技术在行业内得到了普及，才能实现产业创新。王艾青（2005）把产业创新理解为特定产业在成长过程中或在激烈的国际竞争环境中主动联手开展的产业内企业际的合作创新。中国地质大学张治河教授应用系统论分析方法，认为产业创新系统主要由产业创新政策系统、产业创新技术系统、产业创新环境系统和产业创新评价系统组成。胡树华等人首次尝试构建产业创新系统，认为产业创新系统主要由产业创新政策系统、产业创新技术系统、产业创新环境系统和产业创新评价系统组成（胡树华，2006）。郭淑芬（2007）提出，创新系统的本质在于创新相关要素间的互动共生，而非要素孤立发展。对产业创新系统的研究也应立足于此；李春艳和刘力臻通过分析技术创新的动力机制及条件探析了产业创新系统的形成机理，给出了产业创新系统的结构与模型；王明明（2009）等指出，产业创新系统结构模型应该包括系统目标、三个子系统（技术子系统、组织子系统、制度子系统）以及系统环境。其中，技术子系统是核心，组织子系统是主体，制度子系统是保障。

可见，目前没有一个完整和权威的产业创新定义，笔者认为产业创新包含两个方面的含义：一是产业转型能力，是指较强的产业结构转化和升级能力；二是产业竞争力，是指把现实和潜在的生产要素转化为较强的市场占有率的综合素质。可见，产业创新就是以企业为核心，突破既定已结构化的产业约束，培养核心竞争力和构建新产业的过程。产业创新是技术创新、企业创新的最终归属，其目的就是减少和防范不确定性，获得最大化利润、最优化市场结构和确定性企业行为。

产业创新的精神实质是两个方面：一是强调资源节约，提高经济效率；二是加快和缩短工业化过程。产业创新具有不可复制性和不可替代性，如果其他地区想代替某地区成为新的经济中心，就必须创新出高一级主导产业。

2. 产业创新与创新型国家

产业创新不仅仅是一种理论研究，更重要的是它是一种实践活动。产业创新可以改变重工业化过程中涉及的技术、资本、需求、供给以及资源禀赋的约束。经济学家特利克（Nestor E. Terlecky，1957）认为，在需求模式和相对成本变化中，创新无疑起着主要作用。因为，产业创新过程满足市场需求的变化，创造新的市场需求，引导经济变化。20 世纪 50 年代后，现代科学技术迅猛发展，经济、社会发展的结合日益紧密，成为推动经济增长和社会发展的主要力量。90 年代以来，随着创新活动对新技术依赖性的增强，高新技术的投入，成为创新活动的前提条件和崭新起点。正在经历的创新资源重组和创新方式变革，深刻地影响着企业运行机制的改革。

产业创新为产业结构升级提供方式上的可能性。产业结构升级是在更合理配置资源上的基础上进行的，否则人们就得不到更优质的产品和服务。这首先需要创新，可以通过组织创新来把个人技能优势发挥出来为社会服务；也可以通过产品创新来代替小生产的经济活动。这些都可以产生资源配置效率，也就是说，即使一般意义上的产业结构升级，也要伴随产业的创新活动。

产业创新更是新产业形成的基础。新产业是为了更好地满足市场需求而被创造出来的，其活动以产品创新为主。这有两种情况：第一种是直接面对消费者的创新，形成满足最终需求的全新产业。第二种是面向中间需求的创新，其目的是为了降低产业的迂回程度，使生产更加自动化、精确化，这是由人们先生产出来工具，再用工具生产产品的过程，形成了工具——产品的链条。

不可否认，产业创新的超前程度与不确定性的程度密切相关。创新是有路径依赖的，人们愿意选择那些已经存在的、成熟的，而不愿意选择那些不确定的、有风险的，如技术创新就有技术壁垒和技术“锁定”。人为的、偶然的、非规律因素增加，使创新的不确定性加大。这就是韩国前总统金泳镐指出的英国是通过发明，德国和美国是通过革新，而当代日本和韩国则是通过引进技术和学习消化而实现工业化的，而顺序倒过来就不可能实现，原因就在于在经济演化过程中形成的历史和习惯的“锁定”。

二、产业创新的必要性与新产业模式

产业创新是对我国传统产业演进和发展的反思和深化，它试图打破发达国家和新兴国家“先工业化后信息化、先产业化后知识化、先市场化后城市化、先污染后治理”的固定模式（储东涛，2004），这种转变很大程度上关系到社会经济的全面、协调和可持续发展，关系到我国经济发展目标的实现，是科学发展观的具体体现。因此，如何全面、科学理解与实践产业创新道路，是一个很值得重视的问题。

（一）推行区域产业创新的必要性

不同国家（地区）的不同发展阶段应推行不同产业发展模式，一方面，资源禀赋和生态环境具有生产约束性，自然条件和资源具有不可再生性，面对资源逐渐减少，生态环境破坏的情况，我们必须寻找出另一条符合实际的产业发展道路；另一方面，不同国家（地区）肩负着不同的发展使命，并要克服后发国家和地区在产业发展进程中的弊端，也必须寻找到更符合本国（地区）的产业发展模式。京津冀都市圈推行产业创新的必要性，在于如下几点：

1. 资源禀赋和生态环境约束

依据中国社会科学院《中国城市竞争力报告（2009）》数据显示，在全国294个城市中，京津冀都市圈的自然资源优势指数（主要考察三项指标：淡水资源丰富度、土地资源丰富度、农矿产资源丰富度）总体落后，北京排名第48名，天津为第39名，河北省石家庄也不过为第14名。淡水、土地是目前制约京津冀都市圈经济发展的一个重要因素，必须改变粗放的经济增长方式，利用当地的智力、人才和产业等优势，发展高新技术产业、现代服务业和物流业等。同时，依据中国社会科学院《中国城市竞争力报告（2010）》数据显示，在全国294个城市中，京津冀都市圈的生态环境竞争力总体落后，北京排名第28名，天津为第42名，河北省石家庄也排到了第34名。生态环境的日益恶化也促使京津冀都市圈必须改变粗放的经济增长方式向集约化、低碳化发展。

2. 技术约束

为了分析技术进步的微观基础，我们通过分析天津市科技投入、科技产出等方面的指标，得出如下结论：外商投资企业占据优势。其中科技投入主要使用科技活动经费支出额、科技活动人员合计、科技项目数、参加项目人员合计四个指标；科技产出主要使用专利申请受理数、拥有发明专利数、新产品产值、新产品销售收入四个指标。

表 5.6　　2008 年天津国有及规模以上工业企业的科研投入情况

名称（前 5 名）	科技活动经费支出总额（千元）	科技活动人员合计（人）	科技项目数（项）	参加项目人员合计（人）
中外合资经营企业	7 950 410	10 313	397	5 031
其他有限责任公司	6 104 721	20 767	1 231	11 391
股份有限公司	3 792 067	8 622	564	5 408
国有企业	3 576 879	8 663	520	3 996
私营有限责任公司	2 849 518	8 912	418	3 120

资料来源：根据《天津科技统计年鉴（2009）》。

从国有及规模以上工业企业的科研投入情况来看，科技活动经费支出最高的前五种所有制企业类型是：中外合资经营、其他有限责任公司、股份有限公司、国有企业和私营有限责任公司；相对应地，按科技活动人员排列的前五种所有制企业类型依次是：其他有限责任公司、中外合资经营企业、私营有限责任公司、国有企业和股份有限公司，按这两项所选出的企业类型基本上是一样的。

同样，用当年专利申请受理数和拥有发明专利数作为判断不同所有制结构科技水平和技术进步率的一个标准。当年专利申请受理和拥有发明专利数最多的前五种所有制企业是：中外合资经营、其他有限责任公司、股份有限公司、私营有限责任公司和国有企业。得出的结论和行业分析相同，科研投入和科研人员最多的几种所有制结构拥有的发明专利数最多（见表 5.7）。

表 5.7　　2008 年天津国有及规模以上工业企业专利情况

名称（前 5 名）	专利申请受理数（件）	拥有发明专利数（件）
中外合资经营企业	989	1 636
其他有限责任公司	1 252	469
股份有限公司	1 139	418
私营有限责任公司	693	259
国有企业	290	66

资料来源：根据《天津科技统计年鉴（2009）》。

从新产品开发能力来看，新产品开发能力较强的前五种所有制企业是：中外合资经营、国有企业、其他有限责任公司、外资企业、股份有限公司，这基本上也是拥有专利数较多的几种所有制企业（见表5.8）。

表5.8　　2008年天津国有及规模以上工业企业新产品开发情况

名称（前5名）	新产品开发支出（千元）	新产品产值（千元）	产值/支出	新产品销售收入（千元）	收入/支出
中外合资经营企业	2 607 838	140 874 264	54.01956	136 542 987	52.35869
国有企业	1 133 968	34 281 167	30.23116	33 964 735	29.95211
其他有限责任公司	1 971 826	32 330 336	16.39614	31 773 688	16.11384
外资企业	742 734	29 346 054	39.51085	28 938 142	38.96165
股份有限公司	770 639	14 600 633	18.94614	13 399 546	17.38758

资料来源：根据《天津科技统计年鉴（2009）》整理。

通过以上的数据可以得出，内资企业的新产品产出率要远远落后于中外合资经营企业和外资企业。

3. 资本约束

这主要体现为京津冀都市圈内的多重二元结构，目前这些二元结构已经成该区域经济进一步发展的制约因素，只有通过创新才能打破这种“困境”。首先，京津冀都市圈内资与外资的二元结构，外资对本地经济的拉动作用在减弱。外商直接投资在京津冀都市圈的经济发展中占据着重要地位，天津尤为突出。2009年，京津两市规模以上工业企业总产值为24 122.7亿元，其中外商投资企业工业总产值8 154.1亿元，占两市工业总产值总额的33%以上。外商投资企业工业总产值占地区工业总产值的比重，北京、天津依次为32.6%和34.8%①。从改革开放以来该区域基本上走的是一条“外资拉动型”道路，但是，近几年这种模式遇到了新问题。

我们建立一个计量模型来检验京津冀都市圈内是否存在明显的FDI技术溢出效应②，以及这种效应对区域经济增长的效果。技术溢出是指跨国公司在东道国

① 资料来源：2010年天津市和北京市的统计年鉴。

② 赵奇伟博士借鉴Feder（1982）及何洁（2000）的思路，将经济分为内资和外资两大部门，同时引入新的变量来构建计量模型。回归方程可以写为：

$$\Delta Y/Y = \beta_1 \cdot (\Delta L/L) + \beta_2 \cdot (\Delta K/K) + \beta_3 \cdot (\Delta KF/KF) + \beta_4 \cdot (\Delta F/Y) + u$$

式中，β_1表示劳动的边际生产弹性；β_2表示资本的边际生产弹性；$\beta_3 \cdot (\Delta KF/KF) = DF \cdot \Delta KF$表示外资部门资本（FDI）对内资部门技术溢出效应的大小，该项为正说明区域内存在正的技术溢出效应，反之则存在负的溢出效应。其中β_3表示FDI经由技术溢出效应对区域产出增长率的贡献。

资料来源：2010年天津市、北京市、河北省的统计年鉴。

实施FDI引起当地技术或生产力的进步的一种外部效应，主要通过示范与模仿、人员流动、前后向联系等途径来实现技术溢出。FDI的技术溢出效应可以促使东道国或吸收FDI区域的技术水平、组织效率和管理技能不断提高，帮助区域经济走上内生化的增长道路。

图5.7显示了这个计量模型的结果，1996~2009年京津冀都市圈内各省市实际利用FDI的年度增长率分为两个阶段，呈倒“W”形：第一阶段是1996~2001年这一阶段，各地实际利用FDI出现较大变动，同时北京在1996年、2001年的增长率，河北在1999年、2000年、2001年的增长率为负值；而2002~2009年这一阶段内，京津冀三地实际利用FDI的年增长率则保持正向增长。因此，在1996~2001年京津冀都市圈内FDI技术溢出效应有正有负，而2002~2009年，都市圈内存在显著为正的FDI技术溢出效应。

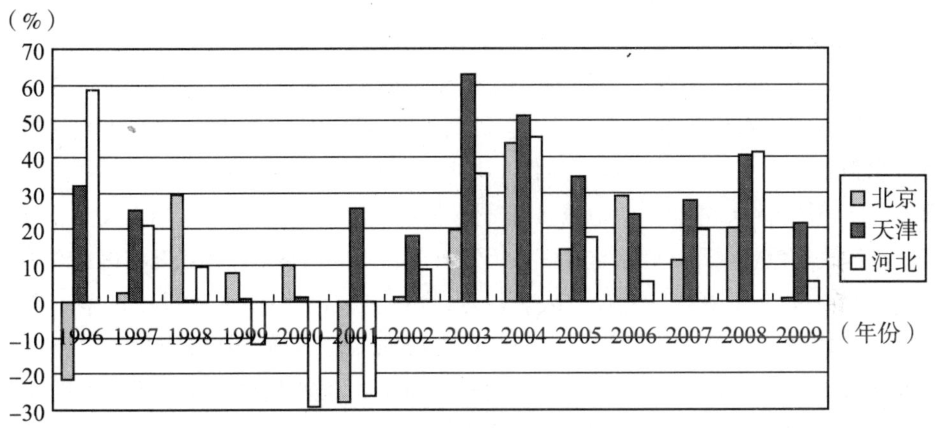

图5.7　1996~2009年京津冀三地实际利用FDI的年增长率

资料来源：根据《中国统计年鉴》（1995~2010）整理。

4. 制度文化的约束

京津冀都市圈由于长期受政治中心文化及北方文化影响，人们关注政治，集体观念强，这是有益的，但鼓励个人通过参与市场竞争充分实现自身价值的观念不够，“缺乏亲商环境”，尚待进一步创新。北京大学中国区域经济研究中心杨开忠教授也认为，相对于南方发达地区，这个地区政府服务意识相对不足，市场意识淡薄，政府办事能力需进一步提高。在中国社会科学院的《中国城市竞争力报告（2010）》中，在文化、制度和环境竞争力方面的排名整体落后于长三角和珠三角（见表5.9）。制度和文化从根本上影响着该区域经济的发展模式和发展进程。如硅谷人最为崇尚的是自由和创业的快乐，对技术创新的兴趣，开放、流动、刺激冒险、竞争又合作的创业文化，这使得硅谷成为世界上“跳槽”率最高的地区（10%～12%），活跃的人才流动使人们有机会学到更多新知识和专业技能，建立起广泛的人际网，成为未来再创业的基础。这种文化是硅谷成功的最主要原因。又如莱茵河沿河工业带中的各经济区之间善于也乐意借助和利用其他周边城市的功能来补自身的不足，而不是求全，城市和经济区之间的合作要多于相互竞争，全国产业和城镇体系相对均衡。

表 5.9　　文化、制度和环境三项竞争力排名

城市	文化竞争力	制度竞争力	环境竞争力
北京	7	29	12
天津	14	18	36
河北唐山	48	24	13

5. 要素的动态约束较强

首先，市场机制不畅。市场调节配置资源是一个基本方向，但在目前这一地区国有资本占绝对优势的情况下，市场机制不能有效发挥。同时，行政区域利益主体意识强，地方利益（如财政、税收、GDP、就业等）牵制多，条块分割严重，导致地区间经济协调成本很高；地区政府对资源控制能力强，对企业干预比较大，导致区域经济政治色彩浓厚。随着这一区域机制改革和产业调整，这种状况将逐步改善。

其次，京津长期各自为政，缺乏联合，产业项目之争、基础设施之争、港口之争等在内的无序竞争，造成整个经济区发展滞后。各地区在搞产业链，但这种产业链配套是要把自己本地区企业消化掉，例如，天津搞“配套工程”，指令摩托罗拉的配套企业必须百分之多少要在天津找；而北京现代汽车，则被要求“救活”北京原有的汽车配套厂家。摩托罗拉、北京现代和天津一汽丰田等大型公司在京津之间没有有效的产业联动。

最后，在京津冀都市圈的产业“高地”与腹地的产业传递梯度落差大。北京、天津这两座城市各种产业发展快、产业定位高，但周边地区很低，不能做到有效地拉动经济，其产业的传递梯度落差大，甚至形成了产业“悬崖”。这样很难形成平衡衔接的产业链。

（二）推行产业创新模式的可行性

进入21世纪以来，我国经济发展也进入一个崭新时期，中国政府适时提出新时期的发展战略，并把京津冀都市圈作为一个经济区域重点规划，这就为该区域经济发展提供了政治机遇，这是在珠三角和长三角经济区已经初步建立良性“自我循环”发展阶段的背景下提出的。京津冀都市圈的发展已经历多年，在目前提出区域发展规划具有特殊的政治意义，承载着探索中国产业创新模式的历史使命。当前，京津冀都市圈已基本完成追赶发达国家最初阶段，积累了一定经验和经济基础，从理论和实践两个方面已经具备推行产业创新模式的初始条件。

1. 理论界对经济区域的新认识

如果说全球化是最切实可行的缩短世界贫富差距的途径，那么中国选择区域经济的发展模式便是直面全球化的最好方式。区域经济正在成为中国经济发展的发动机。就产业发展而言，理论界有一种同时开发模式，是后起的经济发达国家在发展技术集约型产业中所采取的一种主要发展模式。随着技术集约化的发展，产业基础不断更新，传统产业的主导地位逐渐被新兴产业取代，产业结构正面临一场大的变革。在这种形势下，各国竞相开发高新技术产品和建立高新技术产业，以抢占技术"制高点"，加速产业结构高端化进程，在激烈的国际竞争中取得主动地位。因此，后起的经济发达国家在这些技术的开发和产业建立上，同先行的经济发达国家大致是同期进行的，由于在基础上处于相同水平，因此这类产业的产品进口较少，今后也不会有太大的增长。出口随着技术基础的建立和巩固将有所增加，但产品、技术的开发和产业的建立主要是根据本国产业的特点展开的。目前，日本生产数控机床、加工中心、工业机器人等微电子机械和精密陶瓷等新材料的一些技术集约型工业，就是用这种模式发展起来的①。

在产业布局方面，赫希曼和缪尔达尔提出了地理性二元经济理论，认为在后起国家经济发展过程中，在产业布局问题上可以采取非均衡发展战略。第一，利用某些地区已形成的某种经济和技术优势，通过制定政府发展计划和重点投资等政策促进这些地区经济的优先增长；第二，通过差别性的产业布局政策和与此相关的财政、金融政策，引导生产要素和重要资源向先行发展的发达地区转移，形成一定的经济、技术规模，并逐渐赶上发达国家水平；第三，如果在发展初期各地区的经济发展水平差异并不明显，那么政府可以通过各种要素和资源条件的比较、生产成本的估算以及社会经济综合因素的统筹，确定优先发展的地区。此外，佩鲁的增长极理论也启示我们，可以先通过政府计划和重点吸引投资的形式，有选择地在特定地区或城市形成增长极，使其充分实现规模经济并确立在国家经济发展中的优势和中心地位；第四，凭借市场机制的引导，使得增长极的辐射作用得到充分发挥，从其邻近地区开始，逐步带动增长极以外地区经济的共同发展。中国改革开放后借鉴过增长极理论指导产业布局，如经济特区的设立和各类开发区的建设等②。

---

① 参见李悦：《产业经济学》，中国人民大学出版社 1998 年版。

② 参见王述英主编：《新工业化与产业结构跨越式升级》，中国财政经济出版社 2005 年版，第 333 ~ 335 页。

2. 京津冀地区推行产业创新的经济基础

近几年京津高新技术产业发展迅速，有力地拉动了该地区经济的快速增长。沿京津塘高速路分布的工业园区初步形成了电子信息、通讯、生物医药、光机电一体化、新材料、绿色能源等六大支柱产业。

表5.10显示，京津两市具有信息产业和资源优势，信息产业经济效益位居全国第一、二位。天津培育出一批销售收入超10亿元的IT企业，在世界500强中的160多家在津企业中，摩托罗拉等70多个属于电子信息业。科研机构和科技精英聚集。劳动力成本低且素质较高，适应高新技术产业发展要求。同时这一都市圈作为北方沿海开放中心、金融中心和工业基地的优势正在逐步显现，其较完善的通讯网络基础和产业传统对高新技术产业发展可以起到极大的助推作用。

表5.10　2009年京津两市信息产业增加值占高新技术产业和工业总产值的比重

地区	工业总产值（亿元）			高新技术产业总产值占工业总产值的比重（%）	信息产业总产值占高新技术产业总产值的比重（%）	信息产业总产值占工业总产值比重（%）
		高新技术产业总产值（亿元）				
			信息产业总产值（亿元）			
北京	11 039.1	2 764.6	2 095.5	25.0	75.8	19.0
天津	13 083.6	3 920.6	1 852.2	30.0	47.2	14.2
全国	548 311.4	60 430.5	44 143.3	11.0	73.0	8.1

资料来源：《中国统计年鉴（2010）》、《北京统计年鉴（2010）》和《天津统计年鉴（2010）》以及相关的科技统计年鉴。

（三）产业创新的模式与路径

产业创新是高新技术产业成长的必然选择，产业创新只有做到产业的更新换代，既有量上的规定性，发展速度快、规模大；又有质上的规定性，产业层次高、竞争力强，才能从根本上实现产业的升级。

当前作为高新技术产业组织细胞的企业已失去了工业社会相对的独立性，而被全球市场、知识信息以及错综复杂的社会联系所包围。网络平台创新可以在更大的时空范围、更有效的程度上配置创新资源，提高企业的创新能力和竞争力，因而它必然是高新技术产业创新的战略选择，这种创新绝不是传统意义的企业创新，而是一种全新的创新：产业链创新，这是一个突破既定的已结构化的产业约束，通过培养核心竞争力和构建新产业的过程。

产业链的思想起源于"现代经济学之父"亚当·斯密（Adam Smith）关于

分工的理论，他列举的制针业对产业链的功能进行了生动的描述。马歇尔将分工扩展到企业与企业之间，分析了企业之间分工协作的重要性，可以看做是产业链理论的真正起源。首先提出产业链概念的是赫希曼。1958 年赫希曼在《经济发展战略》中从产业的前向联系和后向联系的角度论述了产业链的概念。另外，何利汉（Houlihan，1988）、哈里森（Harrison）、史蒂文斯和格拉汉姆（Stevens and Graham，1989）分别从不同角度阐述了产业链的概念。

高新技术企业是创新活动的最主要主体（MNCs 和 SMCs）；政府通过传导机制参与创新活动（直接投入、间接投入和制度安排）；市场配置创新资源、检验和消费创新成果；科技中介（科技咨询类、创业孵化类和科技成果转化类）从科技成果产生到实现产业化的整个过程中，为科技与经济结合提供必要的信息、链接和平台；高校科研机构主要是做基础性、公益性，还有战略高技术的前瞻性的研究（技术转移和许可，TL）。以产业链形式组织的企业形成生产链，各级政府及其机构形成政策链，所有的高校科研机构形成科技链；这三链形成的是一个立体的空间结构——螺旋模型，在整个系统三链之间交叉连接、相互影响、共同进化形成了产业创新网络系统。

1. 产业链创新模式

产业链创新模式主要包括生产链创新、科技链创新和政府链创新三个方面：

生产链创新模式。生产链包括核心层次、辅助层次及相关介质。核心层次主要是在模块化分工的背景下各个产业链上从事不同功能的模块，辅助层次则是包括大学、科研院所、政府职能部门、中介机构、PE（私募股权投资基金）、VC（风险投资基金）、银行等在内的为核心层提供外部资源和基础设备的辅助部门，介质包括知识、人才、技术、资本等无形资产，对产业链的发展起着重要的支撑作用。生产链的基本构成如图 5.8 所示。

生产链创新主要包括产品创新、价值创新与知识创新。（1）产品创新主要是指具有实物形式的模块分解化（分工）与集中化（整合）的方式。（2）价值创新是指模块带来的产业链整体价值增加效应。（3）知识创新是指模块内部及模块之间的知识活动导致生产链的变化，是在知识与技术创新的基础上形成的形态，是生产链创新的主导形式。

由于现代产品复杂性越来越大，尤其是高技术产品和高端制造产品，其产品的生产从原材料到零部件到整机会经历很多环节，没有一个企业能将一个产业链中的各个环节生产都囊括进来，每个企业都是处于产业链中的一个或多个环节，然后经过协作，一个企业将分散生产的各个零部件和产品通过组装或集成，成为一个完整的产品销售到市场。这个过程就是一个产业链的产品整合过程。在规模经济、专业化生产和模块化生产中，都存在产业链整合。在规模经济中，每个生产零部件的企业都具有原材料和零部件生产的一般隐性知识或是部分零部件的整合知识，但很少有产品层次的整合性知识，集成企业则掌握了产业链层次的整合知识，将产业链中的最大价值掌握在自己手中。集成企业提出零部件生产的具体标准，其他零部件生产企业按照标准进行生产，相关的价值整合和知识整合的需求基本没有。而专业化生产和模块化生产同样要经过零部件的生产和集成，但它们对于产业链的价值整合和知识整合具有很高的需求。

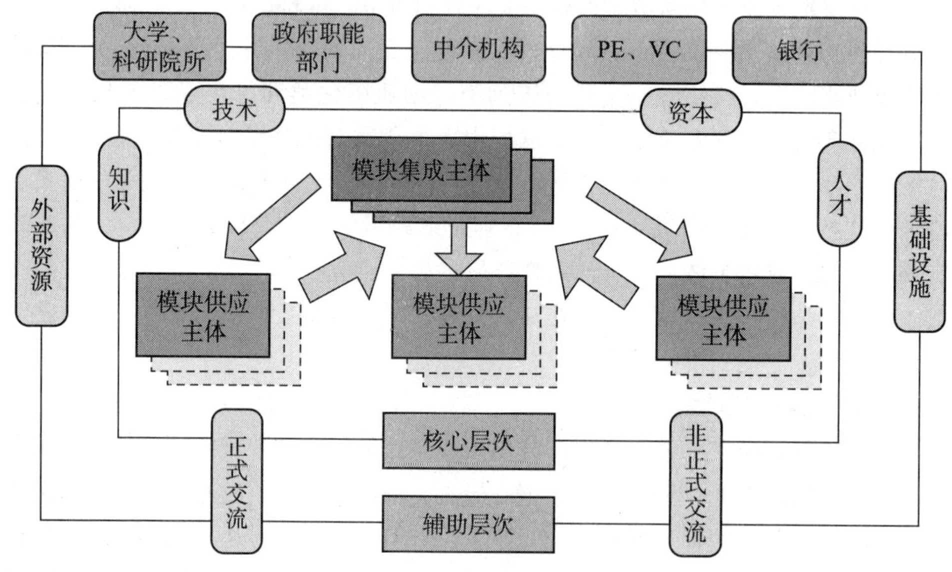

图 5.8　生产链基本构成

资料来源：笔者整理。

科技链创新模式。科技链基本功能包括主要功能和辅助功能两部分（见图 5.9）。知识创造、知识转移、知识共享、知识整合属于基本功能，标准是协调各个功能的纽带；辅助功能包括知识引导、协调和控制，以模块化为纽带，营造有利于知识流动的外部环境，保障知识活动的顺利进行，科技链在主要功能和辅助功能协调配合下，提升整体竞争力。

科技链创新主要以企业为创新主体，以实现知识共享和知识创新为目的，通过知识在参与创新活动的不同组织间流动而形成的知识协同创新系统。其中，系统核心创新层由核心企业（盟主）与供应商企业、需求方企业、互补企业、关联企业等卫星企业组成，主要负责企业层面知识的积累与改进工作。系统辅助创新层主要由大学、科研院所、科技中介组织、行业协会等构成，主要对产业层面产业共性知识和技术进行研发。系统外围创新环境层（社会层面）主要由政府、市场营造。系统各层主体在知识链中的地位和作用各不同，在竞合关系中相互作用、频繁互动，协作创新，共同推动知识链向复杂化、网络化系统演进（见图 5.10）。

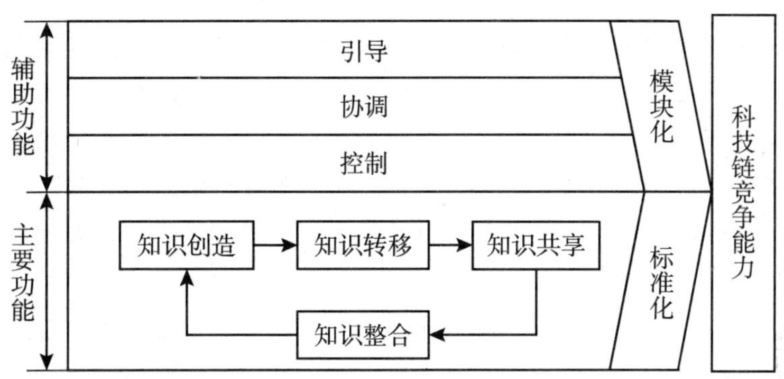

图 5.9　科技链模型

资料来源：笔者整理。

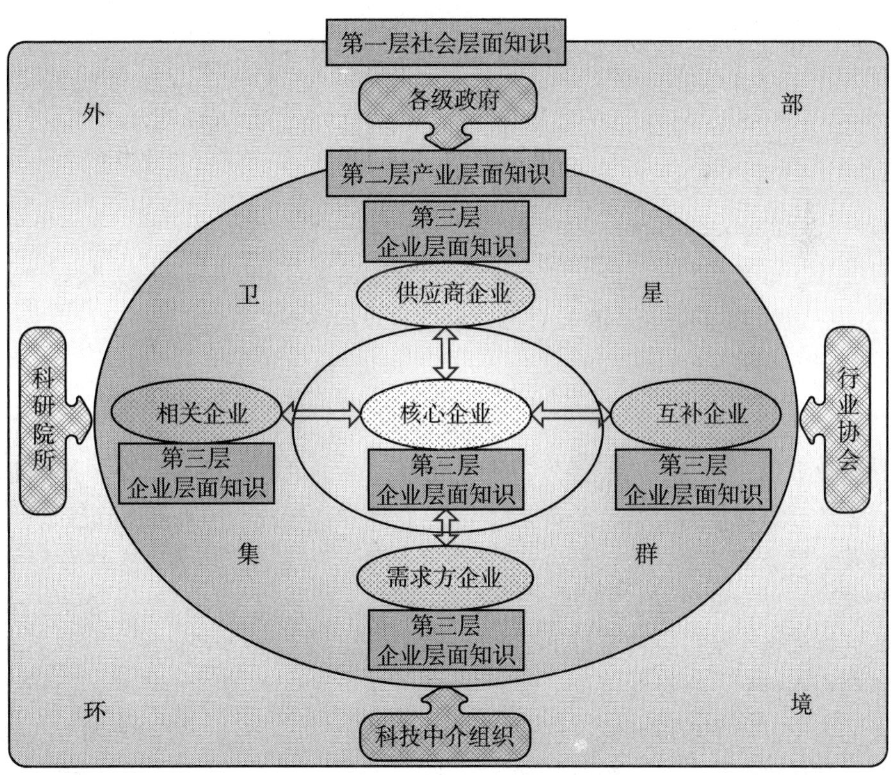

图 5.10　科技链创新

资料来源：笔者整理。

政策链创新模式。目前我国高新技术产业的自主创新，最根本的不在于短期的刺激政策，而在于能够直面深层次的体制改革，用新思路和新机制，立即启动大转型、大体量的高新技术产业扩张建设。政府参与创新的目标是：考察创新催化的作用过程，突破临界条件，促使创新涌现出整体的、全新的创新活动现象，最终形成以产业链为核心的自组织、自适应、自驱动和开放式的创新行为。政府宏观政策的直接作用点在公共知识生产阶段（科学发明及发现）；急需通过政府政策避免出现“死亡之谷”（技术开发或工程放大），或者通过政策作用填平“达尔文之海”，使公共知识生产通畅地过渡到私有知识生产；政府政策间接作用点在私有知识生产阶段（商业化运作）。在这一过程中，政府政策的作用核心见图 5.11。

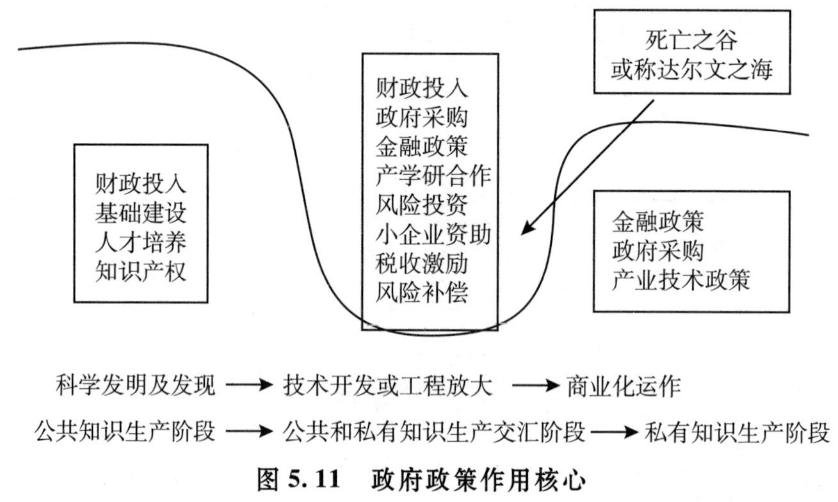

图 5.11　政府政策作用核心

资料来源：笔者整理。

2. 产业链创新路径

产业链创新有三种路径：生产开发创新整合、供应链创新整合和产业集成化。生产开发创新整合是按照产业链条中前端创新，包括产品研发和设计、生产决策等子模块进行整合，核心为产品研发和设计，发展趋势：（自主）专利（知识产权）→专利链（池）→（技术或行业）标准。供应链创新整合是侧重于产业链后端创新，从供应链系统出发，优化资源在每个生产系统的配置，从而获得垄断权和高价值。产业集成化是按某种联系规则将产业链子模块一起来，构成更复杂的系统，产生集成效应。它对经济影响最为深刻，跨行业、跨部门集成，推动产业变动趋向工业制造和商业营销相融合。

生产开发创新整合、供应链创新整合、产业集成化三种路径，将带来产业竞争变革的契机，使产业竞争主体、竞争载体、竞争核心和竞争优势发生质变，将极大地摆脱我国行业企业的“内忧外患”，使高新技术产业发展发生重大路径转变，改变在国际分工中被动地位，努力掌握产业发展的话语权。

三、京津冀产业创新的战略选择

我们根据京津冀都市圈的基础和发展趋势，结合创新型国家的发展目标，认为该区域的产业创新应该着重采用以下七大战略。

（一）区域创新战略

建立产权激励机制。通过体制创新激励技术创新，增强创新创业的内在动力，促进高新技术企业不断发展壮大。

建成知识创新体系。积极参与国家创新基地建设，支持并完善已有国家重点实验室、国家工程技术研究中心、国家企业开发中心、国家技术监督机构、国家中试基地、国家成果推广中心、国家高新技术产业基地的建设和发展，争取一批国家创新基地新建项目，增强该区域科技创新实力，在国家科技创新体系布局上占有一定地位。

建设工程技术研究中心和企业技术开发中心。优化配置科技资源，集中财力、物力、人力，采用新体制、新机制，建设科学研究中心，加强产业核心技术的研发，建立自主知识产权，缩短与国际水平的差距。同时，积极推动高新技术企业和民营科技企业的研究与开发，发挥其在科学技术发展中的带头示范作用；大力吸引国内高校、科研机构、企业财团来该地区建立研究开发机构；积极创造条件，鼓励和引导外商独资企业和跨国公司建立一批研发机构，并促进其研究开发机构人才的本地化。

建立完备的公共科技创新服务体系，构建创业平台，整合服务资源，为创新、创业提供全方位服务。充分利用、挖掘和发挥现有社会资源的潜力和积极性，建立中介服务体系，吸引风险投资保险机构、投资顾问机构、科技评估机构、会计师事务所、律师事务所、信用担保机构、人才培训中心、技术交易中心等中介机构入区，为区域内企业提供优质服务。

（二）产业创新战略

通过产业创新战略，一方面推进产业结构合理化和高级化；另一方面促进产业梯度转移，实现产业结构的良性转变和地方经济整体发展。

重点技术领域优先发展战略。突破重点技术“瓶颈”，增加技术供给。提高企业再研发能力，增强创新动力。通过组建企业科技中心和工程技术研究中心等形式，强化吸收、转化、创造和新技术推广能力。增强技术外部响应度，持续推动创新。加强知识产权保护，规范技术交易市场，维护技术市场交易秩序，健全技术中介渠道和服务体系。提升经济自由度，加快创新扩散和产业转移。

技术扩散创新战略。促进技术的传播、学习和替代，推动技术创新扩散；加大企业的产业创新压力，完善上市公司的优胜劣汰机制，对大批失去生存能力的上市公司进行彻底的战略性重组，尤其要鼓励行业整合和产业创新型重组；加大对产业创新的鼓励，建立示范效应。

产业创新分工战略。使垄断性行业更具竞争性，使竞争性行业更具有垄断性。降低自然垄断性产业的垄断性，对现有垄断产业部门进行水平分割、政企分开、取消资本进入限制等；打破用户垄断，对电力、电讯、邮电、铁路、航空等用户垄断性行业进行分拆上市，提高垄断行业的竞争性；增加竞争性行业的垄断性，通过组建企业集团等措施来提高产业集中度。

产业“一体化”协作战略。以专门组织机构为合作平台，加强合作的深度和广度；以项目为合作平台，拓展合作范围；以专业技术人才为合作平台，推动合作进程；同时，制定合理激励性政策、制定保障性政策、制定监督约束性政策，规范产学研的“一体化”协作规则。

（三）区域资源和利益协调新战略

建立区域高层定期联席会议制度，发展和改革部门定期协商制度，设立联合协调机构，加强信息沟通，议定合作重大事项，制定促进共同发展的地区政策和措施。关键是厘清区域资源协调新机制，通过三省市协调机构在理论研究、政策调控等多方面的富有成效的合作，协调生产要素在区域内的流动与配置。

改革财政、税收等区域利益的分配和补偿机制，创新中央对地方政府、上级政府对下级政府的考核、评价等机制。改善由体制造成的部门分割、行业分割、地区分割的局面，为京津冀都市圈一体化创造制度优势。

建立区域一体化新机制。新机制包括：各园区政府间合作、协调机制；打造一体化流通市场，增创市场新优势；加强高校、科研机构与企业合作，增创产学研商新优势；联合开展区域水资源保护与合理利用、重大生态建设和环境保护项目，增创生态新优势；启动京津冀都市圈区域发展总体规划和重点专项规划的编制工作，统筹协调区域发展中的城镇体系和基础设施建设等相关问题，增创区域布局新优势。

（四）扶植主体战略

适应国际竞争的要求，我国必须培植和发展以大型企业为核心的企业集团，作为跨国经营的主体，这样才能同其他国家的跨国企业相抗衡，在激烈的国际竞争中占有一席之地。

进一步完善多元投资主体的股份制改造，创造条件争取上市融资，建立与外企平等的竞争环境。在这样的环境中，外资企业就会不断更新技术和产品，通过外企的技术溢出效应，不断提升本地企业的技术水平和产业结构。对有一定竞争优势和发展前景的国有大中型企业要通过引进技术和技术创新，使产品的技术档次和质量水平迅速提升，使资产质量和技术水平跃上一个新的台阶。

对于为数众多的国有中小型企业和集体企业，应加大结构调整和企业重组力度。一方面，对那些盲目扩张规模和产能过剩的企业，应进行调整重组；对于自身规模较小的生产企业，可以考虑实行国有民营或出售出让，让仍然具有优势的企业利用风险资金去自主发展。另一方面，加大中小企业的合资、合作，加强其与大企业的联姻，使之从器件或整机提供商转变为解决方案提供商或集成商，实现从制造型向制造服务型的转型。通过产业群中制度网络的不断完善，提高产业的竞争能力。

（五）知识产权与标准战略

在强调技术自主创新的基础上，更要注重“技术专利化—专利标准化—标准许可化”，要突出“专利池”中技术的关联性和整体性，由此推进技术战略向标准战略过渡。在继续加大 R&D 投入和 R&A 运作的同时，调整标准政策、推进联盟战略，制定企业导向的标准战略：大力提倡自主知识产权标准的制定。改变过时的标准政策，抛弃单纯的“采标率”和“参标率”的思想，在与国际接轨和接受国际标准的同时，在标准制定和推广问题上，既要考虑 TBT 协议和国际兼容问题，又要考虑 TRIPS 协议和标准的利益问题，必须制定标准化政策。

逐步建立完善自己的知识产权战略和政策。要将知识产权政策、产业研发政策和标准化政策协调起来。在制定标准的过程中，我国政府跨部门的高层及部门间必须协调一致。从国家整体利益出发，加强政府自身协调，消除部门分割、各自为政的现象是提高我国技术标准战略竞争力的必要保障。同时，应该提高协调机构的地位，甚至成立统一的高层政府部门，负责知识产权战略和标准化战略。将分散的标准化战略制定任务实现一定程度的集中。

构建知识共享平台，加快信息基础建设。科技链是一个复杂系统，知识交流互动较多，需要一个能够实现知识共享和信息交流的知识库促进相互学习与交流。为此需要构建多层次、安全、可靠的知识交流信息服务体系，支持不同知识节点之间的知识获取、知识存储、知识传输、知识利用和知识评价，提高信息和知识交流质量，实现知识主体之间的信息与知识管理的系统化、网络化、集成化。构建企业内部、产业之间的知识库、方法库、模型库、文件库等，通过数据挖掘、知识仓库、知识管理系统、建立知识共享和支持决策平台，为知识资源高速高效整合服务，除此之外，统一协调并完善知识共享收益分配制度，确保知识共享各方利益分配的合理性和公平、公正性，使产业知识共享良性循环。

倡导企业主导的标准制定。国家需要转变自身的创新体系，通过企业创新体系和国家创新体系的良性互动，实现国家创新体系的完整和发挥效能。建立以企业为主导的标准制定与产业化的体制。

行业协会是市场标准制定中的重要组成部分和作用因素。发达国家许多标准都是通过行业协会建立起来的。我国行业协会总体上还处于起步阶段，应鼓励行业协会真正代表企业的利益，鼓励行业协会成为技术联盟和技术标准的支撑力量。通过参与标准制定，建立技术联盟，学会运作联盟和技术网络的能力。通过加强企业之间的技术合作，逐步形成企业主导的行业协会和协会标准。

积极参与国际标准化和国际事实标准制定工作。与发达国家企业展开技术合作。构建合理的公私关系和企业联盟关系，在知识产权和标准制定领域开展政府、研究机构和企业之间的合作。通过制定自主知识产权标准和参与国际标准制定，可以提高企业的核心竞争力和国际地位。

（六）对外资的嵌入战略

重视跨国公司的迅速发展。通过企业间的跨国联合，实现企业内部的技术转移和技术溢出；通过地方网络化和根植化，实现民族企业与跨国公司的嵌入式发展，使不同国家的技术能力在全球范围内得到重新组合。

能够利用合资伙伴的原有供货和销售渠道，尽快进入市场。合资经营有利于企业尽快进入市场，但也存在着不利于保护技术秘密的缺点。因此，对于确实拥有独特技术优势的企业，应尽可能采用独资经营方式。同时，对于在发达国家设立的以获取先进技术为目的的企业也应该采取独资或多数控股方式。

通过两种途径使产业群结构由“极核”状向“多核”状发展，形成区域内的竞争局面，以利于电子信息产业技术的转让和提升。多核状产业群实际上就是一种区域内的竞争性市场。在足够强的竞争环境中，跨国公司投资企业出于竞争战略的需要，就会不断更新技术与产品。通过加强在当地寻求配套企业，以不断降低成本，从而维持在国际市场上的竞争力。这样可以形成地方性网络组织结构，增强植根性，同时通过投资企业的技术溢出效应，不断提升本地产业的技术水平和产业结构。

（七）政府创新战略

政府应该积极转变角色，通过战略调整把自己无所不管的职能定位转向专职于公共服务方向上，努力创造一个鼓励创新、爱护创新人才、保护创新成果的良好环境。在引导工业企业自主创新时，政府应建立起防范风险的补偿机制和激励机制，帮助产业企业渡过在“创新”中容易倒下的危机，努力培养产业企业自主创新的勇气，从而为企业自主创新营造出公平的政策环境、市场环境以及社会环境。

引导和推动全社会增加对 R&D 的投入。长期以来，政府在保障关系社会安全、公众利益和可持续发展的公益型研究的 R&D，支持关键领域前沿核心技术研究的 R&D，促进关键技术研究的 R&D 等方面，发挥了不可替代的主导作用。今后要进一步加强政府科技投入在 R&D 活动的主导地位和对全社会科技投入的引导作用，要求全社会 R&D 经费总额中政府 R&D 资金的增长速度要高于 R&D 经费总额的增长速度，以促进 R&D 经费占 GDP 的比重逐年上升。同时，要提高政府对基础研究和行业核心创新能力的支持力度，财政科技拨款要更多地用于支持 R&D 活动。

形成和完善以企业为主体、以市场为导向、产学研相结合的技术创新体系，大幅度提升企业自主创新能力，大幅度降低关键领域和重点行业的技术对外依存度，推动企业成为技术创新主体，实现科技与经济更加紧密的结合。实施技术创新工程，要突出重点，抓住关键环节，在创新主体、创新要素、创新机制和创新服务方面下工夫。一要坚持企业是技术创新主体的导向，推动企业成为技术创新需求、研发投入、创新活动及成果应用的主体。二要引导人才、科研资金、技术等要素向企业集聚，充分发挥各类创新要素的作用。三要建立科研院所、高校和企业之间长期稳定的合作关系，引导产学研用各方按照市场经济规律开展合作，鼓励用户单位积极参与，建立完善重大技术创新成果向现实生产力快速转化的畅通渠道。四要推动公共科技资源开放共享，加强技术创新服务平台的能力建设，发挥转制科研院所在产业共性关键技术攻关方面的作用，完善科技中介服务体系建设。

通过“火炬计划”实施，加快培育自主创新龙头企业，加快产业集群发展。发挥“火炬计划”项目、创新基金等政策引导的作用，对初创期、成长期、上市发展期的科技型中小企业分类支持，加快创新能力强、发展潜力大的科技型中小企业群体发展。整合火炬计划资源，集中力量做好火炬计划重点品牌。对立项项目加大政策引导资金的扶持支持力度，尤其加大对企业投融资方面的帮扶。

在知识创新过程中，政府应充分发挥宏观上引导、政策上推动、组织上服务的作用。提出整体战略和具体方针，强化创新机制和体制改革，引导社会成员对产业创新投入，支持和推动产业核心技术的研发。同时要以市场为导向，优化配置和协调产业科技资源，并为技术创新主体企业提供政策指导，鼓励科技中介组织提供咨询和信息服务，推进不同主体之间的合作创新，加快知识创新成果向产业化转化。

第六章

政府推动和市场作用下的区域经济协调发展

经济全球化、区域经济协调及一体化是国际经济发展的大趋势。经济发展的历史证明，经济的有效性与经济的协调性呈正相关。在一定区域内提高经济协调统一度，有利于生产要素的自由流动和优化配置，有利于提高资源的使用效率，可全面提升区域经济的综合实力和核心竞争力。

世界上最发达地区都是以城市带为核心的区域经济一体化形式存在的，如以波士顿和华盛顿为核心的美国东北部城市带，以多伦多、芝加哥为核心的加拿大和美国之间的大湖城市带，以东京为核心的从东京、横滨到大阪的日本城市带，以伦敦为核心的从伦敦到曼彻斯特的英国城市带和以阿姆斯特丹、鲁尔区、巴黎为核心的西北欧城市带等。我国经济的发展也充分验证了这一点，目前已初步形成了以上海为中心的大长江三角洲经济圈，以广州、深圳为中心的大珠江三角洲经济圈，以北京、天津为中心的环渤海经济圈。这三大经济圈的国内生产总值约占全国总量的40%，利用外资约占80%，出口贸易额约占70%。这些地区已成为支撑全国经济的主要增长极和带动中国经济发展的强大引擎。

伴随着世界经济重心向亚太地区的转移和我国生产力布局战略性调整由南向北的推移，环渤海区域以其独有的政治文化优势、区位优势、雄厚的工业基础、先进的技术装备和强大的研发能力等特质，成为21世纪中国最具发展潜力和活力的经济增长中心之一。

总体上看，环渤海区域具有区域整体协调发展的良好基础。一方面，环渤海区域自然环境的一体性、基础设施的连贯性和要素交流的密切性，加之经济、社会、文化、民俗等方面的内在联系，客观上形成了一个具有人缘、地缘和业缘密切关联的经济统一体。另一方面，区域内成员的经济关系存在着由要素、资源结构和区域分工规律决定的“级差”，即产业结构的“梯度差异”，经济上存在着比较优势的替代关系。从港口与海岸线的分布、自然资源、科技资源、人力资源等方面来看，该地区综合优势远远超过了长江三角洲和珠江三角洲。然而，由于行政规划、管理体制和政策机制等方面的原因，区域内城市间各自为战、自成体系，削弱了以京津为核心的城市群的系统整合与放大功能。无论从经济发展的活跃程度还是区域的整合效益而言，与长三角和珠三角相比，环渤海地区的发展水平有很大落差。从经济实力、发展速度、吸引外资等主要指标来看，环渤海都是三个经济圈中最低的，区域合作进展也较缓慢。

这里首先试图通过一个以地方政府为参与人的协调博弈分析框架，探讨环渤海区域内不同地区的协调博弈与区域合作发展的条件，然后，通过一个基于区际非均衡力作用的市场竞争机制的区域发展机制分析，探讨在市场机制作用下区域发展各种相关效应的影响，得到相关命题，并提出相应的思路与对策。

一、地方政府推动的区域发展机制：一个分析框架

在中国现有的体制下，区域合作博弈的主体一方面是市场主体，另一方面无疑是地方政府。市场主体参与合作博弈的领域一般在企业和产业等方面，而地方政府的参与则表现在对中央政府的政策争取，以及区域内重要资源的配置与整合等方面。鉴于此，这里试图在库珀（Cooper）和青木昌彦（Aoki）等人研究的基础上，构建一个以地方政府为参与人的协调博弈模型，通过描述区域内地方政府的策略选择及其相互作用，说明区域内地方政府间的协调行为如何影响区域经济的发展。

假设存在参与人 $i=1, 2$，分别代表某地区内两个代表性地方政府。参与人 i 的策略变量为 $e_i \in [0, E]$，E 是有界的，表示参与人的行动边界。这里策略变量的含义是各地方政府的努力水平或活动水平等，对中央政府的政策争取，以及区域内重要资源的配置与整合等。同时地方政府的努力水平受到外部环境（如中央政策、宏观经济运行环境、其他区域政府的选择等）的影响。

参与人 i 具有同样形式的收益函数 $u_i(e_i, e_{-i}; \theta_i) = ae_i + bf\left(\sum e_{-i}\right) + \theta_i - c_i$，其中，$e_{-i}$ 为其他参与人选择的策略变量，即其他参与人的策略会影响参与人 i 的收益，θ_i 为外部环境参数，c_i 为参与人 i 的成本。为了简化分析，假设区域内所有参与人面临相同的 θ_i 和相同的成本 $c_i = c$。假设收益函数为连续可导的，且 $\partial^2 u/\partial e_i^2 < 0$，$\partial^2 u/\partial e_i \partial \theta_i > 0$，即地方政府的收益具有最大值，且其收益水

平与本身的策略水平和宏观环境因素成正比。

（一）地方政府的博弈均衡

各地方政府均面临着地方利益和区域整体利益两个目标，因此，设参与人 i 策略集为 S_i，将面临两种策略：$\bar{e}\in S_i$ 和 $\underline{e}\in S_i$，其中 $\bar{e}$ 代表地方政府选择进行区域合作、寻求区域经济互补性发展的高水平策略，$\underline{e}$ 代表地方政府寻求地方利益、最终导致过度竞争的低水平策略。这里，参与人选择何种策略受到其他参与人的激励，即当其他地方政府采取合作性策略时，参与人 i 选择合作性策略的收益将高于选择竞争性策略时的收益；反之，当其他地方政府采取竞争性策略时，参与人 i 选择竞争性策略的收益高于采取合作性策略的收益，因此，参与人间存在策略互补性，即 $\partial^2 u/\partial e_i \partial e_{-i} = ab > 0$，地方政府间的制度互补效应为：

$$u(\bar{e},\ \bar{e}) - u(\underline{e},\ \bar{e}) \geqslant u(\underline{e},\ \underline{e}) - u(\bar{e},\ \underline{e})$$

地方政府间的博弈均衡不仅取决于基于参与人偏好和资源禀赋的策略互补性，还受到外部环境 θ_i 的影响，地方政府的利益目标及其行为能否和外部环境形成互补，将影响区域内部是形成协调发展的高水平均衡还是处于地方保护主义和过度竞争等低水平均衡状态。[①] 当区域内各地方政府在策略互补基础上形成了协调互补的经济发展格局时，中央的宏观调控政策将面对区域发展的整体，不仅中央政府可以获得较高的政策收益，而且区域内地方政府也可以获得均等的政策激励。如果区域内经济发展没有形成协调互补，仍然各自为政分散发展，则宏观政策无法达到预期效果，不仅中央政策的收益水平很低，而且区域内各地方也会损益不均，无法实现高水平均衡。

假设 $\theta_i = \bar{\theta}$ 为中央政府一项支持区域重点建设的政策，以期形成带动区域发展的作用（看到区域协调发展的积极作用，目前中央政府往往出台这样的政策）。设 $v(\theta_i;\ e_i,\ e_{-i})$ 为中央政府的收益函数。则：

$$v((\bar{e},\ \bar{e}),\ \bar{\theta}) - v((\underline{e},\ \underline{e}),\ \bar{\theta}) \geqslant v((\bar{e},\ \bar{e}),\ \underline{\theta}) - v((\underline{e},\ \underline{e}),\ \underline{\theta})$$

在上述假设条件下，$((\bar{e},\ \bar{e}),\ \bar{\theta})$ 和 $((\underline{e},\ \underline{e}),\ \underline{\theta})$ 都是制度互补的博弈均衡。其含义是：对于形成了区域经济合作发展的地区，该项政策将取得较大的收益，并且能够使区域内各地方政府均衡受益，即均衡 $((\bar{e},\ \bar{e}),\ \bar{\theta})$。反之，对于没有形成经济合作发展的区域，同样的政策往往收效甚微。因此对于后者来说，就需要从区域共同利益出发，寻求区域内各地方利益协调与互补的基础，以带动

① 根据本章前面对区域经济发展的分析，这里衡量均衡的标准是，参与人间的策略互补能否形成趋向于区域经济合作的地方政府行为模式。因此，各地方政府均选择过度竞争策略的均衡为低水平均衡，反之，各地方政府间能够协调各自的政策和行为的均衡为高水平均衡。

区域内实现经济合作和共同发展，即实现均衡$((\underline{e},\underline{e}),\underline{\theta})$。

$$v(\underline{\theta},(\underline{e},\underline{e}))-v(\bar{\theta},(\underline{e},\underline{e}))\geqslant v(\underline{\theta},(\bar{e},\bar{e}))-v(\bar{\theta},(\bar{e},\bar{e}))$$

根据模型分析可以推断，

结论1：激励区域内地方政府的策略选择，使之形成协调互补的均衡条件为：第一，通过区域内部的协调，根据各地区的初始资源禀赋，充分合理地利用各地方的优势资源，使中央政策和资源整合的效应达到区域最大化；第二，通过合理配置区域经济合作收益，提供促使各地方政府合作的激励，引导地方政府趋向区域经济合作，使区域内部实现帕累托改进。

（二）博弈均衡的演进

静态地看，协调博弈存在着$(\bar{e},\bar{e})$和$(\underline{e},\underline{e})$的多重均衡。在均衡选择的过程中，参与人的偏好、地区资源禀赋以及外部环境参数都会影响博弈最终停留在哪个均衡。克劳夫德（Crawford）认为，参与人在博弈中相互的学习过程和信念的扩散，会影响协调均衡的选择；库珀则指出，参与人之间因策略互补性而产生的正溢出很可能是导致协调失败的根本原因。协调失败是指，由于参与人缺乏摆脱初始均衡的激励，导致整体性策略变化所产生的互补性收益无法实现的情形。

动态地看，随着时间变量t的变化，区域内地方政府博弈的策略选择会在通过实践经验发生改变。这种实践经验或许是吃到了“苦头”，尝到了“甜头”；还有可能是学到了“经验”，总结了“教训”等等。特别是当一些区域的成功合作形成示范之后，其他一些区域也会随着发生效仿性策略改变，从而产生了改变均衡状态的可能，进而可能解决协调失败问题。

根据上面的模型，α和β为制度互补性参数，代表区域内两个地方政府对制度改变以及相关政策的接受和适应程度。α和β从参与人行为反应的角度，反映了作为博弈参与人的地方政府的偏好和资源禀赋。在模型中加入这两个参数能够较为清晰地描述影响博弈均衡变化的内生因素及博弈均衡变迁的过程。由于本章假设制度是可排序的，并假设上述参数是时间的增函数，即$\alpha(1)>\alpha(0)$，$\beta(1)>\beta(0)$，因此地方政府的博弈均衡演变的动态过程可表述为：

$$\alpha(t+1)=F(\alpha(t),\beta(t),e_i(t),\theta(t))$$
$$\beta(t+1)=G(\alpha(t),\beta(t),e_i(t),\theta(t))$$

其中，F和G是非递减函数且对内生的参数严格递增。随着制度互补参数协调变化的过程，区域内制度互补的演变将有以下两种情形：

（1）当区域内制度互补的累积效应足够大时，将通过放大互补性制度参数的影响，促进区域经济合作逐步形成。即：

当$t>1$时，$\alpha(t+1)>\alpha(t)$，$\beta(t+1)>\beta(t)$。

由于 Δu 在给定互补性制度安排 $\bar{\theta}$ 时对参数 α、β 递增。

因此，距离 $\Delta u = u((\bar{e}, \bar{e}): \bar{\theta}, \alpha(t)) - u((\underline{e}, \underline{e}): \bar{\theta}, \alpha(t))$ 随 t 递增。

即 $(\bar{e}, \bar{e})$ 对 $(\underline{e}, \underline{e})$ 的劣势随着 Δu 对 α，β 的增加而下降。

当 $\alpha(t)$ 充分大时，即制度互补效应累积，距离 Δu 严格为正数，制度 $(\bar{e}, \bar{e})$ 最终确立。

(2) 当不同域制度改变的累积效应和互补效应足够强时，不同域的相关制度有可能形成新的互补性制度组合。即：

假设初始状态制度组合 $((\underline{e}, \underline{e}), \underline{\theta})$ 占主导地位，$t = S$ 时，由于外部环境或者政策变化，制度互补性参数 α、β 增加。

当 $t > S + 1$ 时，$\alpha(t+1) > \alpha(t)$，$\beta(t+1) > \beta(t)$

当 $\beta(t)$ 足够大时，$\Delta v = v(\bar{\theta}: (\underline{e}, \underline{e}), \beta(t)) - v(\underline{\theta}: (\underline{e}, \underline{e}), \beta(t)) > 0$

因此，在随后的 $T > S + 1$ 的某个时期中，制度将从 $\underline{\theta}$ 向 $\bar{\theta}$ 转换。

同理，在另一域的制度将从 $(\underline{e}, \underline{e})$ 向 $(\bar{e}, \bar{e})$ 转换。

所以，制度互补性参数的变化足够大，积累时间足够长时，将出现新的互补性制度组合 $((\bar{e}, \bar{e}), \bar{\theta})$。

根据模型分析可以得知：

结论 2：改变区域内政府主体的策略选择，使之从过度竞争的低水平均衡跃迁到协调合作的高水平均衡的条件为：第一，区域内局部合作成功的累积效应，能够通过协调博弈在区域内放大，在更大范围内形成经济合作的互补效应，进而带动区域经济一体化水平的提高；第二，区域外合作成功的示范效应和累积效应，能够通过协调博弈传递到区域内，以刺激区域内形成经济合作的制度组合，进而促进区域经济一体化水平的提高。

二、市场推动的区域发展机制：一个理论模型

下面将以规模收益递增理论为基础理论，以核心—边缘模型[①]和本地溢出模型[②]为基本模型，首先，讨论区际非均衡力是怎样产生以及如何影响区际要素流

① 核心—边缘模型是由克鲁格曼于 1991 年提出的。参见 Krugman, P. Increasing returns and economic geography. Journal of Political Economy, 1991, 99: 483 - 499.

② 本地溢出模型是由鲍德温、马丁和奥塔维诺在 2001 年建立的。本地溢出模型仍为两区域、两部门、两要素模型，但本模型中的资本指的是知识资本，农业部门只利用劳动力，工业部门利用资本和劳动，还有资本生产部门，资本生产部门只利用劳动，而人们的知识受到以前的知识存量的影响，因此随着知识存量的增加，新资本的形成成本趋于下降。这样，本地溢出模型成了一种内生经济增长模型。参考 Richard Baldwin, Rikard Forslid, Philippe Martin, Gianmarco Ottavino and Frederic Robert-Nicoud. Economic Geography and Public Policy. Princeton University Press, 2003, pp. 173 - 180.

动的问题；其次，将讨论在存在溢出效应的情况下，提高区内、区际贸易自由度如何影响要素流动以及经济效率的问题；最后，把研究的视角扩大到存在拥挤效应，讨论提高区内、区际贸易自由度如何影响要素流动以及经济效率的问题。

（一）区际内生的非均衡力

1. 几点假设

我们根据核心—边缘模型，讨论区域间存在的内生的非均衡力。为此，进行如下假设①；

——存在两个区，北部和南部区，两个区域在偏好、技术、开放度以及初始的要素禀赋方面都是对称的；存在两种生产要素，工业劳动力是可流动的生产要素，农业劳动力是不可流动的要素，工业劳动力在工业部门就业，农业劳动力在农业部门就业；存在两种生产部门，工业部门生产差异化的制造业产品，它以规模收益递增和垄断竞争为特征，由于没有资本，工业企业不进行储蓄，收入全部支付在工人的工资上；农业部门生产同质产品，以规模收益不变和完全竞争为特征；

——不同产品可以在地区间进行交换，假定农产品交易无成本，制造业产品在区内的交易也无成本，但制造业产品的区际交易是有成本的，它遵循冰山交易成本；

——假设消费者的收入仅来自于工资 w，在生活成本指数为 P 的情况下，消费者的实际工资可以写成 $\omega = w/P$。

2. 内生的非均衡力

在核心—边缘模型中，工业劳动力的空间移动由区域实际工资差异所决定。根据垄断竞争理论，每个企业在某一产品生产领域是垄断企业，因而每个企业只生产一种产品。尽管这些企业是垄断企业，然而由于差别化产品间存在一定的替代能力，这些企业不能按垄断价格定价，而以加成定价法定价。这些企业的固定成本（需 F 单位的工业劳动力）和可变成本（每单位产出需 a_m 单位的工业劳动力）都是由工业劳动力人数来决定的，因此工业劳动力的空间分布决定了企业的空间分布。同时，每个企业生产一种产品，因此企业数量等于产品种类。如果用星号来表示南部的经济变量，则我们可以得出如下式子②。

$$\omega \equiv w/P,\ \omega^* \equiv w^*/P^*,\ w^\sigma = \frac{\mu E^w}{\sigma F n^w}B,\ (w^*)^\sigma = \frac{\mu E^w}{\sigma F n^w}B^* \qquad (6.1)$$

① 此种假设是核心—边缘模型（克鲁格曼，1991）的基本假设。

② 式（6.1）的推导可参考安虎森主编：《空间经济学原理》，经济科学出版社 2005 年版，第 85～89 页。

$$P \equiv \Delta^{-a},\ P^* \equiv (\Delta^*)^{-a},\ a \equiv \mu/(\sigma - 1)$$
$$B = s_E/\Delta + \phi(1 - s_E)/\Delta^*, \qquad B^* = \phi s_E/\Delta + (1 - s_E)/\Delta^*$$
$$\Delta = s_n w^{1-\sigma} + \phi(1 - s_n)(w^*)^{1-\sigma}, \qquad \Delta^* = \phi s_n w^{1-\sigma} + (1 - s_n)(w^*)^{1-\sigma}$$

其中，w 和 w^* 分别为北部和南部的实际工资水平；P 和 P^* 分别为北部和南部的工业品价格指数；$\phi(>0)$ 是区际贸易自由度；$\sigma(>0)$ 为不同工业品之间的不变替代弹性；s_n 是北部企业数量在全部企业数量中所占的份额；s_E 是北部市场占整个市场的份额；μ 是总支出中对工业品的支出所占份额；E^w 是南北两个区的总支出；n^w 是南北两个区工业企业的总数。式（6.1）给出了均衡时每个区域工业劳动力的名义工资水平。

核心—边缘模型的长期均衡是指工业劳动力的移动处于稳定状态，也就是指工业劳动力不会再发生移动，而工业劳动者的空间流动由区域实际工资差异所决定的。因此，当工业劳动力的移动处于稳定状态时，有三种稳定均衡：一是 $w = w^*$（当 $0 < s_n < 1$ 时）、二是 $s_n = 0$、三是 $s_n = 1$；第一个是内点解，后两个是角点解。后两个角点解说明，北部的工业劳动力全部转移到南部，或南部的工业劳动力全部转移到北部，此时工业劳动力的实际工资水平仍然相等。我们研究的是内点解，而在内点解的情况下，只有对称（两个区域资源禀赋相等）均衡是稳定均衡，因此我们主要考虑对称区域时的情况。

当对称均衡时，如果两区域工业劳动力实际工资率差异对 s_n 的导数为负，则此时存在负反馈机制，对称均衡是稳定的；当该导数为正时，存在正反馈机制，对称均衡不稳定。

当两个区域是对称区域时，$dw = -dw^*$，$s_n = s_E = 1/2$，$w = w^*$。故从式（6.1）可以得出 $\Delta = \Delta^* = w^{1-\sigma}(1+\phi)/2$、$B = B^* = w^{\sigma-1}$、$w = w^* = 1$。对式（6.1）的第一个式子进行微分，则 $dw = dw/P - wdP/P^2$。所以，在对称均衡点上，可以得出如下式子：

$$\frac{dw}{w}\bigg|_{sym} = \frac{dw}{w|_{sym}} - \frac{dP}{P} = dw - \frac{dP}{P} \tag{6.2}$$

在式（6.2）中，“sym”指“对称”的意思。由式（6.1），$w^\sigma = B$，对此进行微分，则 $\sigma w^{\sigma-1}|_{sym} dw = dB$，因而 $dw = dB/\sigma$。dB 又等于下式：

$$dB = \frac{\Delta ds_E - \frac{1}{2}d\Delta}{\Delta^2} + \phi\frac{-\Delta ds_E - \frac{1}{2}d\Delta^*}{\Delta^2} = \frac{2(1-\phi)ds_E}{1+\phi} - \frac{2}{(1+\phi)^2}(d\Delta + \phi d\Delta^*)$$
$$= \frac{2(1-\phi)ds_E}{(1+\phi)} - \frac{2}{(1+\phi)^2}\left\{(1-\phi)\left[ds_n + \frac{1-\sigma}{2}dw\right] + \phi(\phi-1)\left[ds_n + \frac{1-\sigma}{2}dw\right]\right\}$$
$$= \frac{2(1-\phi)ds_E}{(1+\phi)} - \frac{2(1-\phi)^2}{(1+\phi)^2}\left[ds_n + \frac{1-\sigma}{2}dw\right]$$

把 dB 代入到 $dw = dB/\sigma$ 中，则：

$$dw = \frac{(1+\phi)^2}{4\sigma\phi + (1-\phi)^2}\left[\frac{2(1-\phi)}{(1+\phi)}ds_E - \frac{2\ (1-\phi)^2}{(1+\phi)^2}ds_n\right] \quad (6.3)$$

把式（6.3）代入式（6.2），则可以得出下式，即：

$$\left.\frac{dw}{w}\right|_{sym} = \frac{(1+\phi)^2}{4\sigma\phi + (1-\phi)^2}\left[\frac{2(1-\phi)}{(1+\phi)}ds_E - \frac{2\ (1-\phi)^2}{(1+\phi)^2}ds_n\right] - \frac{1}{P}dP \quad (6.4)$$

从式（6.4）中可以看出，右边方括号前的系数为正值。在对称均衡点，如果发生某种外生冲击（这种外生冲击，可能是某种自然事件或历史事件，或是某种决策或政策）使得某一区域的生产份额有一个细微的提高，假设 $ds_n > 0$，则该区域工业劳动力的实际工资受到三种力量的影响。右边的第一项是本地市场放大效应。如果某区工业生产份额提高，则该区域市场规模变大，市场规模和工业生产份额同向变化，所以 $ds_E/ds_n > 0$。区域生产份额的提高促使该区域市场规模的扩大，而市场规模的扩大将提高该区域工业企业的销售额，在加成定价法定价的情况下，企业的营业利润与销售额成正比，因此扩大销售额，则提高企业的收入水平，进而提高该区域工人的实际工资水平。市场放大效应促使工业劳动力和工业企业向该区域集中。右边第二项显然是负值，它反映了区域市场的拥挤效应，即区域工业部门生产份额的提高使区域内企业间竞争强度加剧，因而企业获利能力下降。根据假设，企业的收入全部支付在工人的工资上，因此企业收益水平的下降，必然降低该区域工人的名义工资，进而降低实际工资水平。市场拥挤效应阻碍工业劳动力和工业企业的集中。第三项为正，区域生产份额的提高，将扩大该区域生产的产品种类，由于本地生产的产品出售在本地无需支付贸易成本，故在其他条件不变的情况下，产品种类的扩大将降低从区外输入的产品种类和数量，支付较少的贸易成本，进而降低该区域工业品价格指数，所以 $-dP/P > 0$，该项就是价格指数效应。工业品价格指数的降低必然降低该区域的生活成本，生活成本的降低必然提高该区域的实际工资水平。这样，价格指数效应促使工业劳动力和工业企业向某一区域集中。本地市场放大效应和价格指数效应促使人口和产业的集中，市场拥挤效应阻止人口和产业的集中，正是这三种力量的相互作用决定了工业劳动力和产业的移动方向，也构成了区域间的非均衡力。我们还注意到，当外生冲击消失以后，这种过程仍在进行，也就是说，这种非均衡力是内生的而不是外生的。

可以看到，在区域经济发展中，即使初始条件完全相同的两个区域，在经济系统内生的非均衡力作用下，也有可能形成非对称的空间分布，这就是说，在区域间存在一种内生的非均衡力，正因为这种内生的非均衡力的存在，区域经济具有非连续和突发性特征。区域经济的这种特性告诉我们不要按线性思维模式去考虑区域经济问题，更不能"缺什么补什么"的"理所当然"的线性逻辑来解释区域经济问题。

（二）存在溢出效应时的区位选择与经济增长率

1. 区内和区际贸易成本

我们常用贸易成本的大小来表述某一地区区内、区际要素流动所受到的限制，贸易成本很大，则要素流动受到很大限制，无法实现要素的优化配置。另外，贸易成本与贸易自由度（或市场开放度）成反比，贸易成本高，则贸易自由度低，反之亦然。区域经济学中的贸易成本的含义较为宽泛，但它主要涉及两个方面的内容：一是自然成本，也就是我们熟悉的运输成本，这种成本是因空间距离而存在的，空间距离是无法克服的自然现象，所以这种成本称为自然成本。二是指制度成本，这种成本是因地区间不同的地方性法规、地方性保护政策、人们观念的差异等而导致的成本，常常表现为区际商品、资本以及人员流动方面的限制，这些成本是人为因素而存在的，因此称它为制度成本。讨论区域经济问题时，常涉及两种贸易成本：一是区内贸易成本，主要指区内各种要素流动所受到的限制，区内贸易成本越大，区内要素流动所受到的限制越大；二是区际贸易成本，主要指区际生产要素流动所受到的限制，区际贸易成本越大，区际要素流动所受到的限制越大。

为了分析的方便，我们仍沿用两区域模型。我们分别用 τ_D 和 τ_D^* 来表示北部和南部区内贸易成本，用 τ_I 来表示区际贸易成本。我们假设这些成本与运输条件和制度环境有关，τ_D（或 τ_D^*）的下降可以视为北部区内（或南部区内）交通运输条件的改善以及区内企业进入退出机制的进一步完善和各种要素市场的进一步完善，τ_I 的下降可以视为区际交通运输条件的改善和区域间开放程度的提高。我们假定两个区共享区际交通运输设施，都实行开放政策，因此两个区的区际贸易成本是相同的。我们还假定 $\tau_I > \tau_D^* \geqslant \tau_D$，这是容易接受的，因为区际贸易成本一般大于区内贸易成本，同时两个区的区内贸易成本至少相等或某一区域的区内贸易成本大于另一个区域的区内贸易成本。相应的贸易自由度则分别用 ϕ_D、ϕ_D^*、ϕ_I 来表示，则存在如下关系，即 $\phi_I \equiv \tau_I^{1-\sigma}$、$\phi_D \equiv \tau_D^{1-\sigma}$、$\phi_D^* \equiv (\tau_D^*)^{1-\sigma}$。其中，$\sigma$ 为不同产品之间的替代弹性且 $\sigma > 1$，因此，$\phi_I < \phi_D^* \leqslant \phi_D$。

2. 企业生产区位的选择

我们利用一个变形的本地溢出模型进行讨论。标准的本地溢出模型中，生产要素包括知识资本和劳动力，知识资本可以溢出，而劳动力不流动。但在变形的本地溢出模型①中，资本具有实物资本的含义，同时知识或技术附着在实物资本

① Richard Baldwin, Rikard Forslid, Philippe Martin, Gianmarco Ottavino and Frederic Robert-Nicoud. Economic Geography and Public Policy. Princeton University Press, 2003, pp. 427 – 429; pp. 436 – 437.

上并且这种知识或技术具有溢出效应，另外我们允许资本的空间流动。假设每个企业都以单位资本作为固定成本，劳动力作为可变成本（单位产出需要 a_L 单位的劳动）；资本创造部门（用 I 来表示）利用劳动来生产新的资本，创造单位资本的成本随着资本存量（知识附着在实物资本上，因此资本存量的大小决定了知识存量的大小）的增加而下降，单位资本的生产需要 a_I 单位的劳动，用 F 表示生产单位资本的成本，则 $F = w_L a_I$。某区域生产资本的效率，既取决于本区域资本存量的大小，又取决于外区域资本存量（知识存量）的溢出效应，因此$a_I \equiv 1/(K^w A)$，其中 $A = s_n + \lambda(1 - s_n)$，λ 为溢出系数，λ 越大，溢出越大。消费者的效用函数和核心—边缘模型相同，根据消费者效用最大化的一阶条件，可以得出消费者对工业品的需求函数，即：

$$c_j = \mu E p_j^{-\sigma} / P_M^{1-\sigma}$$

而消费者面对的工业品价格指数为：

$$P_M = \left(\int_{i=0}^{n^w} p_i^{1-\sigma} di\right)^{1/(1-\sigma)}$$

生产者在消费者需求函数的约束下使利润最大化，根据利润最大化的一阶条件，可以得出生产者的最优定价策略，即边际成本加成定价。这样，第 j 种产品的价格为 $p_j = w_L a_L \sigma/(\sigma - 1)$，但该式的右边为常数，与 j 无关，说明该市场上各个厂商的价格都一样，这样去掉下标，则 $p = w_L a_L \sigma/(\sigma - 1)$。选取适当的工业品度量单位，我们使 $a_L = (\sigma - 1)/\sigma$，同时选取单位劳动生产的农产品作为劳动力工资的度量单位，我们使 $w_L = 1$，因此 $p = 1$。

在我们变形的本地溢出模型中，由于存在区内、区际贸易成本，虽然所有企业的出厂价都相同，但不同区域的企业在不同区域的销售价格是不同的。即北部企业在北部的销售价格为 τ_D（区内贸易遵循冰山交易成本 τ_D，产品出厂价格$p = 1$，因此销售价格为 τ_D），北部企业在南部的销售价格和南部企业在北部的销售价格为 τ_I（区际贸易遵循冰山交易成本），南部企业在南部的销售价格为 τ_D^*。这样，可以得出北部工业品的价格指数：

$$P_M = (K^w[s_n \tau_D^{1-\sigma} + (1 - s_n)\tau_I^{1-\sigma}])^{1/(1-\sigma)} = (K^w[s_n \phi_D + (1 - s_n)\phi_I])^{1/(1-\sigma)},$$

为表示方便，我们定义 $\Delta \equiv \left(\int_{i=0}^{n^w} p_i^{1-\sigma} di\right)/n^w$，这样 $P_M = (\Delta n^w)^{1/(1-\sigma)}$。注意到每个企业只使用一单位资本，所以 $n^w = K^w$，因此 $\Delta = \phi_D s_n + \phi_I(1 - s_n)$，同理 $\Delta^* = \phi_I s_n + \phi_D^*(1 - s_n)$。

下面我们讨论北部企业的经营利润，也就是北部资本的利润率。北部企业的生产成本为 $\pi + w_L a_L x$，而北部企业以出厂价（$p = 1$）销售 x 单位的产品，其销售额为 px，在短期均衡下销售额全部补偿企业的生产成本，因此 $px = \pi + w_L a_L x$，

所以 $\pi = px/\sigma$。我们分别用 c 和 c^* 表示北部企业在北部市场和南部市场的销售量，由于遵循冰山贸易成本，所以 $x = \tau_D c + \tau_I c^*$。再根据消费者的需求函数 $c_j = \mu E p_j^{-\sigma}/P_M^{1-\sigma}$，可以得出如下式子，即：

$$c = \mu E\,(p\tau_D)^{-\sigma}/P_M^{1-\sigma} = \mu E\,(\tau_D)^{-\sigma}/\Delta n^w$$

$$c^* = \mu E^*\,(p\tau_I)^{-\sigma}/(P_M^*)^{1-\sigma} = \mu E^*\,(\tau_I)^{-\sigma}/\Delta^* n^w$$

其中，E 和 E^* 分别表示北部和南部的市场规模，即北部和南部的市场购买力。我们用 $E^w = E + E^*$ 表示整个经济系统的市场规模，则：

$x = \tau_D c + \tau_I c^* = \mu E \dfrac{(\tau_D)^{1-\sigma}}{\Delta n^w} + \mu E^* \dfrac{(\tau_I)^{1-\sigma}}{\Delta^* n^w} = \mu \dfrac{E^w}{K^w}\left[\phi_D \dfrac{s_E}{\Delta} + \phi_I \dfrac{1-s_E}{\Delta^*}\right]$，所以：

$\pi = px/\sigma = \dfrac{\mu E^w}{\sigma K^w}\left[\phi_D \dfrac{s_E}{\Delta} + \phi_I \dfrac{1-s_E}{\Delta^*}\right]$。同理，可以得到南部企业的资本收益率：

$$\pi^* = \frac{\mu E^w}{\sigma K^w}\left[\phi_I \frac{s_E}{\Delta} + \phi_D^* \frac{1-s_E}{\Delta^*}\right]$$

上述的推导结果概括在式（6.5）中。

$$\begin{gathered}\pi = \mu B E^w/\sigma K^w, \qquad \pi^* = \mu B^* E^w/\sigma K^w \\ B \equiv s_E\phi_D/\Delta + \phi_I(1-s_E)/\Delta^*, \qquad B^* \equiv s_E\phi_I/\Delta + \phi_D^*(1-s_E)/\Delta^* \\ \Delta \equiv \phi_D s_n + \phi_I(1-s_n), \qquad \Delta^* \equiv \phi_I s_n + \phi_D^*(1-s_n)\end{gathered} \tag{6.5}$$

因资本的趋利性，某一个区域的资本的名义收益率高，那么资本流向该区域。因此，长期均衡条件可以用 $\pi = \pi^*$ 来表述。由式（6.5），当 $\pi = \pi^*$ 时，$B = B^*$，因此：

$$\phi_D s_E/\Delta + \phi_I(1-s_E)/\Delta^* = \phi_I s_E/\Delta + \phi_D^*(1-s_E)/\Delta^*$$

把 Δ 和 Δ^* 的表达式代入上式并化简，则：

$$(\phi_D - \phi_I)s_E[\phi_D^* - (\phi_D^* - \phi_I)s_n] = (\phi_D^* - \phi_I)(1-s_E)[\phi_I + (\phi_D - \phi_I)s_n] \tag{6.6}$$

解式（6.6），可得：

$$s_n = \frac{1}{2} + \frac{2(\phi_D\phi_D^* - \phi_I^2)(s_E - 1/2) + \phi_I(\phi_D - \phi_D^*)}{2(\phi_D - \phi_I)(\phi_D^* - \phi_I)} \tag{6.7}$$

其中，s_E 为北部的支出占总支出的份额；s_n 为北部企业数量占整个企业数量的份额。每一种产品需要一个单位的资本作为固定成本，因此 s_n 等于北部使用的资本份额。首先，讨论一下市场规模（s_E）对企业区位选择的影响。根据前面的关系式 $\phi_I < \phi_D^* \leqslant \phi_D$，式（6.7）中的分母为正值，因此其他条件相同的情况下，$s_E - 1/2$ 越大，则 s_n 也越大，也就是说，生产区位（s_n）取决于区域市场份额（s_E）的大小。其次，讨论一下区内贸易自由度（ϕ_D）对企业区位选择的影响。我们可以证明 $ds_n/d\phi_D \geqslant 0$，这说明，其他条件不变的情况下，区内贸

易自由度越大，则吸引更多的企业。再则，讨论一下区际贸易自由度（ϕ_I）对企业选择区位的影响。我们可以证明 $ds_n/d\phi_I \geq 0$，这说明，如果北部的市场规模较大（也就是 $s_E > 1/2$）且北部的区内贸易自由度大于南部的区内贸易自由度（也就是 $\phi_D \geq \phi_D^*$），那么区际贸易自由度的提高将引起北部生产份额的提高，也就是企业将选择北部，北部更具有吸引力。可以看出，其他条件不变的情况下，如果提高区际贸易自由度，企业的生产区位很不稳定，此时企业将迁出原有区位向市场规模较大的区域转移。这样，我们可以得出有关企业选择区位的重要的结论：

结论 3（生产区位）：企业将选择市场规模较大的区域；其他条件相同的情况下，企业将选择区内贸易自由度较大的区域；当区际贸易自由度很大时，企业的生产区位很不稳定，将向市场规模较大的区域转移。

当然，上面结论中的企业主要指一般的竞争性企业。专用性资产很大的企业开始时也选择市场规模较大的区域，但由于资产的专用性，不轻易改变生产区位。可以看出，企业选择生产区位，主要选择经济发展水平较高的区域，而不是只考虑位置或交通区位。

3. 产业聚集与经济增长率

我们接着讨论产业的聚集与均衡增长率之间的关系。根据前面的假设，可以写出如下关系式：

$$F = w_L a_I,\ a_I \equiv 1/(K^w A),\ A \equiv s_n + \lambda(1 - s_n),\ v = \pi/(\rho + \delta + g) \qquad (6.8)$$

在上式中，F、a_I、w_L、K^w、A、π、s_n 和的定义与前面的定义相同；v 为资本现值；ρ 为未来收益的折现率；δ 为资本折旧率；g 为资本增长率。当长期均衡时，单位资本价值与单位资本生产成本相等，即托宾的 q 值等于 1。因此，根据式（6.5）和式（6.8），可以写出如下关系式：

$$q = v/F = \pi A K^w/(\rho + \delta + g) = bAE^w/(\rho + \delta + g) = 1,\ b = \mu/\sigma \qquad (6.9)$$

上式中 E^w 为总支出，$E^w = L^w + \rho v K^w = L^w + \rho b E^w/(\rho + \delta + g)$。解 E^w，则 $E^w = (\rho + \delta + g)L^w/(\rho + \delta + g - b\rho)$，把它代入式（6.9），则：

$q = bAE^w/(\rho + \delta + g) = 1 \Rightarrow bAL^w/(\rho + \delta + g - b\rho) = 1$，进而可以得出下式：

$$g = (1 - \lambda)bL^w s_n + \lambda b L^w - (1 - b)\rho - \delta \qquad (6.10)$$

其中，λ 为知识溢出参数，$0 \leq \lambda \leq 1$；L^w 为南北劳动力总数。式（6.10）表示，当 λ 已知时，企业的空间集中度（s_n）越大，资本增长率也越高。如果把资本增长率视为经济增长率，则可以得出如下结论：

结论 4（经济增长率）：当存在溢出效应时，产业的空间集中提高经济增长率。

上述结论具有重要的意义，它可以解释资源有效配置以及产业聚集的直接结果，同时也可以解释改革开放以来我国经济持续增长和东部沿海地区经济的持续增长的主要原因。

4. 区际收入差异

前面的讨论告诉我们，企业常选择市场规模较大的区域和区内贸易自由度较大的区域，而产业的集中又提高经济增长率。这种结果，必然导致区际收入水平的不平衡。根据前面的讨论，在对称均衡条件下，北部市场规模与北部使用的资本份额满足式（6.7），把式（6.7）的 s_n 代入到式（6.5）的 Δ 和 Δ^* 的表达式中，然后再计算 B 和 B^*，则容易验证 $B = B^* = 1$。由于资本是可以流动的，所以南北区的资本经营收益都相同，即 $\pi = \pi^*$。当实现均衡时，托宾 $q = v/F = 1$，资本价值和资本成本都相同，因此：

$$v = \pi/(\rho+\delta+g) = v^* = \pi^*/(\rho+\delta+g) \tag{6.11}$$

北部的总支出等于从劳动力的工资收入和资本的经营收益，减去资本折旧及保持经济增长所需要的新资本成本，即：

$$E = w_L L + \pi K - (\delta+g)KF = L + (\rho+\delta+g)vK - (\delta+g)vK = L + \rho vK$$

由于我们考虑的是区际劳动力禀赋对称的情形，即 $L = L^w/2$。又根据上面的讨论，总支出 $E^w = L^w + \rho vK^w$。因此，$s_E(=E/E^w)$ 可以写成如下形式：

$$s_E = \frac{E}{E^w} = \frac{L^w/2+\rho vK}{L^w+\rho vK^w} = \frac{(L^w+\rho vK^w)/2+\rho vK^w(s_K-1/2)}{L^w+\rho vK^w} = \frac{1}{2}+\frac{\rho vK^w(s_K-1/2)}{E^w}$$

根据式（6.5）和式（6.11），$\pi = \mu BE^w/\sigma K^w = v(\rho+\delta+g)$。又根据前面的讨论，$B=1$。因此，上式可以写成 $s_E = 1/2+\rho vK^w(s_K-1/2)/E^w = 1/2+b\rho(s_K-1/2)/(\rho+\delta+g)$。把它改写，则可以写成如下形式：

$$s_E - 1/2 = b\rho\frac{(s_K-1/2)}{\rho+\delta+g}$$

如果某一区域所拥有的资本禀赋份额（s_K）大于1/2，那么该区域的市场份额（s_E）也大于1/2。这样，把 $s_E-1/2$ 视为测度区际收益不平衡的指标，我们设 $D = s_E - 1/2$，则：

$$D = \frac{b\rho(s_K-1/2)}{\rho+\delta+g} \tag{6.12}$$

可以看出，区际收入不平衡（D）随着资本禀赋不平衡的扩大而上升，随着经济增长率的提高而下降。由此可以得出如下结论：

结论5（区际收入差距）：区际收入差距，随区际资本存量差距的扩大而扩大，随经济增长率的提高而缩小。

从前面的讨论中可以看出，市场规模较大（经济发展水平高）或区内贸易自由度较高，则有利于产业活动的集中，而存在溢出效应时，产业聚集将提高经济增长率。产业活动的空间集中，提高整体经济增长率的同时，又导致资本禀赋在空间上的差异。但经济聚集度很高时，尽管存在技术溢出的本地化效应，然而此时还存在企业之间竞争而导致的拥挤效应，拥挤效应将降低经济增长率。

（三）存在拥挤效应时的经济增长率

尽管产业的集中会提高经济增长率，然而由上面的讨论可知，产业的集中对区际收入的影响是不确定的。为此，本部分将讨论溢出效应和拥挤效应同时起作用时的情况。我们仍利用前面模型，不过北部的创新成本有了变动，引入拥挤效应后，式（6.8）可以写成如下形式：

$$F = w_L a_I,\ a_I \equiv 1/(K^w A),\ A \equiv s_n + \lambda(1-s_n) - \gamma(s_n - 1/2)^2 \qquad (6.13)$$

式（6.13）与式（6.8）没有多大的变化，各变量的含义与前面的讨论相同。不过，上式中的 A 与式（6.8）中 A 有所区别，多了 $-\gamma(s_n-1/2)^2$ 一项，其中 γ 是度量拥挤效应（也称为市场竞争效应）的系数，当两个区域对称时（也就是 $s_n=1/2$），拥挤效应为零，但不对称时就存在拥挤效应，且以不对称程度的平方的速度递增，这种思路来自于重力模型。从 A 的表达式可以看出，在产业高度集中的情况下（s_n 很大），继续提高北部企业所占份额，则技术溢出效应仍然很大，但此时拥挤效应也很大，因而此时新资本的形成成本变大。新资本的形成成本变大，则将降低经济增长率。与式（6.10）类似，我们可以直接可以写出此时的经济增长率（资本增长率），即：

$$g = bL^w[s_n + \lambda(1-s_n) - \gamma(s_n-1/2)^2] - \rho(1-b) - \delta$$

上式进行整理，则：

$$g = -\gamma bL^w s_n^2 + bL^w(1-\lambda+\gamma)s_n + [bL^w(\lambda-\gamma/4) - \rho(1-b) - \delta] \qquad (6.14)$$

可以看出，经济增长率是资本禀赋份额的抛物线形函数：当 $1/2 \leqslant s_n < (1+\gamma-\lambda)/2\gamma$ 时，均衡经济增长率随产业集中度的提高而提高；当 $s_n = (1+\gamma-\lambda)/2\gamma$ 时，均衡经济增长率最大；当 $(1+\gamma-\lambda)/2\gamma < s_n \leqslant 1$ 时，均衡经济增长率随产业集中度的提高而下降。由此可以得出如下结论：

结论 6（拥挤效应）：当存在拥挤效应时，如果产业的空间集中度低，则经济增长率随产业集中度的提高而提高，但产业的空间集中度超过某一临界值时，经济增长率随产业空间集中度的提高而下降。

上述结论具有重要的意义，它就回答了产业聚集与经济增长率以及区际收入差异之间的关系。当产业集中度较低时，经济增长率随产业集中度的提高而提高，但集中度很高时，经济增长率反而随集中度的提高而下降。结论 5 告诉我们，区际收入差异随经济增长率的提高而缩小，随资本禀赋空间差异的扩大而扩大，而结论 6 告诉我们，产业集中度很高时，不仅经济增长率下降，区际资本禀赋差距也扩大了，这种结果必然扩大区际收入差异。这就是目前我国东部和西部收入差距进一步扩大的主要原因之一。改革开放使得我国的经济不断向东部沿海地带集中，提高了东部地区的产业份额，提高了宏观经济运行效率，提高了整体的经济增长率，然而，如果进一步提高东部沿海地区的产业的集中度，则有可能导致整个经济增长率的下滑和东西部之间收入差距的进一步扩大。

由前面的讨论可知，区内贸易自由度的提高有利于区内生产要素的优化配置，同时企业选择生产区位时也偏好区内贸易自由度较高的区域，这两种效应对某一区域而言都具有正向效应，它不仅提高经济增长率，同时也降低与其他区域之间的收入差异。但区际贸易自由度的提高，将消除区际要素流动障碍，这将导致各种生产要素在更大空间范围内的集中，根据结论6，产业的空间集中度超过某一临界值时，经济增长率随产业空间集中度的提高而下降。因此，可以得出如下结论：

结论7（区际交易成本）：当同时存在溢出效应和拥挤效应时，区际贸易自由度的提高使经济系统处于经济增长率低、产业集中度高、收入差距大的均衡。

结论7告诉我们，当存在拥挤效应时，提高区际贸易自由度的政策，也就是区域经济一体化政策往往起相反的作用，把高增长率、低集中度、低收入差异的均衡推向低增长率、高集中度、高收入差异的均衡。这意味着，由于一体化政策，生产要素的区际流动不会受到任何限制，进而导致产业活动在经济发达地区的高度集中，当存在拥挤效应时，这种高度集中将降低经济增长率，扩大区际收入差异。

三、区域协调中的政府策略与市场机制

由上面的讨论可以看出，区域协调发展在政府政策合作配合上需要很多条件，提高欠发达地区区内贸易自由度和区际贸易自由度的效应是不同的。要实现区域经济的协调发展，我们不应过分地推崇区域经济一体化，应“有所为，有所不为”，采取有效措施保护欠发达地区的产业活动。

（一）区域合作策略的案例分析

区域经济协调是一个综合性、组合式的概念，其基本内涵由五个部分构成：一是各地区的比较优势和特殊功能都能得到科学、有效地发挥，形成因地制宜、分工合理、优势互补、共同发展的特色区域经济；二是各地区之间人流、物流、资金流、信息流能够实现畅通和便利化，形成建立在公正、公开、公平竞争秩序基础上的全国统一市场；三是各地区城乡居民可支配购买力及享受基本公共

产品和服务的人均差距能够限定在合理范围之内，形成走向共同富裕的社会主义的空间发展格局；四是各地区之间基于市场经济导向的经济技术合作能够实现全方位、宽领域和新水平的目标，形成各区域、各民族之间全面团结和互助合作的新型区域经济关系；五是各地区国土资源的开发、利用、整治和保护能够实现统筹规划和互动协调，经济增长与人口资源环境之间实现协调、和谐的发展模式。

区域不协调的弊端有：一是排斥分工与合作，导致生产率低下，规模经济难以形成；二是阻碍经济要素自由流动，使资源得不到最佳配置，影响效率；三是资源化整为零，培养不了合作氛围，难以形成区域创新环境，影响区域竞争力，最终影响城市自身的发展；四是容易累积社会矛盾和环境问题，导致区域生态环境恶化和生活质量下降；五是在区域经济一体化进程加快的形势下，很可能被其他区域超越而引致生产要素流向其他区域，并最终导致自身的衰退。

市场推动的区域发展机制研究表明，政府对区域经济协调发展的干预建立在市场基本规律的基础上，只有遵循经济基本规律的政府引导行为才能取得成功，否则，只会适得其反。如果过分强调地方政府的利益诉求，如果过分强调无条件的区域经济一体化，那么，真正意义上的区域经济协调发展将无法得到实现，区域的整体实力、区域的对外竞争力也就没法得到快速增长，在与周边区域的竞争中，在与全球其他类似经济体的竞争中将难具优势。

我国区域不协调主要表现为行政区经济，或者说是行政区经济运行所造成的区域层面上的响应。行政区经济是指在由计划经济向市场经济转轨过程中出现的，与区域经济一体化相悖的一种特殊的、过渡性质的区域经济，它表现为行政区划对区域经济发展的刚性约束。正是由于行政区经济的刚性约束，使一些市场调节的手段在中国产生“失灵”的现象。从根本上说，“行政区经济”由于受到整个体制框架的刚性约束，所造成的问题不仅仅是行政区之间的经济分割，还引发了一些更深层次的发展问题，并造成了十分严重的负面效应。

1. 基于协调失败案例的分析

众所周知，环渤海区域经济区位优势明显，工业基础和技术力量雄厚，高等院校与科研机构密集，有大专院校近 400 所。该地区共有大小港口 40 多个，货物吞吐量占全国的 40% 以上。煤、石油、天然气、铁矿石等自然资源也比较丰富。这个区域发展潜力巨大，合作前景广阔。为此，中央政府早在 10 多年前党的十四大报告就指出，要加速环渤海湾地区的开放和开发。1996 年，全国人大八届四次会议进一步明确，要形成辽东半岛、山东半岛、京津冀为主的环渤海综合经济圈。2001 年，全国人大九届四次会议特别强调，要发挥环渤海区域、长江三角洲、闽东南地区、珠江三角洲等经济区域在全国经济增长中的作用。然而，10多年过去了，环渤海湾地区除了表述的名称由最初的“环渤海湾地区”扩大为“环渤海经济区域”，该区域的经济协调发展并无多大突破。

环渤海区域协调失败的案例很多，尤其是作为区域核心的北京和天津两大城市之间的争斗更是众所周知。有专家认为，环渤海经济圈内各城市“各自为战”的问题很突出。环渤海的发展落差过大，北京研发的产品，天津和河北的企业技术能力不足以接单；而东北自身在追求一体化发展，阻碍了其融入环渤海经济圈的步伐。以青岛为龙头的山东半岛经济圈，也正在和环渤海形成竞争而非合作的关系。

例1：港口竞争

由于缺乏总体的规划和宏观调控，环渤海区域港口存在着低水平重复建设现象，结构性矛盾日益突出，主要港口专用码头、大型码头能力紧张，而新建中小港口处于吃不饱的状态。例如，国家石化企业急需的大型原油码头、冶金行业急需的大型矿石码头，以及某些地区急需的LPG和LNG码头缺乏、无能力或能力紧张。而普通件杂货码头的能力却暂时富裕。由于地区行政分割和地方利益的驱动，港口建设中的上述结构性矛盾不但没有得到缓解，反而有加剧之势。特别在集装箱码头的建设方面，许多中小港口都将集装箱作为发展重点，由于受到地方经济发展的限制，造成货源短缺，港口企业效益不高，客观上形成了总体资源配置不合理的局面。

例2：园区发展定位重叠

从各园区定位上看，滨海新区定位于“以重化工业为重点，发展石油化工、海洋化工、现代制造业和临港物流业的现代经济新区”；滨海经济开发区定位为“以发展海洋化工、石油化工、精细化工和制造业为主的专业园区”；昌邑市沿海经济发展区定位于“以基础化工为支撑，建设医药化工、染料化工、纺织印染、机械电子装备等现代制造业基地”，寿光渤海化工园定位于“重点发展盐化工、阻燃剂和医药中间体等产业，建成海洋精细化工集群”。各区产业发展都脱离不了化工业这个基础。这样的定位差异性不明显，有可能会导致对外推进混乱、招商引资竞争无序、资源开采混乱，最终降低整个区域的竞争力和发展潜力。

例3：地区间过度竞争

环渤海区域的各省份在没有完全形成自身的比较优势之前，难免会展开全方位的竞争。以承接日、韩产业转移来说，山东、天津、辽宁都做出了各自的部署。天津滨海新区开发属国家级发展战略，优势不言自明；辽宁省积极推动的“五点一线”沿海开发战略中也将招商触角伸向日、韩。山东省则提出了建设胶东半岛制造业基地的发展蓝图，力推以青岛、烟台、威海“小三角”的整合，参与中、日、韩“大三角”的融合。这种地区之间的过度激烈竞争，无疑会给区域开发带来不小的压力。

环渤海区域各省市之间的协调失败，主要原因在于各个省市之间的行政分割与各自独立的发展目标。有研究总结环渤海区域经济发展存在的七大问题：一是各自为政，没有树立整个区域协调发展的观念；二是各次区域相对独立，内部缺乏密切的经济联系；三是区域内城市分工不明确，产业结构重复严重；四是中心城市的带动作用不强；五是市场调节乏力；六是缺乏区域性的交通体系；七是淡水资源紧缺，制约了区域经济的发展。

环渤海区域各省市之间的协调失败，更为根本的原因在于没有遵循市场经济的发展规律，所有这些协调失败的经济领域都是在区域内不存在外溢效应，存在大量拥挤效应的行业。由结论 3 和结论 5 可知，企业偏好市场规模更多的地区投资，促使资本存量在各地区之间的差距持续扩大，尤其是发达地区和落后地区之间的差距不断扩大，过大的发展差距最终使得落后地区难以承接发达地区的产业转移和扩散效应，发达地区快速发展的外溢效应大大收到削弱，于是，资本存量的地区差距越来越大，经济增长率的地区差距越来越大，各地区的经济发展差距越来越大，区域经济陷入各自独立为战的境地，协调发展无法实现。由结论 6 可知，政府强烈的投资冲动将会使得各地区的投资规模不断扩大，产业在区域内的集中度超出临界值，这样，大量拥挤效应的存在将会使得投资效率不断减少，经济增长率不断下降。

综上所述，我们发现，在推进区域经济一体化的过程中，虽然政府的作用不可或缺，但是，并非所有的行业都能在区域经济一体化的过程中受益，如果区域内各地区之间的发展差距过大，影响了在该行业外溢效应的作用；如果在该行业存在着较大的拥挤效应，那么，以市场一体化为主要特征的区域经济一体化将会抑制这些行业的发展，在这些行业不宜盲目推进一体化进程，应加以更多的考虑因素。

2. 区域内部协调成功案例的分析

随着中央政府的推动，以及成功实现了合作的区域的示范和带动，近几年来，环渤海区域各省市的关系开始进入“坚冰融化”时期。协调合作的势头开始出现。协调成功的案例也不断涌现。

例 1：政府间达成共识

为加快环渤海区域经济发展，国家有关部门和各省区做了大量的工作。仅 2004 年，国家就专门召开过多次有关环渤海区域性的高层会议和论坛。2004 年 2 月 12 日，国家发改委在廊坊召集环渤海三省市专门研究经济交流与合作，形成了高度共识（俗称“廊坊共识”）。2004 年 5 月，北京、天津、河北、山西、内蒙古、辽宁、山东七省市在北京举行了环渤海经济圈合作与发展论坛。2004年6月，博鳌亚洲论坛秘书处会同上述七省市在廊坊召开会议，草拟了《环渤海区域合作框架协议》。2005年5月，博鳌亚洲论坛在河北省廊坊市发起并组织了“2005东北亚暨环渤海国际合作论坛”。来自北京、天津、河北、辽宁、山东、山西、内蒙古等省、市、自治区的代表针对环渤海区域合作的现状及发展前景进行深入交流与沟通。与会代表达成广泛共识，并发表促进区域经济一体化的“廊坊建议”。

在一系列“共识”、“协议”和“建议”的促进下，环渤海区域各级政府都为推动提出了积极的建议。例如，在环渤海经济圈合作与发展论坛上，天津市市长戴相龙就提出了一个促进环渤海区域合作的专门建议。建议包括：制定环渤海区域整体发展规划；共同出资建设区域内快速交通设施；加强环渤海区域港口的联合与协调；推进区域内的能源合作与开发；促进区域内产业结构调整和产业布局优化，形成各具特色的产业带和关联密切的产业链；共同培育环渤海区域统一的市场，构建多层次、广覆盖的现代物流体系；加强区域内高等院校和科研院所的合作；联合开发旅游资源等诸多方面。

例2：合作共建高速新路

高速公路是现代经济的催化剂，高速公路的建设过程，也就是经济中心的形成过程和经济走廊的发展过程。高速的建设，将进一步改善投资环境，大大提高地区经济和社会的开放度。

北京与天津、河北的跨省市交通体系正在加快建设。2005年北京市投资建设的交通项目还包括：投资48.3亿元、长33.8公里的京津第二高速北京段，投资123.4亿元，长115公里的京津城际轨道工程。这两条快速交通线已于2007年和2008年投入使用。2008年上半年，全长131.7公里、总投资118.7亿元的京承高速北京段将与承德段全线贯通。在建设京津高速公路的问题上，北京和天津两市的合作非常密切，宣布了八条战略合作措施，共同加强城市基础设施建设和管理，增创交通新优势。加快建设京津高速公路通道，对于改变京津塘高速交通拥挤状况，加强两地之间的资金、技术、人才的流动与合作以及对其经济腹地辐射作用，具有十分重要的战略意义。

京津城际高速交通轴既是交通轴线，也是京津冀北地区的区域城市形态发展轴线，通过构筑京津城际高速交通轴线可以引导京津两地空间形态的发展，使京津城际交通轴和城市交通轴线融为一体，并改变北京城市空间发展“北重南轻”和天津中心城区“南轻北重”的离心式格局，而形成以区域交通中心为核心、以京津城际高速为轴线的带状集聚发展格局，提升它们在环渤海地区的区位优势。

例3：三城市协同治水

水利部门的调查显示，北京80%的用水，天津的很大一部分用水都来自河北。而从目前情况看，在南水北调工程通水之前，河北无疑将为北京和天津的用水承担更多的责任，而为保证2008年奥运会的成功举办，河北还必须随时为北京紧急供水。在这种情况下，北京市首先提出了三市协同治水的设想。该设想是通过推进与官厅、密云两个水库上游地区张家口和承德两市的水资源环境保护合作，建立长效合作机制，缓解北京市水资源短缺的矛盾。

这一设想和河北省的规划不谋而合。在2004年2月的承德市第十一届人大二次会议上，《政府工作报告》也提出了要“加强与京、津协调”、“以水联利”的战略思路。与此同时，在2005年“两会”期间，河北省政协也提交了一份关于“构建京张一体化环境体系建立长效环境互享机制”的建议。

例4：携手打造环渤海经济圈

目前，滨海新区与河北省共同打造环渤海经济圈工程已经正式启动。天津滨海新区以高新科技、制造业和航运为主导，河北省则依托曹妃甸工业区具有冶金、能源、建材等优势，双方将实现优势互补和产业分工合作，联合构建区域产业协调体系，形成上下游对接的产业链，共同建设北方国际航运中心和国际物流中心，带动两地相关产业的发展并向内地及周边沿海地区辐射。

综观所有这些协调比较成功的领域，我们发现，这些领域都具有大量为正的外溢效应，外溢效应的存在是区域经济协调发展的重要前提。这一点结合结论（2）可以清楚看出。从上面提及的京津冀和环渤海的四大合作领域来看，无一不是因为各地区和各企业在独立发展时难以同其他区域进行竞争，而合作后则可以使得自身实力和区域实力显著增强，最后区域内的所有人同时受益的广阔前景。

（二）区域协调策略选择与贸易自由度提高

对以地方政府为参与人协调博弈的理论分析，解决区域协调失败的政策选择应该从内部激励与外部激励两个方面入手。内部激励的政策选择首先要有助于区域内部共识的达成，激励各个地方政府采取协调合作以获取区域整体收益的最大化；其次要建立各个主体对区域整体收益的分享机制，并建立区域内部的补偿机制，实现区域发展的帕累托改进。外部激励的政策选择要充分利用区域内外部各主体之间的学习和模仿机制，积极地扩大区域内或区域间合作成功的累积效应和示范效应，激励新的经济合作机制和制度的形成，进而促进区域经济一体化水平的提高。

为了实现上述激励，宏观的制度安排必须跟进。首先，应该在中央政府的指导下，成立区域性的协调领导小组，其功能主要是区域内部的统一规划和协调利益，以解决各地方政府平行竞争，缺乏权威的问题。其次，是要根据区域发展的需要适当调整已不适应的行政区划。如天津市的滨海新区，只有改变目前八个行政主体各自为政的局面,[①] 才能发挥其引领中国北方经济发展，实现国家战略目标的作用。最后，是改变中央政府对地方政府的考核机制，将区域的协调发展与和谐进步纳入政绩目标，改变地方政府单纯追求本地经济增长的行为策略，以促进区域政府间的协调合作。

市场推动的区域发展机制研究表明，区域经济是“块状经济”，区际内生的非均衡力使得区域经济具有非连续和突发性特征，这种特征警示我们不应按传统的线性思维模式去研究区域经济问题。当企业的区位选择时，偏好市场规模较大、区内贸易自由度较高的区域。当区际贸易自由度很大时，企业的生产区位很不稳定，如果此时区内环境不利于企业实现收益最大化目标，则企业将选择其他地区。正由于存在溢出效应，产业的空间集中提高经济增长率，而区际收入差距，随区际资本存量差距的扩大而扩大，随经济增长率的提高而缩小。当存在拥挤效应时，如果产业的空间集中度低，则经济增长率随产业集中度的提高而提高，但如果产业的空间集中度很高，则经济增长率随产业空间集中度的提高而下降。因此，当存在拥挤效应时，区际贸易自由度的提高使得经济系统处于经济增长率低、产业集中度高、收入差距很大的均衡。

推动区域经济一体化，必须考虑其对不同行业的影响，并非所有的行业都能从中获益。在存在显著的外溢效应的行业，经济一体化有利于其快速发展，有利于区域经济增长。但是，在存在拥挤效应的行业，经济一体化不一定能够促进区域经济的协调发展，这时，在大空间范围内的产业集中必须要适中，而要实现产业活动的适度集中，外围地区必须拥有一定份额的产业活动，需要适度降低区际贸易自由度保护外围地区的产业份额。而在外溢效应和拥挤效应同时存在的行业，其对该区域行业发展的最终影响则取决于这两个效应之间的相互比较。为此，推动区域经济协调发展必须遵循市场机制作用下的经济规律。

1. 提高区域协调发展策略选择的效应

充分利用已有的资源禀赋，发挥地区合力的作用，合理安排好各种政策，实现区域整体利益的最大化。区域整体发展最快，各个区域发展都能实现帕累托改进等，是区域实现协调发展，不断将低水平均衡向高水平均衡发展。但是，区域实现整体利益最大化，发展速度最快，并不意味着区域内各个地区都能实现利益

① 目前，在滨海新区内部存在的相互独立的行政区划包括：“一港口”，即天津港；“两新区”，即开发区和保税区；“五老区”，即塘沽区、汉沽区、大港区、东丽区（部分）和津南区（部分）。

最大化，甚至，很多地区为了服从区域整体利益，有必要牺牲自身的发展利益，所有地区都实现最快发展速度是很难实现的。根据结论 1 和结论 2，要地方政府有动力实施相应的策略选择，最后形成整体区域相关政策的协调互补，必须通过政策和资源的整合实现区域福利最大化，同时，在地区之间合理平衡合作收益，保证均实现帕累托改进。充分发挥区域内外合作的经济效应，形成一系列制度组合。

2. 提高区内贸易自由度的效应

加强区域基础设施建设和人力资本投资、建立和完善企业进入退出机制、建立和完善区域各种要素市场等，都是提高欠发达地区区内贸易自由度的措施。这些措施可以提高欠发达地区生产和消费的区内贸易自由度，可以实现区内资源的优化配置。地区经济的增长，其核心仍然是企业数量的增多和产值的增加，而某一地区区内企业数量的增多不外乎是通过两种途径：一是本地自生的企业；二是迁入的企业。根据结论 3，区内市场规模的扩大和区内贸易自由度的提高，有利于本地企业的自生和吸引外地企业落户在本地，这可以提高欠发达地区的产业份额。根据结论 4，欠发达地区产业份额的提高，也就是产业集中度的提高，可以提高欠发达地区的经济增长率。又根据结论 5，区际收入差异主要取决于经济增长率和资本禀赋的多少，因此欠发达地区资本禀赋的扩大和经济增长率的提高，将缩小区际收入差异。上述结论的含义是很明确的，欠发达地区区内贸易自由度很低因而没能实现区内资源的优化配置时，提高区际贸易自由度，则欠发达地区的各种流动要素很容易被发达地区所吸引，提高发达地区的产业集中度。为了保护欠发达地区有限的产业不会被发达地区吸引，欠发达地区积极采取措施提高区内贸易自由度，同时国家应采取有效措施保护欠发达地区的产业。这对我国具有重要的意义，从整体效率角度考虑，提高区际贸易自由度，可以实现更大空间范围内的产业的集中，产业的这种集中可以提高整体经济的效率，这就是“少数人（或少数地区）先富起来”的政策主张的核心。然而，从区域协调发展角度考虑，这种“少数人（或少数地区）先富起来”的政策主张，显然就扩大了强势群体和弱势群体之间（或区域之间）的收入差异。因此，尽管保护欠发达地区的产业活动会影响整体的经济效率，但可以缩小地区收入差距。

再则，结论 6 和结论 7 告诉我们，区际贸易自由度的提高将导致产业活动的过度集中，而当存在拥挤效应时，产业活动的过度集中将导致经济增长率的下降和收入差距的扩大。该结论的政策含义是很明确的，就是说，在大范围内的产业的集中必须要适中（即 $s_n=(1+\gamma-\lambda)/2\gamma$），而产业活动的适度集中要求外围地区必须拥有一定份额的产业活动，这就要求适当降低“区际贸易自由度”，也就是中央政府设立适度的“政策壁垒”来约束欠发达地区的产业进一步向发达地区集中。这就要求在发达地区和欠发达地区之间应实行“差别化”政策。这与欠发达地区进一步实行开放、加强同发达地区的经济联系是不矛盾的。

3. 提高区际贸易自由度的效应

提高区际贸易自由度，其核心是加快各种生产要素的区际流动，实现生产要素在大范围内的重新配置，提高整体的经济效率。根据区域经济的“块状特征”，只要存在区际实际收入水平的差距（或市场规模大，或基础设施条件好），那么在非均衡力作用下，各种生产要素向发达地区流动，此时如果提高区际贸易自由度，则不同于提高欠发达地区区内贸易自由度，进一步加剧生产要素的转移过程，进一步提高发达地区产业的集中度。因此，提高区际贸易自由度对欠发达地区和发达地区的影响是不同的。

对欠发达地区来说，区际贸易自由度的提高降低了从发达地区输入的产品的贸易成本，另外，欠发达地区的一些企业转移到发达地区，又增加了从发达地区输入的产品种类和数量，使欠发达地区支付更多的贸易成本。因此，提高区际贸易自由度对欠发达地区实际收入水平的影响是不确定的。如果欠发达地区原有的企业数量很少，生产的产品种类也很少，大量产品需要从发达地区输入，则尽管区际贸易成本降低后原有的企业转移到发达地区，但这些转移出去的企业生产的产品种类较少，大量的产品种类仍需要从外地输入，这时提高区际贸易自由度对欠发达地区实际收入水平的提高而言是正向的；但如果因提高区际贸易自由度，落后地区损失的企业数量很大，因而从外地调入的产品种类更多，则对欠发达地区实际收入水平的提高而言是负向的。提高区际贸易自由度，可以实现更大空间范围内生产要素的优化配置，这可以提高整体的经济增长率，进而可以提高总体的收入水平，然而目前我国国民收入的地区分配（财政支出），主要是根据各地区所掌握的资源的多少来决定的（除了个别情况以外），因此区际收入差距并不会因整体经济增长率的提高而自然缩小。反过来，发达地区产业的集中，导致发达地区产业份额的扩大，获得更多的收入份额，导致国民收入分配的更加不公平，进一步扩大区际收入差异。

对于发达地区来说，上述两种影响是同向的。区际贸易自由度的提高降低了从落后地区输入的产品的贸易成本，加上欠发达地区的产业转移到发达地区后，从欠发达地区进口的产品种类和数量大大减少，所支付的贸易成本下降，这就提高了实际收入水平。同时，区际贸易自由度的提高，有利于欠发达地区的企业大量流入发达地区，这提高了发达地区的产业份额，获得更多的收入份额。

第七章

京津冀都市圈的地区差距：理论、测度与比较

——基于京津冀、长三角和珠三角比较的视角

区域经济不均衡发展是经济发展的常态，一定的地区差距也为区域发展所必需。如果区域经济没有地区差距、没有发展极点，将会缺乏对外经济竞争的制高点，从而缺少竞争力。同时，差距过大也不利于区域持续稳定发展。因为，如果区域经济差距过大，会减弱中心城和周边城市之间的相互联系，弱化区域经济的整体性，从而削弱其对外竞争力。因此，形成合适的地区梯度，保持区域经济中合理的地区差距，是区域快速发展的前提。

目前，环渤海区域内部发展还很不协调，各省市之间的经济发展非常不平衡，各城市之间的经济发展不平衡性严重，而且，自 20 世纪 90 年代中期以来，这种不平衡性不断加剧。从整体来看，2000 年以来，北京和天津的发展速度逐渐加快，山东、辽宁和河北的发展速度则变化不大，辽宁甚至在部分年份发展速度变缓；北京的经济发展水平远高于全国平均水平，天津次之，山东和辽宁略高于全国平均水平，河北基本上相当于全国平均水平；甚至在环京津地区还存在着大规模的贫困带。环渤海区域经济内部经济发展不平衡已成为环渤海经济圈协调发展的巨大阻力。

京津冀的地区在环渤海地区经济发展中起着举足轻重的作用，是这一地区主体产业的集散地和主要商品的集散地，经济技术发展水平在全国居领先地位，是带动环渤海地区经济发展的龙头。因此，尽快实现京津冀经济一体化，发挥核心区域的带动作用，成为环渤海地区经济发展的关键。基于京津冀都市圈的区域相

对独立性，以及其率先发展对环渤海区域所具有的启示作用，我们选择京津冀区域作为地区差距的研究对象，来探讨京津冀的相关特征。

就京津冀都市圈来说，周立群和邹卫星（2006）通过计算1997～2002年的人均GDP变异系数、锡尔系数和基尼系数显示，京津冀的地区差异长期存在并呈持续扩大趋势。其中，2000年区域城市差距增加最快，按人均GDP变异系数、锡尔系数和基尼系数度量，差距在当年增加率分别高达14.75%、27.11%和13.32%；地区城市差距增加最少是1998年，分别为1.44%、2.21%和1.46%。

京津冀都市圈发展不协调和地区差距不合理的影响主要体现在以下这些方面。城市发展两极分化，内部城市群在发展上相互脱节、自我封闭，彼此间的空间联系松散薄弱，城市经济发展整体水平不高、不均衡；经济结构小而全、大而全，产业结构低水平趋同，优势产业群没有形成，资源使用存在着极大浪费，生态环境存在着巨大压力；基础设施重复建设，交通设施尚未整合，生产要素自由流动不充分等。在当前，这一区域的发展失衡已经成为区域长期持续健康发展的严重障碍，扭转区域发展不均衡态势，通过区域整合促进区域协调发展，是解决当期区域发展“瓶颈”的重要战略性措施。

地区经济发展不平衡包括很多方面，其中最主要的方面应该是地区差距，即地区经济发展差距和收入差距。目前，对京津冀都市圈的地区差距研究的文献还不很多。本章将构建一个系统性的指标体系来测度京津冀都市圈的地区差距，并分析其历史演变路径，探讨促使其不断演化的经济机制。

一、地区差距的研究回顾

关于地区差距的研究文献很多，涉及研究对象、研究方法以及研究结论三个方面，下面分别从这些角度来分析。

1. 研究对象

由于研究目的的不同和数据可得性的差异，已有研究主要集中在以下几个研究对象上。一是将中国划分为东部沿海地区、中部地区和西部地区，测度东中西部的地区差距。二是对比研究东部沿海地区和中西部内陆地区。三是以省、自治区和直辖市为划分范畴研究中国省际地区差距。四是也有分别按华北、东北、东南、南部和西部五大区划分少数研究；按东南、东北和西部三大区域划分；以及以长江为界的南北区域划分；以县域为基本单位划分。另外，还有的依据GDP高低进行低收入、下中等收入、上中等收入和高收入四大类别划分，或者研究一省之内各个城市之间的地区差距，或者研究中国七大经济地带之间的地区差距，或者研究城乡之间的地区差距。

衡量地区差距的指标，主要集中在人均或者劳均的GDP和GNP、人均收入、人均消费、总收入、工业生产总值、劳动生产率和资本生产率等，少数研究中也涉及其他一些社会指标，如平均受教育年龄、人均卫生支出，有的还构造了有多项指标构成的综合指标体系。

2. 研究方法

在研究方法上，已有的运用宏观数据进行的地区差距研究可以分为四类：第一类是利用反映地区差距的不平等指数及其分解，来描述地区差距的变化趋势和结构组成，并初步讨论造成这种状况的原因。这些研究主要采用基尼系数、锡尔系数和变异系数等来衡量地区差异化的程度，并主要利用这些指标对差异的来源或者构成进行分解。第二类是通过对单变量进行简单的统计分析，利用对GDP、国民收入、人均消费水平等变量进行简单的统计比较分析，讨论其均值特征、最大值最小值特征和均方差特征等分析地区差距的大小和波动情况。第三类是通过实证，以检验新古典增长理论的收敛假说在地区的经济发展历程中是否成立，分析在中国经济中是否存在绝对收敛、条件收敛或者俱乐部收敛，同时解释说明收敛假说为什么成立或不成立，并探讨实现收敛的条件。第四类是建立指标体系综合测度区域之间的地区差距。在这四类研究中，利用第一类、第三类方法进行研究的文献居多，第二类由于数据分析略显片面，使用这种方法分析的文献不多，第四类分析方法由于指标体系设计所依据的经济原理不易规范，涉及数据量很大，使用这种分析方法的文献也相对不多。

3. 研究结论

（1）地区差距的测度结果。关于地区差距研究的文献很多，涉及多种对象和研究方法，其中，大部分关于地区差距的研究都是针对中国经济这个整体来展开的，这类研究集中反映了这类研究的基本方法和基本理念，为此，这里着重介绍这方面的研究成果。

关于东部沿海地区、中部地区和西部地区的研究显示，改革开放以来，中国的地区经济差距呈现先缩小后扩大的“U形”变化轨迹（蔡昉、李周，1998）。中国的地区差距在20世纪80年代略有下降，90年代后则迅速扩大（刘明夏、魏英琪和李国平，2004），至20世纪末我国已经成为世界上少数几个地区差距最为悬殊的国家之一。2000～2004年，地区差距继续扩大，但差距扩展的速度比20世纪90年代有所减缓，2004年地区差距出现了缩小的迹象（许召元和李善同，2006）。东中西部之间差距扩大的同时，地区内部的差距在缩小（刘军等，2009；蔡昉、都阳，2000）。

关于东部沿海地区和中西部内陆地区之间的比较研究显示，无论从绝对差距还是相对差距来看，两个地区的经济发展差距都在扩大（王小鲁和樊纲，

2004)。利用1978~1993年的数据分析显示，我国的地区收入差距主要是由于沿海地区与内陆地区收入差距的不断扩大（Jian etc，1996)。

关于省际地区差距的研究显示，以1990年前后为界，中国的省际人均收入先是呈条件收敛，而后呈显著发散态势（林毅夫和刘明兴，2003)。在1952~1978年，省际收入差距主要体现为高收入的京津沪地区和其他地区的差距(Démurger，2001)。

关于经济收敛的研究，对中国29个省市在1978~1989年间宏观数据分析显示，在20世纪80年代，中国经济呈现出收敛特征（Chen and Feng，2000)，省际人均收入呈现“俱乐部收敛”特征（沈坤荣、马俊，2002)，具有不同人均产出水平的地区具有“俱乐部收敛”的特征（张吉鹏、吴桂英，2004)。在1978~1995年期间，从省份数据分析来看，中国经济呈现出条件收敛特征（Li etc，1998)。

(2) 地区差距的经济解释。对于地区差距的形成及其演化，已有很多研究。许召元和李善同（2006）考察了地区差距变化的决定因素发现，存在着许多促使中国地区差距持续扩大的因素，通过对地区经济增长进行分解，认为地区的地理位置、经济环境差别、受教育水平、基础设施水平以及城市化水平等多种因素对地区差距具有正效应；而随着市场经济体制不断完善，对投资、劳动力流动放宽限制以及区域经济一体化程度不断提高，则时地区差距具有负效应；还有一些因素在不同阶段对地区差距起了不同的作用，如各地的固定资产投资率、市场化程度等。

王小鲁和樊纲（2004）考察了包括资本、人力资本和劳动力在各地区间的流动和配置状况、制度变革在各地区间的差异、结构变动（城市化是最主要的因素）对地区经济差距的影响。他们认为，我国东部沿海地区和中西部内陆地区之间的地区经济差距在不断扩大，这主要是由于生产率的差别以及由此引起的资本流动所致。在过去20年，虽然财政和银行资金主要向中西部转移，但外商直接投资以及民间资本大量流向东部，加速了东部地区的经济增长，扩大了地区差距。中西部地区与东部的差距主要是由于要素生产率低，而这主要来源于技术进步和市场化程度的差异。同时，西部地区城市化程度低也是地区差距大的原因之一。

林毅夫和刘培林（2003）认为，各省市之间发展水平差异来源于长期以来赶超战略的实施，新中国成立以来所推行的重工业优先发展的赶超战略下形成的生产要素存量配置结构，与许多省区市的要素禀赋结构决定的比较优势相违背，导致大量的赶超企业缺乏自生能力。政府需要扶持这些没有自生能力的企业，这些扶持措施影响了市场的正常运转，制约了这些省区的资本积累速度、技术进步和生产率提高，并使得这些省份的经济增长绩效较差。

范剑勇（2006）认为，非农产业规模报酬递增地方化为产业集聚的源泉，提高了区域的劳动生产率，在非农产业分布极不平衡的情况下，劳动生产率在各省之间表现出巨大的差异性，进而对地区差距产生了持久的影响。黄玖立和李坤望（2006）通过实证研究发现，在1970～2000年期间，各省区的地区市场规模和出口开放程度显著地影响了各省区经济增长速度，从而影响着地区差距的形成和演进，沿海地区通过扩大出口弥补了地区市场的不足，而中西部地区具有相对较大的地区市场，但是利用国外市场比较落后。

Jian等（1996）分析1978～1993年的数据，发现地区收入差距来源于沿海与内陆的收入差距拉大，而不是沿海内部、内陆内部的差距扩大。改革开放以来，在国际贸易上的天然地理优势和中央政府给予沿海的特殊优惠政策是导致沿海和内地收入差距的重要因素（Démurger et al.（2002），Kanbur and Zhang（2005）也论证了这一观点）。Démurger（2001）认为，经济绩效的差异主要来源于地理位置和基础设施禀赋的差异，同时，改革开放以来，政府采取以扩散效应为理论基础的梯度发展战略，希望沿海先发展起来，再向内地扩散，赋予沿海地区优惠政策，导致了地区差距持续扩大。

董先安（2004）通过控制人力资本、物质资本、市场密度、农业生产、农业结构、城乡差距、产业结构、产权结构、政府规模、企业规模、户口结构等多组变量，研究证实这些变量对经济增长与收敛存在显著影响，对地区收入差距的形成和发展具有显著影响。蔡昉（2002）从地区发展的条件趋同理论出发，认为我国地区差距的形成不仅是由于人均收入、投资水平等的差异，更是由于人力资本禀赋、资源环境条件、产品和生产要素市场的发展等的差距所致。范剑勇和朱国林（2002）强调地区差距主要是源于不同地区产业结构转型速度的差异，由于第二产业的高产值份额和非农产业在空间上的不平衡分布，使得沿海地区日益成为以轻工业品生产为主的制造业中心，中西部地区则成为以农业生产和矿产采掘业为主的外围地区。

张吉鹏和吴桂英（2004）对地区差距的分解发现，地区差距主要源于地区之间和城乡之间的差距，就三大产业来说，第二产业对地区差距的贡献最大。各省在地理因素、经济结构、政策和制度等方面的差异对地区差距的形成具有重要影响。Fleisher和Chen（1997）与Démurger等（2001）认为，在1952～1978年，省际收入差距主要是体现在高收入的京津沪与其他地区之间的差距上，这种差距主要是由政府的“重工业优先”与“城市偏向”政策所致。而在改革开放以来，决定地区收入差距的主要因素为地理条件以及政府的相关政策。

姚枝仲和周素芳（2003）认为地区间劳动力流动对缩小地区差距有很大的

影响。张晏和龚六堂（2004）对财政政策的研究表明，对各地区不差别的一揽子转移支付水平的财政政策有助于地区差距的扩大。韩凤芹（2005）认为，中国地区差距不断扩大是政府失灵的直接表现，即政府的政策干预加剧了不断扩大的地区差距。王志涛（2006）认为，地方政府的公共支出竞争加剧了地区经济差距和居民收入差距。高帆（2003）从三次产业之间相互依赖的角度来说明我国的地区差距及其发展问题。从资本短缺的角度，李萍和李未无（2002）认为，对外开放程度的不同导致了外国直接投资规模的差异，使得不同地区在资本形成能力、资本经营方式和使用效率等方面具有差别，这是促使地区经济呈现二元格局的主要原因之一。

徐康宁和韩剑（2005）基于我国资源丰裕的地区经济增长速度要慢于资源贫瘠的地区，提出中国区域的经济增长在长周期上也存在着“资源诅咒”效应的假说，并认为这是地区发展差距的一个重要原因。孙巍等（2005）的研究表明，在1992～1999年期间，资金投入、工业基础与初始禀赋的差异是导致东、中、西部地区工业经济的地区差异的重要原因。从1999年起，导致省际工业差异的决定性因素变为各地区工业发展形成新的资金、效率和技术实力。杨明洪和孙继琼（2006）研究七大经济地带发现，环渤海和长三角地区内部差距逐年缩小并对中国的地区差距具有显著影响，大西北区内部差距变化呈微弱的上升趋势，其他区域内部差距对总体差距的贡献不大。

Chen and Feng（2000）则认为，私有化是促进经济增长和地区差距形成的主要原因。Young（2000）认为由于地区性的市场保护会使本地企业的资源配置状况偏离其比较优势，所以地区性保护政策是地区差距扩大的主要原因。蔡昉和都阳（2000）通过实证研究表明，人力资本上的差异是造成地区差距的主要原因。Lee（1995）认为外商直接投资规模的差异导致了不同区域之间的经济差距。

还有很多经济学家对中国地区差距持续扩大进行了多方面研究，发现政府发展战略、教育、转移支付、产业结构、资本投入、劳动力转移、市场化程度、基础设施建设等都对地区差距的形成和演进有显著影响。

4. 与环渤海和京津冀的相关研究

从前述内容可以看出，关于地区差距的研究主要集中在对中国经济的地区差距的分析上，对区域差距的研究不是很多，而针对环渤海地区和京津冀地区的研究也不很多，不过，针对环渤海区域或者京津冀地区的地区差距的相关研究已经展开。环渤海地区包括以济南和青岛为核心的山东半岛板块、以沈阳和大连为核心的辽东半岛板块、以北京和天津为核心的京津冀板块。山东半岛城市群以济南、青岛为中心，包括烟台、潍坊、淄博、东营、威海、日照等城市。发挥临海和靠近日、韩的区位优势，制造业和农产品加工业发展很快，目前已形成了钢铁、机械、电子、化工、食品等门类齐全的基础产业，带动着山东全省的发展。并随着城市群对外辐射力的增强，城市群的范围正不断扩大。但第三产业比重过低，民营经济所占比重过低，高新技术产业比重过低。

辽中南城市群以沈阳、大连为中心，包括鞍山、抚顺、本溪、丹东、辽阳、营口、盘锦、铁岭等城市。沈阳是东北和内蒙古东部的经济中心、交通和信息中心，全国最大的综合性重工业基地。大连是东北亚地区重要的国际航运中心，东北地区最大的港口城市和对外贸易口岸。辽东半岛其支柱产业主要为钢铁，石化，汽车，机电等资金、技术密集型产业。不过，以钢铁、机械、化工为主的超重型工业，对资源依赖性较大；服务业发展严重滞后；产业结构以原材料开采，粗加工为主，失调明显。

京津冀城市群中的各大城市特色和优势十分明显，互补作用强，北京具有政治、文化和高科技的优势，天津具有港口和制造业的优势，石家庄具有商贸业的优势。尤其是天津滨海新区的开发开放对城市群发展的影响更大。

京津冀具有地理上的紧密关系而被看成是环渤海经济区的一个次区域，京津冀小区域内各个省市有明显的分工，北京和天津的经济发展水平较高并且具有较强的影响力，是环渤海的无可争议的核心城市；河北是京津的发展腹地，随着京津产业结构的调整，河北将承接京津两市向外转移的产业。

北京具有明显的科研实力优势。主要表现在专业技术人员在人口中的比重较大，物质条件比较优越，科技工作人员的创新意识也较强等方面；天津具有高新技术产业化整体素质较高的优势。随着近几年电子及通信设备制造业，现代服务业等的快速发展，其高新技术产业化水平及效益等方面有较高的提高。

关于环渤海区域内部经济发展差距的简单统计分析，主要可从以下三个方面体现出来。第一，从人均国民生产总值来看，北京的人均地区生产总值最高，天津次之，2008 年北京市、天津市的人均生产总值是河北省的 2.4 ~3.1 倍（黄松龄，2010），山东和辽宁的人均地区生产总值居中，河北的经济发展相对比较落后，人均地区生产总值最低。第二，从反映居民生活水平的绝对指标看，北京市居五省市之首，居民生活水平最高，其次是天津，再次为山东和辽宁，居民收入水平最低的是河北省。第三，环渤海区域内部对外开放存在较大差异，北京的经济开放程度最高，其次是天津，再次为山东和辽宁，河北省的开放程度远远低于全国平均水平，在这一区域最低。

可以看出，很多研究都是基于简单统计分析的基础上进行，用较系统的研究方法进行研究，或者用较系统的统计指标体系进行研究还不多。为此，为了描述和分析区域发展的整体状况，有必要加大对区域发展的定量研究，本章将尝试建立区域地区差距的指标测度体系，以简明的方式全面地提供区域地区差距的综合分析和评价，以把握区域发展的整体态势和未来走向，为进一步研究提供基础，为定性研究提供理论出发点和理论检验标准，为政策评估和调控提供参考。下面先建立区域内部指标体系，然后结合这些指标体系进行计算测度，并给出对策建议。

二、地区差距测度的指标体系设计

区域地区差距指标体系用于测度我国的各大区域之间和京津冀都市圈内部的协调发展程度。区域地区差距涉及经济、社会、资源、环境和科技等多方面的内容，本章通过对这些方面进行定量的描述、分析和评价，建立测度区域地区差距的指标体系，它是包括经济、社会、文化、环境等诸多因素的综合指标，可以分为两个层次。

（一）第一层次的指标体系

第一层次的区域地区差距指标度量区域经济差异化程度。该指标反映着区域经济的发展历史路径，可以通过先计算衡量地区相对差异的指标，即极值差率、变异系数、加权变异系数、离均差系数、加权离均差系数、锡尔指数和基尼系数等，然后构建这些指标的综合指标体系，从而得到第一层次的区域地区差距指标。本章以变异系数、锡尔指数和基尼系数的加权平均值来构建区域经济系统的极化扩散指标，来作为第一层次的指标。

1. 人口加权变异系数

$$C = [1/\bar{x}]\sqrt{\sum_{i=1}^{n}(x-\bar{x})^2 \cdot p_i/p}$$

其中，C 为加权变异系数；p_i 分别表示第 i 个区域单元的人口数；p 为各个区域单元的人口数之和；$\bar{x}$ 表示样本平均值；n 表示样本个数。人口加权变异系数 C 越大，就表示各地区间经济发展水平差异越大；反之，人口加权变异系数 C 越小，就表示各地区之间经济发展水平差异越小。

2. 锡尔系数

锡尔（Theil）系数又称锡尔熵，最早是由锡尔等人（Theil and Henri, 1967）提出的。锡尔系数包括两个锡尔系数分解指标（T 和 L），两者的不同在于锡尔 T 指标以 GDP 比重加权，锡尔 L 指标以人口比重加权。

$$T = \sum_{i=1}^{N} y_i \log[y_i/p_i]$$

其中，N 为地区数；y_i为 i 地区的 GDP 占全国的份额；p_i为 i 地区的人口数占全国的份额。锡尔 T 系数越大，就表示各地区间经济发展水平差异越大；反之，锡尔 T 系数越小，就表示各地区之间经济发展水平差异越小。

3. 基尼系数

基尼系数是一个从总体上衡量一定范围（一国或地区）内居民收入分配不均等程度的相对量统计指标，其值域仅为［0，1］。对于基尼系数，人们一般习惯于借助洛伦茨曲线直观地给以形式化的表述。基尼系数的计算逾常是通过计算洛伦茨曲线图中洛伦茨曲线与对角线之间的面积以及对角线右下方的直角三角形面积，将这两块面积相除而求得。虽然该公式是个极为简明的数学表达式，但它并不具有实际的可操作性。许多经济学家和统计学家都不断致力于寻求具有可操作性的估算方法，目前在基尼系数的计算和分解上存在许多公式和算法。最直接的计算公式如下：

$$G = [1/2n(2n-1)u] \sum_{j=1}^{n} \sum_{i=1}^{n} |x_j - x_i|$$

其中，$|x_j - x_i|$是任何一对收入样本差的绝对值；n 为样本容量；u 是收入均值。Yao（1999）另外介绍了一种较直观简便的计算方法。假定样本人口可以分成 n 组，设 w_i、m_i和 p_i，分别代表第 i 组的人均收入份额、平均人均收入和人口频数（i=1，2，…，n），对全部样本按人均收入 m_i，由小到大排序后，基尼系数 G 可由下式表示：

$$G = 1 - \sum_{i=1}^{n} 2B = 1 - \sum_{i=1}^{n} p_i(2Q_i - w_i)$$

B 为洛伦茨曲线右下方的面积；$Q_i = \sum_{k=1}^{i} w_k$，p_i，w_i 从 i=1 到 i=n 的和为 1。

（二）第二层次的指标体系

第二层次的区域地区差距指标利用统计报表中的数据，通过区域经济发展各方面差距的测度指标来体现，这些差距指标包括如表 7.1 所示四个一级子指标、11 个二级子指标，定量指标根据这些指标加权汇总得出。对定性指标和定量指标进行加权汇总即得第二层次的区域地区差距指标。

如表 7.1 所示，我们设计了一个三级指标体系以测度地区差距。第一级首先将地区发展指标划分为区域经济发展差距指标、区域社会发展指标、区域资源和环境发展指标。然后将一级指标进行分解，得到经济量值、经济结构、增长率、经济效率等 11 个二级指标。最后将二级指标进一步细分，得到人均 GDP 总值、全社会固定资产投资、社会消费品零售总额等 68 个指标。

表 7.1　　　　区域地区差距指标体系

子指标	二级子指标	三级子指标
区域经济发展差距指标	经济量值指标	人均 GDP 总值
		全社会固定资产投资
		社会消费品零售总额
		城乡居民储蓄存款余额
		地方财政收入
		实际利用外资额
	经济结构指标	主导产业区位商
		工业增加值占 GDP 比重的增长率
		服务业增加值占 GDP 比重的增长率
		高科技人员比重
		高科技人员比重增长率
	增长率指标	全社会固定资产投资增长率
		人均 GDP 年均增长率
		工业产值年均增长率
		农业产值年均增长率
		社会消费品零售总额年均增长率
		地方财政收入年均增长率
		城乡居民储蓄存款余额年均增长率
	经济效率指标	劳动人均 GDP
		利税产值比
		利润销售收入比
		工业产值增长率
		平均企业规模
区域社会发展指标	人口指标	人口总量
		人口自然增长率
		人口死亡率
		婴儿死亡率
		大专以上人口占总人口比重
		剧院影剧院数
		人口密度差异

续表

子指标	二级子指标	三级子指标
区域社会发展指标	基础设施指标	发电量
		货物周转量
		客运量
		旅客周转量
		铁路公里数
		人均道路面积
		万人因特网数
	生活质量指标	人均收入
		职工平均工资
		人均住宅面积
		人均生活用电量
		人均社会消费品零售总额
		人均年末储蓄存款余额
		城镇居民失业率
		医疗保险率
		农村社会保险覆盖率
		每千人拥有的医生数
		平均预期寿命
	科学教育指标	人均受教育年限
		人均公共教育支出
		人均图书消费额
		科教经费占 GDP 比重
区域资源和环境发展指标	资源保有指标	人均供水总量
		人均可耕地面积
		人均土地面积
		人均矿产资源储量
		气化率

续表

子指标	二级子指标	三级子指标
区域资源和环境发展指标	污染及其治理指标	工业废水排放量
		工业二氧化硫排放量
		工业烟尘排放量
		工业固定废物综合治理率
		生活污水处理率
		垃圾无害化处理率
		交通噪声达标率
	自然环境指标	人均绿地面积
		森林覆盖率

资料来源：笔者整理。

在我们设计的指标体系中，各个指标的衡量单位千差万别，例如人力资源数量以百万或千万计，而人力资源需求以工人的平均工资代表，即以千元或万元计算，那两者之间的单位差距如此之大，如若把这两个指标合并起来归总到人力资源总指标中去，相对于人力资源数量的巨大数字，人力资源需求的影响几乎可以忽略，即使分配到一个较大一点的权重也不起作用。这里，我们选用标准差值法将这些不同的衡量单位统一化，然后再进行以后的加总分析。标准差值依下列公式计算得来：标准差值 $=(V_{ij}-A_j)/S_j$，其中，V_{ij} 是某一地区 i 在第 j 个指标下的观测值，A_j 是这个指标的平均值，S_j 是指标的方差。S_j 的计算方式为：$S_j=\sqrt{\sum_i (V_{ij}A_j)^2/N}$。其中，N 为观察中的地区的总数。在我们的指标体系中，我们可以依照上式求出标准化的指标来，再将其归总为更高一级的总指标。在各子指标层层向上加总的过程中，我们采用了层次分析法来确定一级子指标和二级子指标的权重，对于三级指标，我们选用算术均值法来赋予权重，即总权重为 1，对 n 个三级子指标，每个赋予同样的权重 1/n。

三、地区差距测度及其结果分析

区域地区差距涉及经济、社会、资源、环境和科技等多方面的内容，本章通过对这些方面进行定量的描述、分析和评价，建立测度区域地区差距的指标体系。这个指标体系囊括了经济、社会、资源、环境和科技等诸多因素，可以分为两个层次，共使用原始数据 42 636 个。

（一）区域地区差距总体情况分析

区域地区差距指标体系主要是用于测度京津冀、珠三角和长三角这三大区域内部以及这三大区域之间经济协调发展的情况。综合考虑经济、社会、资源和环境等方面的差异，我们给出一个表征地区综合发展差异化程度的指标。计算的最终结果如图 7.1 所示。从图 7.1 我们可以得到如下判断。

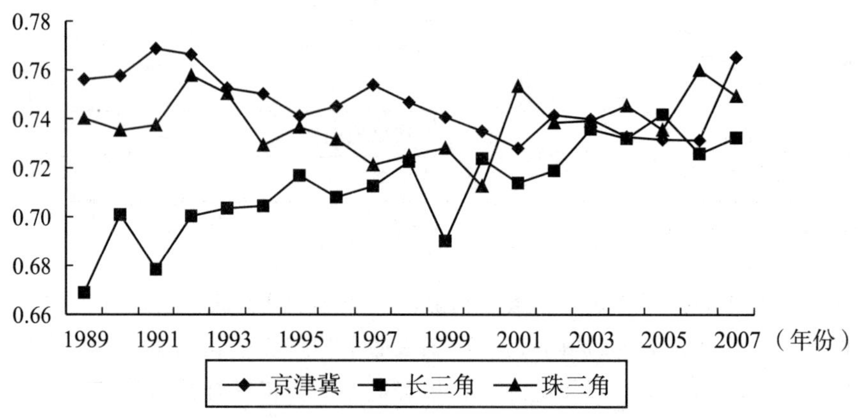

图 7.1　区域地区差距指标值

资料来源：笔者根据历年《中国城市统计年鉴》计算整理。

1. 协调发展的视角

从区域内部协调发展情况看，京津冀地区地区差距呈逐渐改善的趋势；长三角地区各城市发展差距日渐加大，珠三角地区协调发展程度则是先增后减。

图 7.1 很明显的一个特征是京津冀地区地区差距综合指标的数值总体呈下降趋势，从最高时 1991 年的 0.769 下降到了 2006 年的 0.731；最低时在 2001 年仅为 0.728。这说明综合考虑经济、社会、资源和环境发展等方面的差异，京津冀地区各城市之间的差异在逐渐缩小。

相反地，长三角地区地区差距综合指标的数值总体呈上升趋势，最低时 1989 年仅为 0.669，但是到 2004 年已经上升到了 0.732，增幅达到了 9.42%；这说明长三角地区各城市间发展的差距在加大。但是珠三角的地区差距则变化较大，经历了一个先升后降的过程。2000 年之前，珠三角地区的地区差距总体呈逐渐下降的趋势；但 2001 年之后各城市综合发展的差距加大。

2. 京津冀的分析

2003 年之前的多数年份，京津冀地区各城市发展很不平衡，协调发展程度最低。图 7.1 显示，尽管总体一直处于下降趋势，但是 1989 ~ 2001 年以及最近的

2007 年，京津冀地区差距定量指标的值最大，也就表明该地区各城市发展的差距相对来说是最大的。相对地，在这段时期，长三角地区地区差距最小，珠三角地区次之。

表 7.2 是对这三大区域地区差距指标的一个统计分析，从表中我们也能发现，京津冀地区的均值和中位数都是最高的，这表明总体看来，京津冀地区各城市之间发展的差异最大；同时，京津冀地区的标准差和最大最小值之差也是最小的。相对地，珠三角的均值为 0.738，低于京津冀，高于长三角的指标值；但同时，该地区的标准差也是最大的，反映其地区差距值的波动较大。

表 7.2　　对三大区域地区差距指标的统计分析（1989 ~ 2007 年）

地区	均值	中位数	标准差	最大最小值之差
京津冀	0.747	0.745	0.012	0.041
长三角	0.712	0.714	0.019	0.073
珠三角	0.738	0.737	0.012	0.047

3. 三大区域地区差距呈缩小的趋势

从图 7.1 可以发现，在 21 世纪之前，京津冀和珠三角地区内部各个城市间的发展差异逐渐缩小，协调发展程度提高；而长三角地区最初各城市发展比较平衡，但伴随着改革力度的加大，地区内各城市发展差距也在逐渐增大。从结果来看，三大区域协调发展程度呈趋同趋势。一定意义上说，协调发展程度也同区域的经济发展水平密切相关。由于珠三角和长三角都先后在国家的政策鼓励和支持下获得了快速的发展，作为以北京和天津两大城市为主导的京津冀的改革开放却一直滞后。经济快速发展的初期，必然使一部分城市先发展起来，占用区域内其他城市的资源，使得区域地区差距不降反升；但是随着经济发展水平的提高，到一定程度必然要求整个区域的协调发展。早期由于京津冀地区的北京和天津是两个大城市，经济发展水平要远高于河北的城市；随着经济发展，区域地区差距越来越大。而当地政府也意识到了这一点，加强了地区间资源和基础设施的共享，甚至进行产业在区域内的转移，促使整个京津冀协调发展。随着北京、天津等几个城市依托自身优势快速发展外，基础设施、资源环境逐渐开始纳入区域统一规划，其他城市的发展也逐渐加快。从结果来看，效果还是很明显的，京津冀地区的协调发展程度一直处于改善的状态。珠三角由于实行改革开放较早，随着经济的快速发展对区域协调发展也越来越重视。长三角地区地区差距增加的原因大致有二：一是在我们的分析中长三角地区包括的城市太多，共有 15 个城市，而京津冀是 10 个；珠三角只有 9 个，一些较小的城市的纳入肯定会使整个区域发展差异加大；二是整个地区没能很好的规划，以求促进整个区域协调发展。长三角诸如上海、南京、苏州等几个大城市发展很快，而且由于地缘相近，协调发展很好。但是一些离上海较远的地区发展则较慢。

以上是对区域协调发展的总体情况作的一个总体分析，由于我们这里得出的地区差距指标综合考虑了经济发展、社会发展、资源和环境发展等方面的差异，因此，影响该指标的因素也是多方面的，要对我们以上得出的判断作进一步分析，必须进行更深入的分析。在下面的分析中，我们将从经济发展、社会发展以及资源和环境发展等方面将前面得出的结果进一步细化。首先分析区域经济发展的差异化程度，分别考虑绝对差异程度和相对差异程度，前者用人均 GDP 来衡量后者则利用基尼系数和锡尔系数来衡量；其次对经济、社会、资源和环境等指标进行详细的分析。

（二）区域经济差异化程度分析

区域经济差异的存在是一个毋庸置疑的客观事实，也是经济发展的客观规律，正如威廉姆逊在“倒 U 理论”中描述的那样：在经济发展处于初期阶段时，区域经济差异不会很大，然而随着国家经济整体发展速度的加快，区域之间的经济差异就会随之扩大，当国家发展到了一个相当高的水平时，区域之间的经济差异扩大趋势就会减缓，这说明，区域差异将存在于经济发展的整个过程中，只要有经济活动的发生，就会有发展的不平衡存在，这个差异无法避免。衡量区域经济的差异化有很多的方法，最简单的是通过人均 GDP 的差异来衡量，另外就通过特定的衡量差异化程度的参数来衡量。

1. 人均 GDP 指标

人均 GDP 反映一个国家或地区的经济发展水平，可以测量城市的经济发展水平，以及城市的生产率，同时人均 GDP 也反映了一个社会实实在在的物质生活水平。因此，用人均 GDP 指标来分析区域经济的差异化具有重要意义。

具体地，我们通过绝对差异和相对差异来分析。其中绝对差异用该区域的城市中最大的人均 GDP 和最小的人均 GDP 的比率来表示。该指标反映的是人均经济总量最高与最低的比值，这个比值越大，说明相对其他地区，该地区差距较大。而相对差异则利用标准差来表征，标准差大则说明该区域经济发展波动较大，也就表明其中各城市的发展水平相差较大。图 7.2 比较了 1989 ~ 2007 年这三大区域的实际人均 GDP①，在表 7.3、表 7.4 和表 7.5 中我们分别给

① 为简便起见，这里对名义人均 GDP 进行价格调整采用的是各城市的商品零售价格指数。由于数据的可获得性，除京津冀地区的北京、天津；长三角地区的上海、苏州、南京、南通、常州、无锡、杭州、宁波、嘉兴、绍兴、舟山；珠三角地区的广州、深圳、东莞、珠海采用的是各自城市的商品零售价格指数外，其他城市采用的是各自所在省份的商品零售价格指数。

出了1989年、1995年、2001年和2007年京津冀、长三角和珠三角三大区域实际人均GDP的均值、标准差和最大最小值的比率；并且计算出了从1989～2007年这19年间的平均的标准差和最大最小值的比率。从中我们可得到以下一些判断：

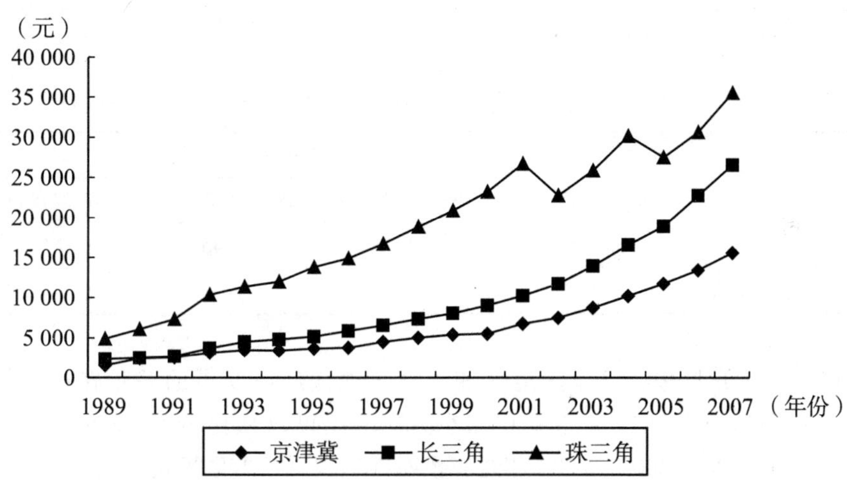

图7.2　三大区域实际人均GDP比较

资料来源：笔者根据历年《中国城市统计年鉴》计算整理。

（1）在三大区域中，经济发展水平珠三角地区远高于其他两个地区，京津冀地区最低。实际人均GDP剔除了价格的影响能够更好地反映地区的经济发展水平，也是一个社会物质生活水平最直接的反映。实际人均GDP的增加表示区域内人们平均收入水平的增加，具有更大的消费能力，一定程度上也表明区域的平均福利状况得到改善。图7.2很直观地反映出了这三个地区整体的经济差异情况。表7.3、表7.4和表7.5分别计算出了这三个区域在三个阶段以及总的1989～2007年期间人均GDP的均值及变化情况。显然，在每一个阶段，京津冀的实际人均GDP都要低于长三角，更加要低于珠三角。

表7.3　　　京津冀地区实际人均GDP的统计分析（元）

	1989～1995年	1996～2001年	2002～2007年	1989～2007年平均
均值	2 871.45	5 156.56	11 196.25	6 221.95
标准差	755.28	1 011.79	3 004.54	3 996.74
最大最小值之比率	2.38	1.79	2.08	10.15

表 7.4　　长三角地区实际人均 GDP 的统计分析（元）

	1989～1995 年	1996～2001 年	2002～2007 年	1989～2007 年平均
均值	3 673.50	7 857.47	18 412.58	9 649.20
标准差	1 184.43	1 613.34	5 548.15	7 092.04
最大最小值之比率	2.20	1.74	2.27	11.30

表 7.5　　珠三角地区实际人均 GDP 的统计分析（元）

	1989～1995 年	1996～2001 年	2002～2007 年	1989～2007 年平均
均值	9 399.82	20 214.3	28 756.21	18 927.47
标准差	3 337.56	4 341.07	4 406.45	9 077.25
最大最小值之比率	2.83	1.79	1.56	7.27

（2）三大地区中，京津冀地区和长三角地区经济发展的差距在逐步加大，而长三角和珠三角地区的差距在缩小。这一点可以从比较在 1989～1995 年、1996～2001 年以及 2002～2007 年这三段时间里这三个地区平均的人均 GDP 的比值来说明。在前 7 年，即 1989～1995 年期间平均的实际人均 GDP 为珠三角：长三角：京津冀 =2.56∶1.28∶1；在 1996～2001 年该比例为 2.57∶1.52∶1；2002～2007 年则变为 1.56∶1.64∶1。这说明珠三角地区和长三角地区的发展差距有减小的趋势；京津冀和长三角之间的差距则有还在拉大，在我们的分析的这三个阶段中，在 1989～1995 年珠三角的人均 GDP 是长三角的 2 倍；1996～2001 年增加到了 1.69 倍；2002～2007 年下降到了 0.95 倍。

（3）近年来，三大地区内部各城市间的经济发展相对差异都呈扩大的趋势；但是绝对差异则有所减小。这可以从相对指标，最大最小值之比率和标准差来说明。最大最小值之比率使该区域内最大的人均 GDP 和区域内最小的人均 GDP 的比值，反映了区域内的绝对差异程度。该比值越大，则表明该区域里经济发展的两极分化越严重。类似地，标准差反映的是该区域内各个城市的人均 GDP 偏离该区域平均的人均 GDP 的程度，是一个相对指标。显然，该值越大表明该区域里各城市人均 GDP 分布比较分散，差异较大。

从绝对差异来看，三大地区在 2001～2007 年间都比 1989～1995 年减小了，但是 2001～2007 年则都有不同程度的增加。1989～1995 年这段时间内珠三角内部经济发展的绝对差异最大，其最大最小值之比为 2.83；其次是京津冀，最小的是长三角地区。但是在 1995～2001 年长三角的最大最小值之比就小于其他两个地区，2002～2007 年长三角地区内部各城市间经济发展差距超过珠三角占第一位，京津冀也较珠三角的要高。从相对差异来看，三大区域的标准差都是逐渐增大的，这说明三个地区经济发展相对差异都处于增大的趋势。

2. 特定参数的衡量

人均 GDP 一定程度上反映了地区经济发展的水平和人们的生活水平。但是，人均 GDP 是一个将 GDP 总量在一定的统计区域按一定的人口数量分摊的数据，只是一个统计上的结果，反映不了具体的收入分配和地区贫富分化的情况。而在实际的社会经济生活中居民之间、城乡之间和地区之间的收入差距是真实存在的。发展经济学家曾经发现，一些国家和地区虽然在多年的发展中，人均 GDP 水平大大提高了，但是上述收入差距却拉大了，特别是大量的财富为比例较少的人口拥有，也就是发展经济学家们所说的“有增长而无发展”。为进一步考察地区经济发展的差距程度，我们以锡尔系数和基尼系数来构建区域经济系统的极化扩散指标，以反映这三大区域内部各城市间的经济发展差异情况及其发展路径。图 7.3 和图 7.4 是以人均 GDP 为基数计算出的锡尔系数和基尼系数，从中我们可以得出以下几点结论：

（1）珠三角地区经济发展差异要远大于长三角和京津冀地区，而长三角又较京津冀小。图 7.3 的锡尔系数和图 7.4 的基尼系数都反映出了这一点。从历年的数据来看，珠三角的锡尔系数和基尼系数都要高于其他两个地区。这也就表明，珠三角地区各城市的经济发展水平差距较大。在计算基尼系数的时候，2002 年时珠三角的基尼系数骤降，这和我们上面对人均 GDP 的分析类似。实际上，这里我们得到的结果和以上对人均 GDP 的分析结果是一致的。

（2）区域之间的差距要大于区域内部的差距。在图 7.3 中，我们同时给出了三大区域内部及三大区域之间的锡尔系数。通过比较可以发现，三大区域之间

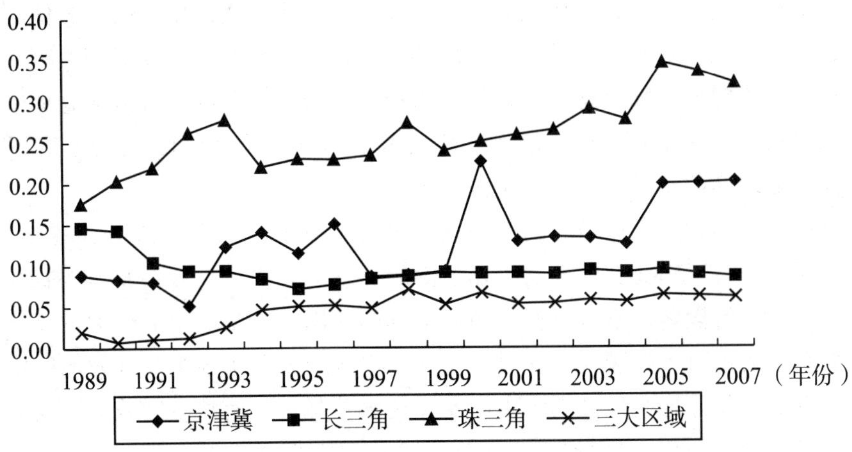

图 7.3　1989～2007 年锡尔系数

资料来源：笔者根据历年《中国城市统计年鉴》计算整理。

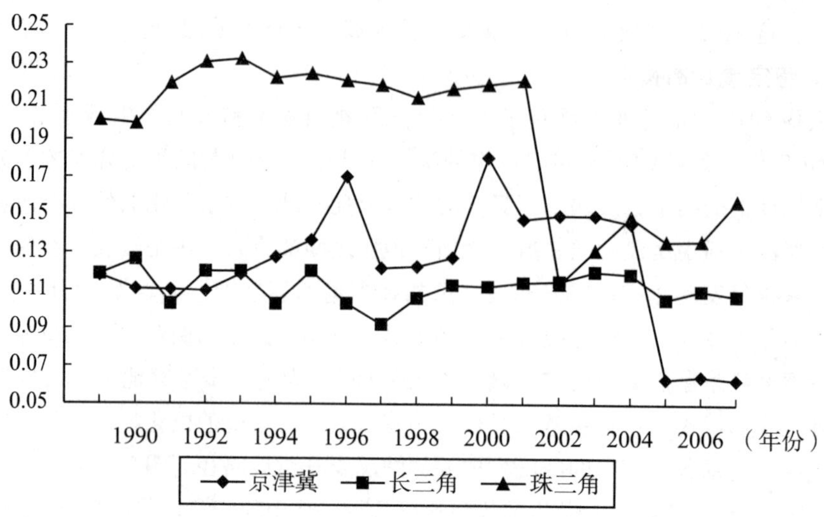

图 7.4 1989～2007 年基尼系数（人均 GDP）

资料来源：笔者根据历年《中国城市统计年鉴》计算整理。

的锡尔系数线比长三角、珠三角和京津冀的都要低，这表明三大区域之间经济发展的差距要低于这三大区域内部经济发展的差距。这也印证了我们得出的三大都市圈经济趋同的结论。

（3）珠三角地区经济发展的差距在逐渐加大，京津冀和长三角地区则变化不大，长三角地区还呈下降趋势；但是区域之间经济发展的差距均呈增大趋势。图 7.3 中对京津冀、长三角和珠三角以及这三大区域之间锡尔系数的比较可以看出，从历史发展路径看，区域之间经济发展的差距都是逐渐增大的。具体到区域内部，珠三角地区的锡尔系数成增大的趋势，说明该地区经济发展的差距在逐渐加大；而京津冀地区则变化不大，长三角地区还处于下降的趋势。从总体量值来看，珠三角地区的差异化程度最大，其次是京津冀，最后是长三角地区；同时，这三个区域之间的差异明显要小于区域内部的差距。

具体来说，就三个区域之间经济发展的差异而言，大致可以分为三个阶段：第一阶段是 20 世纪 80 年代末期，在我们的计算结果中，只有 1989 年和 1990 年的数据，这一阶段锡尔系数有所下降。下降的原因之一是东南亚金融危机导致中国很多企业的出口大幅减少，这对于一些主要靠出口驱动经济发展的地区影响很大，结果之一就是这些地区和城市的发展速度下降，从而整个区域经济发展差异减小。第二阶段是 90 年代初期之中期，这一时期锡尔系数上升很快，从图 7.4 中可以看出，这一上升主要是由珠三角各城市间的发展差距减小、京津冀地区经济发展差异加大所导致。第三阶段是在 2000 年之后，这三大区域之间的发展差异趋于稳定，近两年三大地区的锡尔系数和基尼系数甚至还有所降低。这在一定程度上说明政府更加关注区域协调发展，另外一方面也使经济发展的一个必然趋势。当区域内的某些城市发展到一定程度之后，有些行业的生产必然会转移到周边较不发达的地区，从而促进后进地区的快速发展。

（4）区域内部收入差距的加大远大于经济发展差距的加大，其中京津冀地区的收入差距要略小于珠三角地区，但要大于长三角地区。从上面的结果我们发现，基尼系数的值反映出的情况和锡尔系数的结果基本一致，原因是这里的锡尔系数和基尼系数都是基于人均 GDP 计算出来的，也就是说反映的都是经济发展的差异程度。另外，基尼系数还有一种计算方法就是基于职工平均工资来计算，计算出来的结果更多的是反映收入水平的差距。我们同样给出了这个基尼系数的计算结果。

基于职工平均工资计算出来的基尼系数和上面用人均 GDP 计算的结果相差很大（见图 7.5）。总体上看，各个区域城市间的经济发展差异历年来变化不是很大，但是收入水平的差距却变化明显，而且一直处于快速上升的趋势。也就是说，收入差距的增长速度远大于经济发展差距的增长速度。其原因很大程度上是由于国家的政策造成的，国家实行改革开放，引进外资政策加快了经济发展。一部分地区，尤其是珠三角和长三角地区都先后获得了国家的优惠政策，大力吸引外资，经济发展迅速。但同时一个不可避免得结果就是地区贫富差距的拉大。一批外企的管理人员、高技术人才以及个体私营企业主的收入很高，而且增加很快；同时那些基础行业甚至处于淘汰边缘行业的员工收入没有多大改善，而随着改革的深入，市场竞争的加剧必然导致那些破产企业的员工和下岗职工的生活更

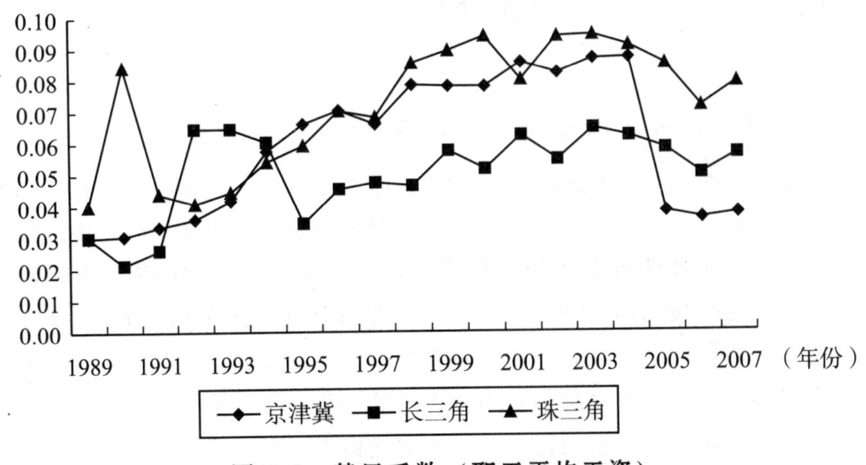

图 7.5　基尼系数（职工平均工资）

资料来源：笔者根据历年《中国城市统计年鉴》计算整理。

加困难，贫富差距也就会越来越大。另外一个值得注意的问题是，改革开放以来大多数农民的收入基本没有多大的改善，城乡收入差距越来越大。这解释了为什么在长三角、珠三角和京津冀这三大地区的收入差距持续增大。

而这三大区域的路径变化又各有特点：珠三角的收入差距基本上是从1992年开始就持续加大，1996年之后就超过了京津冀成了这三大地区中贫富差距最大的地区。造成这个现象很重要的一个原因是1992年邓小平南方谈话之后，珠三角加大了改革开放的力度，经济发展加快导致贫富差距加大；而长三角大规模的开放开发始于20世纪90年代初，这从图7.5上很明显可以看出来。长三角的一些重要城市，比如上海、南京、苏州和杭州等城市依托有利的地理条件和资源优势，经济取得了长足的增长，反映在图7.5上就是收入差距的加大。随着经济发展和改革的深入，长三角这几个主要城市的发展有一个趋同的趋势，随着产业的转移，上海周边的南京、苏州、无锡、杭州等城市经济水平都很接近，城市间总体的收入水平差距加大的幅度也就逐渐减弱。

京津冀地区的各城市间经济水平相差很大，北京和天津依托自身优势经济发展水平遥遥领先于其他城市；另外，北京和天津外资企业的贡献很大，外资企业在国民经济中占很大比重。再加上北京和天津本身拥有很多著名的高等院校和实力雄厚的科研机构，这些是其他地区无法比拟的。经济发展水平的差距使得人才向京、津两地集中，使得这两个地区的工资水平远高于其他地区，从而导致地区内收入差距加大。

四、对于指标的进一步分析

（一）区域经济发展差距的总指标分析

这里对经济发展差距情况的分析主要包括四个方面：经济量值指标、增长率指标、经济结构指标和经济效率指标。经济量值指标主要是表征经济中经济总量差异的大小，反映经济总量的指标包括人均GDP、社会固定资产投资、社会消费品零售总额、居民储蓄总额、地方财政收入和利用外资总额。对这几个指标进行加总分析，将得到一个综合反映经济总量差异化程度的量值，以说明这三大区域内部各城市间历年来经济总量差距大小及其变化情况；同时，我们还将京津冀地区和其他两个地区进行横向比较。增长率指标则是上述几个指标增长率，增长率可以用来反映各个指标历年来的变化情况，从中我们可以看出这几个地区经济的走势并分析其中的影响因素。经济结构的调整和转变是当前区域经济发展的一个重点，从工业占主导向服务业主导是经济发展到一定程度的必然结果。因此我们这里的经济结构指标由工业增加值占 GDP 的比重的增长率、服务业增加值占 GDP 的比重的增长率及高科技人员所占比重等指标加权得出。另一个二级指标是经济效率指标，经济效率是经济可持续发展的要求，随着经济的发展必然要求企业生产效率的提高，由粗放型生产方式向集约型的生产方式转变是经济发展的必然要求。这里主要由劳动人均 GDP、利税产值比、利润销售收入比等指标来衡量。

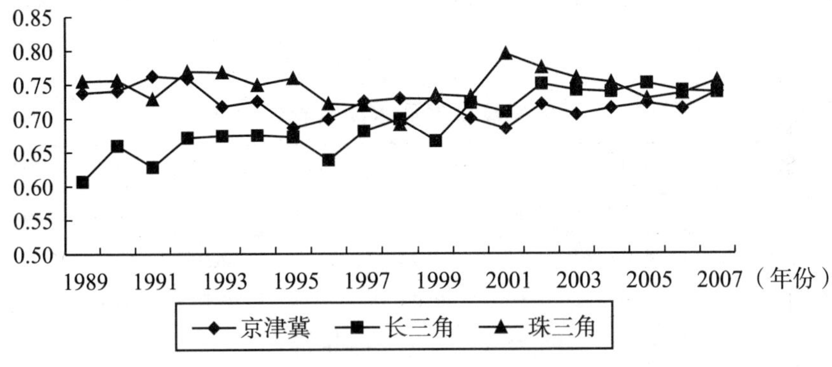

图 7.6　区域经济发展指标比较

资料来源：笔者根据历年《中国城市统计年鉴》计算整理。

图 7.6 是我们得到的各地区经济发展差距指标值，从中我们可以总结出以下几个要点：

1. 从发展趋势来看，京津冀地区经济发展差距呈下降趋势；长三角地区的经济发展差距呈上升趋势；珠三角地区则经历了先下降，再上升，然后又下降的过程

由于我们计算出的指标表征的是地区经济发展差异的指标，这个值越大说明该地区内部各城市经济发展的差距越大，反之则说明地区的经济发展总体比较均衡。从图 7.6 中我们发现长三角地区经济发展的差异处于上升趋势，由 1989 年的 0.61 上升到 2002 年的 0.75，2002 年以来趋于平稳；珠三角地区则波动较大，1989～1998 年处于下降趋势，之后地区经济发展的差距加大，到 2001 年之后又呈下降趋势。相比之下，京津冀地区的波动较小，且呈下降趋势，虽然下降的幅度不大。这在一定程度上说明京津冀地区除了北京、天津两地之外的其他城市的经济发展加快了，地区内经济发展的差异有所缩小。

2. 就绝对量值的比较而言，珠三角地区的经济发展差距在三个地区中是最大的；京津冀地区则在 2000 年之后由第二位下降到第三位，低于长三角地区

图 7.6 反映出我们得出的经济发展差距指标的值变化较大，但从总体来看，珠三角地区在三个区域中是最大的，也就是说，珠三角地区各城市间经济发展的差距还是最大的；而长三角地区由于其经济发展差距指标值逐渐增大，到 2000

年已经超过了京津冀地区。相比较而言，近年来京津冀地区的经济发展差距在三大地区中已经是最小的，这一点可以从表7.6看出来。表7.6对区域经济发展差距指标作了一个分阶段的统计分析，从中我们发现，从1989～2007年总体来看，珠三角地区的均值是最高的，京津冀地区次之，长三角地区最小，但是长三角地区的标准差最大，说明其在各年的波动是最大的。在我们区分的三个阶段中，珠三角的均值一直是最大的。在前两个阶段，京津冀地区比珠三角地区要低，但是高于长三角地区；但是在2000年及以后京津冀地区的均值就低于长三角地区。

表7.6　　区域经济发展差距指标统计分析

地区	1989～1995年		1996～2001年		2002～2007年		1989～2007年	
	均值	标准差	均值	标准差	均值	标准差	均值	标准差
京津冀	0.73	0.03	0.71	0.02	0.72	0.01	0.72	0.02
长三角	0.66	0.03	0.69	0.03	0.74	0.01	0.69	0.04
珠三角	0.76	0.01	0.73	0.03	0.75	0.02	0.75	0.02

资料来源：笔者根据历年《中国城市统计年鉴》计算整理。

3. 三大地区经济发展差距指标的数值日益接近，也就是说，三大区域北部经济发展差异程度呈现趋同的趋势

这一点从图7.6中很明显能看出来，2001年之后珠三角地区的值有所下降，而长三角和京津冀地区度有所上升，导致三者的量值越来越接近。表7.6中的统计分析说明了这一特点，2002～2007年三者之间均值的差距明显要小于前两个阶段。地区经济的发展到一定程度，必然要求其中各城市之间的协调，互通有无，资源共享。因此，各地区之间经济发展差异的缩小应该是必然的趋势。

以上是对各地区经济发展差距的一个总体分析。如前所述，我们得到的区域经济发展差距指标是由经济量值指标、增长率指标、经济结构指标和经济效率指标综合而成的，为进一步对经济发展差距作细化分析，我们下面对这四个子指标分别进行分析。

（二）区域经济发展差距的子指标分析

1. 经济总量差距呈现趋同的趋势，长三角逐渐上升而京津冀则有所下滑

图7.6是对经济量值指标的比较。由于我们这里给出的经济量值是一个综合的指标，由人均GDP、全社会固定资产投资、社会消费品零售总额、人均储蓄

存款余额、人均地方财政收入和实际利用外资等6个项目加权得到，是对经济总量的一个综合反映。该指标越大，表明该地区各城市在经济总量方面的差距也越大；反之，这说明地区内经济总量的差距较小。

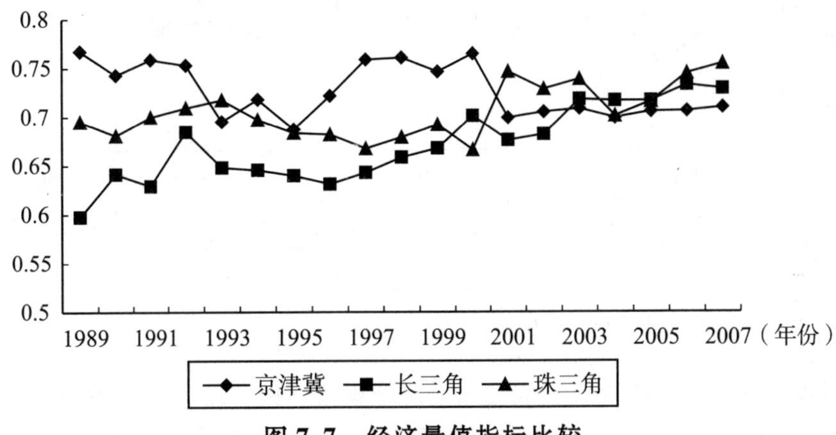

图 7.7　经济量值指标比较

资料来源：笔者根据历年《中国城市统计年鉴》计算整理。

图7.7是京津冀、长三角和珠三角地区经济量值指标的比较。从图中我们可以看出，三个地区经济量值的变化经历了两个不同的阶段。第一阶段是1989～1999年，在这一时期京津冀地区的经济量值在三者里面是最高的，其次是珠三角，最低的是长三角地区。这说明，在这一时期，京津冀地区内部经济总量的差距最大。在这一阶段，长三角地区一直处于增长的趋势，而珠三角地区则一直下滑，京津冀则经历了一个先降后升的过程。第二个阶段是在2000年以后，珠三角地区和长三角地区的经济量值指标增加，而京津冀地区一直在下降，导致珠三角地区的经济量值指标占到了第一位；长三角地区也超过了京津冀地区。这说明，近年来，京津冀地区各城市间经济总量的差距逐渐缩小，各城市的发展差距缩小。同时，在2005年，三者的值几乎相等。

2. 长三角地区经济结构差异加大，京津冀地区的经济结构的差异减小，也就是说经济结构趋同现象明显

经济结构指标我们主要包括了工业增加值占GDP比重的增长率、第三产业增加值占GDP比重的增长率、高科技人员比重和高科技人员比重增长率这4个指标。表明工业尤其是高科技产业和服务业在经济中所占的比重。我们的经济结构指标反映的是地区内部经济结构的差异化程度，值越大表示地区经济结构差异化程度越高。

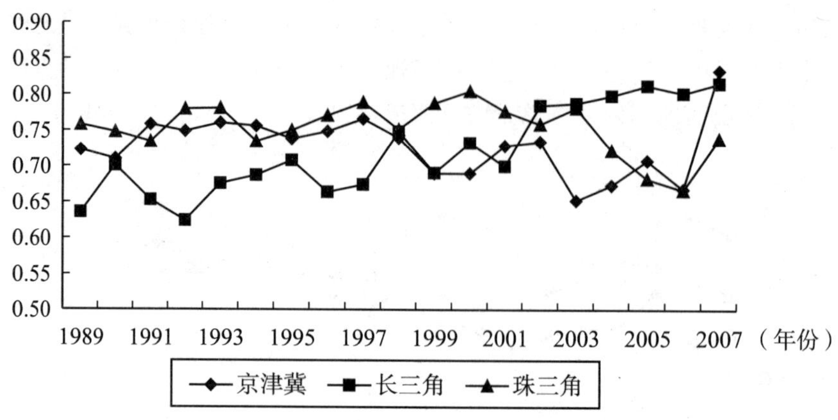

图 7.8 经济结构指标比较

资料来源：笔者根据历年《中国城市统计年鉴》计算整理。

图 7.8 是 1989～2007 年三大地区经济结构指标的情况，直观的印象是，经济结构的变化较大，没有明显的趋势变化。但是从总体来看可以发现以下几个特点：第一，在 1989～1998 年，长三角经济结构指标的值在三大区域中是最低的；珠三角要略高于京津冀；1999～2001 年，珠三角经济结构指标的值最高但是此后就被长三角地区超过，仅高于京津冀；第二，总体来看，长三角地区的经济结构日趋合理，其经济结构指标的值是一直上升的，2002 年以后在三大区域中是最高的；第三，自进入 20 世纪 90 年代以来，京津冀地区的经济结构的差异化程度呈下降趋势，到 2002 年以后已经在三大区域中区域最低的地位，这说明京津冀地区的经济结构差异化程度低，趋同现象明显。不过最近几年京津冀的经济结构有了很大改善。

3. 长三角和京津冀地区内部经济效率的差距不明显，但是，近年来珠三角地区内部经济效率的差距加大

经济效率指标主要衡量的是投入产出的情况。经济发展到一定程度，资源和成本的约束会变得越来越明显。如何用最少的投入获得最大的收益就成了一个经济健康、持续发展的必要条件。

图 7.9 给出的是长三角、珠三角和京津冀三大都市圈经济效率差异化的比较。总体看来，三大地区的经济效率起伏都比较大。原因之一可能是我们这里是通过特定的指标加权，而不是通过实证分析投入产出关系得到的结果。我们这里包括的利税产值比、利润销售收入比都和国家、地方的政策以及经济的景气情况密切相关，这些因素的变化都会引起我们的结果的变化。即使如此，我们还是可以得到一些结论：一是在我们给出的年份里，长三角和京津冀地区经济效率指标

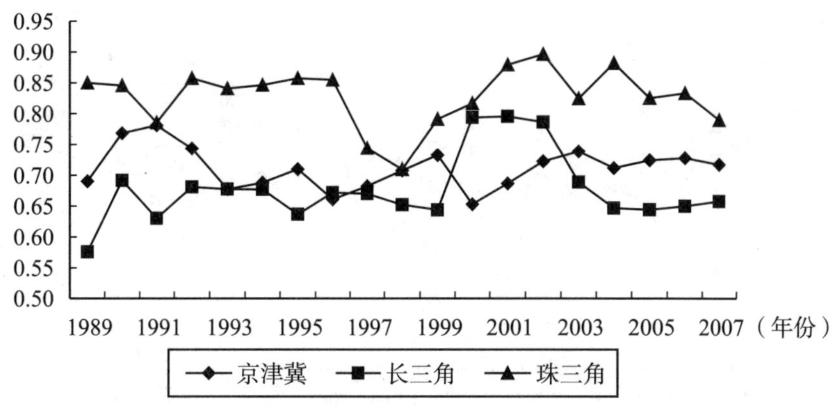

图 7.9　经济效率指标比较

资料来源：笔者根据历年《中国城市统计年鉴》计算整理。

值没有明显的变化，这说明这两个地区各城市间经济效率的差异变化不大；二是1998 年后，珠三角和长三角地区的经济效率指标值处于上升趋势，也就表明珠三角和长三角地区城市间经济效率差距加大了。

4. 从经济增长趋势来看，三大区域的轨迹基本相同，2001 年起长三角和京津冀地区增长率的差异化都有所提高，并超过了珠三角地区

作为区域经济发展的一个重要方面，经济中各主要变量的增长率一定程度上反映了一个经济的增长趋势和增长潜力。这里我们通过全社会固定资产投资增长率、人均 GDP 年均增长率、工业产值年均增长率、农业产值年均增长率、社会消费品零售总额年均增长率、地方人均财政收入年均增长率和人均储蓄存款余额年均增长率来衡量经济的整体发展态势。通过层次分析法得到综合的增长率指标值，该指标值越高说明区域内各城市经济增长的差距越大。

图 7.10 给出的就是增长率指标的情况。从图中可以看出，除了长三角地区在 1992 年之前增长率水平较低之外，三大地区增长率相差都不大，而且发展的轨迹也大致相同。在 2001 年之后，长三角和京津冀地区增长率都呈增长的趋势，珠三角地区则开始下滑。在 2002 年之后，长三角地区各城市经济增长的差距要大于京津冀地区，而京津冀地区则要高于珠三角地区。

总之，经济发展差距指标作为二级子指标，包括四个三级子指标：经济量值指标、增长率指标、经济结构指标和经济效率指标。总体来讲，京津冀的经济发展差距呈现下降的趋势，但长三角与珠三角的经济发展差距却在上升。就绝对量值的比较而言，三个区域中，京津冀地区的经济发展差距由 20 世纪 90 年代初的最高发展到最近几年的最低。在最近几年中，三大区域内部的经济发展差距程度呈现出趋同的趋势。

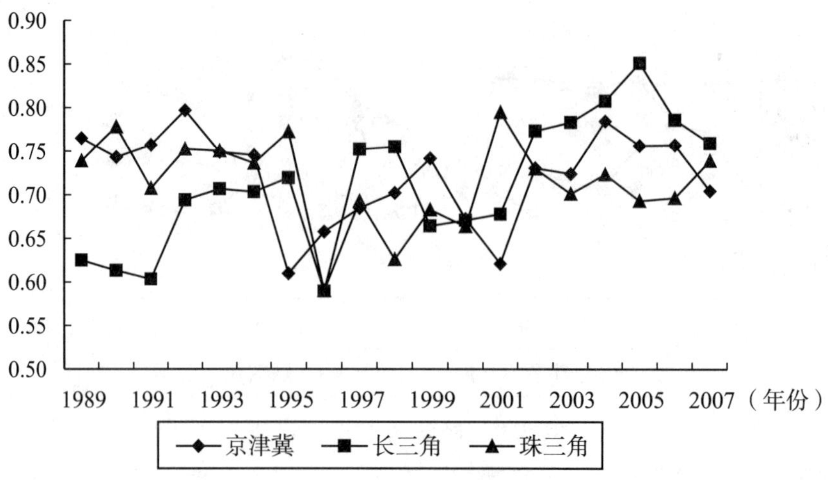

图 7.10 增长率指标比较

资料来源：笔者根据历年《中国城市统计年鉴》计算整理。

三级子指标的运动方向可以解释二级子指标呈现出这种特征的原因。图 7.7 和图 7.8 显示，经济总量差距和经济结构差距在京津冀都呈下降趋势，这与这个地区的经济差距总指标的方向一致，但增长率指标和经济效率指标则向相反的方向运动，这意味着京津冀经济发展差距的下降主要是受经济总量和经济结构差距减少的影响，经济效率差距前后并没有太大改变，而且经济增长率差距一直上升。就经济发展差距的绝对量值而言，京津冀在最近几年中一直低于其他区域，很大程度上也取决于经济总量和经济结构差距处于很低的水平。这两个子指标最近几年在京津冀中位置最低，和经济发展差距总指标所显示的状态一致。最后，最近三大区域内部经济发展差距的趋同归功于经济总量和经济增长趋势差距的趋同，因为只有这两个子指标在不同区域间呈现一种集中的趋势（见图 7.7 和图 7.10）。

（三）区域社会发展的总指标分析

区域经济发展更多的是强调经济总量和经济效益的增长，是一维的；区域社会发展则强调经济与社会、物质与文化、人类与自然、生态与人文相结合的综合性的发展，是多维度的。社会发展的驱动机制从追求经济利益走向经济与社会协调发展是一个自然的趋势。人口就业、消费、文化、教育、生态等诸多问题的解决离不开经济。但是，片面追求经济效益反而最终会制约经济的进一步发展。这里我们通过指标体系来衡量区域社会发展的历史路径，并对长三角、珠三角和京津冀都市圈进行比较。我们这里的社会发展指标由人口指标、基础设施指标、生活质量指标和科学教育指标组成，通过社会指标的高低反映区域社会发展水平差异化程度的高低。该指标的值越大，我们就认为它反映的区域内各城市社会发展水平的差距越高；反之则说明社会发展水平比较平衡，差异化程度小。图 7.11 给出的是我们计算出的社会发展指标情况，总体上，我们从图 7.11 中可以发现以下几点：

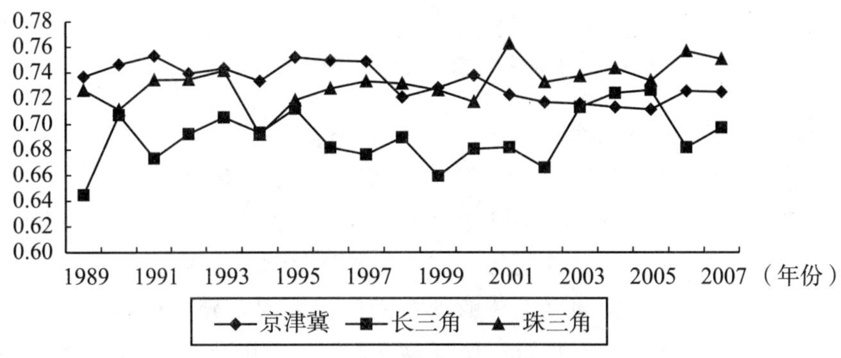

图 7.11　区域社会发展指标比较

资料来源：笔者根据历年《中国城市统计年鉴》计算整理。

1. 总体来看，京津冀地区社会发展的差异化程度较高，尤其在 2000 年之前比长三角和珠三角地区都要高；而长三角地区社会发展程度的差异较小，但在 2004 年超过了京津冀地区

从图 7.11 可以看出，1989～2000 年的大部分年份里，京津冀地区社会发展指标值在这三个地区中都是最高的。这说明，在 2000 年以前，京津冀地区综合的社会发展的差异化程度最高，各城市的社会发展程度差距较大；2000 年之后，京津冀地区就被珠三角地区超过。长三角地区社会发展综合指标的数值一直很低，说明长三角地区总体的社会发展较为平衡。但是，这种情况在 2004 年和 2005 年有所改变，2004 年和 2005 年长三角地区社会发展指标超过了京津冀地区，而且缩小了和珠三角地区的差距，不过在 2006 年以后又成为最低。这一点从表 7.7 中可以更明显地看出来。1989～2007 年，京津冀地区的社会发展指标的均值是三个地区中最高的；而且标准差最小，也就是说总体变化较小。珠三角的均值占第二位，但是波动较大；而长三角地区总的均值最小，仅为 0.69。

2. 从总体趋势上看，京津冀地区社会发展的差异化程度一直处于下降趋势；珠三角和长三角地区则都经历了一个先降后升的过程

从发展的轨迹来看，京津冀地区社会发展指标一直呈下降趋势。表 7.7 中，在

表 7.7　　区域社会发展指标的统计分析

地区	1989～1995 年		1996～2001 年		2002～2007 年		1989～2007 年	
	均值	标准差	均值	标准差	均值	标准差	均值	标准差
京津冀	0.74	0.01	0.73	0.01	0.72	0.01	0.73	0.01
长三角	0.69	0.02	0.68	0.01	0.70	0.02	0.69	0.02
珠三角	0.72	0.02	0.73	0.02	0.75	0.01	0.73	0.02

资料来源：笔者根据历年《中国城市统计年鉴》计算整理。

1989～1995 年的 7 年间，京津冀地区社会发展指标的均值是 0.744，1994～1999 年这一值降到了 0.739，2000～2004 年进一步下降到了 0.74。而珠三角地区从 1996 年经历了一个大的下降之后开始呈上升的趋势，并且在 2001 年就超过了京津冀地区而占据了第一位。这说明，京津冀地区区域社会协调发展方面做得较好，并逐渐改善。长三角地区总体的社会发展水平的差异化程度一直较低，但是，从 1999 年开始就逐步开始有所提高，2002～2007 年均值提高到了 0.70，2004 年超过了京津冀地区，不过，2006 年又降为最低。

3. 三大地区社会发展的差异化程度越来越接近

和以上的很多指标反映出的一样，京津冀、长三角和珠三角三大地区社会发展水平也越来越接近。这很大的原因是由于京津冀地区社会发展指标值持续下滑，而珠三角和长三角地区则呈上升的趋势。社会发展水平很大程度上依赖于经济发展的水平，不管是人口状况、基础设施、生活质量还是科技教育情况都和经济的发展的水平密切相关。只有地区经济实力增强了，政府和社会才有更多的财力去建设更好更齐全的基础设施、增加教育投入。而只有人们收入提高了，政府在医疗、保险和教育等方面的投入增加了，人们的生活质量才能有实质性的提高。

（四）区域社会发展的子指标分析

以下对具体指标进行对比分析：

1. 人力资本方面，京津冀地区各城市的差距明显要大于珠三角和长三角地区

在经典的增长理论中，人力资本是经济发展的一个重要因素，而社会发展的一个重要方面就是其人口的发展状况，高素质人才在人口中所占比重越大，就越有利于当地经济的发展。我们这里的人口指标主要包括了人口总量、人口自然增长率和大专以上人口的比重等，这一指标主要反映地区的人力储备和人力资本的差异情况，这一指标值越大表明地区内部各城市之间的人力储备和人力资本的差异越大；反之，则说明人口增长和人力资本相对平均。如果地区人力资本太过集中，显然不利于地区经济的协调发展。图 7.12 是人口综合指标的情况，从图 7.12 可以看出，京津冀地区人口综合指标的差距总体上要高于其他两个地区；而长三角地区在人口指标方面差异相对较小。这和事实吻合，由于京津冀地区的北京、天津集中了大批的高等院校和科研机构，但是京津冀地区其他地区的人口总量和人才素质和这两地区的差距还有很大的差距。珠三角地区的人口和高素质人才主要集中于广州和深圳，差异化程度也比较大；相对而言，长三角的高校很多，而且分布较为分散，所以各城市的人口指标差距相对就要小得多了。但是，近年来，这种差距明显缩小了。2001 年后，京津冀地区人口指标的差距明显减小，而珠三角地区则有明显的增加并且已经超过了京津冀的水平。

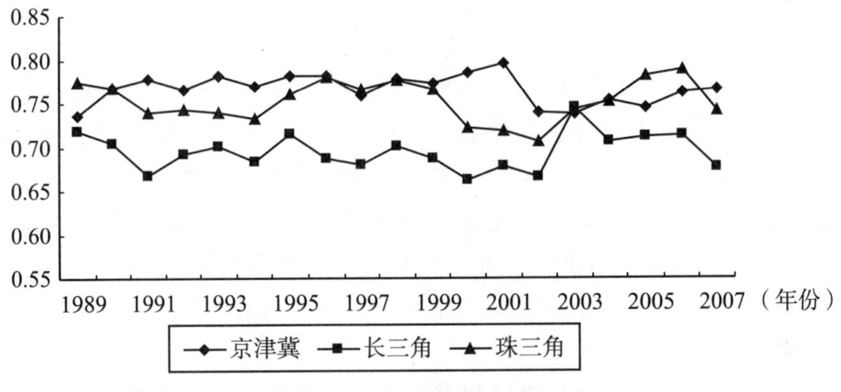

图 7.12　区域人口指标比较

资料来源：笔者根据历年《中国城市统计年鉴》计算整理。

2. 在基础设施方面，珠三角地区基础设施的差异化最大，其次是京津冀，最后是长三角地区

基础设施指标主要用于评价地区内基础设施的种类、规模、水平、配套等的差异化程度。基础设施主要从发电量、货物周转量、客运量、人均道路面积和万人因特网数等方面来衡量。基础设施指标越大，表示地区内各城市之间在基础设施方面的差异越大。图 7.13 给出了三大区域基础设施综合指标的情况。从图上我们发现在三大区域基础设施建设方面差距不大。比较来看，珠三角地区的基础设施差异化程度要更大一些，反映在图上就是其指标值较大；京津冀地区要稍低于珠三角地区，但是比长三角地区要高一些。这说明京津冀地区各城市间的基础设施建设方面差异还比较大。

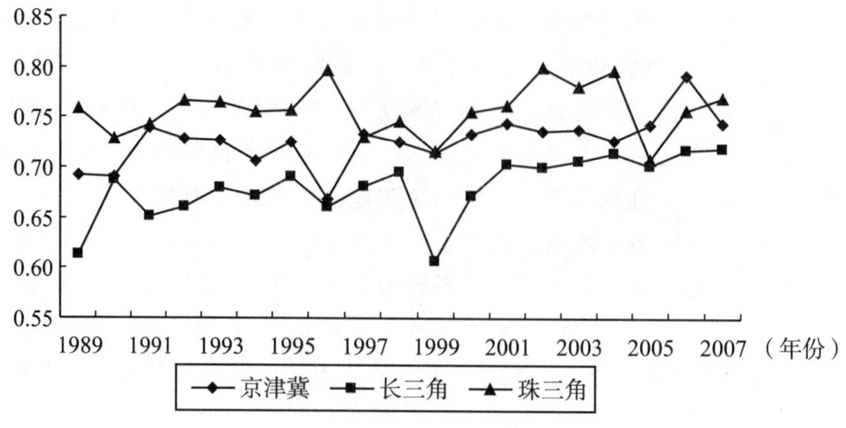

图 7.13 基础设施指标比较

资料来源：笔者根据历年《中国城市统计年鉴》计算整理。

此外，从图 7.13 还可以看出，1999 年之后，珠三角和长三角地区的基础设施的差异化程度都有比较大的增加，这在一定程度上是由于一些相对发达城市在基础设施上的投资加大，而相对不发达的城市基础设施投资相对滞后。京津冀地区却没有明显的提高，甚至还有所下降，这说明京津冀地区基础设施投资相对平衡；另一个可能是地区基础设施纳入一体化共享体系，使各个城市的基础设施水平度有所提高。不过在 2005 年出现了珠三角明显的降低和京津冀明显的上升。

3. 三大地区居民生活质量差距明显缩小，京津冀地区生活质量指标的差距从高位下落，而长三角和珠三角地区均有不同程度的提高

区域内人们的生活质量是社会发展的一个重要指标，社会发展的主要目的就是提高大众的生活水平，提升其生活质量。因此，一个区域居民生活质量的高低是衡量区域社会发展的一个重要指标。这里我们从人均收入、职工平均工资、人均住宅面积、人均生活用电量、人均社会消费品零售总额、人均年末储蓄存款余额、医院平均床位数和每万人拥有的医生数来综合反映生活质量的高低。我们给出的生活质量指标用于衡量地区内各城市生活质量的差异程度，生活质量指标的值越大，表示地区各城市间的生活质量差距越大。

图 7.14 是我们计算出来的生活质量综合指标值。从图中可以看出，京津冀地区在生活质量方面的差异在 20 世纪 90 年代初期远高于珠三角和长三角地区，但是之后一直处于下降趋势。1990 年生活指标值是 0.79，1995 年下降到 0.73，2004 年进一步降低到了 0.73。生活质量指标高，说明京津冀地区各城市的生活质量差异很大；而生活质量指标值的降低则说明地区城市的生活质量差距越来越

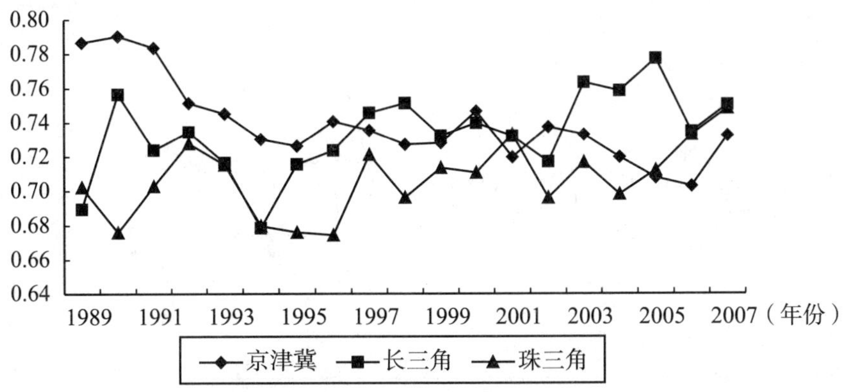

图 7.14　生活质量指标比较

资料来源：笔者根据历年《中国城市统计年鉴》计算整理。

小。相反地，珠三角和长三角地区的生活质量指标值在 90 年代初期均很低，但是均经历了一个先降后升的过程。长三角地区从 1994 年起生活质量指标开始呈上升趋势，2003 年之后已经超过了京津冀和珠三角。珠三角地区生活质量指标一直较低，但是 1996 年后开始呈上升趋势，并于 2005 年超过了京津冀地区。从发展轨迹来看，三大地区生活质量指标已经日益接近。

4. 科学教育水平三大地区相差不大。总体来看，长三角地区科学教育水平的差距要小于其他两个地区，而珠三角则在 2000 年之后超过京津冀处于第一的位置

随着经济结构逐步成熟，经济增长更多取决于经济、社会的软环境。在迎接知识经济和全球化浪潮中，知识资本的作用日益凸显，而知识资本的载体则是人才。区域内科学技术发展水平及引进并消化、吸收新技术的能力，区域技术创新的水平都和高素质的人才密切相关，因此当地的科学教育水平就显得尤为重要。由于数据的限制，这里我们仅从人均公共教育支出和人均图书消费额（每百人拥有公共图书馆藏书）来反映当地的教育水平高低。我们给出的科学教育水平指标反映的是地区内教育水平的差距，这个指标的值越大说明地区内各城市的教育水平差距越大。图 7.15 给出的是三个地区科学教育指标的图示，从中可以看出，近年来三大地区该指标一直比较接近，而且都没有多大的改变。总体来看，珠三角居于第一位；京津冀地区的指标值处于下降的趋势，这说明京津冀地区教育投资的差距在减小；另外，长三角地区的教育水平差距总体上都要低于其他两个地区。

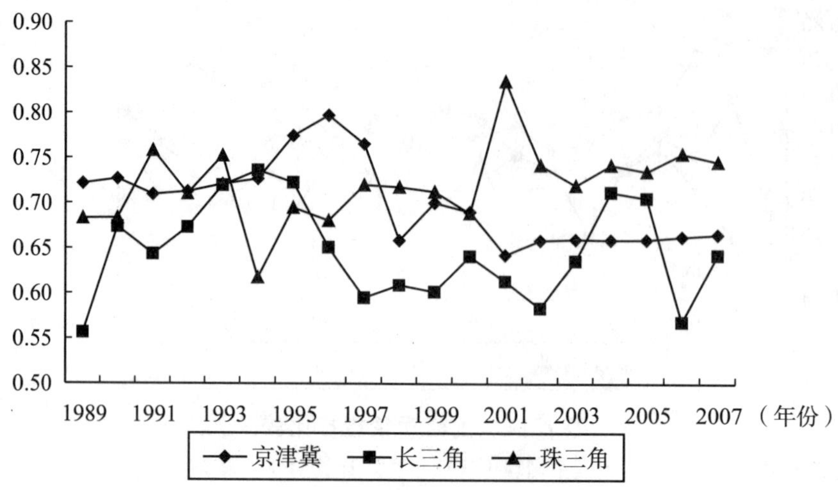

图 7.15　科学教育指标比较

资料来源：笔者根据历年《中国城市统计年鉴》计算整理。

总体来看，京津冀地区社会协调发展的程度呈增加的趋势，尤其在 2000 年之后这种趋势更为明显；而珠三角和长三角地区协调发展程度则有所下降。但是从绝对量来说，在 2000 年之前，京津冀地区社会协调发展的程度都不及珠三角和长三角地区，但这种情况在 2000 年之后有所改变。到 2004 年京津冀地区社会协调发展的程度超过珠三角和长三角地区，为三大区域中最高的。另一个很明显的现象是三个地区社会协调发展的程度呈趋同趋势，三者之间的差距越来越小。社会协调发展状况可以由其所包含的三级指标：人口指标、基础设施指标、生活质量指标和科学教育指标来解释。2000 年之前京津冀地区社会发展的差异较大主要是由于地区人口指标和科学教育指标的差异很大所造成的。而这两个指标很大程度是由于人力资本的状况，也就是说京津冀地区在教育和人力资本储备方面的差距很大使得地区社会发展的差距增加。京津冀地区社会发展差异程度的缩小则主要是因为地区生活质量的差异一直处于减小的状态。相对来说，长三角地区的人口指标、基础设施指标和科学教育指标的差异程度都是最小的，这也使得其整体的社会发展差异也较小。

（五）区域资源和环境发展的总指标分析

随着经济的快速增长，社会经济发展与自然资源和环境的协调已经成为我国区域社会经济持续发展能力建设的首要任务和基本目标。如今，资源和环境问题已经越来越受到人们的关注。理论界将经济发展和资源、环境结合起来，提出了“绿色”GDP 的概念。从这个意义上说，区域资源和环境的发展状况应该是区域协调发展的一个重要因素。为此，我们设计了资源和环境发展指标体系，考量各地区在资源和环境的协调发展情况。具体地，资源和环境指标体系主要包括了资源保有情况、污染治理情况以及自然环境情况。利用层次分析法，通过加权得到总的区域资源和环境发展指标的量值。该量值越大就表示地区资源和环境方面的差异越小，也就意味着该地区的各个城市在自然资源和环境方面或是在资源和环境保护方面差距小，在环境和资源的协调发展方面做得越好。

图 7.16 是我们得出的区域资源和环境发展指标的量值。从中我们可以发现以下几点：

1. 总体来看，三大地区在资源和环境发展方面变化不大；京津冀和珠三角地区 20 世纪 90 年代资源和环境发展的差异化程度均呈减小状态，但之后都呈现增大的趋势，最近几年又不断缩小

从图 7.16 来看，比 20 世纪 90 年代初，近年来，三大地区内部资源和环境方面的差距都有所减小。也就是说，三大地区近些年来资源和环境的协调发展方面都得到了重视，并取得了一定的效果。经济快速发展的代价之一，是资源的过度消耗和环境的污染和破坏，尤其在经济发展早期，中国主要采取粗放式的发展模式，资源损耗大，许多地区都不惜牺牲环境为代价来推动经济的快速发展。但是，随着经济发展到一定程度，经济发展和资源、环境的矛盾越来越突出，政府对资源、环境方面也日益重视。从图上我们可以看出，长三角地区从 1989 年之后一直处于上升的趋势，但从 1996 年之后就一直处于下降状态，说明长三角

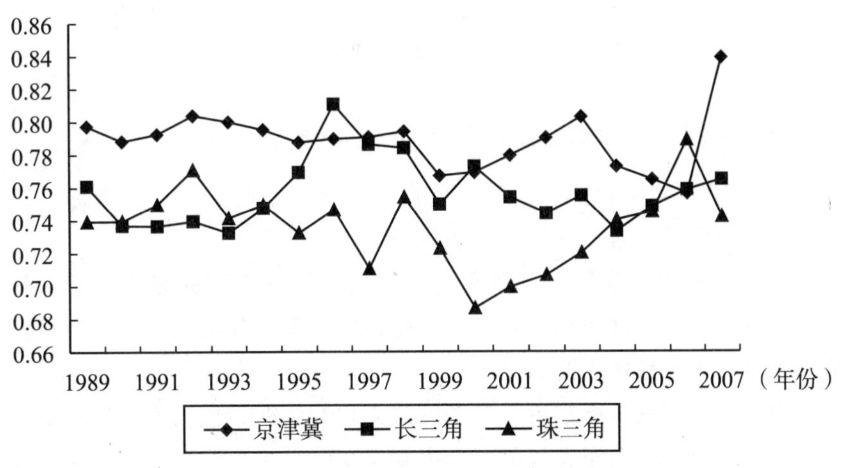

图 7.16　区域资源和环境发展指标比较

资料来源：笔者根据历年《中国城市统计年鉴》计算整理。

地区已经越来越注重资源和环境问题；而京津冀和珠三角地区资源和环境指标在经历过一段时间的下降之后，进入21世纪后都有不同程度的提高，也即是说，地区在资源和环境发展方面的差距加大了。可能的原因之一是中国加入WTO使得企业面临更大的机会和更大的市场，有些城市不惜以牺牲资源和环境为代价，鼓励企业发展。由于经济结构的差异，长三角只是经历了一个短暂的上升之后就开始下降，这一定意义上反映出长三角地区更加注重整个区域在资源和环境方面的协调发展。可喜的是，京津冀地区在2003年后该指标有所下降，预示着京津冀地区也开始关注区域资源和环境的协调发展问题。不过在2007年，京津冀有明显上升趋势，珠三角有明显下降趋势。

2. 三大地区中，京津冀地区在资源和环境方面的差异化程度要大于其他两个地区

图7.16中反映出的另一个很明显的特点是，从近18年的发展总体情况来看，京津冀地区的资源和环境发展指标总体要高于长三角和珠三角地区。这表明京津冀地区各城市在资源和环境发展方面差异较大，这里面既有自然资源禀赋的原因，也和政府在资源环境方面的政策相关。但是，很大的一方面还是和经济发展有关，一些城市以过度使用资源和牺牲环境为代价促进经济发展。

3. 三大区域在资源和环境协调发展方面的差距日益缩小

从总体看，三大区域的资源和环境综合指标的量值越来越接近。珠三角地区的资源和环境指标要低于其他两个地区，尤其在1994年之后表现得更为明显。但是2000年之后，上升稳健，同时在长三角和京津冀，该指标均有所下降，使得三大区域该指标值的差距越来越小。2007年珠三角地区资源和环境综合指标值是0.74，已经略低于长三角的0.76，而京津冀却为0.84。

（六）区域资源和环境发展的子指标分析

下面是对资源和环境综合指标更详细的分析，分别从二级子指标：资源保有、污染及其治理以及自然环境三方面进行。

1. 从资源保有方面来看，京津冀地区在资源保有方面的差异较小，且呈下降状态；珠三角地区各城市拥有资源的差距最大，呈下降状态；长三角地区资源保有量的差距则有越来越大的趋势

这里我们的资源保有指标更多的是关注人均的情况，包括人均供水量、人均可耕地面积、人均土地面积和气化率，主要反映的是一个地区最基本的资源人均占有情况。地区拥有的资源对地区经济发展有重要影响，也是经济可持续发展的一个重要因素。具体地，如果某一地区资源保有指标的值越大，我们就认为该地区各城市资源拥有量的差距较大。图7.17是我们得出的资源保有指标的量值，从中可以发现，三大地区资源保有方面差距较大。三大地区都有一个先下降和后上升的过程：珠三角地区从1991年之后总体处于下降的趋势；长三角地区从1989年的0.79一直下降到1993年的0.68，然后开始上升；京津冀地区则是自1992年的0.756下降直到2001年的0.69。从整体来看，珠三角的资源保有状况要优于其他两个地区，长三角地区在2000年后该指标提高很快，2002年已经超过珠三角而居第一位；相对地，京津冀地区资源拥有量的差距比其他两个地区要小，尤其是2000年之后不仅低于珠三角地区更远低于长三角地区。不过，最近几年三大地区有趋同趋势。

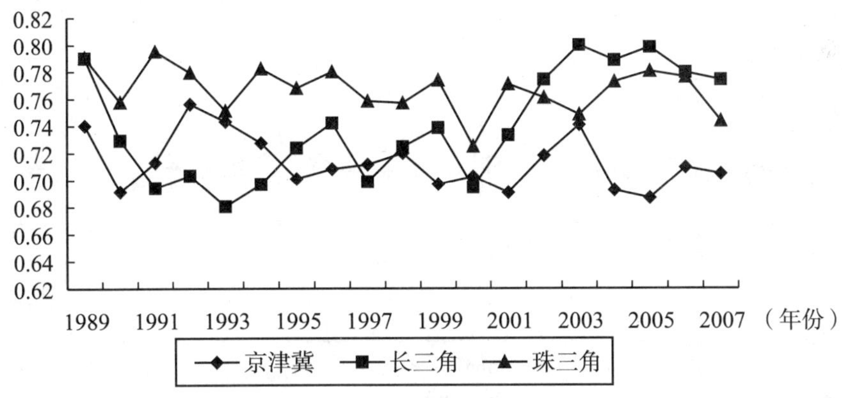

图 7.17　资源保有指标比较

资料来源：笔者根据历年《中国城市统计年鉴》计算整理。

2. 在污染治理指标的差异化程度方面，京津冀地区污染治理差异化程度较大，但是1999年之后这种差异化程度逐渐下降；珠三角地区的差异化程度较小，但2001年之后这种差异化程度明显加大，并超过了其他两地区

区域环境发展的一个重要指标是污染治理状况。显然，区域在污染治理方面的力度越大，地区的环境状况也就相应地会更好。一定意义上说，地区的污染也是一种“公共产品”，要很好地解决污染问题，需要整个区域加强协调，这样才能杜绝“搭便车”的现象。区域在污染治理方面的协调程度越高，对整个区域的环境治理就越有利。为此，我们通过考察区域污染治理的差异化程度来考察区域在环境发展方面的协调情况。我们包括的污染指标主要是工业固定废物综合治理率、生活污水处理率、垃圾无害化处理率和交通噪声达标率。利用层次分析法，对这些指标分析得出一个综合的污染治理指标值，用于反映各区域内部在这些方面的差异情况。一般来说，污染治理指标的值越大，表示该地区内部各城市在污染治理方面的差异越大，环境协调发展程度越小。图7.18给出的是三大区域污染治理指标的比较情况，从中可以发现，京津冀和长三角地区在环境协调发展方面比珠三角地区要差，反映在图上就是后者的污染指标值较低。但是，2001年之后珠三角地区污染治理指标值增加很快，到2004年甚至超过了京津冀和长三角地区，这在一定程度上反映了在加入WTO之后的一段时间里珠三角地区在环境协调发展程度下降了。而京津冀地区则在1999年之后从高位下落，污染治理指标的值逐渐下降，在一定程度上反映了京津冀地区在污染治理方面加大了力度，并越来越注重区域的协调。

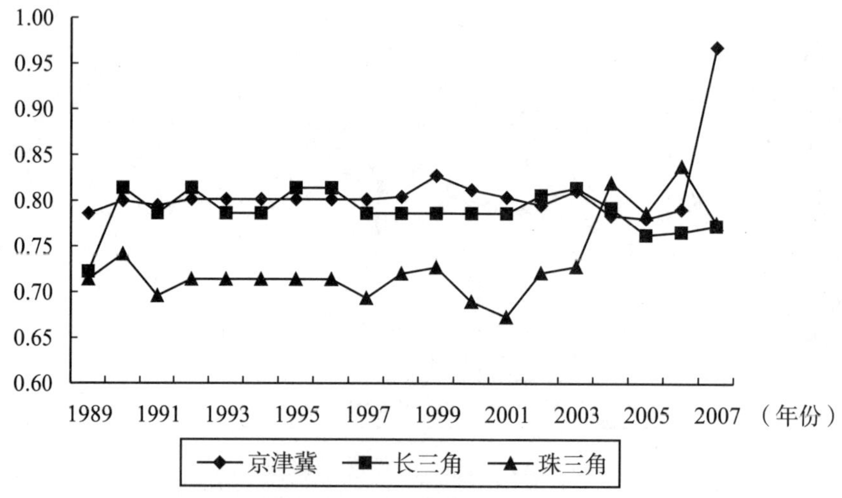

图7.18 污染治理指标比较

资料来源：笔者根据历年《中国城市统计年鉴》计算整理。

3. 自然环境方面，京津冀地区内的差异明显要高于其他两个地区

自然环境是社会发展的一个重要方面，自然环境的好坏直接关系到人们的生活质量，而且好的自然环境也更有利于吸引企业投资以促进地区经济的发展。这里，我们主要通过人均的绿地面积和森林覆盖率来衡量地区的自然环境状况，通过分析得出一个反映地区自然环境差异化程度的指标，即自然环境指标。该指标值越高表明该地区的绿化面积差异越大，也可以认为各城市自然环境的差异较大。图7.19是我们得出的自然环境指标值，从图上可以看出京津冀地区自然资源环境的差异明显要高于其他两个地区。2000年后京津冀地区自然环境还较上年有所提高，而长三角地区和珠三角地区则都有不同程度的下降，说明这两个地区自然环境方面的差异减小了，协调发展程度有所提高。

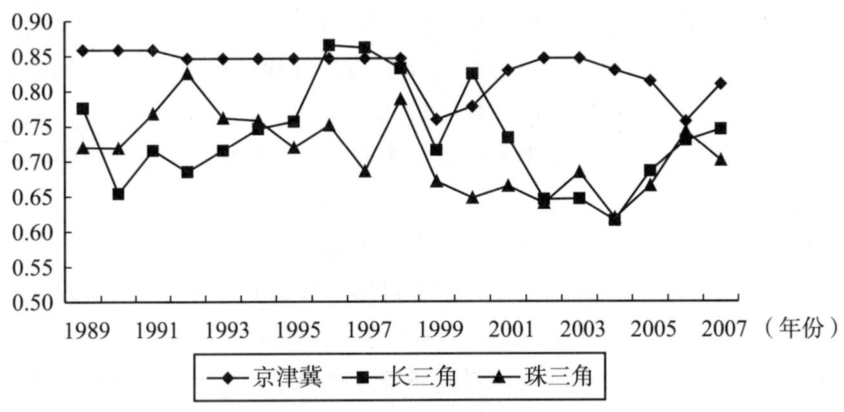

图 7.19　自然环境指标比较

资料来源：笔者根据历年《中国城市统计年鉴》计算整理。

总之，资源和环境发展指标作为二级子指标，包括三个三级子指标：资源保有指标、污染治理指标和自然环境指标。总体来看，京津冀地区资源和环境发展方面的差异最大；与珠三角地区的变化类似，在 20 世纪 90 年代资源和环境发展的差异化程度均呈减小状态，但之后都呈现增大的趋势。相对地，长三角地区在经历了一个上升阶段之后，从 90 年代中期开始一直处于下降的趋势。但是从指标的绝对值来看，三大区域 2004 年的指标值和 1989 年相差不大，这反映出三大地区资源和环境方面的协调程度并没有多大变化。进一步细化分析可以发现，京津冀地区在资源和环境方面的差异化程度较高主要是由于地区在污染治理和自然环境方面的差异较大（如图 7.18 和图 7.19 所示），而图 7.17 表明在资源保有方面京津冀地区的差异化程度较小。这在一定程度上反映出京津冀地区有的城市在污染治理方面的认识不足，是整个地区内在污染治理方面的发展很不平衡，进而导致资源和环境发展的不平衡。90 年代末以后京津冀地区资源和环境发展的差异化程度上升则更多的是由于地区自然环境的差异上升所导致，这说明近年来京津冀地区以牺牲自然环境换发展的现象越来越明显。

五、区域协调发展的比较现状

通过对指标体系的分析，可以得出以下的结论：

第一，京津冀地区协调发展程度逐渐提高，但是总体上还是要低于珠三角和长三角地区。

从发展趋势上看，京津冀和珠三角地区的协调发展程度都经历了一个先提高后下降的过程；长三角地区协调发展程度则一直处于减小的状态。从计算得出的区域协调发展定量发展指标的绝对值来看，20 世纪 90 年代京津冀地区区域协调发展的差异是最大的，而长三角地区则比其他两个地区要小得多。到 2000 年之后，三个地区协调发展的程度越来越接近。

第二，京津冀地区协调发展程度较低主要原因在于社会发展和资源环境方面的差异化程度较高。

区域协调发展程度的量值主要由三个子指标：区域经济发展指标、区域社会发展指标、区域资源和环境发展指标综合得出。从以上的分析可以发现，三个地区经济发展的差异化程度相差不大，2000 年之后京津冀地区经济发展的差异化程度是最低的。而区域社会发展和资源环境方面的差异化程度京津冀地区则明显要高于其他两个地区。这在一定程度上表明，京津冀地区更多的还是注重经济方面的协调发展，而在社会发展和资源环境协调发展方面还不够重视。而且，研究还发现京津冀地区还存在一定程度的以牺牲环境为代价来加快经济发展的现象。

第三，区域之间经济发展的差距呈逐渐拉大的趋势，但是区域之间经济发展的差距还要明显小于区域内部经济发展的差距。

对地区之间和地区内部锡尔系数的分析可以发现，区域之间的锡尔系数是逐渐增大的，而且要小于三个区域之间的锡尔系数。这表明区域之间经济发展的差距在逐渐加大，但这种加大的程度并不明显。但是，很明显的一个现象是区域内部经济发展的差距要比区域之间经济发展的差距大。这是很多国家和地区经济发展都要经历的一个过程，中国由于实行了改革开放的政策，进一步解放了生产力，一些地理位置优越，优先享受政策优惠的城市会先一步发展，从而使区域整体经济发展的差距拉大。但是，经济进一步的发展必然要求区域的协调发展，从而区域内经济发展的差距会逐渐缩小，只是缩小的时间和程度会有所不同。事实上，研究的结果也验证了这种假设。

第四，三个区域一个共同的特征是区域内部收入差距的加大要大于经济发展差距的加大，其中京津冀地区的收入差距要略小于珠三角地区但是大于长三角地区。

经济发展越快社会物质产品也就越丰富，但经济快速发展的同时又可能导致地区贫富差距的扩大，当前中国经济的一个热点就是避免贫富差距拉大的问题。事实上，经济发展所带来的贫富差距扩大在对京津冀、珠三角和长三角地区的分析也表现得很明显。以职工平均工资计算的基尼系数表明，近年来三个地区内部收入差距都有很明显的加大。对比经济发展差距的变化还可以发现收入差距拉大的力度明显要比经济发展大。

第五，京津冀地区在教育和人力资本方面的差异要大于珠三角和京津冀地区。

对地区人口指标和科学教育指标分析的结果都表明京津冀地区各城市在人力资本储备和教育投资方面的差异较大，这在一定程度上说明京津冀地区人才集聚现象比较明显。从现实来看，北京和天津两个城市集聚了大批的高校和科研机构，尤其是北京市，集中了大批的高校学生、学者、科研人员和其他高级人才。高素质的人才对城市经济和社会的发展的推动作用是毋庸置疑的，但是，对于一个大的区域而言，高素质的人才过于集中也不利于区域整体的协调发展。

第八章

区域经济一体化：测度、比较与对策

——以京津冀、长三角和珠三角为例

在当今世界的全球化、信息化、网络化的发展趋势下，区域经济系统的重要性不断显现，实施区域一体化的发展战略已成为国家和地区发展的必由之路。

首先，在全球化快速推进下，经济体之间的竞争不断加剧，促使地区内部加强经济联合。一方面，商品和要素的流动范围突破了地理区域的限制。在经济全球化态势下，商品和生产要素以空前速度和规模在全球范围内流动，跨越地区和国界的贸易额越来越大，跨地区跨国家投资经营的公司也越来越多。另一方面，没有任何一个区域经济能够孤立于其他经济之外得到发展。在全球化趋势下，全球经济制度必然会相互之间高度影响和不断优化，各个国家和各个区域的经济主权被相应削弱。这样，个人和企业等微观经济主体、单个城市的经济在整个全球经济体中相对过于渺小，为了能在全球化下日益激烈的经济竞争中能够争取到一定的导向权，争夺到更多的发展机会和经济利益，迫使不同的地区、不同的国家之间采取各种方式联合起来，共建对内利益共享、对外区别对待体制，以求得生存和发展。

其次，经济组织不断极化和分化的特征促使区域经济系统强化。一是信息化不断降低整个社会经济的交易成本，促使市场组织结构不断扩大规模以提升市场竞争力，不断向着极化的方向发展；另外专业化分工协作进一步深化，原有的市场组织同时也在不断分化成为更具竞争力的市场组织。这种分化和极化的态势促使着地区之间不断加强经济联合，参与国际分工和区域分工。二是网络组织的发展，不断加强微观经济主体之间的经济联系，同时也在不断弱化各个不同企业的属地概念。随着科学技术，特别是通信、网络技术的迅猛发展，经济活动的分工和专业化向着更大范围和更深层次发展，网络组织的发展逐步超越了国家、地区和行政区划的范畴，地区之间不断加强经济联合成了必然的趋势。

最后，经济竞争的特点促进地区之间的区域联合。当今经济形势下，经济竞争体现出两个特点：一是市场机制作用下的企业经营全球化，二是在政府指导下的国家或者区域一体化。为了获取更多利益，在资源共享、制度共建以及一致对外等方面，各国各地区必须加强协调，在国际经济事务中独立国家或地区无法分享到世界经济发展的充分利益。所以说，地区之间不断加强经济联合是适应世界经济发展的必然选择。

20 世纪以来，尤其是第二次世界大战后全球贸易和金融投资的迅速发展，世界各国之间经济相互依存，多边贸易体制不断取得新的进展，推动了世界经济全球化的迅速发展。20 世纪 90 年代伴随着冷战的终结和世界贸易组织的发展，经济全球化进入了一个全新阶段，与此同时，区域经济合作也出现了一个新的发展高潮，世界经济呈现出全球化与区域化并行发展的趋势。在世界经济全球化浪潮的带动下，建立在地区经济合作基础上的区域经济一体化取得了迅速发展，它对世界经济特别是对国际贸易、国际投资和国际金融都产生了重大影响。

对于我国来说，目前已经形成的京津冀都市圈、长江三角洲经济圈和珠江三角洲经济圈都是区域经济不断发展的结果，它们的形成和发展不仅是充分利用区域内部资源的体现，更是经济发展的需要。但由于我国各地区经济发展水平的差异还比较大，行政区域和经济区域的划分存在一些不协调的地方，因此在区域发展方面仍面临很多问题。如何实现区域经济一体化，是这些区域经济发展面临的重大问题。

长期以来，区域经济一体化一直是区域经济学研究的重要内容，但是，由于研究方法的局限，在像合作机制、重复建设、竞合关系、地区协调、一体化测度等很多领域还有待进一步深入研究，其中，对于区域经济相关变量的指标测度体系还比较欠缺，对经济一体化的测度指标方面也不例外，深入探讨区域经济一体化测度的指标体系，结合当前中国区域一体化发展较好的京津冀、长三角和珠三角等三大区域的发展历程，分析我国区域经济发展过程中的一体化进程及其影响因素，对于未来我国区域推进经济一体化，对于中国经济整体的经济功能地区布局，对于中国经济未来的健康发展都具有长远而深刻的意义。

一、区域经济一体化文献综述

（一）区域经济一体化理论发展

区域经济一体化的相关理论主要包括四类，它们是关税同盟理论、自由贸易区理论、共同市场理论和协调性国际分工原理。

1. 关税同盟理论

美国经济学家雅各布·维纳（Jacob Viner）于1950年提出关税同盟理论，以研究对内取消关税和对外统一关税所引起的贸易变化。他认为，任何形式的区域经济一体化对于成员国和集团外国家都将产生一定的影响（经济一体化效应），能否通过关税同盟得益，取决于贸易创造和贸易转移二者相互作用的最终结果。继维纳之后，米德（Meade）、维纳克（Vanek）、科登（Corden）、瑞泽曼等人在此基础上进一步发展，提出了三国三商品模型；麦克米兰（Mcmillan）、麦克兰（Mclann）和劳埃德（Lloyd）进行了总结和归纳。

这一理论认为，关税同盟具有静态经济效应和动态经济效应两种影响。静态经济效应又包括贸易创造效应、贸易转移效应和社会福利效应三种效应。贸易创造效应是指关税同盟内部取消关税，实行自由贸易后，关税同盟内成员国成本高的产品被同盟内其他成员国成本低的产品所替代；从成员国进口产品，创造了过去不发生的那部分新的贸易。贸易转移效应是指由于关税同盟对内取消关税，对外实行统一的保护关税，成员国把原来从非成员国低成本生产的产品进口转为从成员国高成本生产的产品进口，从而使贸易方向发生了转变。而社会福利效应是指关税同盟的建立对成员国的社会福利带来的影响。

动态经济效应包括规模经济效应、竞争效应和投资效应三种。规模经济效应是指各成员国的生产者可以通过提高专业化分工程度，组织大规模生产，降低生产成本，使企业获得规模经济递增效益。竞争效应是指关税同盟的建立促进了成员国之间的相互了解但却也使成员国之间的竞争更加激化。投资效应是指关税同盟的建立会促使投资的增加。

2. 自由贸易区理论

这一理论强调通过消除区内贸易壁垒来实现成员国之间的贸易自由化。自由贸易区是指两个或者两个以上的国家或行政上独立的经济体之间达成协议，相互取消关税和与关税具有同等效力的其他措施而形成的国际区域经济一体化组织（Peter Robson，2001）。

3. 共同市场理论

共同市场理论认为，共同市场不仅通过关税同盟形成的贸易自由化实现了产品市场的一体化，而且通过消除区域内要素自由流动的障碍，实现了要素市场的一体化。大市场理论是从动态角度来分析国际区域经济一体化所取得的经济效应，建立共同市场之后，大市场的经济会出现“良性循环”。

4. 协议性国际分工原理

两国经过协议性分工以后，都各自生产一种不同的产品，导致市场规模扩大，产量增加，成本下降，协议各国都享受到了规模经济的好处。同时，也有学者认为，在区域内企业生产规模已经达到最优的情况下，如果因国际区域经济一体化组织的建立导致生产规模的继续扩大，则会因平均成本的上升而出现规模报酬递减。

（二）区域经济一体化实证模型

区域经济一体化经验研究主要集中在两个方面：一是利用引力模型进行“事后”分析与检验；二是则运用可计算一般均衡模型进行“事前”模拟与预测。

在引力模型方面，自从 Anderson（1979）、Bergstrand（1985，1989）、Helpman 和 Krugman（1985）、Deardoff（1998）等从要素禀赋理论、规模报酬递增、垄断竞争与资源禀赋差异角度推导出引力方程以来，引力模型的应用已经越来越普遍。通过引力模型拟合经济一体化组织的贸易效应一般需要依靠虚拟变量，Frankel（1998）使用一个虚拟变量进行研究，Hamilton 和 Winters（1992）、Frankel 和 Wei（1993）、Hassan（2001）、Soloaga 和 Winters（1999）则使用虚拟变量组合来进行研究。另外，Berstrand（1985）、Helpman（1987）、Wei（1996）、Soloaga 和 Winters（1999）、Bougheas（1999）、Limao 和 Venables（1999）等也为提炼和增加引力模型的解释变量做出了重要贡献。Helpman、Melitz 和 Rubinstein（2008）提出了一套新的包含如何选取代表性异质性企业，并将贸易量为零的国家组合加入分析框架的模型，是当前引力模型的一个重要发展。

可计算一般均衡模型（CGE 模型）是 Johansen（1960）通过模拟在特定条件约束下，产品市场、要素市场、资本市场、政府预算、居民收支和国际市场达到均衡状态后，分析各主要经济指标情况，并通过模拟对宏观政策产生重要启示。当前，CGE 模型已被广泛应用于各种问题的分析，如分析税收、公共消费和社保支付，关税和其他国际贸易干预，环境政策，技术，国际商品价格和利率等变量的变动对于宏观变量、区域变量、劳动力市场、收入分配等的影响。

国内学者的研究则更多的是研究中国国内区域经济一体化，尤其是长三角、珠三角和京津冀地区经济一体化的问题。庄士成和朱洪兴（2007）从制度架构角度分析，认为政府主导的制度创新是推进长江三角洲区域经济一体化的动力；周国红和楼锡锦（2007）通过对企业的问卷调查研究了长三角区域经济一体化的基本态势与特征；范剑勇（2004）、刘志彪（2005）则从不同角度研究了长三角经济一体化对地区制造业的发展影响，认为一体化增强明显促进了地区间的专业化水平和产业的“空间转移”，从而发挥制造业的规模报酬递增优势和提高整体的经济福利水平；林耿和许学强（2005）从既有的协作基础和自身发展需求的角度，认为区域经济一体化有利于提升珠三角的综合竞争力。同时，来自制度、基础设施和发展阶段的障碍，也使一体化存在很大的困难；方世敏等（2007）在区域旅游协作的条件下，泛珠三角旅游产业实施纵向一体化战略存在众多的动因和收益；唐智鑫等（2007）从经济增长的趋同和分异的角度对环渤海区域经济一体化做了分析，认为环渤海经济区正处于区域一体化的初级阶段，促进经济一体化水平任重道远。

综合来看，对国家和地区区域经济一体化的研究多采用引力模型与 CGE 模型，研究的核心一般围绕国际贸易展开；国内学者对于中国国内区域经济一体化研究的重点则集中在研究区域经济一体化发展的制约因素以及利益、动因等方面，但是至今为止却少有文献对这三大经济圈区域经济一体化的程度做过量化分析。笔者认为要真正认识区域经济一体化进程，对于地区经济一体化发展程度的量化及发展轨迹进行研究显得尤为必要。基于这个考虑，我们尝试建立一套衡量区域经济一体化的指标体系，从市场一体化和政策一体化这两个角度对长三角、珠三角和京津冀三大经济圈区域经济一体化发展情况进行对比分析；在量化比较的基础上分析影响三大地区区域经济一体化的因素，为各地政府和相关机构规划本地区经济和社会发展，促进区域经济协调发展提供新的视角。

二、一体化指标体系的设计与计算

区域经济一体化首先是市场一体化，而政府政策的一体化，政府主导的制度创新对于市场一体化乃至推进整个经济一体化也起着重要的作用。为此，这里选择市场一体化和政策一体化两类指标来考量区域经济一体化（见表 8.2），通过选取适当替代变量及其数量指标，根据在区域经济一体化中各影响变量的重要性决定其权重，然后计算出区域经济一体化指标。

1. 数据选取

如表 8.1 所示，指标构成主要包括直接计量指标、间接计量指标、多层次的指标。数据选取分别通过统计资料、对样本人群问卷统计分析、统计资料及其对比分析三个途径来获取。

表 8.1　　数据选取

指标类型	指标构成	数据获取	作用
测评指标	直接计量指标	统计资料	反映量化结果
	间接计量指标	对样本人群问卷统计分析	反映定性结果
分析指标	多层次的指标	统计资料及其对比分析	构成指标体系的环节

2. 数据说明

本章中京津冀地区包括北京、天津、石家庄、唐山、秦皇岛、保定、张家口、承德、沧州、廊坊等10个城市；长三角包括上海、南京、无锡、常州、苏州、南通、扬州、镇江、泰州、杭州、宁波、嘉兴、湖州、绍兴、舟山和台州等16个城市；珠三角包括广州、深圳、珠海、佛山、江门、肇庆、惠州、东莞、中山等9个城市。其中，市场一体化指标所涉及的数据主要来源于1990～2008年的《中国城市统计年鉴》和各个城市的城市统计年鉴。其中GDP、人均收入和工资都折算成1989年不变价格。教育水平用大专以上人口占该城市总人口的比重来表示；地区增长潜力用当年实际GDP增长率来表示；市场规模用实际的人均收入表示；货物周转量用地区人均货运总量表示；利润率用各城市当年的利润总额与GDP的比值表示，是一个平均的利润水平；工业化指标用的是第二产业产值占GDP的比重；用地区高科技人员占职工人数的比重反映地区的技术水平[①]。

政策一体化指标主要通过问卷调查得到。针对政策一体化的各个子指标，问卷设计了17题，在三大区域共发了400份问卷，返回有效问卷70份，其中长三角17份，珠三角19份，京津冀24份。将问卷中问题的答案经过数量化之后就得到我们分析各地政策一体化的原始数据。

3. 指标计算

我们主要利用层次分析法来计算单个变量的权重，用标准差值法来对衡量变量进行统一化。

（1）层次分析法。我们设计的指标具有两个很明显的特征：一是指标体系包括大量的定量和定向指标，这些指标混合在一起，由于性质不同，衡量标准不同，使得计算的区域经济一体化总指标产生了很大的模糊性。二是区域经济一体化总指标是建立在各个层级的子指标之上，寻常的加总方法（如算术均值法、几何均值法）很难对各子指标给出准确，适当的权重。鉴于本指标体系中这两大特征，这里先计算指标体系中部分指标所应赋予的精确权重。

层次分析法（Analytic Hierarchy Process，AHP）是20世纪70年代由美国运筹学教授T. L. Saaty提出的一种多准则决策方法，他把一个复杂的，无结构的问题分解成不同的组成部分，然后把这些部分或变量置于一个层次结构中成对比较，给变量赋予不同的重要性标度，再把重要性标度与优先级结合起来以决定哪些变量具有最高排序。这种方法的分层决策的特性明细了各

① 由于数据的可获得性，有少量的数据，尤其是一些相对较小的城市的个别数据无法得到，这里依据前后各年的增长情况大致估算得出。由于这样的数据很少，对文中分析结果的影响不大。

个子指标之间的类别，归总了不同变量对总指标的影响，并且运用相对度量和成对比较的概念对不同的子指标在总指标中的权重给出了更为准确的衡量。

层次分析法已经被广泛地应用于项目规划和环境政策制定过程中并取得了的很好的口碑。例如，米恩（Min，1994）利用这种方法作了机场设施定位规划。伊恩和克赫恩（Yin and Cohen，1994）用此法确定了与全球气候变化有关的地区目标和政策关注点。国内亦有很多的学者利用层次分析法来分析中国的问题，比如显勇和毛明海（2001）对水利旅游资源的定量评价；张思锋和廖园园（2006）对西安市城市化水平的测度；申秋红（2007）对中国农村居民消费结构的指标体系的研究；以及蒋耀（2009）对上海青浦区区域可持续发展的研究都利用了层次分析法。在这些应用中，各种要素的影响都被有效地分离和测量了出来，并进行排序。在这里，我们用它来测量区域经济一体化指标体系中各子指标的权重，并且进一步计算出目标变量的量值。具体地，我们以表 8.2 所示指标体系来测量区域经济一体化，从指标体系的层次结构来看，区域经济一体化指标可分为四层。其中，第二层包括两个子指标：市场一体化、政策一体化；第三层则包括第二级子指标中的 10 个指标；第四层则包括第三极子指标的 21 个指标。

表 8.2　　区域经济一体化指标

目标变量	一级变量		二级变量		三级变量		选用指标	
	权重	内容	权重	内容	权重	内容	权重	内容
经济一体化	0.6	市场一体化	0.164	城市间联系度	1/4	人流	1	客运总量/总人口
					1/4	物流	1	货运总量/GDP
					1/4	资金流	1	实际使用外资金额/总投资
					1/4	信息流	1	邮电电信总量/总人口
			0.203	产品市场同一度	1	地区产品价格差	1/3	居民消费价格指数
							1/3	固定资产投资价格指数
							1/3	自有住房水电燃气消费价格指数

续表

目标变量	一级变量		二级变量		三级变量		选用指标	
	权重	内容	权重	内容	权重	内容	权重	内容
经济一体化	0.6	市场一体化	0.203	要素市场同一度	1/4	投资利润率	1	利润总额/GDP
					1/4	资金流动	1	信贷占 GDP 比重
					1/4	劳动力流动	1	外来人口或流动人口
					1/4	技术流动	1	技术交易额/科技人员数
			0.141	政府效能同一度	0.5	财政支出份额	1	财政支出/GDP
					0.5	政府机构规模	1	政府人员数/总人口
			0.144	市场化同一度	1/3	非国有经济发展	1	国有经济/GDP
					1/3	对外开放	1	实际利用外资/GDP
					1/3	经济结构	1/2	工业总产值/GDP
							1/2	进出口比重
			0.145	经济发展趋同	1	经济发展	1	人均 GDP
	0.4	政策一体化	0.25	政府规划	1/3	政府战略规划	1	区域合作协议或协调机构
					1/3	政府功能定位	1	区域城市定位合理性
					1/3	政府产业政策	1	产业政策协调性
			0.25	政策认同度	1	市民待遇	0.5	通信邮电车辆收费一体化
							0.5	证件的城市间认同度
			0.25	一体化效率	1	政府工作效率	0.5	政策透明度
							0.5	政府间交往程度
			0.25	协作发展程度	1	协作发展度	1/3	区域性环境问题
							1/3	区域性社会问题
							1/3	政府政策的区域外在性程度

要使用层次分析法，先得确定一个判断矩阵，需要对所有的子指标进行两两相比，得到同一级别指标两两之间的对比权重。由于所涉及的变量过于庞大，为了减少计算量和问卷调查的工作量，这里只对一级指标和二级指标通过层次分析法来决定其指标权重的大小。对于三级指标，我们选用算术均值法来赋予权重，即总权重为1，对n个三级子指标，每个赋予同样的权重1/n。

（2）标准差值法。在我们设计指标体系中，各个指标的衡量单位千差万别，很多的定性指标也在指标体系之中，如政府的服务能力、区域商业文化等，这种指标在被数字化之后，它们的中心值和离散程度也无法和其他定量数据相比。显然，在进行加总分析之前，需要采取方法把这些不同的衡量单位统一化。这里我们选用标准差值法来实现度量衡的统一化。在求出标准化的指标之后，赋予各个指标变量相应的权重，归总为更高一级的指标值，直至最后得到总的指标值。

三、一体化的测度及其结果分析

从区域经济的市场一体化和政策一体化来考察区域经济的一体化程度。其中市场一体化我们选取的指标有六个：城市间联系度、产品市场统一度、要素市场统一度、政府效能同一度、市场化统一度和经济发展趋同度；政策一体化选取的指标有四个：政府规划、政策一体化、一体化效率和协作发展程度。然后再针对各自在区域经济一体化中的重要性利用层次分析法决定其权重，计算出区域经济一体化指标。依据计算出的指标值，我们对区域内部和区域之间经济一体化情况的历年变化的轨迹和发展情况进行分析，包括对一级指标，即区域经济一体化的情况进行分析，以及对一级指标、二级指标和三级指标的解释分析。

（一）区域经济一体化的总体概况

区域经济一体化指在一些联系紧密、资源互补、社会条件优越的地区，形成经济联合的实体，发挥较发达地区的扩散效应，从而带动整个地区的发展。它是社会和经济发展到一定阶段的产物，是不同空间经济主体之间为了生产、消费、贸易等利益的获取，根据经济同质性和内聚性，在区域间建立统一的产品市场、生产要素市场的过程。区域经济的一体化是促进地区经济乃至整个国家经济协调持续发展的基础，可以有效提高地区的竞争力。要在市场经济条件下，保证各种生产要素通过市场自由流动，就必须有发育完好的市场体系和统一市场做基础，因而区域经济一体化必然要求市场一体化。区域市场不统一，商品、资本与服务的流动受非市场因素制约，行政区划内“计划性太强”，而跨行政区的经济区域内“市场性太弱”，会制约区域经济一体化进程。制约区域经济一体化的另一方面因素来自于各地政府对市场的不当干预或歧视政策造成的不公平，以及由此造成的体制障碍。为此，我们在考虑衡量区域经济一体化程度时，综合考虑了市场一体化和政策一体化的情况，我们的目的在于通过分析区域内市场一体化和政策一体化差异情况来考察区域经济一体化程度的差异情况。图 8.1 是根据我们计算出的区域经济一体化的指标量值得出的，从图中我们可以发现以下几个特点：

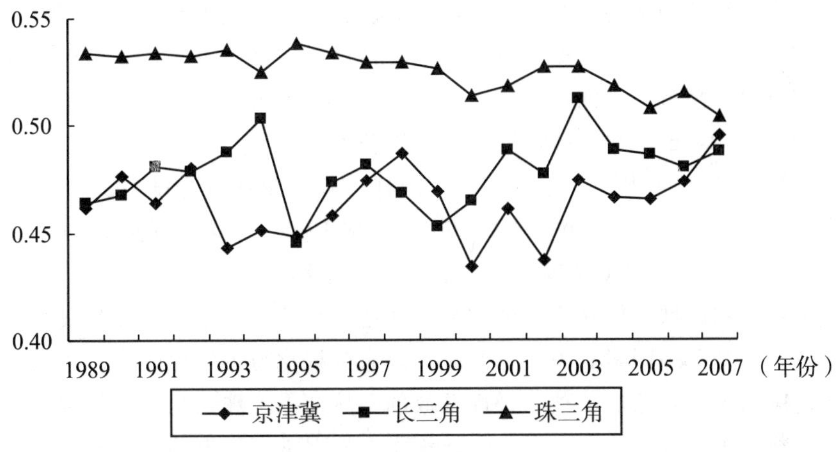

图 8.1　区域一体化指标

资料来源：笔者根据历年《中国城市统计年鉴》和本课题调研资料计算整理。

（1）整体来看，珠三角地区经济一体化的差异最大；长三角地区次之；京津冀地区经济一体化的差异最小。从图 8.1 中我们发现三大区域中珠三角经济一体化的差异最大，长三角和京津冀地区的变化较大，总体上，长三角地区经济一体化的差距要大于京津冀地区。由于经济一体化综合反映了区域市场一体化和政府政策一体化，这在一定程度上说明京津冀地区在市场一体化和政策一体化的协调方面做得较好。表 8.3 是对区域经济一体化指标的统计分析，通过对各个阶段的比较我们发现，1989～1994 年珠三角地区经济一体化程度最高，其均值达到了 0.532，京津冀地区最低，只有 0.463；但是在 1995～2000 年珠三角经济一体化程度有所下降，为 0.528；2001～2007 进一步下降到 0.517。从总体来看，京津冀地区的经济一体化差异程度最低，1989～2007 年总的均值京津冀的只有 0.464，是最低的，而且在各个阶段都要低于珠三角和长三角地区。

表 8.3　　区域经济一体化指标的统计分析

地区	1989 ~ 1994 年		1995 ~ 2000 年		2001 ~ 2007 年		1989 ~ 2007 年	
	均值	标准差	均值	标准差	均值	标准差	均值	标准差
京津冀	0.463	0.0141	0.462	0.0191	0.467	0.0175	0.464	0.01630
长三角	0.480	0.0143	0.464	0.0134	0.489	0.0112	0.478	0.0160
珠三角	0.532	0.0038	0.528	0.0084	0.517	0.0086	0.525	0.0098

（2）近年来，京津冀地区区域经济一体化的差距经历了一个上升的趋势；长三角地区的区域经济一体化差异逐渐上升；珠三角地区则是逐渐下降的。从各个地区内部的经济一体化程度来看，京津冀地区区域经济一体化差异程度有所降低；长三角地区则有一定的提高。从表 8.3 中可以看出，就均值而言，京津冀地区在 1989 ~ 1994 年区域一体化指标的均值是 0.463，1995 ~ 2000 年下降到 0.462，2001 ~2007 年则上升为 0.467；同样，长三角地区也随时间处于先下降后上升的趋势，从 1989 ~1994 的 0.480 下降到 1995 ~2000 年的 0.464，然后又上升到 2001 ~2007 年的 0.489；珠三角地区则是逐渐减小的。

三大经济圈区域一体化程度的差异与各地区自然地理条件、资源禀赋、产业结构以及发展基础等因素有关，也是中央政府分权化与市场化改革，实施地区差异化政策的结果，是渐进改革、梯度开放的必然结果。珠三角地区的深圳、广州是首批实行改革开放的地区，开放性政策大大地促进了当地的经济发展，也加大了地区内各城市发展之间的差距，区域经济一体化程度最低。长三角地区实行改革开放要晚于珠三角，一些重要城市，比如上海、南京、苏州和杭州等城市依托有力的地理条件和资源优势，经济取得了长足的增长。以北京和天津两大城市为轴心的京津冀地区改革开放较为滞后，各城市之间发展的差距较小。由于“后发优势”，随着北京、天津之外其他城市的发展逐渐加快，京津冀区域协作明显增强，基础设施、资源环境逐渐开始被纳入区域统一规划，其他城市的发展也逐渐加快。

从发展趋势来看，经济快速发展的初期，必然使一部分城市先发展起来，造成区域内资源的集中，而地方政府制定的政策往往优先考虑自身利益，而不是整个区域的协调发展，这种“利己”策略使得区域一体化发展不升反降。图 8.1 中三大经济圈区域经济一体化程度的变化都不大，说明区域协调发展依旧没有得到应有的重视，各地区更多的还是着眼于自身的发展，要真正达到完全一体化，充分获取一体化的利益还需要一个较长的过程。

（二）区域市场一体化分析

实现区域经济一体化，首先要实现区域市场一体化。区域市场的分割不仅使资源和生产要素无法达到最优配置而且使商品无法自由流通，市场机制无法充分发挥作用。因此，实现市场的一体化是区域协调发展的一个重要内容，为此我们通过地区市场一体化的差距程度间接反映区域经济一体化的程度。具体的，我们的市场一体化指标综合考虑了城市间联系度、产品市场统一度、要素市场统一度、政府效能同一度、市场化统一度和经济发展趋同程度等六个方面。

通过层次分析法得到了一个综合的反映地区市场一体化差异程度的指标值。这个值越小，表明地区内各城市市场一体化的差距越小。图 8.2 给出了长三角、珠三角和京津冀这三大区域 1989～2007 年市场一体化差异化程度的变化轨迹，从中我们发现以下几个问题：

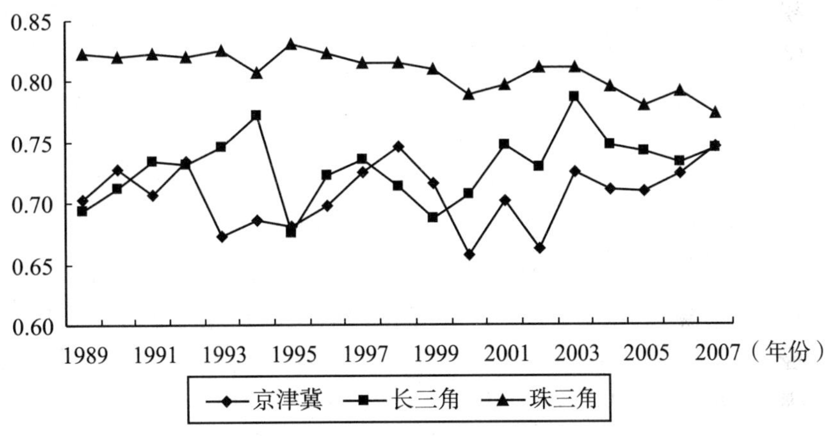

图 8.2　区域市场一体化指标比较

资料来源：笔者根据历年《中国城市统计年鉴》计算整理。

1. 三大区域中京津冀地区市场一体化的差异较小，而珠三角地区的市场一体化程度差异最大

从图 8.2 可以看出，长三角、珠三角和京津冀这三大区域中，珠三角地区的市场一体化指标值明显要高于其他两个地区；而京津冀地区的最低。这说明京津冀地区各城市的市场一体化差异较小；珠三角是最先实行对外开放的地区，改革开放是珠三角地区的经济得到了极大的发展。从图上看，地区市场一体化的差异程度要高于其他两个地区。其原因之一是，1992 年邓小平同志的南方谈话使人们加深了对市场的认识，解放了思想。一部分原本基础较好、地理位置优越的城市，获得了国家和地方政府等的大力支持，使其加快了经济发展的步伐，但是区域市场一体化受关注较少。随着地区经济的发展，市场一体化的差距也相对较大。

表 8.4　　对三大区域市场一体化指标的统计分析（1989～2007 年）

地区	均值	中位数	标准差	最大最小值之差
京津冀	0.7068	0.7095	0.0258	0.0883
长三角	0.7295	0.7334	0.0274	0.1116
珠三角	0.8083	0.8108	0.0164	0.0576

2. 从发展趋势来看，珠三角地区市场一体化的差异在逐渐缩小；但是近年来，京津冀和长三角地区的市场一体化差异程度都呈现增大的趋势

从图 8.2 可以看出，珠三角地区市场一体化的差异程度在逐渐缩小，这应该说是经济发展的必然趋势，经济发展到一定程度必然要求市场一体化协调发展。进入 21 世纪，京津冀和长三角地区市场一体化程度都有增大的趋势。这在一定程度上是由于加入 WTO 使一些城市，尤其是对外贸易占比重大的城市获得了更大的发展，这些城市市场化程度提高，拉开了整个地区市场一体化的差距。

3. 总体上看，三大区域市场一体化的差异程度的变化都不大

另一个值得注意的是，京津冀地区市场化一体化指标虽然波动较大，但是 18 年来总体都没有改变，一直在 0.7 左右。事实上，三个地区市场一体化指标的变化都不大。长三角地区由 1989 年的 0.694 上升到了 2007 年的 0.745，上升不过 0.05；而珠三角地区 1989～2007 年也只下降了 0.05。

实现市场一体化是一个系统工程，不但要理顺交易与供求的关系、深化分工与合作，更重要的是要加强和深化政府间的合作，消除阻碍市场有效发挥作用的壁垒。市场化和各地经济发展水平、基础设施建设有很大关系。依据市场化原则，生产要素必然会集中于收益率高的地区，因此短期内，完全的市场化一定程度上会使地区经济发展的差距加大。有的地区内部为了促进本地的经济发展而为外来的商品和要素设置各种各样的障碍，人为地阻碍产品和要素的自由流通，这使得市场一体化很难实现。因此，市场一体化的建立很大程度上取决于现行财税体制的改革和政府职能的转变。近年来各地纷纷将加强区域一体化提升到发展的日程，并且已经取得了一定的效果，三大地区市场一体化的程度均有所提高，尤其是京津冀地区市场化程度提升明显。

（三）市场一体化测度二级指标的分析

为对长三角、珠三角和京津冀这三大区域市场一体化进行更详细的分析，我们将市场一体化指标进一步细化，分别分析城市间联系度、要素市场统一度、政府效能同一度和经济发展趋同程度等方面的差异程度。

1. 三大地区内城市间联系度的差异均有所下降，总体来看，京津冀地区城市间的联系要稍弱于其他两个地区

城市间的联系是区域市场一体化，也是经济一体化的一个重要影响因素，城市间的联系度越大，相应的生产要素、产品和信息的流动也会越顺畅，对地区的经济发展也就越有利。我们这里主要从人口（客运总量/总人口）、货物（货运总量/GDP）、资金（实际使用外资金额/总投资）和信息（邮电电信总量/总人口）等四个方面来考虑，利用标准差值法得出一个反映城市间联系度差异程度的指标。这个指标值越小，说明地区内城市间的联系程度越大，区域协调发展程度就越高。

图 8.3 是我们得出的城市间联系度指标值，从图上我们可以发现，总体上三个地区城市间联系度有所增加，表现在图上就是指标的值下降，这说明经济发展的同时并没有伴随地区内各城市联系度的增加。从总体来看，京津冀地区城市间的联系度的差异在三个区域内还是最高的，说明相对来说，京津冀地区城市间的联系还有待加强。

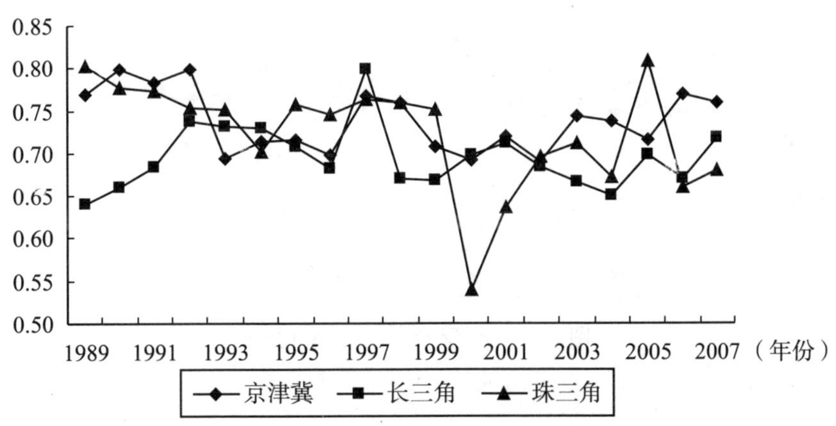

图 8.3 城市间联系度比较

资料来源：笔者根据历年《中国城市统计年鉴》计算整理。

2. 珠三角地区要素市场同一度的差异最大，而长三角与京津冀地区相对较小

要素市场的同一度考察的主要是地区内生产要素流动情况，包括资金、劳动力和技术的流动。其中，资金的流动用信贷总额占 GDP 的比重表示；劳动力流动用外来人口所占比重表示；技术流动则分别用技术交易额与技术人员之比表示。显然，要素流动越快，地区要素市场的同一度越高，也就是要素流通越顺畅，也就越有利于地区的经济发展。理论上说，在要素自由流动的情形下，要素报酬率差异应该是很小的；另外，要素的报酬率又受当地经济发展、市场需求等因素的影响，要素报酬率高的地方必定会吸引更多的要素聚集，从而使区域内经济、社会等方面发展的差距拉大。从理论上说，地区要素市场同一度的差异越小，越有利于区域经济协调发展。为此，我们计算出一个综合的反映地区要素市场同一度的差异程度的指标。这个指标的值越小，表明地区要素市场的差异越小，要素市场的统一度越高，间接地反映出区域协调发展做得越好。图 8.4 给出了京津冀、长三角和珠三角三大地区要素市场同一度指标值的比较情况。从图中可以发现，珠三角地区要素市场的同一度的差异最大，反映出珠三角地区的要素集聚比较明显；而长三角及京津冀地区该指标值相对较小，说明这两个地区内要素市场的分配相对均衡一些，要素市场协调化程度较高。另外，从图中还可以发现京津冀地区要素市场差异化程度有所下降，也就是说，地区要素市场的协调发展情况有所改善，这对于区域的协调发展有很重要的作用。

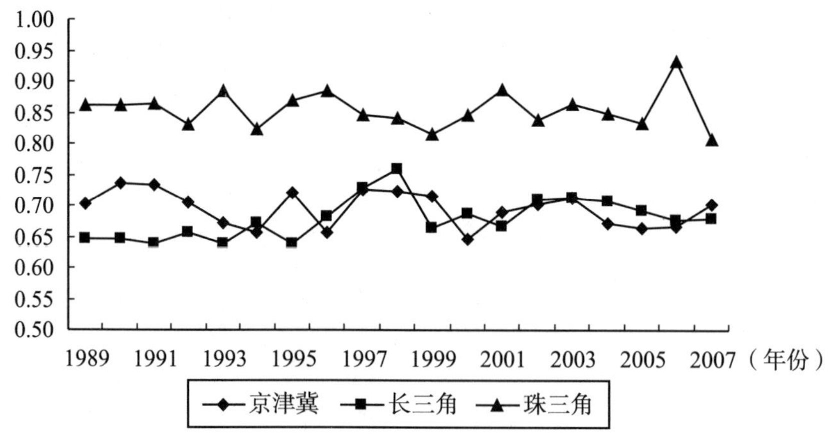

图 8.4　要素市场同一度比较

资料来源：笔者根据历年《中国城市统计年鉴》计算整理。

3. 京津冀地区政府效能的差异较小，但 2000 年之后这种差异呈增大的趋势；珠三角地区政府效能方面的差异较大，但 2000 年之后这种差异明显减小；长三角地区则总体呈上升的趋势

政府效能是指政府提供公共服务的能力和效率，在市场经济条件下，政府的效能直接影响企业的效率，从而影响其市场竞争力。这是因为，政府的工作效率、行为方式等软件条件构成了企业的政府成本，即企业所付出的与政府部门打交道的人力、物力、财力。正因为如此，在经济与信息全球化快速发展的情况下，政府效能已经成为在区域竞争中一个城市政府综合竞争力的重要因素，也是城市争得经济与社会发展先机的关键。造成政府效能低下的原因是多方面的，可能的原因之一是政府人员过多，公务员的素质、专业化程度不足；另一个原因是政府财政支出的低效率。为此，我们从财政支出占 GDP 的比重和政府人员占总人口的比重来衡量，通过层次分析法得出区域内各城市政府效能的差异情况。显然，这种差异越大，地区内政府管理和效率方面的协调越差；相反地，这个指标值越小说明地区政府效能的差距越小，地区政府方面的协调发展越好。

图 8.5 是计算出来的政府效能同一度指标的值。从图中可以发现，总体上，京津冀地区各城市政府效能的差异最小，区域政府方面的协调较好；而在 2000 年前的大部分年份，珠三角地区政府的效能的差异要高于其他两个地区，但是 2000 年之后这种差异则逐渐下降。相反地，长三角地区政府效能方面的差异则总体上呈扩大的趋势。

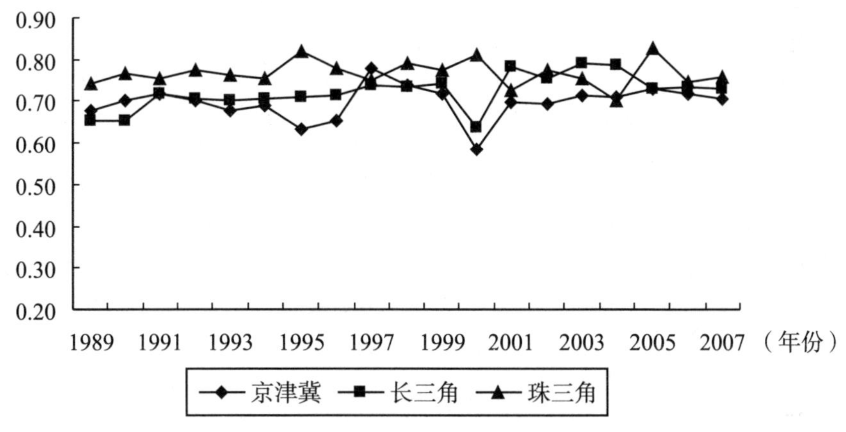

图 8.5　政府职能同一度比较

资料来源：笔者根据历年《中国城市统计年鉴》计算整理。

4. 珠三角地区经济发展趋同度的差异最小，趋同度最高；京津冀地区和长三角地区经济趋同度则较低

经济发展趋同度衡量的是地区经济发展趋同现象的程度，这里，我们的经济发展趋同度通过人均 GDP、人均用电和人均用水三方面来衡量。因此，经济发展趋同度一方面体现了经济发展的趋同；另一方面也反映了基本的生产生活要素的趋同。通过层次分析法得到一个综合反映地区趋同度差异的指标值，这个值越小，表示地区经济趋同度越高；反之，则表明经济发展的趋同度越低，差异越大。

图 8.6 给出的是三大区域经济发展趋同度指标值。从图中可以看出，珠三角地区经济发展的趋同度指标值大部分年份里都是最低的，这表明珠三角地区经济趋同趋势明显，趋同度最高。相对而言，长三角和京津冀地区经济发展趋同度要低得多。而且 2001 年后长三角和京津冀地区经济发展趋同都还有所下降。

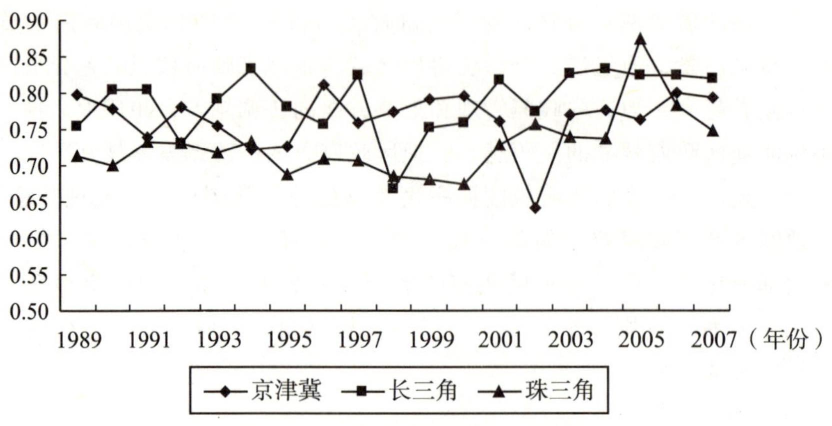

图 8.6　经济发展趋同度比较

资料来源：笔者根据历年《中国城市统计年鉴》计算整理。

（四）政策一体化分析

政策一体化主要从政府规划、要素流动壁垒、一体化效率和协作发展程度几个方面来衡量，具体的方法是采取问卷调查的方式。在对调查问卷进行数量化分析之后，进行标准差值处理，使得每一个子指标对应的数据反映该指标在这一地区内部的差距值，数值越大代表差距越大。政策一体化指标是在各个子指标的基础上加总而来的，权重由层次分析法得来。具体的计算结果见表 8.5。从表中可以发现以下特征：

表 8.5　　政策一体化分析

地区	政府规划	要素流动壁垒	一体化效率	协作发展程度	政策一体化
京津冀	0.105	0.086	0.103	0.103	0.099
长三角	0.098	0.100	0.108	0.097	0.101
珠三角	0.103	0.095	0.112	0.092	0.101

资料来源：笔者根据本课题调研资料计算整理。

1. 京津冀地区政策一体化方面的差异要明显小于长三角和珠三角地区，也就是在政策一体化方面协调发展程度较高

表 8.5 得出的数值表征依旧是差异化的程度。京津冀地区政策一体化指数是 0.099，而长三角和珠三角地区均是 0.101。这表明京津冀地区的政府政策一体化方面的差异较小，这也间接地说明京津冀地区政策一体化的程度要高于长三角和珠三角地区。

2. 京津冀地区在政府规划和相互协作方面的协调程度较差，但是在要素流动壁垒和一体化效率方面的差异很小

在表8.5的结果中，京津冀地区的政府规划和协作程度的值在三个地区中都是最大的，表明京津冀地区各城市在这两个方面的差异较大。也就是说政府的规划和协作程度方面很不一致，这对于地区的协调发展肯定是不利的。地区的协调发展首先要求各地政府要有一致的规划，以合理有效的分配地区的资源，达到地区整体经济的稳定增长。但是，京津冀地区要素流动壁垒和一体化效率的值则是最小的，表明地区内要素流动的壁垒少，一体化的效率也较高。

四、区域经济一体化的现状与启示

我们对区域经济一体化的分析主要包括区域市场一体化和政策一体化。通过考察区域各指标的差异化来分析一体化程度，差异化程度越小表明一体化的程度越高。从以上分析的结果可以发现，总体来看，京津冀地区区域经济一体化程度最高，1989～1992年以及1996～1999年经济一体化程度有所下降，之后经济一体化程度有所提高。但是近年来，京津冀地区一体化程度似乎又有所下降，这是应该注意的。三个地区中，珠三角地区经济一体化程度最低，但近年来这种情况正在逐渐改观。近年来，这三大地区经济一体化程度的差距也越来越小。

区域经济一体化的情况主要由市场一体化得到反映，由于政策一体化依据问卷调查得来具有较大的主观性，因此在权重选取时，根据调查问卷结果，将市场一体化的权重取了0.6，而政策一体化的权重为0.4。区域市场一体化指标主要包括城市间联系度、要素市场统一度、政府效能同一度和经济发展趋同程度等4个二级指标。珠三角地区市场一体化程度较低主要是由于地区的要素市场统一度和政府效能同一度差异较大造成的；而京津冀地区市场一体化程度之所以最高，很大程度上归因于其政府效能同一度的差异较小。另外，京津冀地区政策一体化差异较小也部分的解释了为什么其经济一体化程度最高。

根据以上的研究，进一步推进区域经济一体化，可以从以下几方面着手：

第一，在城市间联系度上，构建公共物流信息平台，提高整个物流作业环节运作的透明度和闲置物流资源的利用率，并利用差异化定位来增强物流能力。要打破金融机构地区分割、门户独立的界限，开展全方位的合作以增强资金流通。相同部门之间实现信息共享，建立跨行政区划的部门信用信息共享体系。

第二，产品要素市场上，实行产业结构相似基础上的错位竞争，建立产业发展协调基金，合理进行产业规划。建设区域文化品牌和区域先进文化，构筑人才、信息流动平台，促进文化积累。推动中心城市规模和辐射范围的不断扩大，促使城市间的联系不断强化，加强城市的集聚力、辐射力、协作力、群体竞争力，从而提高城市的规模效益。

第三，政府政策方面，中央与地方政府要对分税制及其协调机制进行创新。构建协作联动的制度基础，完善区域合作规则，进行合作组织形式创新，创建多平台的区域政府合作载体。改进政府绩效考核机制，加快干部制度改革，强化和保障区域间协商机制。

归根结底，区域经济一体化进程在本质上是一个市场化的进程，一体化程度高不仅有助于资源合理配置进而增强区域整体的竞争力，而且在更大范围的要素自由流动转移也推进了市场的成熟和市场机制作用的充分发挥。从上述分析看，一体化程度差异和不足主要源于制度创新不足。政府应该在市场化进程中起“助推器”作用，而不应人为地设置障碍。加快政府制度创新，加强地区的协调发展和政策一致性，突破在行政体制中阻碍产品和要素市场化的障碍，同时，进一步发挥民营经济和民间资本在区域创新中的作用。

第九章

区域经济一体化：内涵、进程与现状

——以长三角、珠三角和环渤海为例

对于中国来说，目前已经形成较具实力的有长江三角洲区域（简称长三角）、珠江三角洲区域（简称珠三角）和环渤海区域（简称环渤海）这三大比较活跃的区域。它们的形成和发展不仅是充分利用区域内部资源的体现，更是经济发展的需要。但是，由于中国市场经济体制建设的滞后、GDP最大化的战略、经济发展的阶段性特征等，区域经济发展还很不协调，大大弱化了这些区域和中国整体这两者的竞争力。适应全球化和市场经济的需要，推进这些区域的经济一体化，已成为当前中国经济实现可持续发展所面临的重大问题。随着国家对全国进行功能区域进行划分、对长三角和珠三角等区域规划的批复下达、京津冀区域规划即将推出，区域经济一体化的地区在当今中国的经济发展中已达到空前的战略高度。

虽然已有很多关于区域经济的研究文献，但下面这些问题仍然亟待回答：三大区域的经济一体化进程如何？区域经济一体化的目标模式是什么？如何做才能实现区域经济一体化？等等。本章将尝试就这些方面展开研究，在简介区域经济一体化内涵的基础上，探讨比较三大区域的一体化进程，比较分析三大区域的一体化现状，并提出相应的对策建议。

一、区域经济一体化的内涵

一国之内的区域经济一体化与国家间的区域一体化有一定差异，前者更多涉及国际贸易和国际金融的范畴，后者则属于一个政权之下的地区经济整合。一个国家内部的区域经济一体化大致包括以下五个方面的内容。

一是基础设施一体化，在市场机制作用下，各地区资源分布与经济发展水平不平衡，经济发展受到“瓶颈”制约，为提高资源使用效率与投资效率，有必要实行包括交通等在内的基础设施一体化，落实区域间资源共享，公共产品共建。交通等基础设施的发展有利于经济增长，地方政府要更多地投资于交通基础设施，促进本地工业的集聚（陈钊，2007）。同时，对于落后地区而言，交通基础设施的发展可能会促使地区间劳动力流动成本和交易成本下降，促进地区间劳动力流动、地区间贸易和工业集聚。

二是市场一体化，建立区域内一体化的消费品市场、资本市场、技术市场及人才市场，以消除各种阻碍要素合理流动的非市场干预，为区域一体化奠定合理的经济基础。通过建立共同的生产要素市场，消除不同区域间生产要素、技术水平的过高差异，减少行政障碍，使劳动力、资本及各种生产要素在区域间自由流动，达到优化配置的目的。建立合理的利益分配机制，让各城市都能体会到“集体租金”增加所带来的利益分享（王志峰，2006）。

三是产业结构一体化，以企业以主，通过兼并、重组的形式，追求经营规模化、竞争规范化的产业整合模式，以提高区域经济整体竞争力。自由放任的市场机制可能会导致多种经济发展趋向，如“产业高集聚、地区低专业化”（范剑勇，2004），“产业高集聚、地区高专业化”（周文良，2007）等，我们需要寻找最优的产业结构。有必要对落后地区提供技术支持，并通过区域间产业发展的互动，实现产业结构一体化，通过促进地区分工，增强产业的地理集中程度，壮大地方优势产业（何雄浪，2007）。

四是政府职能一体化，通过地方权力一定的让渡，服从联合体的共同利益决策，实行统一规划，共同管理，确保成员之间有相协调的经济政策环境。以区域经济发展中的政府机制与市场机制、政府的公共性与自利性等“两难抉择”为突破口，构建面向区域、地区发展和政府职能转型的战略框架（金志云，2007）。基于地方政府在对抗竞争和合作竞争中的不同决策和不同收益，探求地方政府的“合作博弈”，实现不断的福利改进（李江、李素萍，2009）。

五是投资、环保等其他方面的一体化，以防止重复投资和资源浪费，共建良好的生态环境等。通过经济区域内制定统一的投资政策，指导区域成员的投资行为，从而提高重大项目的投资效益。将地方财政转变为公共财政，减少地方财政对产业的直接投资，把更多的地方财政引向当地的基础设施和教育等非市场竞争的领域（陈钊，2007）。市场机制可能导致地区间和城乡间差距进一步扩大，有必要通过区域联合调整过大的收入差距（陆铭、陈钊、万广华，2005）。实现区域内的河流、海洋、空气、公共事业等的共同治理，共创良好的生态环境和社会环境。

二、三大区域的一体化进程

这一部分将从最基本的制度层面，简要分析长三角、珠三角和环渤海三大区域的一体化进程，并进行比较研究。

（一）长三角

长三角一体化的发展历程可分为四个阶段，如表9.1所示。

表9.1　　长三角一体化进程

时　间	一体化进程
1982年12月22日	国务院决定成立上海经济区，成为长三角的最早雏形
1983年3月22日	上海经济区规划办公室正式成立。上海经济区包括上海、苏州、无锡、常州、南通和杭州、嘉兴、湖州、宁波、绍兴等10城市
1983年8月18日	第一次上海经济区规划工作会议召开，建立了包括上海、江苏和浙江的“首脑”会议制度、10市市长联席会议制度
1984年12月6日	安徽省成为经济区成员
1986年7月10日	通过《上海经济区章程》，江西、福建先后加入
1988年6月1日	国家计委发出通知，撤销上海经济区规划办公室
1992年	上海、无锡、宁波、苏州、扬州、舟山、杭州、绍兴、南京、南通、常州、湖州、嘉兴、镇江等成立长三角14城市经协委（办）主任联席会
1993年	上海提出包括江苏、浙江和上海的长三角大都市圈构想
1997年	泰州加入，15城市成立长江三角洲城市经济协调会
2003年8月19日	台州加入，成员城市扩大到16个。《关于进一步推进经济合作与发展的协议》和《进一步加强经济技术交流与合作的协议》等一揽子协议签订
2004年11月2日	长江三角洲城市经济协调会由每两年开一次改为一年一次
2007年5月15日	国务院总理温家宝在上海举行长三角经济社会发展专题座谈会
2007年5月30日	《长三角区域大通关建设协作备忘录》签署
2008年9月7日	国务院通过《关于进一步推进长江三角洲地区改革开放和经济社会发展的指导意见》
2010年6月22日	国务院批复《长江三角洲地区区域规划》

第一阶段为实践探索阶段，处于 1982～1987 年期间。1982 年 12 月，国务院决定成立上海经济区，由江苏、浙江和上海两省一市构成长三角。1983 年 3 月，上海经济区规划办公室正式成立，上海经济区包括 10 个城市。1983 年 8 月，第一次上海经济区规划工作会议召开，确定了上海经济区规划重点，建立了“首脑”会议制度、10 市市长联席会议制度，并召开了第一次“首脑”会议。1986 年 7 月，上海经济区省市长会议召开，通过了《上海经济区发展战略纲要》和《上海经济区章程》。地域扩大到包括上海、江苏、浙江、安徽、福建、江西的五省一市。这一阶段在一定程度上推动了上海、江苏和浙江的经济合作，为以后的区域合作积累了经验，但是，由于是在计划经济体制的大背景下进行，地区割据难以打破，这一旨在消除地区分割的决策并没有充分发挥作用。

第二阶段为停滞阶段，处于 1988～1991 年期间。1988 年 6 月，国家计委撤销上海经济区规划办公室，刚兴起不久的长三角一体化进程戛然而止。

第三阶段为重启阶段，处于 1992～2002 年期间。1992 年，党的十四大提出把上海建成国际经济、金融、贸易中心，实现长三角和整个长江流域地区的新飞跃。1992 年 6 月，国务院召开长三角及沿江地区规划座谈会，明确了以上海、南京和杭州为主体的 15 城市及其所辖的 4 个县市的长三角规划范围。1996 年，国家提出“长江发展战略”，要以浦东开发开放带动长江三角洲及沿江地区的高速发展，成立了 15 个城市的经济协调会。1993 年，上海正式提出推动长三角大都市圈发展的构想。1997 年，成立了长江三角洲城市经济协调会，明确提出长三角经济圈概念。这一阶段是在特定时期，适应国家战略的要求，长三角一体化重新启动并稳步发展的阶段，具有市场和政府双向推动的特征，同时由于行政区划分割、产业结构不合理和创新能力不足等，也提出了进一步进行区域整合的要求。

第四阶段为快速发展阶段，这一阶段至 2003 年至今。2003 年 8 月，浙江台州加入长三角城市经济协调会，入会城市由 15 个扩展为 16 个，同时签订了《关于进一步推进经济合作与发展的协议》和《进一步加强经济技术交流与合作的协议》等一揽子协议，长三角一体化进入快车道。2004 年 11 月，长江三角洲城市经济协调会由每两年召开一次改为每一年召开一次。2007 年 5 月，在国务院和 10 多个部委的推动和帮助下，《长三角区域大通关建设协作备忘录》得到签署，长三角全面合作发展进程展开。2008 年 9 月，国务院通过《关于进一步推进长江三角洲地区改革开放和经济社会发展的指导意见》。2010 年 6 月，国务院批复《长江三角洲地区区域规划》，长三角一体化进程不断加快。

（二）珠三角

珠三角一体化的发展历程可分为三个阶段，如表 9.2 所示。

表 9.2　　　　　　　　珠三角一体化进程

时　间	一体化进程
1985 年	国务院将珠江三角洲开辟为沿海经济开发区，“珠三角”初定范围是四市 13 县
1994 年 10 月 8 日	广东省委提出建设珠江三角洲经济区。“珠三角”最初由广州、深圳、佛山、珠海等 7 个城市组成，调整扩大为由珠江沿岸的广州、深圳、佛山、珠海、东莞、中山、惠州、江门、肇庆 9 个城市组成
20 世纪 90 年代后期	大珠三角概念出现，大珠三角由广东、香港、澳门三地构成
2003 年	提出泛珠三角，泛珠三角包括珠江流域及与之地域相邻、经贸关系密切的福建、江西、广西等 9 省区，以及香港、澳门两个特别行政区，简称“9 + 2”
2004 年 6 月 3 日	福建、江西、湖南、广东、广西、海南、四川、贵州、云南九省区和香港、澳门合力建设“泛珠三角”经济区。《泛珠三角区域合作框架协议》签署
2009 年 1 月 8 日	国务院批复《珠江三角洲地区改革发展规划纲要（2008 ~ 2020）》，由广州、深圳、佛山、珠海、东莞、中山、惠州、江门、肇庆 9 个城市组成珠江三角洲地区
2009 年 6 月 10 日	广东出台《关于加快推进珠江三角洲区域经济一体化的指导意见》

第一个阶段为萌芽阶段，处于 1985 ~ 1993 年期间。1985 年 2 月，党中央先后决定将长三角、珠三角、闽南三角洲地区和环渤海开辟为沿海经济开放区，珠三角初定范围是四市 13 县，这一阶段还处于计划经济体制主导的经济中，由于行政区划分割，市场机制的作用不充分，珠三角的一体化进程还停留在理念层面上。

第二个阶段为稳步发展阶段，处于 1994 ~ 2002 年期间。1994 年 10 月，广东省委提出建设珠江三角洲经济区，珠三角概念正式确定，最初由广州、深圳、佛山等 7 个城市组成，后来范围扩大为包括珠江沿岸的广州、深圳、佛山、珠海、东莞、中山、惠州、江门、肇庆 9 个城市的区域。随后，大珠三角的概念出现，大珠三角包括广东、香港与澳门三地。由于珠三角主要以广东城市为主，这使得珠三角一体化进程相对比较容易。

第三个阶段为快速发展阶段，为 2003 年至今。2003 年，提出泛珠三角，泛珠三角包括珠江流域及与之地域相邻、经贸关系密切的福建、江西、广西等 9 省区，以及香港、澳门两个特别行政区，简称“9 + 2”。2004 年达成《泛珠三角区域合作框架协议》签署。2009年1月，国务院批复《珠江三角洲地区改革发展规划纲要（2008～2020）》，由广州、深圳、佛山、珠海、东莞、中山、惠州、江门、肇庆9个城市组成珠江三角洲地区。2009年6月，广东出台《关于加快推进珠江三角洲区域经济一体化的指导意见》。在这一阶段，出现了以珠三角、大珠三角和泛珠三角等三个层次的多种区域合作方式，同时可以看到，区域合作不断取得实质性突破，并还存在很多需要进一步一体化的空间。

（三）环渤海

环渤海经济圈的发展历程可分为四个阶段，如表9.3所示。

表9.3　　环渤海一体化进程

时　间	一体化进程
1986年5月	环渤海15个城市成立“环渤海地区经济联合市长联席会议”，每一年半至两年召开一次
1992年10月	党的十四大确立“环渤海经济圈”概念，提出加快环渤海地区经济开放开发
1994年	国家计委对环渤海经济区进行区域规划
1996年3月17日	《国民经济和社会发展“九五”计划和2010年远景目标纲要》提出依托沿海大中城市，形成以辽东半岛、山东半岛、京津冀为主的环渤海综合经济圈
1997年11月7日	第八次环渤海地区经济联合市长（专员）联席会，成员增加到包括了北京、天津、河北、辽宁、山东、山西、内蒙古的五省二市，并提出建立特派员办公会议制度，每半年召开一次
2004年2月13日	《廊坊共识》签署，确定“京津冀经济一体化”发展思路
2004年5月21日	北京、天津、山西、河北、内蒙古、辽宁、山东五省二市达成三点《北京倡议》，推动环渤海地区经济一体化，正式建立环渤海合作机制
2004年6月26日	达成《环渤海区域合作框架协议》，形成环渤海经济合作联席会制度
2006年4月17日	环渤海32个城市签署“天津倡议”

第一阶段为理论探讨阶段，处于1986～1991年期间。这一阶段主要以理论界对环渤海的不断研究和积极推进为主，同时，从1986年起，环渤海地区经济联合市长联席会议不断召开，各个城市相关部门也组织起了关于环渤海地区技术、人才的等15个跨地区的行业性协作网络。但是，由于这些工作是在以计划

为主导的经济体制下运行的，遵循拾遗补缺、虚实结合、以务虚为主的原则进行，这个阶段的一体化进程还主要处于务虚阶段，涉及实际层面的合作还不多。

第二阶段为实践探索阶段，处于 1992～1996 年期间。1992 年，党的十四大第一次把环渤海地区的开放开发写入了工作报告；也正式确立了“环渤海经济区”的概念，1994 年，国家计委在唐山工作会议上对环渤海经济区进行了单独的区域规划。在 1996 年，《国民经济和社会发展“九五”计划和 2010 年远景目标纲要》提出依托沿海大中城市，形成以辽东半岛、山东半岛、京津冀为主的环渤海经济圈，进一步强调环渤海经济圈建设的重要性。随着中国市场经济体制建设的不断推进，市场经济规律开始在区域一体化发展中发挥作用，环渤海地区的区域合作开始向务实转变。

第三阶段为稳步发展阶段，是从 1997～2003 年。1997 年 11 月，第八次环渤海地区经济联合市长（专员）联席会在天津召开，会议取得很多突破性进展，成员增加到包括了北京、天津、河北、辽宁、山东、山西、内蒙古的五省二市；并提出建立特派员办公会议制度，每半年召开一次；同时，各种环渤海地区的博览会、交易会等顺利展开。在这一阶段，合作地区不断拓展，合作形式开始多样化，远景规划得到加强，区域一体化稳步发展，但具有约束力的一体化制度体系还比较欠缺。

第四阶段为快速发展阶段，是从 2004 年至今。2004 年，一系列具有发展阶段性意义的协议得到签署，2004 年 2 月，国家发改委和京、津、冀发改委达成《廊坊共识》，旨在加强区域经济交流与合作；2004 年 5 月，在“环渤海经济圈合作与发展高层论坛”上，环渤海地区 7 省市达成《北京共识》；2004 年 6 月，签署《环渤海区域合作框架协议》，环渤海合作机制得到落实。2007 年，在第十二届市长联席会上，30 个城市签署了《天津倡议》。在这一阶段，区域经济一体化取得实质性发展，区域合作在基础设施、环境保护、能源开发等整个经济领域全方位展开，当前，合作城市已达 44 个。

（四）三大区域一体化进程的比较分析

从三大区域的一体化进程来看，长三角的一体化起步最早，早在改革开放初期就已开始，并取得了很多实质性的效果，虽然经历了一个长达三年的停滞时期，但就当前来说，长三角的一体化进程在这三个区域中仍然走在最前列。珠三角所属城市一般都处于广东一省之内，在政府职能和要素流动上更易于一体化管理，其一体化进程的突破性进展多集中在近几年。环渤海涉及行政省市最多，研究开始起步较晚，虽然在 2004 年取得的诸多突破性进展，但其一体化进程仍要落后于长三角和珠三角。综合比较这三大区域的一体化进程，我们发现中国的区域经济一体化具有如下几个特点。

第一，区域经济一体化的发展趋向不可逆转，近年不断加快，不同区域的发展具有不同的特点和进程。早在计划经济时期，为了打破行政分割，一体化的思想就已提出，并最先在上海实施，随着省市经济发展不断壮大，一体化不断向前推进，在全球化和信息化浪潮推动的全球激烈竞争中，整合市场和资源以形成整体区域竞争力，使得一体化的趋势不可逆转。虽然区域经济一体化具有很多共性，但不同的区域，在一体化的目标、进程和实施战略上仍然可以各具特色。在一体化目标的商定上，以区域整体利益最大化为原则；在一体化进程和实施战略上，最应以成本最小化、成本合理分摊、利益合理共享为原则，但在具体策略上可以有所不同。

第二，要推进区域经济一体化，必须适应市场的要求。从根本上看，一体化本身就是市场经济发展要求的结果，在计划经济中，一体化规划易于在实践中陷入僵化，在市场机制发挥作用的经济中，市场经济越发达，区域经济一体化的要求就会越强烈，也更容易得到推进。同时，这种一体化越适应市场发展的要求，这一区域的所有经济体都将受益越多，反之亦然。这从各个区域的一体化历史进程和市场经济发展历程的时间对比中可以看出来。

第三，要推进区域经济一体化，需要正确的经济理论指导。所有一体化都是市场经济发展提出的区域协调发展要求，这一领域现有的经济理论还处于尚未成型的发展过程之中，如何协调发展还需要大量的理论研究和理论指导。当理论研究越深入时，一体化进程越顺利；反之亦然。这点可以很鲜明地从三大区域中的一体化程度和相应的理论研究程度对比看出，在三大区域中，对长三角的理论研究最为丰富，珠三角和环渤海次之，这是与三大区域的一体化进程相对应的。

第四，要推进区域经济一体化，政府宏观引导不可或缺。基于市场机制自身盲目性的缺陷，其不可能解决一体化问题，一体化只有在政府的行政引导下才能得到实现，一体化进程的快慢从根本上取决于政府的指导性政策是否合理得力。同时还可以看到，当行政指导得力时，一体化进程加快，社会福利得到改善，如在 2004 年期间，从环渤海一体化的突破性发展进程及其对环渤海的经济效果可以看出；而当行政指导缺乏甚至误导时，一体化进程将会停滞不前，甚至会出现倒退迹象，如在 1988 年撤销上海经济区规划办公室对长三角一体化就造成了巨大的负面影响。

第五，经济发展越快，一体化进程越快。当经济发展规模很小时，工业还没有发展起来，大量的本地资源没有得到充分利用，产业结构基本停留在自给自足的小农经济时期，此时，即使区域一体化没有实现，相应的弊端不会显露出来，也就不会有强烈的一体化要求。当经济发展到一定程度，工业化，尤其是重工业化得到快速发展，资源紧缺、重复建设、环境污染等问题不断涌现，区域协调发展和共同治理的要求将会不断得到强化，此时，一体化进程也将不断被推进。所以，当经济发展越快时，其一体化进程将会越快。

三、三大区域一体化的现状分析

这一部分分析长三角、珠三角和环渤海三大区域的现状，并进行一个综合比较分析。

（一）长三角

无论经济总量占比，还是产业升级和产业集聚，长三角在全国都占据了领先地位，是全国经济发展速度最快、最活跃的区域。长三角经济一体化的战略目标，就是要把长三角建设成为产业结构高度化、区域经济外向化、运行机制市场化、国内率先实现现代化的示范区，成为我国及亚太地区最具活力的经济增长极、中国有实力参与世界经济竞争的中心区域。针对长三角的一体化现状，已有很多研究。

在基础设施一体化方面，交通基础设施发展迅猛，已初步形成公路、水运、铁路、航空、管道五种运输方式齐全、相互配套的现代综合运输体系。城市基础设施建设取得了长足发展，供水、供电、供气能力、城市道路建设等在全国位居前列。经历了20世纪50～80年代的“滞后型”模式、20世纪90年代“适应型”模式，现已进入“超前型”发展模式，轨道交通、公交、航空运输不断发展，洋山港、东海大桥、杭州湾大桥、浦东磁悬浮铁路等工程也相继建设与建成。

主要“瓶颈”与问题有以下几个方面。第一，枢纽城市不同运输方式的配套衔接不畅，区内高等级基础设施尚未形成网络，城际通道尚未形成，跨省市公路通行能力明显不足，航空、铁路、公路站场与港口布局之间衔接不合理等。第二，港口结构性矛盾突出，港群内部竞争十分激烈。港口群的发展缺乏统筹规划，还存在无序竞争，争上项目、定位雷同、重复建设等问题严重。第三，航空运输市场空间不平衡，缺乏高质量的国际空港和机场群。第四，各级物流中心城市自成体系、独立运作、部门分割、行业垄断、地方封锁，相互很少关联。①

在市场一体化上，长三角还存在经济金融的地区封锁，但金融大市场初现端

① 根据国家发展改革委员会地区经济司网页 http://dqs.ndrc.gov.cn/gzdt/t20070320_122330.htm（2010年7月18日）整理。

倪：在信贷市场上，长三角商业银行跨区划的贷款发展较快；在票据市场上，长三角票据贴现、转贴现业务十分兴旺；在资本市场上，长三角各地相互在对方设立中介机构，甚至把机构的总部设到异地，实现了区域内的非银行金融机构互动。出现了上海企业对长三角其他地区的投资，江浙地区企业收购兼并上海资产的良好局面。还需进一步打破金融机构地区分割、门户独立的界限，开展全方位的合作以满足经济一体化发展的需要（李方，2006）。在信用体系上，信用管理制度不健全，信用数据资源分割较为严重，信用信息不能得到及时更新，信用信息覆盖面仍很小。《长三角地区信用服务机构备案互认协议书》的签署标志着长三角区域信用体系建设和合作迈上了一个新台阶。长三角区域内的相同部门之间，需要实现信息共享，建立跨行政区划的部门信用信息共享体系（梅强、马国建，2007）。

在产业结构一体化上，城市产业同质竞争问题突出，产业结构及产品结构、出口结构上有趋同现象，在发展规划及主导产业、支柱行业设置上有趋同现象，区内各地在经济发展指标上盲目攀比。产业结构趋同现象比较严重，在产业结构相似基础上进行错位竞争是长江三角洲地区产业发展的突出特点（张颢瀚，2007）。需要充分发挥市场作用，支持和引导区域产业转移，鼓励和推动优势产业扩张，促进区域产业结构调整和产业布局的优化。要鼓励企业进行跨地区、跨行业、跨所有制的重组，发展大型企业集团。要推进区域电力、煤炭、石油、天然气等重大能源项目的合作。可以考虑建立产业发展协调基金，缓解长三角地区的产业同构竞争的局面，发挥长三角整体联动效应（杨逢珉、孙定东，2007）。

在政府职能一体化上，构建了协作联动的制度基础，完善了区域合作规则；进行了合作组织形式创新，创建了多平台的区域政府合作载体，如区域协调管理机构，跨行政区的行业协会和民间组织（朱莺，2006）。但仍然还有很多工作要做。在治理理念上，还需要跳出单一行政区划的刚性圈子，摒弃传统的“内向型行政”，关注区域公共问题的治理，主动融入区域治理体系之中，扩展区域公共治理主体，实现从地方政府单一型治理到多中心的网络化治理（王瑞成，2006）。改进政府绩效考核机制，加快干部制度改革，强化和保障区域间协商机制（贾让成、楼伟波、李龙，2007）。调整行政区划，提供区域经济一体化发展的网络空间。通过行政区划的调整与改革，将区际经济矛盾转化为区内经济问题，解决现存的区际行政壁垒问题（李金龙、王宝元，2007）。逐渐减少行政干预，加强市场引导、管理和服务，努力改善区域投资环境和经营环境。协调各地区的竞争规则和经济发展战略，实现区域共同市场内资源的高效率配置（王春业，2007）。

在其他方面的区域一体化上，区际利益协调还存在困难，各自为战、各行其是的现象影响了长三角的整体协调发展，重复投资、恶性竞争常常发生。在文化融合方面，可以考虑共享资源，共通市场，建设区域文化品牌和先进文化，构筑人才、信息流动平台，促进文化积累。还需要打破长三角区域文化人才的禁锢和封闭，逐步统一人才市场，建立准入标准（陈雯、何雨，2009）。在环境保护方面，张颢瀚（2007）提出长江三角洲还需要不断完善和落实生态一体化的目标、原则与战略举措。相应地，2007年，国家发展和改革委地区经济司联合制定了区域环境和资源保护规划，建立环境安全预警预报制度和区域环境重大事故灾害通报制度，以提高区域整体环境质量和可持续发展能力。在城市圈的发展方面，还需通过制度创新，实现城市协调发展（陈建军、张兴平、丁正源，2007）；健全市场机制、实现市场主体与行政主体之间的利益共赢、转变政府职能、培育区域合作组织、建立区域共同治理的政策法规体系等（张颢瀚，2009）。

（二）珠三角

珠三角是中国经济比较活跃的地区，《珠江三角洲地区改革发展规划纲要（2008～2020年）》提出：要推进珠江三角洲区域经济一体化；到2012年，基本实现基础设施一体化，初步实现区域经济一体化；到2020年，实现区域经济一体化和基本公共服务均等化。已有一些研究分析了珠三角的一体化现状，珠三角城市同属一省，在政府职能、投资政策和环保能源等方面一体化更易推进，这里介绍其一体化的其他三个方面。

珠三角的基础设施一体化现状不容乐观。一是区域间交通总体规划与总体建设相对滞后。由于缺少统筹，各个城市之间的专项衔接局限于一个或两个城市的小圈子。二是各城市间的交通运输成本相对较高，大量的路桥收费站不仅降低了公路桥梁的通行能力，也带来了新的交通拥堵点和“瓶颈”。三是区域间交通资源共享合作共赢的基础相对薄弱，重复建设和无序竞争的现象较为突出，区域性基础设施共建及交通信息资源共享程度偏低。四是城市之间交通综合管理协调的没有制度化的协调机制和措施支撑，交通政出多门，无法形成一体化的管理思路和管理机制。

珠三角的市场一体化仍处于探索阶段，管理体制有待改革、协调机制有待加强、各方面关系也有待理顺。行政分割阻碍市场机制配置资源的通道，市场和资源被部门利益和地区利益分割，使得珠江东岸地区的经济发展面临土地、资源、人口、环境的严重制约；与此同时，珠江西岸拥有资源却无法发挥优势。珠三角的资源配置处于低效运行状态，阻碍了珠三角地区的整体竞争力的提升（杨永福，2009）。珠三角的一体化正在起步，构建了广佛同城化、深莞惠、珠中江三大城市圈合作框架，签署了区域应急管理合作、公积金异地互贷、人才工作联盟合作、旅游合作等具体领域的合作协议。其次，形成了一系列的沟通协调机制和区域协调机构（陈瑞莲，2009）。

产业结构一体化还没有形成。由于经济腹地狭小，低层次制造业向外围地区扩散缓慢，生产性服务业和高层次制造业得不到发展空间，邻近省份又与广东的经济发展差距过大，所以珠三角的制造业层次偏低、生产性服务业发展缓慢、环境污染严重（李铁立、徐建华，2006）。应通过产业集群成长来推动区域一体化、市场化和城市化。通过产业集群成长的价值链延伸机制推动区域大中小企业之间的分工合作，产业集群成长的交易网络扩张机制推动城市群产业分工合作，产业集群成长的网络创新机制推动区域产业创新平台一体化（毛艳华，2009）。各行政区由竞争关系转变成合作关系，合理进行产业规划，形成“产业互补、分工协作”的新局面（杨永福，2009）。

（三）环渤海

进入21世纪，环渤海经济圈经济发展迅速，成为继长三角、珠三角之后的第三大经济板块，区域经济一体化进程也取得了较大进展。

在基础设施建设方面，区域内公路、铁路、港口和机场的建设不断推进，京津城际已实现30分钟直通，3个小时京津冀直通即将实现，最后将实现环渤海主要城市6个小时直通，一个现代化的基础设施网络正在形成。但是，当前环渤海地区的基础设施的网络化程度还不高，区域间商品流动和要素流动还不很通畅，在主要城市之间的铁路、公路和港口之间还没有形成一个整体网络。像港口发展方面，各城市对经济腹地、靠港船舶、出入港通道、集装箱等进行激烈争夺，存在着严重的过度竞争。

为了实现一体化，环渤海地区还需进一步构建海陆空一体的基础设施网络，以沿海地区的国际性城市为主要节点，通过沿海高速铁路和高速公路连接天津、青岛和大连等核心城市和大型集装箱海港，形成一个综合性交通运输走廊；以光纤通信和卫星数据传输等高技术手段为基础，形成以国际性城市为主要信息源的宽带信息网络（李锋、刘容子、齐连明等，2009）。强力推进大型基础设施建设，尽快形成同城效应（李靖宇、刘海楠，2009）。

在市场一体化上，“天津倡议”提出环渤海地区要构建一体化的市场体系，促进资源、资金、技术、人才的合理流动。京津冀城乡规划协调机制的建立，将进一步促进协调该区域城乡空间布局，统筹区域资源、环境、人口，及交通网络等重大基础设施布局，推进环渤海区域经济的一体化进程。环渤海区域各省市之间的交流、合作，正进入了实质性运作阶段。

但在当前，市场一体化还没有实现，环渤海还缺乏一个真正的可引领区域发展的龙头，而多个增长极的发展模式还有待探索；区域内合作性还不强，跨城市的产业链还未形成，生产要素流动还存在较多壁垒。构成环渤海的三大区域还呈现出各自独立发展的特征，就三大区域内部来说，“十五”期间，京津冀的经济联系强度虽弱于长三角，但略强于珠三角，而辽中南、山东半岛的经济联系度与长三角、珠三角的差距则颇为显著（姜博、修春亮、赵映慧，2009）；北京和天津相对于京津冀，甚至他对于环渤海其他地区发展来说都具有巨大的负外部性。

在产业结构一体化方面，长期以来各省市由于行政区划造成条块分割，各城市产业结构相对独立、自成体系，城市之间产业关联性小，无论是对于环渤海区域还是对于其内部的三大区域来说，区域内部发展不平衡（周立群、邹卫星，2006），合作性不强，产业链建设也不完善。产业结构在各城市规划上和实际发展上的趋同减缓了环渤海区域经济一体化步伐，在形成协调配套的产业链和产业集群，形成实质性意义的经济圈上，环渤海要落后于长三角和珠三角。

在政府职能一体化上，长期以来，各个城市都处于独立发展的状态，进入20世纪90年代以来，又展开了关于龙头分区域和龙头城市的竞争，政府部门和合作没有得到全面展开。近几年，政府部门的合作逐渐开始取得成效，《环渤海区域经济合作联席会议》确定了定期磋商机制，学界和产业界的定期交流制度已经形成，环渤海区域的交流、协调与合作不断得到推动，一些实质性的协议达成，一些实质性的合作也开始进行，但仍然要落后于长三角和珠三角。

在其他方面的区域一体化上，整体上，由于包括地理范围广泛，以前条块分割严重，当前在这些领域的合作还处于起步阶段，但也取得了很大的进展。关于跨城市环境保护和污染治理的一些合作项目正在进行，关于旅游和信息等行业的合作协议已经签订，像新能源、物联网等新兴产业、科技创新产业的跨城市合作有望得到突破性进展。

（四）三大区域一体化现状的比较分析

就长三角、珠三角和环渤海的一体化现状来看，三大区域既具有差别，又具有一些相同点。其差别主要体现在如下方面：第一，长三角起步较早，虽然中间出现过一个停滞时期，但仍然是一体化进程最快的；相应地，长三角的快速一体化对于其经济发展的贡献也是最大的。第二，三大区域的一体化无论从一体化的哪一方面来看，都具有较大的差异性，这五大方面按一体化程度来看，都基本上遵循长三角、珠三角和环渤海的次序[①]。比较研究可以看出，经济实力、市场化

① 环渤海的一体化现状之所以落后于其他两个区域，除了前述原因外，还在于其包括三个联系不太紧密的次区域，在各个次区域的一体化还尚未完善的情况下，环渤海一体化就显得更为困难。

水平、行政分割程度、理论研究程度、实体经济内在需求等决定着区域一体化的发展情况。在这些方面的差异也是三大区域一体化发展差异的主要原因。

其相同点主要表现在如下几点。第一，我国的区域一体化起步不早，实施较晚。对比国际领域的欧盟、南美国家共同体、北美自由贸易区，以及国际上的大城市群来说，我国国内的区域经济一体化进程开始较晚，发展较慢，长期以来，各个区域内各城市之间一直处于行政分割下的GDP最大化战略指导下的激烈竞争状态。第二，各个区域均还处于一体化的探索阶段，都还没有实现一体化；而且，一体化的目标模式也还没有出现，尤其是在市场一体化和产业结构一体化方面，还没有出现突破性进展。第三，在我国的区域一体化中，具有基础设施一体化先行、其现状和规划最好的显著特征。在三大区域，迄今为止，都是基础设施一体化推进的最好，这主要是由于这一方面没有多少理论难度，实践中最易于操作，而其他领域的一体化则更难以摸索些。第四，在所有的一体化内容中，产业结构一体化最为难以协调均衡。在三大区域，伴随着大量的重复建设和过度竞争，产业结构失衡是它们贯通过去和现在的长期以来的典型特征，也是迄今为止最难以解决的问题。

四、区域经济一体化发展建议

总体来看，长三角、珠三角和环渤海的区域经济一体化已经取得了很大的进展，一体化进程不可逆转。在一体化的推进过程中，市场发展需求、正确理论指导、政府宏观引导三者不可或缺。在三大区域，一体化还没有实现，其目标模式还在探索之中，其中，基础设施一体化进展最快，产业机构一体化在短期内还难以取得突破。依此我们提出如下几点对策建议。

第一，坚持市场导向原则，处理好政府和市场的关系，避免回归计划思维。首先，对于存在自然垄断、外部性、公共产品、信息不对称的领域，在促进效率和社会福利最大化的目标下，政府应该介入。其次，对于像新能源、新材料等国家战略层面的领域，政府应该适当引导整合行业发展。最后，其他所有市场竞争的领域，政府可以退出，留给市场机制去解决。

第二，大力支持理论研究，区域经济一体化是一个新的实践尝试，也是一个新的理论领域，没有必要给区域一体化设定一个固定的目标模式。一体化的主体还是像企业和消费者这样的微观经济主体，目标模式可能并非唯一，要理清市场发展的要求，探明区域发展的规律，预测好区域未来的发展走向，同时，行政介入需要建立在深入研究和广泛讨论的基础上。

第三，一体化推进可以遵循循序渐进原则。一方面，在一体化方向还不明朗的领域，可以以基础设施一体化为先导，通过市场机制的不断运行，逐渐寻找市场一体化、产业结构一体化和政府职能一体化的发展方向。另一方面，结合从次区域到整个区域的发展历程，先以发展长三角、珠三角和京津冀等区域为主，以发展泛长三角、大珠三角、泛珠三角、环渤海等区域为辅；可以将后者作为对前者的补充，作为一个更远期的实现目标。

第十章

经济联系度、非均衡发展与经济增长

由于京津冀经济地理的特殊空间关系和两市一省在经济、社会、文化、民俗等方面的内在联系，客观上形成了人缘、地缘和业缘的密切关联度。从我国经济社会发展的全局高度来看，这一区域的经济社会发展事关全国经济的整体布局，其内部经济联系正不断强化。

目前，在我国经济发展速度最快的长江三角洲地区，各城市之间已经形成了良好的经济要素流和健全的产业链条，例如上海的石油化工、钢铁机械和建材原料从南京、镇江、苏锡常和杭州地区购进；纺织原料、食品工业原料及房地产装饰材料等从苏中、苏北、杭嘉湖、宁绍地区而来，而纺织成品、食品、百货则供应给江、浙、安徽及全国其他市场。[①] 这样较完整的产业链保证了长三角地区经济的持续稳定发展，在以大城市为核心发展横向经济联系的基础上形成了区域联系的城市群体。那么，到底京津冀三地之间的经济联系程度有多大？目前已有的内部经济联系是否可以满足三地发展的要求？本章将从经济区的本质入手，研究京津冀目前产业结构的现状及存在问题，寻找其内部联系的经济关系。

同时，基于如第七章所述的区域地区差距对经济发展的重要性，本章将以京津冀区域经济为研究对象，继续探讨京津冀地区差距的演变规律及其形成机制，以及京津冀经济增长等相关变量之间的关系，选取 GDP 作为反映地区发展的指标，尝试通过经济计量等方法，集中研究各地经济发展水平的差距及其对区域经

① 参见姚士谋、陈彩虹：《沪宁杭地区城市群发展机制研究》，载《上海城市管理职业技术学院学报》2004 年第 5 期。

济持续发展的影响。

一、京津冀经济联系度的测度研究

京津冀作为一个经济统一体，除了经济要素交流密切之外，自然环境的一体性、基础设施的连贯性也充分表明，两市一省之间的内在联系不会因为行政区划分立而中断。京津冀同处一个发展环境，共用一个水、电、路网，共享一个自然和社会资源，客观上共同构成一个城市群体系，其内部经济联系十分密切。但是，多年来，京津冀区域经济发展的联系与它们所应达到的密切水平相差甚远。在其区域经济发展运行的进程中，京津冀三方的经济融合存在着来自历史、自然、体制、机制、行政区划等多方面的障碍，受行政、政治、经济、体制与大城市发展规律和地方利益等多种自然和人为因素的影响，三者还难以形成相互协调发展的层面。下面分别从定量角度和定性分析两个方面来考察京津冀区域的经济联系。

（一）京津冀经济联系度的定量测度

《地理学词典》中定义的经济联系是指“地区之间、地区内部、城镇之间、农村之间以及城乡之间在原料、材料及工农业产品的交换活动和技术经济上的相互联系。区域经济联系的产生发展是劳动地域分工的结果。”（上海辞书出版社，1983）目前，随着世界范围的企业集团化、国际化以及地区间经济的广泛合作，特别是随着我国市场经济的进一步深化和多方位横向联合的高层次发展，区域间经济联系日益增强。因此，区域经济联系研究具有急迫感和深刻的实践意义。

选取京津冀地区的11个城市（包括北京、天津、石家庄、唐山、邯郸、秦皇岛、保定、张家口、沧州、廊坊、承德）进行节点分析划分等级。选取区域的人口数、工业总产值、空间距离及接受程度系数等指标来定量分析区域内各组成部分间的经济联系强度。然后建立分析模型，对联系强度、接受程度系数、中心城市间可达性系数等几种联系强度指标进行量化表述，从而确定了区域经济联系定量分析模型。

1. 指标选取

经济联系强度几乎与所有的区域经济要素及社会、文化、行政等因素有着或大或小的关系。由于经济要素数量众多而且变化复杂，很难依据每个要素来定量分析经济联系强度的大小，只能选取几个代表性的指标。

区域内各组成部分间的联系过程实质上主要是它们在经济方面相互作用的过程，这首先与经济发展水平和人口规模密切相关。随着经济的发展，区域内各组成部分的经济联系虽然在物流、信息流、技术流、金融流等方面的内涵逐渐扩大，但在区域经济联系的启动、增长乃至持续阶段，工业联系始终占有举足轻重的地位，其他方面的联系常常是工业联系过程的重要环节或有益补充，因此我们用工业总产值来代表区域经济发展水平。人是经济活动的主体，也是区域经济联系的执行者。所以，人口规模也是联系强度定量分析的重要指标之一。根据距离衰减原理等理论，区域内各组成部分的空间距离也是影响区域经济联系强度大小的一个重要指标。另外，接受程度系数也是指标之一。

总之，我们选取区域的人口数、工业总产值、空间距离及接受程度系数等指标来定量分析区域内各组成部分间的经济联系强度。

2. 模型建立

首先提出如下若干概念：

（1）联系强度。联系强度是用来衡量区域间经济联系程度大小的指标，既反映了经济中心对周围地区的辐射（扩散与极化）能力，也反映了周围地区对经济中心辐射潜能的接受能力。为了研究上的方便，进一步提出绝对联系强度、相对联系强度和最大可能联系强度等概念。绝对联系强度是指某区域接受到的经济中心向之辐射的实际强度，用来分析经济中心向周围地区经济辐射的地域变化规律；相对联系强度是指某区域接受的单位相对规模辐射强度——绝对联系强度与该区域相对规模的比值，可用来比较分析不同规模或级别地区对经济中心辐射的接受能力。最大可能联系强度指区域间可能存在最大限度的联系强度，可用来分析经济中心辐射潜能和周围地区接受潜能的强弱。

（2）接受程度系数。当今的区域经济发展已远非初时的线性影响过程，而进入多区域相互影响、相互作用的阶段，呈现网络化的特点。在这个网络中存在着多个经济中心，每个区域收到的经济辐射常常来自多个经济中心，再加上诸如行政、历史、人文等因素的影响，从而一个区域对于其中某个中心城市的经济辐射就不可能全部接受。因此，在分析一个区域与某个中心城市的实际联系强度（绝对联系强度）时，就不能不考虑接受程度，即两区域的绝对联系强度与最大可能联系强度的比值——接受程度系数。

（3）中心城市间可达性系数。可达性是度量两地间交往、联系方便程度的相对指标。可达性值越高，说明两地间交往越方便，反之则联系不便。可达性分析的具体方法是依据区域交通网络现状和线路等级规模，计算出区内某点到区域内其他点的交通联系时间，并通过交通联系所需时间的相对比较量来反映空间联系的密切程度。下面尝试建立分析模型：

经济动力学中的经济引力论认为："万有引力原理也适用于经济联系，即区域经济联系也存在着相互吸引的规律性"（经济学大辞典，1993）。著名地理学家塔费认为，"经济联系强度同它们的人口乘积成正比，同它们之间的距离的平方成反比”（E. J. Taaffe，1962）。以下是对以上提到的几种联系强度指标进行量化表述，确定区域经济联系定量分析模型：

$$R_{ij} = K_{ij} \cdot \sqrt{P_i \cdot V_i} \cdot \sqrt{P_j \cdot V_j} / D_{ij}^2$$

$$K_{ij} = \sqrt[n]{\prod_{m}^{n} = 1(e_m / E_m)}$$

$$R'_{ij} = R_{ij} \Big/ \frac{P_i \cdot V_i}{\bar{P} \cdot \bar{V}}$$

$$R = R_{ij} / K_{ij} = \sqrt{P_i \cdot V_i} \cdot \sqrt{P_j \cdot V_j} / D_{ij}^2$$

其中：

R_{ij}：绝对联系强度；

R'_{ij}：相对联系强度；

R：最大可能联系强度；

K_{ij}：接受程度系数；

P_i、P_j：两区域的总人口数；

V_i、V_j：两区域的工业总产值；

$\bar{P}$：多个接受辐射区域总人口的平均值；

$\bar{V}$：多个接受辐射区域工业总产值的平均值；

e_m：接受辐射区域的第 m 种经济部门或要素与中心城市相关部分的产值；

E_m：接受辐射区域的第 m 种经济部门或要素的总产值。

以上这一经济联系量化模型的建立是基于一系列假设条件之上的，如区域内部的经济现象分布是均衡的；区域内部任何人都发挥着同样的相互作用；区域间的联系路径是直线型，选择同等的联络方式，运行同等状况的联络线路等。

3. 中心城市的等级划分

选取京津冀地区的 11 个城市（北京、天津、石家庄、唐山、邯郸、秦皇岛、保定、张家口、沧州、廊坊、承德）进行节点分析划分等级。选取城市市区非农业人口数和国内生产总值来代表城市的经济实力和经济发展水平指标；同时考虑到城市在区域经济联系中接受和消化外来技术、资金、市场信息等方面能力的不同，将各城市具有中级以上专业技术职称的人数也作为反映城市经济规模的一个指标。在确定了上述城市规模指标体系的基础上，依据各城市非农业人口（P'_i）、GDP（V'_i）和专业技术人员数（S'_i）分别计算各中心城市的非农业人口指数（$K_{P'_i}$）、经济职能指数（$K_{V'_i}$）和科技职能指数（$K_{S'_i}$）。计算公式如下：

$$K_{P'_i} = P'_i \Big/ \frac{1}{n} \sum_{i=1}^{n} P'_i$$

（$K_{V'_i}$、$K_{S'_i}$的计算公式依此类推）

进一步计算各城市的中心职能强度：

$$K_{T_i} = K_{P'_i} + K_{V'_i} + K_{S'_i}$$
$$K_{E_i} = [K_{P'_i} + K_{V'_i} + K_{S'_i}]/3$$

其中：

K_{T_i}：中心职能强度；

K_{E_i}：平均中心职能强度。

进一步根据上述值计算结果，对11个经济中心城市进行等级划分。

表10.1　　　　经济中心城市的中心职能强度

序号	城市	中心职能强度 K_{T_i}	平均中心职能强度 K_{E_i}
1	北京	13.96	4.65
2	天津	9.74	3.25
3	石家庄	2.13	0.71
4	唐山	2.34	0.78
5	邯郸	1.54	0.51
6	秦皇岛	1.35	0.45
7	保定	1.22	0.41
8	张家口	0.78	0.26
9	沧州	0.62	0.21
10	廊坊	0.61	0.21
11	承德	0.52	0.17

资料来源：根据《中国城市统计年鉴（2009）》、《中国城市发展报告（2009）》、《北京统计年鉴（2009）》、《天津统计年鉴（2009）》、《河北经济年鉴（2009）》计算整理。

表10.2　　　　京津冀地区经济中心等级划分

等级	K_{T_i}值	K_{E_i}值	区域中心
一级中心	$K_{T_i} > 5$	$K_{E_i} > 1.5$	北京、天津
二级中心	$5 > K_{T_i} > 1.2$	$1.5 > K_{E_i} > 0.4$	石家庄、唐山、邯郸、保定、秦皇岛
三级中心	$K_{T_i} < 1.2$	$K_{E_i} < 0.4$	沧州、张家口、廊坊、承德

资料来源：根据节点分析模型计算得到。

4. 中心城市间经济联系量分析

由于考虑到数据收集的困难，现对上面提到的区域经济联系定量分析模型进行简化，简化后的公式如下：

$$R_{ija} = \sqrt{P_i V_i} \cdot \sqrt{P_j V_j} / D_{ij}^2$$

其中：

R_{ija}：绝对联系量；

P_i、P_j：城市 i、j 的人口数；

V_i、V_j：城市 i、j 的国内生产总值；

D_{ij}：i、j 两城市间的交通距离。

最后，通过下面的公式计算经济联系隶属度：

$$F_{ij} = R_{ija} / \sum_{j=1}^{n} R_{ij}$$

由上述公式计算得出各区域中心城市相对于其周围高级中心城市的经济联系隶属度如表 10.4，选择珠三角地区为对照区域，则计算其经济联系隶属度如表 10.3～表 10.5 所示：

表 10.3　　珠三角地区经济中心等级划分

等级	K_{T_i}值	K_{E_i}值	区域中心
一级中心	$K_{T_i} > 5$	$K_{E_i} > 1.5$	广州、深圳
二级中心	$5 > K_{T_i} > 1.2$	$1.5 > K_{E_i} > 0.4$	东莞、珠海、中山、佛山
三级中心	$K_{T_i} < 1.2$	$K_{E_i} < 0.4$	江门、肇庆、惠州

资料来源：《深圳与珠江三角洲区域经济联系的测度及分析》，载《经济地理》2001 年第 1 期。

表 10.4　　京津冀地区城市间经济联系隶属度（2008 年）

城市	北京	天津	石家庄	唐山	邯郸	保定	秦皇岛
石家庄	0.7571	0.2429	—	—	—	—	—
唐山	0.5145	0.4855	—	—	—	—	—
邯郸	0.7135	0.2865	—	—	—	—	—
保定	0.8481	0.1519	—	—	—	—	—
秦皇岛	0.5926	0.4074	—	—	—	—	—
张家口	0.7385	0.1704	0.0185	0.0476	0.0052	0.0139	0.0060
廊坊	0.5218	0.4508	0.0037	0.0177	0.0009	0.0038	0.0013
沧州	0.2341	0.6436	0.0288	0.0565	0.0060	0.0258	0.0053
承德	0.5765	0.1931	0.0197	0.1724	0.0064	0.0133	0.0186

资料来源：根据《中国城市统计年鉴（2009）》计算整理。

表 10.5　　珠三角地区城市间经济联系隶属度（2008 年）

城市	广州	深圳	东莞	珠海	中山	佛山
东莞	0.3991	0.6009	—	—	—	—
珠海	0.8454	0.1546	—	—	—	—
中山	0.8295	0.1705	—	—	—	—
佛山	0.9914	0.0086	—	—	—	—
江门	0.4411	0.0574	0.0480	0.0306	0.1473	0.2757
肇庆	0.4544	0.0444	0.0497	0.0145	0.0314	0.4056
惠州	0.2014	0.18034	0.4930	0.0159	0.0317	0.0777

资料来源：根据《中国城市统计年鉴（2009）》计算整理。

根据表 10.4、表 10.5，用取平均数的做法可以计算出京津冀地区一、二级中心城市间以及一、二、三级中心城市间的整体经济联系度，同理也可计算出珠三角城市间的整体经济联系度，具体结果如表 10.6 所示。

表 10.6　　两区域城市间平均经济联系度比较

	京津冀城市间平均经济联系度	珠三角城市间平均经济联系度
一二级	0.5	0.5
一二三级	0.237	0.269

资料来源：根据《中国城市统计年鉴（2009）》计算整理。

另外，我们使用 2000 年和 2003 年的数据作为对照，可以计算出当年京津冀区域及珠三角区域城市间平均经济联系度，如表 10.7 所示。

表 10.7　　两区域不同年份城市间平均经济联系度比较

	京津冀城市间平均经济联系度			珠三角城市间平均经济联系度		
一二级	2000 年	2003 年	增长幅度	2000 年	2003 年	增长幅度
	0.0871	0.0900	3.33%	0.1384	0.1695	22.47%
一二三级	2000 年	2003 年	—	2000 年	2003 年	—
	0.0530	0.0552	4.15%	0.0850	0.0928	9.18%

资料来源：根据历年《中国城市统计年鉴》计算整理。

根据表10.7可以明显看出，虽然这三年来京津冀区域城市间经济联系度在不断加强，但速度远远低于珠江三角洲地区，在绝对量和增长量上都有着显著的劣势。

通过对中心城市间经济联系量的分析，可以看出，京津冀地区城市之间的联系程度要低于珠三角地区，不论是一二级中心城市间的平均经济联系度还是整个区域各级中心城市间的平均经济联系度都不超出珠三角地区。它表明，京津冀地区城市间的经济密切程度、经济要素的联系程度都还处在一个较低的水平上，上一级中心城市对次一级中心城市的经济辐射及经济推动力还比较有限，没有形成整个区域内完整的产业链条，这也是造成该地区经济发展水平不如长三角和珠三角的原因之一。同时可以看出，虽然近年来京津冀区域城市间经济联系度在不断加强，但比珠江三角洲地区，仍存在一定的劣势。

（二）京津冀经济联系度的定性分析

目前，京津冀区域经济联系不断增强。北京在高技术产业的尖端等方面就存在着难以比拟的优势，天津在制造业、商业服务、港口航运等方面地位独特，河北在人力资源方面具有相对优势，因此，京津冀三方通过分工协作，彼此之间均可以得到由分工协作产生的规模经济和专业化收益。

但是，通过京津冀数据分析及其与珠三角地区的比较计算发现，京津冀地区在经济联系程度方面相比较而言存在着明显不足。之所以形成这一现状，原因是多方面的，本部分将对这些导致区域内各部分经济要素联系度不高的原因进行分析。

第一，行政区划分割导致种种区域壁垒，使得区域经济合作缺乏联系基础。北京从本身城市功能转换的角度来设定其发展战略，强调内部不同区域之间的协调发展；而天津则也从自身的利益来考虑其发展战略。双方经济竞争的动机强烈，而开展互补性合作的动机有待加强，导致了生产要素难以跨地区优化组合，京津冀地区既缺乏长江三角洲的政府全力推动，又缺乏珠江三角洲的市场发育程度，区域壁垒严重束缚了京津冀的发展。行政区划的分割所带来的问题就是本区（尤其是京津两地）在谋求自身的单体发展，对于合作取向仍然有限。

第二，市场机制作用范围过大，政府市场调控退出过多，而且地方政府之间的城市规模最大化加剧了城市之间的相互竞争，这些经济发展战略选择促进了区域不断走向发展的非合作化。在从计划经济走向市场经济的转轨过程中，在经济调控方面，由计划为主向市场为主的调节机制转变。但是，我们在这一过程中，政府对市场的调控功能基本上完成退出了，形成了由市场机制作用决定经济发展的格局，这样市场机制的缺陷就不断显现出来，一方面市场经济的盲目性形成了区域经济的普遍雷同；另一方面循环累计因果效应促使了地区经济发展不平衡的不断加剧。而且，地方政府在追求规模最大化的同时，也加剧了相互之间对项目、引资等方面的竞争。在这种经济背景下，在合作区域内部，各个区域都强调各自地位的重要性，难以形成资源共享的经济实体，整个区域的经济动力机制无法形成，京津冀区域经济联系度不大就成为经济发展的必然了。

第三，经济发展背景的雷同（包括历史、地理、文化、制度等方面），政府激励机制的高度一致，促成了区域间的相互激烈竞争、地区间产业同构等的静态格局形成。环渤海地区是我国传统的老工业区，地区内部不同省市处于同一或近似的发展水平，这就使其供给结构和需求结构具有很高的相似性，进而形成相近的资源结构、生产函数和需求偏好，由此决定各地政府在选择本地区发展战略和主导产业时会有相同或类似的选择。进一步，由于环渤海地区各区域在历史基础、资源结构、社会文化、地方制度等方面具有较多的相似性，无形中形成了接受产业转移的“无差异平台”，同质化的环境使各地区在接受产业和技术转移中形成相互竞争格局，在相关区域形成“重合”产业，这样，在面临相同的外在经济环境下，京津冀区域内部就在一定程度上形成了区域之间的产业结构重叠、资源配置低效、市场竞争无序、资本效率低下和发展与环境矛盾扩大等的静态经济格局。

第四，京津冀区域经济的动态演化趋势呈现出在整体上产业结构的分化和产业内部的地区分工要远弱于长三角和珠三角。20 世纪 80 年代的改革开放使多年被压抑的消费需求得以释放，从而形成了巨大的消费需求。在消费的示范效应下，出现了消费热潮，这为日用机械、金属制品、日用化学制品等行业的发展提供了机会。各地纷纷进入这些价高利大的行业部门，造成重复建设，而由于市场机制的不健全，产业同构不断被强化。90 年代的治理整顿和市场机制在配置资源中的作用不断增强，追求投资回报率和利益最大化的动机促使市场主体的投资行为趋于理性化，各种资源纷纷流向效率高的部门和产业，从而使地区专业化程度和制造业空间集中度不断提高，地区间产业结构趋同度也就随之下降。但是，对比珠三角而言，由于政府在市场上退出程度和调控程度的差异，和经济发展基础上的差异一起，使得京津冀区域在产业的分工协作上不及长三角和珠三角区域。比如说，在区域发展梯度承接方面。在长三角和珠三角，每隔几十千米，就有一个工业化水平很高的现代城市，形成一种上下游衔接、大小配套、结构合理、分工细致的大规模产业群。珠江三角洲的顺德、东莞等中小城市经济发展水平与核心城市广州、深圳有差距，但无断裂，大中小城市产业梯度合理，产业扩散与转移自然流畅，整个区域被经济链条拴在一起。长江三角洲的城市群发育也很完善，苏、锡、常等中等城市依傍在上海的周边，为产业的梯次转移铺就了一条平缓自然的通道。而京津冀地区京津两大城市双雄并立，周边能与京津两市产业衔接的中等城市数量很少，小型城市的产业水平低下，大城市与中小城市的产业基本断裂，中心城市的能量很难辐射和发散出来。因此，产业的传递梯度落差大，甚至形成了产业断层。

二、经济联系度与地区差距

在市场机制的作用下，区域内部的地区差距可能会由于极化效应持续地大于扩散效应而不断扩大，地区差距的扩大将会滋生出地区相互之间的诸多矛盾，要实现区域协调发展，必须降低地区差距，这就需要有非市场因素介入其中，增强区域内部各地区之间的经济联系度。当经济区域内部经济联系度不高时，上述过程将难以实现，区域内部的地区差距将不断扩大。本部分将分析在这种情况下地区差距形成和扩大的机制，它包括以下三个方面。

1. 市场机制推动的因果累积效应

非均衡发展理论在资源自由流动和市场机制充分作用的假定前提下，研究区域不平衡发展规律。这个效应是以非均衡发展理论为基础，结合规模报酬递增规律的现实经济前提，促使地区差距不断扩大。在转轨过程中，经济调控由计划为主转变为市场为主。在这一过程中，我国政府对市场的调控功能并没有跟上，而是基本上完全退出了，形成了由市场机制作用决定经济发展的格局。在经济发展背景雷同的情况下，市场机制的缺陷就显现出来，市场机制的盲目性导致了区域经济的失衡和畸形发展，表现在至今京津冀区域内仍然明显存在着产业结构重叠、资源配置低效、市场竞争无序、资本效率低下、发展与环境矛盾扩大等方面。作为市场机制配置资源作用的自然结果，京津市场规模大，生产集中，交易成本低，市场机制强化了经济发达市区集聚劳动力、技术、资本等要素的功能，区域内京津的极化效应不断加强。另外，由于北京和天津市区很大，而且天津发展实力还不够，京津的扩散效应还远未出现。在规模报酬递增的经济背景下，要素回报率地区差异形成和不断扩大的地区福利差距一起，在进一步强化极化效应的同时，也进一步弱化了扩散效应。不断强化的极化效应和不断弱化的扩散效应结合起来，使得京津冀区域经济发展呈现出明显的快者越快的趋势。

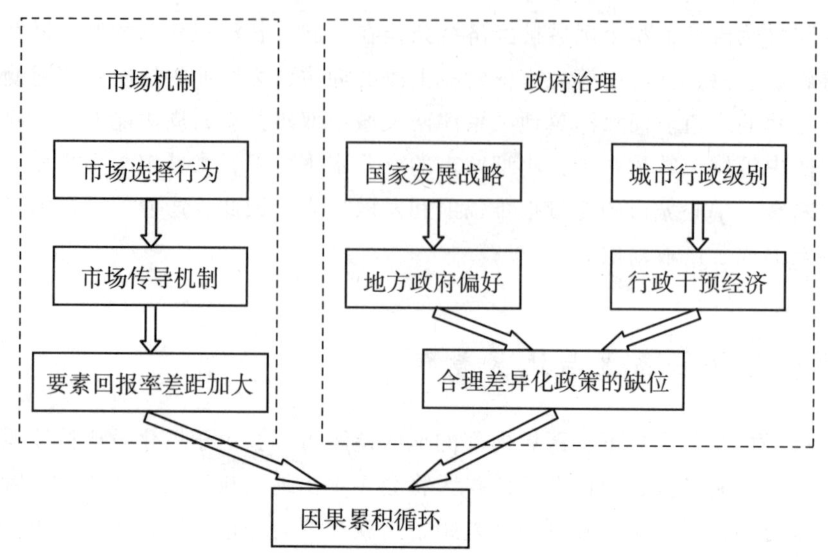

图 10.1　地区差距扩大化的形成机制

资料来源：笔者根据机制分析整理。

2. 政府行为推动的因果累积效应

除了非均衡发展理论提及的由市场机制驱动的因果累积效应外，京津冀地区差距扩大化的另一个原因是由政府行为推动的因果累积效应。

大大促进京津冀极化效应的是国家的区域发展战略和地方政府偏好。国家政府对于 GDP 和城市规模的激励机制，引导着各级地方政府的城市规模最大化和城市 GDP 最大化发展导向，各城市通过行政和经济等手段强化自身在生产要素的集中优势，城市相互之间竞争不断加剧，在这种经济发展背景下，就形成了以下局面：第一，区域内部各地区在区域发展中定位不明确；第二，区域内部无法形成基本的经济分工；第三，区域内地区发展的差异化政策缺位。这样，协调化发展的基本前提就不存在了，京津冀的政府行为不仅无法调控地区差距，反而加剧了由市场机制促动的极化效应，促使地区差距越来越大。一方面，单个城市的最大化战略，使得京津冀城市群各方经济竞争的动机强烈，发达地区会充分利用经济和政治优势，争夺其他地区的生产要素，欠发达地区相对地获得更少的资源，而城市发展规模的急剧扩张又进一步弱化了其对周边地区的扩散效应。这样欠发达地区就会比发达地区发展的相对要慢，地区差距进一步扩大。从而形成了一个由政府行为推进的“地区差距扩大—行政配置资源能力差距加大—地区差距进一步加大……”的因果累积效应。

3. 行政格局是促使地区差距扩大化的重要背景

促使京津冀地区差距不断扩大的重要背景是区域的行政格局。在京津冀城市群，一方面，行政对经济干预程度大，市场对于经济的影响程度相对较低；另一方面，城市行政级别差别大。北京致力于利用首都的地位集一个发展中国家的举国之力建设一个发达国家的大都市；而天津则正在利用直辖市的地位建设一个现代化国际型大都市。在京津发展规划的主导下，就出现了前面所述的像环京津贫困带这种现象的“配给贫困”。这样，不仅合理化的地区差异性政策缺位，而且促进区域经济中的地区差距更不合理发展的各项政策却在不断影响着区域经济发展，最后形成了当前的按照行政等级决定经济发展等级的不合理发展格局。

三、经济增长、资本形成和城市规模

非均衡发展理论一般不涉及时间变量，理论停留在定性分析基础上，缺乏对于地区差距是否合理的判断标准，也没有量化地探讨各要素、经济发展之间的相互促进关系。这里结合上述情况，针对各城市常常将刺激经济增长、增加投资和扩大城市规模来作为城市发展的导向，利用VAR分析经济增长、资本形成和城市发展规模的相互之间关系，尝试描述区域经济发展的瞬间动态过程。VAR分析的研究目标旨在于解决以下问题：京津冀地区差距不断扩大的发展态势是否合理？因果累积效应是否存在以及如何存在？研究经济增长、资本形成和城市发展规模两两之间的互动关系及其各个要素自身发展的潜在规律性，研究究竟什么因素才是城市发展的主动因等等。

这里首先对京津冀各城市的历年GDP、固定资产投资和城市总人口数据①取对数，进行VAR分析，通过分析各城市的脉冲响应效应，探讨经济增长、资本形成和城市规模之间的内在联系。本章采用VECM（k，l，r）模型分析，其中，滞后项k选择通过Akaike信息准则（AIC）和Schwartz准则（SC）选取，利用LR检验协整关系，其中，沧州原始数据非平稳且协整检验没通过，不进行VAR检验，漂移项和趋势项l根据Schwartz准则确定。通过计量分析得出如下结论。

对经济增长的脉冲响应分析中，首先，在三个冲击变量中，经济增长的一个标准差冲击对经济增长的脉冲响应系数几乎在检验结果中一致地显示为最大的正效应。其次，城市规模的一个标准差冲击对经济增长的脉冲响应系数在各个城市的检验结果中没有显示出一致性的影响特征。在对天津、廊坊和秦皇岛的数据检验中，尤其是在对秦皇岛的检验中，发现它对经济增长产生较大的正效应；在对

① 选取城市总人口而非劳动人总数也是为了回避劳动力的跨地区流动难以计量的问题。

保定的数据检验中，发现它对经济增长会产生较大的负效应；而在对其他城市的检验中，发现它几乎不对经济增长构成影响。最后，资本形成的一个标准差冲击对经济增长显示出几乎一致性的不会构成影响的特征。其中只有三个例外，即唐山和秦皇岛会产生一定的负效应，承德会产生一定的正效应。

对城市规模的脉冲响应分析中，首先，经济增长的一个标准差冲击对城市规模的脉冲响应系数几乎在检验结果中一致地显示为正，脉冲响应系数为正的依次是：北京、天津、石家庄、保定、张家口、承德、秦皇岛、廊坊，其中以北京数据检验的脉冲响应系数为最小。只有唐山数据检验的脉冲响应系数显示出对城市规模没有影响的特征。其次，城市规模的一个标准差冲击对城市规模的脉冲响应系数在各个城市的检验结果中没有显示出一致性的影响特征。北京、天津、石家庄、唐山、秦皇岛、廊坊的数据检验显示对城市规模为正的脉冲响应系数。其他地区的数据则没有显示出，来自城市规模的冲击会对城市规模构成影响。最后，资本形成的一个标准差冲击对城市规模显示出不会构成影响的特征。除了唐山和秦皇岛显示出冲击对城市规模的负效应外，其他地区一致性地显示出没有影响的结果。

对资本形成的脉冲响应分析中，首先，经济增长的一个标准差冲击对资本形成的脉冲响应系数几乎在各城市的检验结果中一致地显示为正。其次，城市规模的一个标准差冲击对资本形成的脉冲响应系数在各个城市的检验结果中没有显示出一致性的影响特征。显示为负效应的地区有：北京、石家庄、唐山、保定、张家口、承德。显示为正效应的地区有：廊坊。显示没有影响的地区有：天津、秦皇岛。最后，资本形成的一个标准差冲击对资本形成的脉冲响应系数在各个城市的检验结果中，除了秦皇岛和保定的资本形成冲击对资本形成没有明显作用外，其他地区都呈现出正效应，其中，天津和廊坊的脉冲响应系数为最小。

结合图10.2分析可以看出，从总体上看，经济发展会促使进一步的资本和人口的要素集聚，但是，要素集聚并不能促使进一步的经济发展，由此看来，市场机制推动的因果累积循环模式在京津冀区域并未形成。所以，我们可以认为，京津冀的发展模式现为GDP单动力推动模式，而其地区差距不断扩大化最主要的原因是GDP最大化战略的实施。在京津冀地区差距形成和发展的机制中，政府行为推动的因果累积效应可能更适合解释京津冀经济发展中地区差距不断扩大的事实[①]。

① 这可能也印证了行政对经济干预程度大，市场对经济的影响程度相对较低的观点。

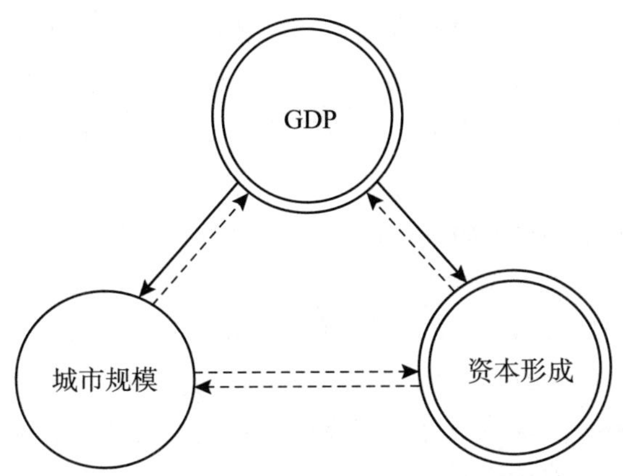

图 10.2　经济增长、资本形成和城市规模的因果累积关系

注：本图根据 VAR 计量结果整理。实线箭头表示后者对前者具有显著的冲击效应，虚线箭头表示后者对前者不具有显著的冲击效应。双层圆表示该变量具有自我累积效应，单层圆表示该变量不具有自我累积效应。

综合上述计量分析，还可以进一步得出如下主要结论。

首先，经济快速增长是京津冀城市发展的基本动因。前述 VAR 分析结果表明，GDP 的冲击是对这三方面最重要的影响因素，GDP 的变化直接决定一个城市发展状态。从对 GDP 的脉冲响应系数看，来自 GDP 的冲击影响最大，而城市规模次之，资本形成则对 GDP 几乎不造成影响。维持快速经济增长对该地区城市发展至关重要，GDP 增加值又进一步成为 GDP 增长的潜力。同时，来自 GDP 的冲击对于城市规模和资本形成的脉冲响应系数整体上趋于正效应，GDP 增加值将会促进资本和人口或者劳动力的快速增长，从而使得城市和城市群向着更大规模、更强效率和更高水平方向发展。

其次，加强扩散效应优于强化极化效应，比之中心城市，加强周边城市的发展更有利于区域的整体发展。GDP 是京津冀地区城市发展的基本动因，按照来自 GDP 的冲击对 GDP 的冲击作用程度大小排序，同一程度的经济增长对城市经济发展的促进作用排序依次为：石家庄、保定、张家口、承德、秦皇岛、唐山、廊坊、北京和天津。即在 GDP 增长 1 单位的冲击下，GDP 增长更快的城市不是作为中心城市的北京和天津，而这两个城市的经济增长恰恰是 GDP 增长带来城市发展的效率最低的城市。而作为周边城市的河北诸城市，其 GDP 增长冲击在促进城市发展方面，效率一致地高于京津。可见，促进京津周边诸城市而非中心城市的发展更有利于促进京津冀城市群的发展。

再其次，区域内地区发展呈异质性特征，资本对于城市发展的作用较小。对各种冲击的脉冲反映分析表明，不同地区之间不仅在反映程度上呈现出大小不同的定量差异性，而且还存在着各种效应或正或负的定性差异性。京津冀区域内地区之间在改革开放初期具有一致的经济基础、发展背景和政策环境。随着改革开放的不断深入，经济发展差距和政策背景异化开始出现并不断得到强化，形成了当前京津冀地区发展的异质性状态。而来自资本形成的冲击除了对资本形成具有显著的正脉冲效应外，对 GDP 和城市规模很少构成影响。

最后，GDP 和资本具有自我累积效应，城市规模不具有自我累积效应。一定量的 GDP 和资本投入会引致进一步的资本投入和 GDP 的增长，这可能是由于市场机制和信息传递机制作用的结果，在更高的资本投入和更高的 GDP 的信号下，会给投资者和生产者一个良好利润前景的预期，从而带来更快的 GDP 增长和更高的资本投入。而城市规模对于 GDP、城市规模和资本形成都没有显著的冲击效应，这可能是由于城市规模扩张更主要是来自于行政力量推动而非市场经济发展内在需要的结果。

四、城市群经济增长的影响因素

前述分析表明了 GDP 在京津冀区域发展晴雨表中的核心地位和关键作用，GDP 也较真实地反映一个城市的发展历史、发展现状，本部分通过面板数据分析，探讨在京津冀城市群中 GDP 决定的内在规律。已有研究利用新古典经济增长理论来分析影响经济增长的因素的作用。但是新古典增长理论本身在中国的应用存在很多问题。如中国的户籍制度阻碍了劳动力的自由流动（Démurger, 2001）有悖于要素自由流动的假设，计划经济和政府调控下的投资行为有悖于资本自由流动的假说，“企业自生能力”的隐含假设在中国不成立（林毅夫，2003），新古典经济增长理论没有考虑到结构问题（林毅夫和刘培林，2003）、结构转型问题（范剑勇和张涛，2003）和市场化问题（范剑勇，2004）。而且在新古典增长理论中，技术进步是经济增长的主动力，技术进步的黑箱（范剑勇，2004）不利于我们对于增长机制进行进一步的探究，这种分析是一种“技术模型”，而非经济模型（杨小凯，1998）。而且，在京津冀，由于地区分割，要素回报率的地区差距形成，统一的利润率和要素回报率并不存在；新古典经济增长理论多从供给考察增长，而针对中国内需不足的实际，考察经济增长时有必要引入需求变量。

所以，在经济增长的实证分析中，区域内城市 GDP 的影响因素很多，劳动力、资本以外的许多变量都是影响经济增长的要素，新古典经济增长理论的两要素决定论简化了对经济增长的分析，也相应地遗漏了一些应该考虑的变量。如表 10.8 所示，已有的研究表明，较高的人力资本禀赋、要素投入、工业化、城市化、市场化、对外开放、制造业和知识因素等是有利于增长的因素；而较高的农业比重、国有企业比重、通货膨胀率和重工业发展战略等是不利于增长的因素。

表 10.8　　区域内 GDP 的影响因素分析

变量名	对增长影响	变量名	对增长影响	变量名	对增长影响
人口增长率	(-)	劳动投入	(+)	城市化战略	(+)
储蓄率	(+)	资本投入	(+)	开放度	(+)
初始人力资本存量	(+)	农业比重	(-)	市场化	(+)
初始的农业比重	依样本时期定	工业化进程	(+)	通货膨胀率	(-)
国有企业比重	不确定	国有企业比重	(-)	M_2/GDP	(-)
地理位置	显著	集体企业比重	(+)	财政政策	(+)
基础设施禀赋	(-)	重工业战略	(-)	信贷政策	(-)
制造业	(+)	知识因素	(+)		

注：在“对增长影响”列中，(+) 表示该变量本身是促进增长的因素，(-) 则相反。

本章根据已有研究、数据可得性和区域经济发展特征，选定表 10.9 中的影响因素及其代表性指标利用面板数据分析来解释区域城市的 GDP 影响因素。先对模型选择进行检验分析。其中：N = 10，T = 6，k = 14。

(1) 建立混合效应模型还是时刻固定效应模型。

$$F=\frac{(SSE_r-SSE_u)/(N+T-1)}{SSE_u/(NT-N-T)}=\frac{(2.34\times10^{13}-1.65\times10^{13})/15}{1.65\times10^{13}/(60-10-6)}=1.227$$

故有 $F<F_{0.05(15,44)}=1.90$，接受原假设，应该建立混合效应模型。

(2) 建立混合效应模型还是个体固定效应模型。

$$F=\frac{(SSE_r-SSE_u)/(N-1)}{SSE_u/(NT-N-k)}=\frac{(2.34\times10^{13}-5.90\times10^{12})/9}{5.90\times10^{12}/(60-10-14)}=11.864$$

故有 $F>F_{0.05(9,36)}=2.16$，拒绝原假设，应该建立个体固定效应模型。

(3) 建立混合效应模型还是个体时刻固定效应模型。

$$F=\frac{(SSE_r-SSE_u)/(N+T-2)}{SSE_u/(NT-N-T)}=\frac{(2.34\times10^{13}-4.75\times10^{12})/14}{4.75\times10^{12}/(60-10-6)}=12.340$$

故有 $F>F_{0.05(15,44)}=1.90$，拒绝原假设，应该建立个体时刻固定效应模型。但是考虑到该模型检验结果中，绝大部分时间固定效应的 t 检验没有通过，而且模型结果还存有自相关，所以最后选择建立个体固定效应模型，即基准模型一。在基准模型一中，有几个解释变量没有通过 t 检验（10%），依次剔除未通过解释变量，得到基准模型三，基准模型三中仍然有两个解释变量没能通过 t 检验，进一步剔除，得到基准模型四。

表 10.9　　京津冀 GDP 的影响因素选择

一级影响因素	二级影响因素	代表性指标选择
投入要素	劳动投入	在岗职工平均人数
	资本投入	固定资产投资
制度基础	政府职能	政府支出占 GDP 比率①
	民营化	私营和个体从业人员占就业人数比率
	城市化	非农业人口占总人口比率②
	文化	每百人拥有图书馆藏书量
	人力资本	人均受教育年限③
	总人口	年末总人口
经济结构	第二产业	第二产业产值占 GDP 比率
	第三产业	第三产业产值占 GDP 比率
对外开放	外来资金	外商直接投资
总需求	当地需求	社会消费品零售总额
技术进步	技术进步④	全国技术市场成交额
		专利授权量

注：①政府支出占 GDP 比率 = 财政支出/GDP = 人均财政支出/人均 GDP。

②非农业人口比率 = 非农业人口/年末人口。

③这里采用普遍接受的计算方法：人均受教育年限 = 全部就业人员受教育年限总和/总人口，本章选取如下计算方法：人均受教育年限 = $\sum_{i=1}^{n}\lambda_i x_i$，其中，$\lambda_i$ 为第 i 种教育类别所占的人数份额，x_i 为第 i 种教育类别的教育年限数，n 为教育类别的种数。这里，不识字教育年限设为 0 年，小学毕业教育年限设为 6 年，初中毕业教育年限设为 9 年，高中毕业教育年限设为 12 年，大学毕业教育年限设为 16 年，研究生教育年限设为 19 年。

④这里的技术进步不同于新古典增长理论中的广义的技术进步概念，它是指生产技术和科学技术的进步。

资料来源：笔者整理。

面板数据分析显示，时间虚拟变量对 GDP 没有显著性影响，不同城市发展的固定效应显著不同。从时间虚拟变量看，基准模型三中的年度虚拟变量值均没有通过 t 检验，可以看出不同的年度值对 GDP 的形成构不成显著影响；从城市固定效应来看，一方面各个模型都明显拒绝城市固定效应为零的假定；另一方面各个模型中的固定效应值也呈现出明显的差异化态势，各城市的经济发展呈现出显著的不同。

劳动投入、资本投入、政府职能、文化、人力资本、总人口、第二产业(或工业化)、外来资金、当地需求等因素对城市 GDP 具有显著性贡献。总人口在 10% 的显著性水平上对 GDP 具有正效应；第二产业比重在 5% 的显著性水平上对 GDP 具有正效应；资本投入、文化、人力资本、外来资金、当地需求在 1% 的显著性水平上对 GDP 具有正效应；而劳动投入和政府支出则在 1% 的显著性水平上对 GDP 具有负效应。而民营化、城市化、第三产业比重和技术进步对城市 GDP 没有显著性贡献。这些变量的回归系数都没有通过 10% 的 t 值检验，这些变量对 GDP 没有显著性作用。

表 10.10　　面板数据计量结果

自变量	基准模型一	基准模型二	基准模型三	基准模型四
D_{1998}		222 085.5 (0.528)		
D_{1999}		699 194.4 (1.249)		
D_{2000}		995 189.8 (1.405)		
D_{2001}		1 402 485 (1.785)*		
D_{2002}		1 507 368 (1.338)		
劳动投入	-29 760.5 (-3.336)***	-25 114.6 (-2.066)**	-26 524.8 (-3.801)***	-28 910.0 (-4.124)***
资本投入	0.250406 (1.650)*	0.314439 (1.860)*	0.230066 (1.812)*	0.343141 (2.897)***
政府职能	-3 143 648 (-1.491)	-4 699 309 (-2.121)**	-3 975 300 (-2.130)**	-5 002 127 (-2.782)***
民营化	-10 407.32 (-1.146)	-11 128.98 (-0.821)	-12 815.19 (-1.590)	

续表

自变量	基准模型一	基准模型二	基准模型三	基准模型四
城市化	118 397.9 (1.707)*	16 684.5 (0.191)	89 681.06 (1.530)	
文化	69 931.02 (2.683)**	62 119.77 (2.239)**	76 418.11 (4.050)***	78 137.96 (4.342)***
人力资本	1 577 820 (2.631)**	1 161 684 (1.620)*	1 795 772 (3.659)***	1 777 945 (4.696)***
第二产业	78 430.96 (1.823)*	3 669.293 (0.064)	75 468.74 (1.824)*	85 616.08 (2.205)**
第三产业	-38 821.46 (-0.801)	-126 640.3 (-2.037)*		
外来资金	5.024254 (2.482)**	11.35992 (2.218)**	12.88911 (3.308)***	10.09758 (2.494)***
总需求	0.13603 (2.993)***	0.117252 (2.378)**	0.131777 (3.648)***	0.148109 (4.126)***
技术市场	-836.1119 (-0.640)	-903.4138 (-0.636)		
专利授权	249 587.9 (0.470)	214 465.7 (0.392)		
Fixed Effects				
北京	-32 282 861		-39 073 303	-27 323 956
天津	-26 508 387		-30 714 091	-20 640 276
石家庄	-21 343 814		-25 259 036	-19 005 611
唐山	-19 069 243		-22 275 364	-16 593 005
秦皇岛	-18 562 754		-21 698 988	-18 196 129
保定	-23 740 240		-27 767 482	-21 212 097
张家口	-20 746 770		-23 882 633	-19 732 724
承德	-19 878 643		-22 714 362	-19 394 949
沧州	-21 152 710		-24 362 107	-19 948 743
廊坊	-19 395 475		-22 174 931	-19 160 059
拟合效果				

续表

自变量	基准模型一	基准模型二	基准模型三	基准模型四
R^2	0.998022	0.998407	0.997969	0.997732
DW 值	1.867024	1.668395	1.904021	2.136392
F 值	1 397.159	1 079.316	1 916.184	2 254.127
SSR	5.90E+12	4.75E+12	6.06E+12	6.77E+12

注：括号中值为 t 检验值，***、**、* 分别表示 1%、5%、10% 的显著性水平。D_{1998} 表示时间虚拟变量，后类同。

在上述回归结果中，由于解释变量的量纲不同，所以无法从回归方程中，依据回归系数对各个变量对于 GDP 的作用大小直接进行比较。为了对回归结果中解释变量的作用大小进行比较，对回归模型实行标准化，于是标准化的回归系数变为：$\hat{\beta}_j^* = \hat{\beta}_j \frac{s(x_{tj})}{s(y_t)}$，j = 1，2，…，k − 1。其中，$\hat{\beta}_j$ 为第 j 个解释变量的回归系数，$s(x_{tj})$ 为第 j 个解释变量的标准差，$s(y_t)$ 为 GDP 的标准差。这样，通过对标准化的回归系数进行比较，就可以得出解释变量对 GDP 作用的排序。对京津冀地区城市 GDP 的影响因素的重要性排序如表 10.11 所示①。

表 10.11　京津冀地区城市 GDP 影响因素排名

解释变量	基准模型一		基准模型三		基准模型四	
	最终排名	t 没通过 10%	最终排名	t 没通过 10%	最终排名	t 没通过 10%
CULTURE	1		1		1	
PEOPLE	2		2		3	
WORKER	3		3		2	
URB	4			X		X
FDI	5		5		6	
EDUCAT	6		4		4	
DEMAND	7		6		5	
FIXASS	8		7		7	
$INDUSTRY_2$	9		8		8	
$INDUSTRY_3$		X		X		X

① 由于受数据来源限制，面板数据部分的检验结果中，没有对解释变量和被解释变量之间的因果检验作进一步的工作。我们将这种因果关系理解为解释变量和被解释变量互为因果。

续表

解释变量	基准模型一		基准模型三		基准模型四	
	最终排名	t 没通过 10%	最终排名	t 没通过 10%	最终排名	t 没通过 10%
$TECH_2$		X		X		X
GOVERN		X	9		9	
$TECH_1$		X		X		X
REFORM	10			X		X

注："X" 表示该解释变量没有通过 t 检验。

表 10.11 显示，这三个模型的计量结果基本一致，为叙述方便起见，下面主要以基准模型四的计量结果进行分析。从以上计量分析结果可以看出，文化、劳动投入和总人口对 GDP 影响作用最大，列前三位，文化、总人口对 GDP 的增长呈现正效应，劳动投入对经济增长呈现负效应。每百人均图书藏书占有量每增加一册，与 GDP 增加 78 137.96 万元相对应，体现了经济发展和文化发展之间的互促发展；劳动投入每增加 1 人，GDP 会相应下降 28 910.01 元，这反映出在京津冀地区城市中每多安置一个不仅没有要素收益，而且安排就业岗位的成本是很高的，高达 28 910.01 元；而城市总人口每增加 1 人，与 GDP 增加 9 865.694 元相对应，这表明城市人口和经济发展相互之间的正效应，这可能反映了城市居民的平均生活水平。

人力资本、当地需求和外来投资在对 GDP 影响作用排位中列第 4 ~ 6 位，对 GDP 的增长都呈现正效应。平均受教育年限每增加 1 年，GDP 对应增加 1 777 945 万元，人力资本对 GDP 具有很高的贡献率；当地需求每增加 1 元，GDP 对应增长 0.148109 元，内需是促进经济增长的重要原因；FDI 每增加一个单位，GDP 对应增加 10.09758 元，与相应固定资产投资带来 GDP 增加 0.343141 元相比，外来资金的使用效率和对经济增长的推动力远高于本地资金。形成这种情况的原因可能在于：在国家积极引进外资和各地政府为招商引资激烈竞争的背景下，各种对外资优惠政策纷纷出台，外资企业大都成为高利润企业，随着高效率外资企业大量涌入，本地经济也成为对外资具有强烈依赖性的经济。另外，政府之间的激烈竞争投资，也使得内资获利空间不断受到打压，而民营经济则受到外资和政府投资的挤出效应限制，而且由于民营经济良性发展环境的缺乏，使得民营经济的发展不快，加之民营经济在政府引导的各种高利润行业中投资，并没有对本地经济长期发展形成较大的促进作用。而且在政府对投资规模的持续渴求下，政府投资效率也不高。所以，本地投资对经济增长促进作用不大。

固定资产投资、工业化、政府支出排在对 GDP 影响作用的最后三位，固定资产投资、工业化对 GDP 的增长呈现正效应，政府支出对经济增长呈现负效应。每增加 1 元固定资产投资，GDP 相应增加 0.343141 元，这里没有出现类似凯恩斯经济理论常常论述的投资的乘数效应和加速数效应，固定资产投资的系数远小于 1，可见，固定资产投资呈现低效特征。这可能是因为：首先，国内有投资上升快，消费上升慢的大环境，长期持久高额投资下形成过高资本规模，在内需不足和对外扩大出口能力受限的情况下，投资就无法获得长期持久的高效率，宏观经济在整体上出现了投资过多的现象；其次，和国内区域之间以及京津冀区域内各地区之间的激烈引资竞争，促使本地投资效率不高，对于经济增长的推动作用也不强；同时，地方政府单纯追求最高 GDP 的经营目标，追求城市规模最大化的发展导向，使得地方政府较少地考虑投资收益问题，所以地方政府投资对于对经济增长的促进作用不强。第二产业比重每增加 1 个百分点，GDP 会增加 85 616.08 万元，反映了工业化在该地区经济增长中的重要性。政府支出每增加 1 个百分点，GDP 将会减少 50 021.27 万元，这在一定程度上体现了京津冀地区政府支出对促进经济增长的低效性。这可能是由于政府支出的效率不高、对私人投资的挤出、注重长期经济增长的基础投资、城市间争夺资源的过度竞争、城市政府的社会职能繁重等多方面因素作用的综合结果。

要特别指出的是，加快民营化、城市化、促进第三产业发展和技术进步这些一直被强调的政策和举措，对京津冀区域经济发展并没有显著性作用。这一结果表明：第一，私营经济、国有企业民营化没有对经济发展产生显著性影响的原因，可能与私营经济规模较小、效率不高、地下经济多以及国有企业民营化促进生产效率不明显有关；第二，在城市化进程中，转移出的农业人口与城市原有的非农业人口一起没有进入到高生产率的行业，而是大部分滞留在低效率的生产行业；第三，一度被列为大力发展对象的第三产业对经济增长促进作用不明显，这可能是源于第三产业的地区分割、低层次雷同以及人们平均生活水平不高、第二产业不够发达等多种因素作用的结果；第四，与研究中国经济增长的许多文献所得出的结论一样，技术进步对该地区经济增长没有显著性贡献，这可能与该地区经济增长主要靠资本推动而非技术进步以及高附加值产品种类不多有关，而且，行政过强地对经济干预使得技术进步在增长中的作用让位于投资。

结合前述研究结果，进一步分析发现，在京津冀区域经济中，具有如下经济特征。第一，文化教育和科学研究对于经济发展具有重要地位。这从文化、人力资本在经济增长中的作用可以看出来，也可以从具有高人力资本和高端技术的外资企业在增长中的作用看出来，这也意味着在京津冀区域，在固定资产投资效率低效的情况下，转变经济增长方式是促进经济快速持续健康发展的必要途径。第二，转轨期间改革成本高，社会负担较重。这体现在劳动力投入的负效应、本地内需不足、区域经济具有对外部经济强依赖性、政府支出负效应上。第三，政府在促进经济发展方面效率不高。这一方面反映在资本投入低效、本地内需不足、对外资依赖性大上；另一方面反映在民营化、城市化、第三产业发展这些政府主导的对策的低效性上。第四，区域内地区之间协调性差。它体现在多方面：一是外资投入高效，本地投资低效；二是本地需求不足；三是地区差距大且还呈不断扩大的趋势；四是第三产业效率不高等。

五、促进区域经济协调发展的政策取向

多年来，京津冀区域经济发展的联系与它们所应达到的密切水平相差甚远，上一级中心城市对次一级中心城市的经济辐射及经济推动力有限，没有形成整个区域内完整的产业链条，这也是造成该地区经济发展水平不如长江三角和珠江三角洲的原因之一。在其区域经济发展运行的进程中，京津冀三方的经济融合受行政、政治、经济、体制、大城市发展规律、地方利益等多种自然和人为因素的影响，三者还未以形成相互协调发展的层面。

非均衡发展理论一般通过市场机制推动的因果累积效应解释地区差距的变化。不过，本章的分析表明，市场机制作用和政府治理模式可以促使地区差距形成不断扩大化。

通过对经济增长、资本形成和城市规模的分析进一步表明，京津冀区域并没有形成因果累积循环发展模式，其发展模式为GDP单动力驱动模式，其地区差距不断扩大化的主要原因来自于规模报酬递增事实和GDP最大化战略实施综合作用的结果，政府行为推动的因果累积效应可能是地区差距不断扩大化的主要原动力。同时还可以看出，经济快速增长是京津冀城市发展的基本动因；加强扩散效应优于强化极化效应，比之中心城市，加强周边城市的发展更有利于区域的整体发展；区域内地区发展呈异质性特征；在京津冀城市群中，资本对于城市发展的作用较小；GDP和资本具有自我累积效应，城市规模不具有自我累积效应。

针对经济增长研究的面板数据分析发现，民营化、城市化、第三产业比重和技术进步对经济增长没有显著性作用，年度虚拟变量对经济增长的影响也并不显著。而劳动投入、资本投入、政府支出、文化、人力资本、总人口、工业化、外来资金、当地需求等因素对经济增长具有显著性贡献。其中，文化、劳动投入和总人口、人力资本、当地需求和外来投资的影响依次排在前六位，而固定资产投资、工业化、政府支出则排在最后三位。通过进一步的分析我们认为，文化教育和科学研究对于经济发展具有重要地位；转轨期间改革成本高，社会负担较重；政府在促进经济发展方面效率不高；区域内地区之间协调性差。

根据前述分析，以下政策取向将是有益的：

第一，促进区域经济协调发展。建立有效的、适应市场运作的协调机制，实现京津冀在资源、市场和经济政策上的协调，避免过度竞争，适当缩小区域内的地区差距，避免区域内部极化和贫化的加剧。

第二，在保持一定增长速度的前提下，经济增长方式要实现战略性转变，调整单一的 GDP 最大化发展战略，加强经济增长中技术进步的引领作用，减少低水平重复投资和过度引资竞争，打造良好的经济发展环境和经济发展基础。

第三，大力发展文化教育事业，提高人口整体素质，增加人力资本投资。

第四，鉴于改革成本高、社会负担重，要谨慎地选择改革措施和控制改革实施进程，保证改革不要侵害人们利益，提高内需，发展好本地根植性经济。

第五，建立真正由市场在经济中起主导作用的市场经济，政府既要退出对经济的不合理干预，又要提高对经济的调控能力，加强对经济的适度调控。

第六，在继续引进外资的情况下，提高本地资本的投资效率，优化政府投资，提高政府投资效率，避免政府投资对民营资本的过度挤出，在引进外资时，权衡外资对本地资金的挤出效应和带动作用。

第十一章

环渤海区域经济一体化：效应、机遇与前景

开展经济合作，实现互利多赢，是学术界和经济界对环渤海经济圈的共识，区域经济一体化为环渤海经济合作带来了前所未有的机遇，环渤海区域社会经济发展的优势也为环渤海区域经济社会的合作发展创造了条件。

一、区域经济一体化的效应分析

（一）一体化的概念

经济学中，一体化最初是指厂商通过协定、卡特尔、康采恩、托拉斯及兼并等方式联合而成的工业组织，它又分为水平一体化和垂直一体化。水平一体化指竞争者之间的合并，垂直一体化是指供需双方的结合。1954 年，第一届诺贝尔经济学奖获得者丁伯根首次提出经济一体化的定义，认为经济一体化是消除阻碍经济有效运行的人为因素，通过相互合作与统一，创造最适宜的国际经济结构。1969 年，平德（J. Pinder）指出，商品和各生产要素应在两个或两个以上的国家之间自由流动，为此要消除各国在这些方面存在的各种歧视，需做出某种程度的政策协调。1973 年，美国经济学家巴拉萨（Balassa）将经济一体化定义为既是一个过程，又是一种状态：就过程而言，消除各国经济单位之间存在的措施和行为方面的差别；就状态而言，消除各国之间在待遇上的差别。他认为，两个独立

的国民经济之间，如果存在贸易关系就可以认为是经济一体化了。经济一体化又是指各国经济之间的联合。经济一体化形式多种多样，而这些代表着不同程度的一体化。自由贸易区可以取消成员国之间的关税和进口限制，但每个成员国都保留着本身对非成员国的关税；共同市场不仅取消关税和进口限制，还保证生产要素的自由流动；完全的经济一体化意味着统一的经济政策，其最高形式是建立一个超国家的权威机构，该机构的决定对所有成员国都有约束力。金德尔伯格和林德特认为，经济一体化是宏观经济的一体化和生产要素的自由移动以及成员国之间的自由贸易，通过共同的商品市场、共同的生产要素市场，或者是两者之间的结合，达到要素价格的均等。1976 年，霍兹曼将区域经济一体化引向共同市场层次，提出了一体化是成员国之间相似产品和同类要素价格一体化的观点。1976 年，曼尼斯和索迈将经济一体化同产业部门的融合、政策和行政的统一联系起来，使经济一体化研究有了新意。

本章遵循丁伯根的观点，把经济一体化视为消除阻碍经济有效运行的人为因素，实现经济合作与统一的过程。这种理解，可以把经济一体化分为两个阶段；首先是消除阻碍经济有效运行的人为因素的阶段，即提高市场开放度；其次是经济合作与统一的阶段，即实现一体化后市场规模的扩大。其实，这两个过程是同时发生的，这种划分并没有任何依据，只不过是为了讨论的方便。本章将根据空间经济学中的自由资本模型①，讨论经济一体化的效应和主要途径。

（二）模型分析

1. 扩展的自由资本模型概述

（1）基本假设。国家或区域数量 $R>2$，每个国家或区域都有制造部门（M）和农业部门（A），都具有资本（K）和劳动力（L）两种要素。

农业部门以瓦尔拉斯一般均衡为特征，使用劳动力生产同质的农产品，农产品的区际和区内贸易成本为零。制造业部门以垄断竞争和规模收益递增为特征，资本作为固定成本（一种工业品使用一单位的资本），劳动力作为可变成本，工业品的区内贸易无成本，区际贸易遵循冰山交易成本 τ。根据企业利润最大化的一阶条件，可以证明区域 j 的工业企业的价格相同，都等于 $p_j = w_L a_m \sigma/(\sigma-1)$，其中 w_L 为劳动力工资，a_m 为生产单位产品所需的劳动量，σ 为任意两种工业品的替代弹性。

每个国家或区域的劳动力供给是固定的，劳动力不能跨区流动。任何国家或

① Richard Baldwin et al. Economic Geography and Public Policy. Princeton University Press, 2002, pp. 331 – 338.

区域的相对资源禀赋相等，即 $s_j^K = s_j^L = s_j^E$，其中 s_j^K 为区域 j 的资本份额，s_j^L 为区域 j 的劳动力份额，s_j^E 为区域 j 的支出份额。每个国家或区域都具有相同的资本劳动比。任意两个国家或区域之间的贸易自由度都相同，且贸易自由度局限于一定范围，使得每个国家或区域都有工业部门，即对于任意的 j 而言，$s_j^n \neq 0$。

每个国家或区域消费者的偏好相同，总效用函数为柯布—道格拉斯效用函数，即：$U = C_A^{1-\mu} C_M^{\mu}$ 来表示，工业品组合的效用函数为不变替代弹性效用函数，即：$C_M = \left(\int_{i=0}^{n} c_i^{1-(1/\sigma)} di\right)^{1/(1-1/\sigma)}$，其中，$C_A$ 为同质产品的消费，C_M 为某种工业品组合的消费，c_i 为第 i 种工业品的消费，μ 为总支出中对工业品的支出所占份额，n 为工业品种类数。

（2）代表性厂商的利润函数。利用上述假定条件，可以得出位于区域 j 的厂商的经营利润。当 $R>2$ 时 $i=1, 2, \cdots, j, j+1, R$。区域 j 的代表性厂商的利润等于把产品出售在本地市场时的收益和出售在其他区域时的收益之和，即 $\pi_j^E = p_j x_j/\sigma + \sum_{i \neq j}^{R}(p_i x_i/\sigma)$，其中 π_j^E 为区域 j 的代表性厂商的总收益，p_j 和 x_j 分别为区域 j 的代表性厂商出售在本地市场时的工业品价格和产出量，p_i 和 x_i 分别为区域 j 的代表性厂商出售在其他地区时的价格和产出量。我们设 $p_j = 1$，则 $p_i = \tau p_j \Rightarrow p_i = \tau$。这样，把前面的利润函数写成 $\pi_j^E = x_j/\sigma + \sum_{i \neq j}^{R}(\tau x_i/\sigma)$。

根据效用最大化的一阶条件可以得出 $x_j = \mu E_j p_j^{-\sigma}/(\Delta_j n^w)$，同理可以得出 $x_i = \mu E_i \tau^{-\sigma}/(\Delta_i n^w)$，其中 E_j 和 E_i 分别为区域 j 和区域 i 的总支出（总收入），$\Delta_j n^w = (p_j^M)^{1-\sigma}$ 和 $\Delta_i n^w = (p_i^M)^{1-\sigma}$ 分别为区域 j 和区域 i（$i \neq j$）的价格指数。把 x_j 和 x_i 代入前面的利润函数，并设 $\phi = \tau^{1-\sigma}$（称 φ 为贸易自由度），$b = \mu/\sigma$，则：

$$\pi_j^E = \left(\frac{s_j^E}{\Delta_j} + \phi \sum_{i \neq j}^{R} \frac{s_j^E}{\Delta_i}\right) b \frac{E^w}{n^w},\ \Delta_j = s_j^n + \phi(1 - s_j^n),\ \Delta_i = s_i^n + \phi\ (1 - s_i^n) \tag{11.1}$$

2. 贸易创造与转移

有了前面的准备，则可以讨论经济自由化条件下的贸易转移和边缘化区域的出现问题。对区域经济一体化效应的分析最早可以追溯到维纳（Viner）的《关税同盟问题》（1950 年）一书。维纳认为，关税同盟能够产生两种重要的效应：贸易转移和贸易创造效应。贸易转移是指一国参加关税同盟，使得原来从外部世界进口低成本的产品变为向同盟内成员国购买高成本的产品。贸易创造效应是指关税同盟中一些国家的高成本的产品被来自另一成员国低成本的进口品替代。维纳指出，贸易转移效应会减少成员国的福利，而贸易创造效应会增加成员国的福利。而且，贸易转移效应通常大于贸易创造效应，所以关税同盟会降低世界的福利水平。很多学者对维纳的观点提出了质疑①。本部分是要讨论贸易转移效应是否存在的问题。

在我们的模型中，资本的流动导致资本的均衡收益相等，也就是均衡时每单位资本获得平均资本收益。如果用 $\bar{\pi}$ 来表示平均资本收益，则 $\bar{\pi}=\mu E^w/(\sigma n^w)$。由于在自由资本模型中，$E^w=n^w=1$，又 $b=\mu/\sigma$，因此 $\bar{\pi}=b$。在多区域条件下，区位均衡条件为 $\pi_j^E=\pi_i^E=b(i\neq j)$。根据 π_j^E 以及 $E^w=n^w=1$，式（11.1）可以改写为（s_j^E/Δ_j）$+\phi\sum_{i\neq j}^{R}(s_j^E/\Delta_j)=1$。再则，已知 Δ_j 和 Δ_i，又由于各个区域完全对称，即 $s_j^E=s_i^E$、$s_j^n=s_i^n$，则可以得出如下式子：

$$s_j^n-1/R=\left(1+\frac{\phi R}{1-\phi}\right)(s_j^E-1/R) \tag{11.2}$$

其中，s_j^n 和 s_j^E 分别为区域 j 的生产规模和市场规模。从式（11.2）可以看出，$1+\frac{\phi R}{1-\phi}>1$，因此（$s_j^n-1/R$）$>(s_j^E-1/R)\Rightarrow s_j^n>s_j^E$。这说明，如果区域 j 的市场规模大于平均规模，则区域 j 工业品生产规模远远超出其市场规模。整个经济系统的市场规模在短期内是不变的，因此一些地区生产规模的扩大必然导致另一些地区工业生产规模的缩小。这说明市场规模大于平均规模的区域成了工业品的净出口区，其他区域 i（$i\neq j$）成为工业品的净进口区。由此可以得出如下结论：

结论 1（贸易创造和转移）：如果某一区域的市场规模大于区际平均规模，则该区域成为工业生产中心，成了工业品的净出口区，其他区域则成为工业品的消费地。

从结论 1 可以看出，一旦实现经济自由化，则维纳的贸易转移效应是存在的，至于关税同盟是否降低总体福利水平，将在福利变动部分中讨论。从式（11.2）中可以看出，贸易创造和转移规模随贸易自由度和区域数量以及本身的市场规模而变化。首先，在其他条件不变的情况下，市场规模越大，则贸易创造

① Gehrels（1956）和 Lipsey（1957）指出，贸易转移并不必然减少福利。Carsten Kowalczyk（2000）认为，如果组成关税联盟的国家间发生了贸易转移，也就是产品进口转向高成本成员国，从贸易条件来看，贸易条件恶化，成员国的福利水平降低。首先，如果成员国之间的关税下降到足够补偿成员国（当前的进口国）与非成员国（原进口国）之间的价格差，则贸易转移也能提高成员国的福利水平。其次，关税同盟的形成能增加同盟内贸易，而且由于产品之间的互补性，贸易自由化能提高而非降低成员国对非成员国的进口需求。除此之外，同盟内成员国收入水平的提高也促进了成员国对正常商品的需求。这些效应即不能归结于贸易转移效应也不能归结于贸易创造效应。最后，维纳的贸易转移和贸易创造效应术语也没有包括同盟形成后带来的商品价格变化效应（可参考 Carsten Kowalczyk. Welfare and Integration. International Economic Review，2000，41：483－494）。张二震认为，组成经济一体化集团，对集团内成员国的福利影响及经济发展的作用是积极的（可参考张二震：《论经济一体化及其贸易政策效应》，载《南京大学学报》1994 年第 1 期）。

规模也就越大。其次，如果区域数量 R 不变（最极端情况就是等于 1），则除了 ϕ 等于 1 或等于 0 的特殊情况，系数 $1+\frac{\phi R}{1-\phi}$ 都大于 2，此时如果 s_j^E 稍微变大，则 s_j^n 将以更大比例放大，这就是空间经济学常说的本地市场放大效应①。正因为存在这种本地市场放大效应，经济自由化大大提高大区域的工业份额，大大缩小小区域的工业份额。最后，如果在其他条件不变的情况下，区域个数越多，则贸易创造和转移规模也就越大，这很容易理解，因为区域个数越多，则平均市场规模越小，此时某一区域的市场规模稍微增加，则必然导致贸易创造规模就越大。一般情况下，某一区域的市场规模和区域数量是相对稳定的，因此可以得出如下结论：

结论 2（贸易创造规模）：某一区域的市场规模大于平均规模，则转向该区域的贸易规模主要取决于经济系统的贸易自由度，市场越开放，则贸易创造规模也就越大。

根据前面的讨论，如果市场规模小于平均规模，则随着贸易自由度的提高，逐渐失去工业生产份额。我们可以确定某一贸易自由度的临界值 ϕ^*，大于该临界值，则市场规模小的区域的工业份额等于 0，即此时所有的工业活动转移到市场规模较大的区域。现设 $s_j^n=0$，则：

$$\phi^* = s_j^E / [1+(1-R)s_j^E] \tag{11.3}$$

式（11.3）表明，当贸易自由度 ϕ 大于临界自由度 ϕ^* 时，对于所有市场规模小于平均规模的区域，从市场规模最小的区域开始，依次成为工业品的净进口地区（工业全部转移出去）；当贸易完全自由（$\phi=1$）时，所有工业都集中在市场规模最大的区域。在式（11.3），我们可以看出贸易自由度的临界值 ϕ^* 与市场规模和区域数量同向变化。市场规模越大、区域数量越多，则市场规模较小区域边缘化时的贸易自由度越大，越不容易被边缘化。这样，可以得出如下结论：

结论 3（边缘化循序）：经济自由化有利于大区域而不利于小区域，随着多边自由化过程，从市场规模最小的区域开始，依次失去工业活动，依次沦落为边缘化区域。

当然，前面的结论都从简化的多国自有资本模型中得出，如果考虑资本转移

---

① 在空间经济学中，这里常涉及三种效应：一是本地市场放大效应；二是价格指数效应，该效应指的是如果某一区域内生产的产品种类越多，则无须从外地购入，节省大量的交易成本，因而总体价格指数降低，价格指数的降低提高了实际收入水平；三是市场拥挤效应，指的是产业的集中导致企业间的激烈竞争，因而降低企业的获利能力。这三种效应中，前两种效应为聚集力，后一种效应为排斥力，区际要素流动都取决于这两种力量的相对大小。

成本或各国间比较优势，那么上面的结论也可能发生变化。但经济自由化导致本地市场放大效应，因而存在生产向某一市场规模较大区域集中的趋势这一结论是具有普遍意义的，尽管这种集中是否有一定的限度等问题需进一步研究。

3. 生产和投资转移

现在我们讨论一下区域经济一体化下的生产的转移问题。我们可以如下假设：存在两种贸易自由度；一体化区域内部贸易自由度 ϕ^*，外围区与一体化区域之间的贸易自由度 ϕ，称后者为外部贸易自由度，且 $\phi<\phi^*<1$；假设 $R=3$，一体化区域包括区域 1 和区域 2，区域 3 为外围区；每个区域都拥有一定的工业份额，即 $s_j^n\neq 0$，$j\in(1, 2, 3)$。根据式（11.1），我们可以推导出：

$$\begin{aligned}
\pi_1 &= b(s_1^E/\Delta_1+\phi^* s_2^E/\Delta_2+\phi s_3^E/\Delta_3),\ \Delta_1=s_1^n+\phi^* s_2^n+\phi s_3^n\\
\pi_2 &= b(s_2^E/\Delta_2+\phi^* s_1^E/\Delta_1+\phi s_3^E/\Delta_3),\ \Delta_2=\phi^* s_1^n+s_2^n+\phi s_3^n\\
\pi_3 &= b(s_3^E/\Delta_3+\phi s_1^E/\Delta_1+\phi s_2^E/\Delta_2),\ \Delta_3=\phi s_1^n+\phi s_2^n+s_3^n
\end{aligned}\tag{11.4}$$

其中，s_1^E、s_2^E、s_3^E 分别表示区域 1、2、3 的支出份额，s_1^n、s_2^n、s_3^n 分别表示区域 1、2、3 的生产份额。根据均衡方程 $\pi_1=\pi_2=\pi_3$，可以求出 s_1^n、s_2^n（s_3^n 等于 1 减去 s_1^n 和 s_2^n）：

$$\begin{aligned}
s_1^n &= \frac{(1+\phi^*-2\phi^2)[(1-\phi)s_1^E-(\phi^*-\phi)s_2^E]}{(1-\phi)(1-\phi^*)(1-2\phi+\phi^*)}-\frac{\phi}{(1-2\phi+\phi^*)}\\
s_2^n &= \frac{(1+\phi^*-2\phi^2)[(1-\phi)s_2^E-(\phi^*-\phi)s_1^E]}{(1-\phi)(1-\phi^*)(1-2\phi+\phi^*)}-\frac{\phi}{(1-2\phi+\phi^*)}
\end{aligned}\tag{11.5}$$

现我们假设区域 1 和区域 2 已实现一体化，用 s_{1+2}^A 来表示一体化后这两个区的产业份额，根据式（11.5），$s_{1+2}^A=[(1+\phi^*-2\phi^2)(s_1^E+s_2^E)]/[(1-\phi)(1-2\phi+\phi^*)]-2\phi/(1-2\phi+\phi^*)$，上标 A 表示一体化后。那么，实现一体化后产业份额是否扩大也就是一体化后生产是否向一体化区域内部转移？回答是肯定的，比较一体化后两个区域的产业份额之和与一体化前这两个区的产业份额之和，如果前者大于后者，则就发生了生产转移。用 s_{1+2}^B 来表示一体化前区域 1 和区域 2 的产业份额之和（上标 B 指一体化以前），则根据一体化前的产业份额式（11.2），可以求出 $s_{1+2}^B=[(1+2\phi)(s_1^E+s_2^E)]/(1-\phi)-2\phi/(1-\phi)$。我们可以计算 $s_{1+2}^A-s_{1+2}^B$，为简便起见我们设 $S=s_{1+2}^A-s_{1+2}^B$，则 S 表示一体化后生产转移规模，即：

$$S=s_{1+2}^A-s_{1+2}^B=\frac{2\phi(\phi^*-\phi)[1-(s_1^E+s_2^E)]}{(1-\phi)(1-2\phi+\phi^*)}>0\tag{11.6}$$

式（11.6）表明，经济一体化后发生了生产转移，式（11.6）表示的是一体化后发生的生产转移规模。在我们的模型中，生产的转移等于投资转移。这样，可以得出如下结论：

结论4（生产和投资转移）：经济一体化导致外围区产业向一体化内部转移，这又导致外围区资本向一体化内部转移。

结论4明确告诉我们，实现经济一体化，则一体化区域的产业规模和投资规模将扩大，贸易创造和转移以及生产和投资转移，正是实现经济一体化所追求的。从式（11.6）可以看出，生产和投资转移规模取决于 $s_1^E + s_2^E$、ϕ 和 ϕ^*。在式（11.6），我们可以证明，当 $\phi^* - \phi$ 为某一常数时 $dS/d\phi > 0$，以及 $dS/d\phi^* > 0$ 和 $dS/d(s_1^E + ds_2^E) < 0$。这些说明，生产转移规模与区内贸易自由度和区外贸易自由度同向变化，与一体化区域市场规模反向变化。首先，转移规模随 ϕ^* 的提高而增大，这是容易理解的，一体化区域内的贸易自由度越大，意味着在一体化区域内部可以实现各种生产要素的优化配置，这对外围区各种生产要素而言具有很大的吸引力。其次，$\phi^* - \phi$ 为某个常数时，外围区的贸易自由度越大，则外围区可流动要素向一体化区域转移越多，因为外围区贸易自由度越大意味着外围区的市场开放度越大，对可流动要素的约束弱化。需注意的是条件 $\phi^* - \phi$，该条件说的是一体化区域和外围区域之间总要存在开放度方面的差距，如果不存在这种差距，则整个经济系统都变成一个大区域了。当这种差距存在时，随着外围区开放程度的提高，生产向一体化区域转移，转移规模也就越大。最后，生产转移规模随一体化区域市场份额的增大而减少。这很有意思，因为如果整个经济系统由这么三个区域来组成，那么已转移的规模越大，则要转移的生产部分越来越少，这等价于生产转移的规模取决于可转移企业的数量。因此，可以得出如下结论：

结论5（生产和投资转移规模）：生产转移规模，随一体化内部贸易自由度的提高而增加，随整个经济系统经济开放度的提高而增加，随一体化区域经济规模的扩大而减小。

4. 福利变动

在前面，我们讨论了经济一体化的贸易转移效应以及生产和投资转移效应，现我们重点分析一下，经济一体化对区内外福利水平、不同要素所有者福利水平以及一体化区域内不同区域之间的福利水平的影响。

（1）经济一体化与区际福利水平变动。为了讨论的方便，我们以间接效用函数来代替福利函数。在自由资本模型中，代表性消费者的间接效用函数可以写成如下：

$$V = \ln(E/p),\ p \equiv p_A^{1-\mu}\Delta^{-a},\ \Delta = \int_{i=0}^{n^w} p_i^{1-\sigma} di, a = \mu/(\sigma - 1),\ 0 < \mu < 1 < \sigma \tag{11.7}$$

其中，E 为名义收入；p 为价格指数；p_A 为农产品价格且 $p_A = 1$，故 p =

Δ^{-a}。在自由资本模型中，名义收入 E 在任何均衡条件下都相等，因此福利水平取决于价格指数 p。由于 $a>0$，所以 Δ 变大，p 变小，V 变大，也就是 V 与 Δ 同向变动。因此，Δ 可以作为评价福利水平变动的一个指标。

现讨论一体化后的福利水平变动问题，仍假设有三个区域，经济一体化包括区域 1 和区域 2。根据式（11.4），$\Delta_1 = s_1^n + \phi^* s_2^n + \phi s_3^n$，$\Delta_2 = \phi^* s_1^n + s_2^n + \phi s_3^n$，$\Delta_3 = \phi s_1^n + \phi s_2^n + s_3^n$。假设初时 $\phi^* = \phi$，然后讨论 ϕ^* 发生变化时 Δ 如何变化的问题，即求 $\partial\Delta/\partial\phi^*$。根据前面给出的公式，求 $\partial\Delta_1/\phi^*$，则：

$$\frac{\partial\Delta_1}{\partial\phi^*} = s_2^n + (1-\phi)\frac{\partial s_1^n}{\partial\phi^*} + (\phi^* - \phi)\frac{\partial s_2^n}{\partial\phi^*} \tag{11.8}$$

可以把式（11.8）分解为两部分，右边第一项为直接效应，右边第二和第三项为间接效应。首先，考虑直接效应，ϕ^* 变大意味着一体化区域内的贸易自由度变大，而贸易自由度变大意味着区域 1 从区域 2 进口工业品时支付较少的交易成本，因而提高了区域 1 的总体福利水平。再考虑间接效应，一体化区域间的贸易自由度 ϕ^* 的提高，将导致本地市场放大效应，而这种效应导致区域 2 和区域 3 的生产活动向区域 1 转移，这就是右边第二项和第三项的含义。这种结果，最终扩大区域 1 的产业份额，进而提高区域 1 的福利水平。同理，也扩大区域 2 的产业份额，进而也提高区域 2 的福利水平。

现讨论区域 3 的福利水平的变动情况，利用前面的计算方法，可以求出 $\partial\Delta_3/\partial\phi^*$，则：

$$\frac{\partial\Delta_3}{\partial\phi^*} = (1-\phi)\frac{\partial s_3^n}{\partial\phi^*} \tag{11.9}$$

很显然，区域 3 的生产活动向区域 1 和区域 2 转移，这将导致区域 3 福利水平的下降。由前面的讨论，可以得出如下结论：

结论 6（福利水平的变动）：经济一体化使得成员区域受惠，非成员区域受损。

结论 6 时具有普遍意义的结论，不过仍可能存在例外。其实，结论 6 回答的是经济一体化后成员区域与非成员区域之间的区际公平问题，经济一体化加大了一体化区域与非一体化区域之间的福利差距，显然就扩大了非公平程度。

（2）经济一体化与人际福利水平变动。接着讨论经济一体化会使哪一个群体的福利变得更好的问题。为了简化我们的讨论，经济一体化后，可以把区域 1 和区域 2 看成是一个市场规模很大的区域，此时一体化区域内部的贸易自由度达到最大，即 $\phi^* = 1$。这样，原先的三个区域就变成两个区域，即一体化的区域（原来的区域 1 和区域 2，仍用区域 1 来表示）和非一体化区域（仍用区域 3 来表示）。我们首先要建立经济系统中四个利益群体（即区域 1 和区域 3 的资本所有者、区域 1 和区域 3 的劳动力所有者）实际收入表达式。根据自由资本模型的假定，每个工人拥有一单位的劳动力，每个资本所有者拥有一单位资本。每个工人的平均名义收入为工人的平均工资水平，在前面我们已经假设 $w_L=1$。每个资本所有者都拥有一单位资本，每种产品的生产都以单位资本为固定成本，因此每个企业的平均收益等于单位资本的利润率，也等于资本所有者的名义收入水平，也就是 $\pi=\beta$。则两个区域代表性要素所有者的人均收入水平①可以写成如下形式：

$$V_1^K=\ln(\beta/P_1)=\ln(\beta/\Delta_1^{-a}),\qquad V_1^L=\ln(1/P_1)=\ln(1/\Delta_1^{-a})$$

$$V_3^K=\ln(\beta/P_3)=\ln(\beta/(\Delta_3^{-a})),\qquad V_3^L=\ln(1/P_3)=\ln(1/(\Delta_3^{-a}))\qquad(11.10)$$

由于资本所有者获得的收益率是经济系统平均收益率，因此资本所有者投资在何处不影响他们的实际收入水平，不管在何地都得到相同的回报率。所以，收入公平问题的分析主要考虑南北两区劳动者实际收入的变动。现在考虑一体化后 s_n 的变动对区域 1 的劳动者和区域 3 劳动者实际收入的影响。设区域 1 和区域 3 的劳动者的人均实际收入水平之和为 V，则 $V=\ln(1/P_1)+\ln(1/P_3)$，求 dV/ds_1^n，则：

$$\frac{dV}{ds_1^n}=a\frac{1}{\Delta_1\Delta_3}(\Delta_3 d\Delta_1+\Delta_1 d\Delta_3)=a\frac{1}{\Delta_1\Delta_3}\{[(\phi-1)s_1^n+1](1-\phi)$$

$$+[(1-\phi)s_1^n+\phi](\phi-1)\}=-2a\frac{(1-\phi)^2(s_1^n-1/2)}{\Delta_1\Delta_3}\qquad(11.11)$$

从式(11.11)可以看出如下几点；第一，当 $s_1^n<1/2$ 时，两个区域劳动者总体福利水平随区域 1 产业份额的增大而提高；当 $s_1^n=1/2$ 时，两个区域劳动者总体福利水平最大；当 $s_1^n>1/2$ 时，两个区域劳动者总体福利水平随一体化区域的产业份额的增大而下降，一体化区域的产业份额越大，总体福利水平下降的越大。第二，当 $s_1^n=1/2$ 时，也就是两个区域产业份额各为一半时，两个区域劳动者总体福利水平最高，但因一体化，产业向一体化区域转移因而导致产业空间分布偏离对称结构（也就是 $s_1^n>1/2$），则一体化区域受益，非一体化区域受损，导致区际劳动者收入水平的差距。这是结论 6 的进一步解释。第三，当初始一体化区域的产业份额大于 1/2 时，如果发生产业从非一体化区域向一体化区域转移，则非一体化区域劳动者福利的减少部分大于一体化区域劳动者福利的增加部分，总体福利水平是下降的。反过来，如果产业分布趋向平衡，也就是发生从一体化区域向非一体化区域的转移，则非一体化区域劳动者福利的增加部分大于一体化区域劳动者福利的减少

① 可参见 Richard Baidwin, Rikard Forslid, Philippe Martin, Gianmarco Ottavino and Frederic Robert-Nicoud. Economic Geography and Public Policy. Princeton University Press, 2003, pp. 255 - 256.

部分,总体福利水平是提高的。由此,可以得出如下结论;

结论7(福利水平的人际差距):经济一体化提高一体化区域劳动者的福利水平,降低非一体化区域劳动者的福利水平。产业向一体化区域转移的越多,则非一体化区域劳动者的福利损失远大于一体化区域劳动者的福利增加,人际福利水平差距越大。

从结论7可以看出,如果发生产业从非一体化区域向一体化区域转移,则非一体化区域劳动者福利的减少部分大于一体化区域劳动者福利的增加部分,总体福利水平是下降的。此时维纳的观点是成立的,即总体福利水平下降。但维纳的观点与本章的讨论不同,维纳认为贸易转移效应大于贸易创造效应,因而关税同盟会降低世界的福利水平,也就是说关税同盟内国家总体福利水平的下降,但本章的观点是经济一体化提高一体化区域总体的福利水平,但对一体化区域内不同区域而言,由于各个区域市场规模的不同,福利增量的区际分配上出现差异,这将在下面进行讨论。

(3)一体化区域内福利水平差距。由结论7可知,经济一体化提高一体化区域整体的福利水平,但一体化区域内不同区域市场规模的不同,不同区域的福利水平将存在差距。由前面的讨论,Δ 可以作为评价福利水平变动的一个指标,V 与 Δ 同向变化,如果 Δ 大,则 V 也大。现我们比较一下一体化区域内区域1和区域2的 Δ,如果 $\Delta_1-\Delta_2>0$,则区域1的福利水平高于区域2的福利水平,在一体化组织内存在福利水平上的差距。现我们假设 $s_1^E>s_2^E$,也就是区域1的市场份额大于区域2的市场份额,则从式(11.5)可以证明下面的式子成立:

$$s_1^n-s_2^n=\frac{(1+\phi^*-2\phi^2)(s_1^E-s_2^E)}{(1-\phi)1-\phi^*}>0 \tag{11.12}$$

式(11.12)说明,在经济一体化区域内部,如果在市场规模上存在差异,则产业份额上也存在差异,市场份额较大区域的产业份额也较大。根据式(11.4)和式(11.12),我们可以证明如下式子成立,即:

$$\Delta_1-\Delta_2=\frac{(1+\phi^*-2\phi^2)(s_1^E-s_2^E)}{1-\phi}>0 \tag{11.13}$$

式(11.13)说明,在经济一体化区域内部,如果在市场规模上存在差异,则福利水平上也存在差异,市场规模小,则分得的收入较少,因而福利水平较低。由此可以得出如下结论:

结论8(一体化区域内部福利水平差异):在一体化区域内部,因市场规模的不同,存在福利水平上的差异,市场规模越大,则福利水平越高。

结论8告诉我们,实现区域经济一体化,可以提高一体化区域整体的福利水平,但一体化内部由于市场规模的不同也存在福利水平上的差异。结论8具有重要的意义，因为如何协调区际利益关系是实现区域经济一体化的关键，如果不能协调利益关系，则无法实现区域经济一体化。从式（11.13）中可以看出，区际利益分配上，区域1和区域2应获得的份额为：

$$\Delta V_1 = \frac{(1+\phi^* - 2\phi^2)(s_1^E - s_2^E)}{(1-\phi)(s_1^n + s_2^n)} s_1^n$$
$$\Delta V_2 = \frac{(1+\phi^* - 2\phi^2)(s_1^E - s_2^E)}{(1-\phi)(s_1^n + s_2^n)} s_2^n \tag{11.14}$$

其中，ΔV_1 和 ΔV_2 分别表示区域1和区域2应获得的利益份额。如果区域1凭借自己强大的经济实力，吞掉所有的利益，则经济一体化是无法实现的，因为收益分配很不公平。

（4）福利的静态分析与动态分析。前面的福利水平变动分析都是静态的分析，也就是生产转移而导致的福利水平的变动。自由资本模型本身不涉及经济增长问题，因此我们的讨论中没有涉及一体化提高经济增长率而导致的动态的福利变动部分。如果同时考虑经济增长而导致的福利水平的提高和产业转移而导致的福利损失部分，我们不能简单地下结论。

假设初始贸易自由度 ϕ^0 很低（此时没有出现经济一体化），这时如果提高贸易自由度，则可以同时提高三个区域的福利水平，因为此时交易成本逐渐变小，这可以降低输入品的价格。当贸易自由度出现差异，即区域1和区域2的贸易自由度提高到 ϕ^*，而区域3的贸易自由度为 ϕ，区域1和区域2实现经济一体化，区域3没有加入一体化组织，此时一体化区域和非一体化区域之间的福利水平开始出现差距，一体化区域从经济聚集和经济快速增长中获益，但非一体化区域从经济增长中获益而从经济聚集中得到损失。当出现这种情况时，非一体化区域福利水平的分析较为复杂，我们分为两种情况来分析：第一种情况为非一体化区域对制造业产品的支出份额 μ 足够低。此时，经济增长率的提高对福利水平的影响小，因此从经济聚集中受到的静态损失占主导，也就是产业向一体化区域集中，因而非一体化区域的产业份额减少，非一体化区域的福利水平降低，有时可能低于初始的福利水平。第二种情况为非一体化区域对制造业产品的支出份额 μ 足够大，此时非一体化区域从经济增长中获得的动态收益占主导，一体化区域和非一体化区域都从经济发展中获益。

但值得注意的是，在居民的消费结构中，对制造业产品支付所占份额很大的区域，已经不是传统意义上的欠发达地区。欠发达地区居民的消费结构中，对制造业产品的支出份额很少或几乎不消费制造业产品。在这种情况下，产业转移而导致的福利水平变动这一静态变动将占主导，前面的经济一体化导致区际和人际福利水平巨大反差的结论仍然成立。

二、经济一体化的主要途径

在前面，我们利用大量篇幅讨论了经济一体化的效应，其实这种讨论也回答了如何实现经济一体化的问题，因为分析具体效应时我们都讨论了不同要素与具体效应之间的关系。现我们进一步延伸前面的讨论。

1. 提高区际贸易自由度是实现区域经济一体化的关键

空间经济学中的贸易自由度概念是一个比较宽泛的概念，但它主要涉及两方面的内容：一是自然成本，也就是通常所说的运输成本，运输成本是因为空间距离的存在而存在的，是一种自然现象，空间距离越远，交通越不便利，运输成本就越高。二是制度成本，也就是地区间地方性法规、地方性保护政策、人们的观念等的不同而导致的差异，常表现为区际商品、资本以及人员流动方面的限制，在国际上常表现为各种关税和配额以及贸易禁止。因此，我们所说的贸易自由度比市场开发度更为宽泛，还包括了自然成本。

在发达国家，尽管在一些国家内部不同州之间所制定的法律存在一些差异，但国内经济政策具有很高的统一性，因而涉及的贸易自由度主要指运输成本。但在我国，地方分割一直很突出。地方分割是指一国范围内的各地方政府为了本地的利益，通过行政管制的手段，限制外地资源进入本地市场或限制本地资源流向外地的行为。因此，在我国，提高区际贸易自由度，不仅要降低制度成本，还要尽可能降低运输“瓶颈”，难度比发达国家更大。

(1) 打破地方分割。打破地方分割是降低区际制度成本，进而提高区际贸易自由度的主要措施。1978 年以来，我国经济改革采取了财政分税制度，使得地方政府存在保护税收基础的强烈动机，采取措施保护当地企业免受跨地区竞争威胁。除了财政收入，出于对政权基础和私人利益的考虑，地方政府也有保护地区内国有企业的动机。另外，在改革初期中央政府没有颁布清除地区间贸易壁垒的条例，后来也缺乏对条例的有效实施。因此，地方保护形成的地方分割成为了我国区域经济一体化的一个制度性障碍①。地方保护和地方分割首先降低整个国民经济的静态资源配置效率。从要素配置角度而言，生产要素不能按照市场信号的引导在地区之间流动，从而不能配置到边际产出最高的生产环节中。从产品配置角度而言，产品不能按照市场信号引导在地区之间流动，也就限制了那些最具有竞争力的企业扩大生产。同时，限制外地产品流入的地区的居民，其效用水平

① 可参见白重恩、杜颖娟、陶志刚、仝月婷：《地方保护主义及产业地区集中度的决定因素和变动趋势》，载《经济研究》2004 年第 4 期。

也会降低。其次，地方保护和市场分割必然会降低经济增长的动态绩效。生产要素的报酬不能够最大化，整个社会的储蓄和资本积累速度减缓，对于一个发展中国家来说，这意味着人均收入向稳态收入水平的收敛速度将降低。而且，地方保护和市场分割限制竞争，会导致两种效应：减缓技术效率提高步伐，进而也降低人均收入向稳态收入水平的收敛速度；减缓技术进步步伐，稳态的人均收入增长率也不能够达到潜在最高水平，进而降低长期社会福利水平。最后，市场分割导致地区之间和人际之间收入差距。对自身相对丰裕要素流出、外地相对丰裕要素流入的限制越严重的省份，其要素报酬低、资本积累慢、生产成本高；对外地有竞争力的产品流入限制越严重的省份，本地企业改进生产经营的积极性降低，生产率提高缓慢。这些因素都会导致地区差距扩大，或者难以缩小。

大量的实践活动证明，消除地方分割，取消一切不利于国内市场一体化的各类制度和政策障碍，降低交易成本能够促进经济增长率的提高，改善居民的福利水平。从国际上来看，欧盟的经济一体化是由区域内跨国界的法律和政治一体化支持的，它不仅统一了市场，也统一了机构和制度。在一些地区，欧盟国家的贸易政策、竞争政策和监管政策都是相同的。而且欧盟还广泛地消除了监管和其他的贸易壁垒，建立起了超出单个国家的由成员国共同遵守的制度，通过跨区域的转移来补贴贫穷的国家和地区，使它们分享区域内的经济成果。在 1990 ~ 2002 年间，地方市场分割阻碍了我国长三角城市间的协调发展，但随着长江三角洲城市经济协调会于 1997 年成立，并两年召开一次协调会议，这种阻碍作用已经下降了 45.7%，而且城市间的趋同速度提高了近 6 倍，呈现加速协调发展的趋势①。

（2）加强区际交通通讯设施的建设。加强基础设施建设是降低运输成本因而提高区际贸易自由度的主要措施。我们的讨论与其他经济学科有关区域经济的讨论不同，因为其他经济学科把运输成本视为一种成本，而我们是把它视为一种变量。地理距离是无法缩短的，但时间距离是可以缩短的，加强基础设施建设就是缩短时间距离进而提高区际贸易自由度的过程。人际交流、物质交流、各种信息交流都通过基础设施而进行。对经济一体化而言，尤其重要的是人际交流，区际物质与信息交流都离不开人际交流，快速便捷的交通设施与通讯设施是经济一体化的首要前提。正因为这样，“十一五”期间国家以及各个省份都加快交通设施和通讯设施的建设，如我国“长三角”计划在“十一五”期间建设京沪、沪杭、宁杭、宁芜、合宁等高速铁路和城际铁路，天津也正加紧建设两条新的京津

① 可参见徐现祥、李郇：《市场一体化与区域协调发展》，经济发展论坛工作论文 No. FC20050063，www. fed. org. cn。

高速路、京津城际铁路，并加速港湾建设。

意大利地域结构的特征为“南贫北富”，南部是贫困落后地区，为加快南部的经济发展，意大利建设了贯通南北的高速公路，因为北部为发达地区。该高速公路没能帮助南部经济的发展，反而导致南部企业大量向北转移。法国加来海峡省为法国的主要萧条区之一（过去主要的专业化部门为纺织和冶金），但通往巴黎的高速公路和通往巴黎、布鲁塞尔、伦敦的高速铁路经过该省，这些交通设施大大降低了它与法黎、伦敦、布鲁塞尔等地区的交易成本，吸引了大量的工业企业在加来海峡省落户。

2. 市场一体化是区域经济一体化的基础

区域经济一体化必然要求市场一体化。在计划经济体制下，资源配置主要通过调拨，生产要素的空间流动与配置不是建立在经济利益基础上的资源优化配置的基础上，而是具有很强的行政性、人为性，从而降低了资源的配置效率。在市场经济条件下，市场机制通过“无形的手”自发调节资源分配和商品供求，通过平均利润调节资本在各生产部门的分布。因而，要保证各种生产要素通过市场自由流动，就必须有发育完善的市场体系和统一市场作基础。市场一体化的基本含义是经济增长的诸要素通过没有阻碍的市场得以流动，从而提高要素的配置效率。它是各种要素市场的有机统一体，包括：一体化的消费品市场、一体化的资本市场、一体化的技术市场、一体化的人力资源市场、一体化的产权市场等。从微观上看，市场一体化条件下，企业是经济发展的主体。在市场机制调节下，企业出于对利润最大化的动机和长久发展的考虑，在规模经济作用下，企业之间会通过横向联合与纵向兼并，逐步实现区域的一体化。同时，生产要素在区域之间的自由流动实现了区域之间的合理分工，达到了资源优化配置的区域经济一体化目标。

随着经济体系的进步和高级化，市场一体化的外延在发生重大变化。20 世纪 80 年代，甚至 90 年代之前，市场一体化还主要是贸易市场的一体化。WTO 和 WTO 之前的 GATT，对世界贸易市场的一体化起了极其重要的推动作用，提高了货物在不同经济体系之间的流动效率。人类社会进入 20 世纪 90 年代，特别是进入 21 世纪之后，市场一体化的重心正在从贸易市场一体化转向金融市场一体化。在我国，虽然改革开放后市场一体化程度不断加深，但是转型时期计划经济体制对人们的束缚还没有完全消除，很多的经济协作、经济联合虽然强调以市场为导向，但是依然以政府为主体进行操作，企业对政府仍然有严重的依赖，没有发挥企业的积极性、主动性，完全的市场一体化还没有形成。因此，针对我国的特殊现实，政府应该以企业为主，为企业创造一种合作的政策环境，促使外生发展与内生发展相结合，逐步实现区域经济一体化。

实现经济一体化，地方政府的规范行为是极其重要的。地方政府的主要责任是建立和完善市场机制，保护合理竞争，尽可能消除市场的扭曲。政府的过度干预，常常造成新的“市场扭曲”，此时政府的“有所不为”行为可能会带来“无为而治”的效果。

3. 有效的主体组织是区域经济一体化不断发展的保证

区域经济一体化的主体组织机制是一体化进程的“变压器”，能够加快或阻碍一体化的发展。区域经济一体化作为全球经济中前所未有的制度形态，考察它一般的组织机制，对于把握区域经济一体化的发展不无裨益。综观世界各种区域经济一体化组织，无论组织规模大小、成员多少、一体化程度高低，其基本的共同点：(1) 一般由政府出面，签订经济一体化协议。作为区域性一体化组织发展合作的机制，如果没有政府参与，而只是民间组织或企业间的经济往来，是不能形成经济一体化组织。(2) 为了推进各国之间的经济贸易合作，区域性一体化组织往往需要建立一种超国家机构，或至少需要由各成员国领导人定期举行会议，形成制度。(3) 既然已经通过签订协议，建立一体化组织，则参加这个组织的各成员国，能够享受协议所规定的权益，也必须尽协议所规定的义务。总之，按协议办事，而不能各行其是。这就意味着，一体化组织的成员国，要把自己的部分主权，首先是某些经济决策权，让渡给这个一体化组织，由这个超国家组织去执行。形成这种有效组织及其实施效果与一体化内部社会经济、文化、政治的差异密切相关。比如欧共体经济一体化的成功，一个重要原因在于它能够使得所有参与国的平均收益总体上不断得到提高，即满足了边际收益递增的条件，从而达到了普遍意义上的帕累托改进。因而成员国有参与和维护新制度的积极性，并化解新制度遇到的阻力，所以欧共体一体化制度变化所遇到的阻力不大。

4. 适当的补偿机制是实现区域经济一体化的保障

从前面的讨论可以看出，不管是贸易转移、生产转移和投资转移，相对于区域外的国家或者地区而言，一体化内部的总收益无疑是提高的，但对于一体化内部的国家或者地区而言，收益是不均等的。结论 8 告诉我们，只要一体化内部的国家或者地区间的市场规模不相等，则随着一体化程度的提高，生产、投资等会不断集中到一体化内市场规模最大的国家或者地区。因此，实现区域经济一体化而言，首先要解决的是利益分配问题。如果合作后，双方的福利大于合作前的福利水平，但一方福利水平的提高小于另一方，则它将会采取政治抵制。只有在合作双方的福利水平共同提高的前提下，双方才可能采取积极合作的态度。因此，在区域经济一体化的过程中针对不同的情况制定适当的补偿机制是经济一体化在制度方面的重要内容。

三、区域经济一体化的前景展望

环渤海区域存在着经济的互补性：北京、天津有着资金、技术、信息、人才、市场等方面的优势，河北、辽宁和山东则有着较为丰富的自然资源和劳动力资源优势。相对于北京和天津两大城市，辽宁、河北、山东的制造业优势则相对明显，工业主要经济效益指标均领先于两大直辖市（辽宁因国有经济比重过大，主要经济效益指标相对落后）。通过对环渤海区域各省市的功能进行定位，在市场、交通、金融、人才培养等方面进行合作发展，是环渤海区域经济社会的协调发展的必然战略选择。

（一）建立共同的市场体系

共同市场体系是指没有区域、行业以及所有制区分的，没有税收壁垒限制的，各类商品和要素能够充分流动，统一开放、竞争有序、相互联系、互相结合的有机市场体系。这既是区域经济一体化的需要，又是区域经济一体化的保障。环渤海经济一体化，必须建立共同的市场体系。一是应着力培育和建立跨地区产权交易市场。各地方政府应积极发挥作用，消除行政壁垒，解决产权交易地域限制问题，建立区域内统一的交易平台。二是京津要发挥各自优势，合作开拓金融市场，建立区域银行，联合对外融资。三是建立和完善开放灵活的人才流动机制。要深化人事制度改革，打破人才的地区和所有制壁垒，打通各类人才队伍之间的交流渠道。四是整合信息网络。建立相互开放的电子政务、商务网络，建设协调联动的商贸、物流、旅游、金融等信息服务体系。要根据区域经济一体化需要，全方位整合完善技术、人才、信息、劳务等要素市场，实现相互开放，创造外来企业与本地企业平等竞争的环境。

（二）推动跨省市企业重组

企业重组，是指通过对企业资产总量和资产结构的调整来实现经济资源优化配置的市场行为。其实质内涵是通过生产要素的自由流动，在微观上优化资源配置，提高产出效率；在宏观上优化产业结构，提高国民经济的素质和效率。不难看出，企业资产重组对于调整地区的产业结构具有重大意义。西方市场经济的发展和经济全球化趋势的形成都证明了这一点。我国改革开放和市场经济建设的实践也证明，大规模的资产重组，特别是跨地区、跨行业与跨所有制的重组，是与经济结构调整和产业结构升级联系在一起的，每一次重组都伴随着产业结构的升级。因此，企业资产重组是环渤海区域经济产业整合的重要途径。进行资产重组，一是必须遵循市场经济规律，跳出单个企业结构变化的小圈子，突破地域结构局限，突破“诸侯经济”的区域行政管辖局限。二是在运作方式上主要通过资产经营，收购兼并，联合，优劣资产的置换，股权转让，对上市公司的买壳、借壳上市，以及产权交易等形式。要把跨区域组建企业集团作为资产重组的重要载体，选择一批相关企业与之重组，建立起以上市公司为龙头的集团公司，形成整体竞争优势。2004 年 9 月，辽宁大连、抚顺和黑龙江北满三家特钢企业集团重组为东北特钢集团就是跨省市重组的成功案例，也标志着环渤海经济圈整合区域资源、实现优势互补迈出了突破性一步。三是要充分发挥和利用市场中介机构的作用。中介机构有着完善的信息网络，具有专门的经验，又熟悉企业重组的操作规范，是资产重组市场运行机制中不可缺少的重要角色。

（三）深化财税体制改革

在我国，不合理的财税制度设计是导致区域发展差异的重要原因。改革开放初期，中国的财税体制实行“财政大包干”的承包制。财政承包制不仅造成区域间的“苦乐不均”、“鞭打快牛”的状况，更强化了对市场割据的激励，妨碍了统一市场的形成，致使区域发展差距迅速扩大。因此，如果财税制度不改革，区域经济的一体化将成为一句空话。

1. 合理界定政府权责

进一步合理界定政府事权，划清各级政府的支出责任，并以此为基础划分税制。在“分灶吃饭”的财政体制下，地方政府仍是地区经济发展的主导力量，为了增加本级财政收入，各地纷纷上马那些生产高税产品和预期价高利大产品的项目，低水平重复建设、地区封锁、市场分割的做法大行其道，构成了区域经济一体化的顽固障碍。政府间事权划分是政府间财力分配的基本依据，因此财税体制改革要从合理划分政府事权开始：除中央政府要承担一些大型、长周期、跨地区的重点建设项目的投资外，大量的一般盈利性项目，应交给企业和企业联合体去办，地方财政则基本上不再承担盈利项目的直接投资任务，而把支出重点放在基础设施、公用事业等方面。在此事权划分的基础上，进一步做到事权与财权的统一，避免“上出政策，下出资金”这种直接导致基层政府财政陷入财力困境的事情的发生，真正做到“一级政府、一级事权、一级财权”。

2. 建立规范化的中央对地方的转移支付制度

我国现行政府间财政转移支付制度不够规范和透明，专项财政转移支付的种类和数量过大，使得上级政府通过集中财权，建立了让下级政府高度依赖上级政府的财政体制，下级政府通过“跑北京—省—市—县”的顺序，才能争取到本应属于地方的财政收入。而具有均等化性质的一般性财政转移支付规模却很小，起不到协调各地区经济发展的作用。要形成区域经济一体化，实现区域整体利益的最大化，完成合理的产业布局和完整的产业链条，就不可避免地会损害某些地区的既有利益。有些地区可能必须从某些产业中退出，或转而生产一些低附加值的上游产品。这就需要对这些为了区域整体利益做出牺牲的地域给予补偿，让区域内所有的地区都共享合作的收益。如果这种转移支付制度不够明确又缺乏权威性和制度保障，就不会有地区为了区域整体发展而牺牲自己的利益了。因此，现在急需完善财政转移支付制度，确定转移支付的标准、方式，转移者的义务和被转移者的权利形成规范的制度，并用法律的形式确定下来。

（四）促进环渤海金融合作

拆除各种行政壁垒，打破金融管理体制的条块分割状态，构筑金融体系运行的基础设施平台与合作网络，是促进金融联动和推进环渤海经济一体化进程的必然选择。为此，环渤海区域金融合作的实现需要多个层面共同努力与合作。不仅需要该区域地方政府的合作、金融监管部门的跨地区合作、货币市场与资本市场发展的基础设施建设合作，而且需要各类金融机构之间的纵向与横向合作、金融创新、金融产品研发与大力拓展中间业务等方面的合作。

1. 建立金融合作协调机构

成立由中央有关部门牵头、由环渤海区域有关领导参加，隶属于环渤海合作委员会的具有权威性的金融一体化协调机构——环渤海金融合作促进会。确定协调合作的短、中、长期目标和规划，切实解决金融合作中存在的矛盾和问题，强化金融合作的系统性和操作性，既充分发挥各城市发展金融的积极性，又要形成合力，提高金融资源使用效率，集中资源解决发展中的“瓶颈”问题。

2. 完善区域金融基础设施

完善区域金融基础设施，建立健全的区域征信体系和资信评估体系。由于在环渤海经济圈内，有三个中国人民银行大区分行（天津分行、济南分行、沈阳分行）并存，因此在环渤海经济圈的金融合作中，最为重要的一环是加强三大分行在金融监管、货币政策和金融服务等方面的合作。鉴于信息共享是实现金融区域合作的重要条件，是防范金融风险、增强金融跨区域服务的重要保障。三个大区分行应进行联合，建立区域内统一的信息披露制度，促进区域信用环境建设的同步发展。金融信息共享平台的打造应主要围绕金融安全运行，降低信息不对称带来的风险隐患，建设好贷款登记系统、个人综合信用档案系统、企业信用档案系统。这三大信息系统如能有效建立并实现跨行政区域的共享，不仅有利于经济圈内经济交流的加强，也有利于金融增强跨行政区域的服务，实现更高层次的资源配置。此外，信息共享还包括经济圈内产业发展和市场状况方面的内容。而要打造区域金融信息共享平台是项复杂而庞大的工程，因此要合理规划、分步实施。首先是尽快实现中国人民银行系统的贷款登记系统区域内共享；其次是区域内各地要针对未来个人金融服务，按照一定的标准，尽快建立个人信息系统，为实现信息共享奠定基础。在实现信息共享方面，地方政府和金融部门要通力合作，形成合力，消除信息共享中的各种障碍，推动信息共享工程的顺利进行。

3. 以京津互动合作作为突破

调整京津两市的经济关系，明确各自的定位，引导并推动京津两市包括金融在内的各领域合作。在此基础上用市场机制化解区划壁垒，促进各种金融要素在全区域内的充分流动，使环渤海经济圈能够尽快培育出具有较强的带动和辐射作用的经济金融中心。因为单纯用行政的手段进行环渤海经济圈的跨地区协调，操作难度较大，政策协调和信息传递的成本较大，管理效率也较低。

4. 建立包括资金拆借、票据市场在内的区域性货币市场

推动债券市场发展，建立多层次的、功能完备的资本市场。可考虑成立两大银行：一是组建覆盖环渤海区域，并主要为环渤海区域经济发展和各地区经济联合服务的区域性商业银行；二是组建环渤海开发银行，这是一家政策性银行，由各地政府和金融机构共同投资组建，通过发行政策性金融债券募集资金，它主要承担环渤海区域经济开发和城市开发的任务。同时，还有可能组建支持环渤海区域经济发展的两类基金：一是投资性基金——通过证券市场结集资金，然后由专业基金公司管理，投入有效益的环渤海区域开发项目；二是信贷保障基金——主要由政府财政、各金融机构、各大型企业集团投资组建，主要功能是为跨地区银行贷款提供担保，并根据一定要求和条件对基础设施建设项目进行贴息，或提供优质贷款。

5. 推动和加强更高层次的金融合作

在发达国家吸纳国际资本的空间和能力比较强、发展中国家间吸收外资的竞争日趋激烈的情况下，环渤海需要通过金融创新盘活存量资产，促进产业升级，做大产业集群，提高产业发展的本土根植性，从而提高利用外资的质量。环渤海区域是东北亚国际经济圈内的重要组成部分，毗邻朝鲜、韩国、日本、俄罗斯、蒙古国。其中韩国、日本、俄罗斯已成为环渤海区域的主要贸易伙伴。跨国公司中国及亚洲总部通过和日、韩等外资金融机构的国际合作，适时组织召开环渤海区域与东北亚国际金融合作高级研讨会，“筑巢引凤”，挖掘朝鲜、俄罗斯、蒙古国经济金融合作潜力，逐步将环渤海区域经济发展纳入世界经济金融一体化进程，整体提升环渤海区域的经济实力和国际地位。

（五）建立环渤海教育协作区

以教育优势打造经济优势，促进环渤海区域教育长期合作和持续健康发展，为催生全国第三个经济增长极——环渤海经济圈打下较为坚实的人力资源基础。

1. 把“环渤海教育协作区”变为环渤海区域教育发展决策[①]

根据环渤海区域相关省区市的经济结构、产业结构和就业结构的实际，从“长三角”、“珠三角”经济圈经济、社会、教育协作模式当中吸取有益经验，并遵循区域教育发展的客观规律，组织北京、天津、河北、辽宁、山东等省市教育机构合作研究，拟定发展“环渤海教育协作区”的战略规划。

2. 开展中等教育人才合作培养，促进环渤海区域内部资源共享

环渤海特大城市和中心城市基本上普及了高中阶段教育，并逐步迈向普及高等教育阶段。同时，农村地区还有大量劳动力需要向城镇和非农产业转移。今后，伴随城区学龄人口的减少，特大城市和中心城市的中等职业教育资源可能出现一定范围的富余现象。许多中职学校生源短缺，资源空闲，将造成严重浪费，其中的优质教育资源也难免遇到同类问题。然而，北京 2008 年奥运会和振兴东北老工业基地为职业教育发展提供了良好契机。如何调动教育与培训的资源，为奥运会和产业升级提供合格的中初层次的劳动力，为老工业基地振兴培养中高级技术工人和高层次人才，更好地将高等学校科研成果转化为现实生产力，已成为环渤海经济圈发展亟待解决的关键问题。

环渤海区域中等职业学校可试行招收跨省学生，除北京、天津等地不转户口外，其他地区可对学生开放户口，方便就读。这样做，可以充分利用优质教育资源，提高教育系统的质量和效益，既满足了环渤海区域产业现代化建设特别是大中城市产业结构升级的需要，也有利于大幅度提高区域内部地区的人口素质，满足了社会的教育需求。

3. 拓展高等教育合作领域，实现高等教育的区域均衡发展

根据环渤海区域内的产业结构和人才需求结构，整体规划本区域人才培养是开展高等教育合作的首要工作。北京、天津承担着产业结构升级和产品结构优化的任务，其对能源、劳动力和各种初级加工产品形成了较大的市场需求。而山东、河北、辽宁等省份劳动力资源丰富，人才、技术、资本比较缺乏。在制定各省的高等教育发展规划时，应根据各省产业发展的差异性和比较优势，使所培养的人才能“产销对路”。同时，积极开展本区域内高等院校的课程与教学合作，

---

① 可参见国家教育发展研究中心：《2004 年中国教育发展绿皮书》，教育科学出版社 2005 年版，第 127～129 页。

通过设立"环渤海精品课程"计划、"环渤海共选课程基金"等，引导学校实现专业重组，尤其通过对跨专业的高新技术专业的重点投入，达到促进综合性大学的专业、学院、学科改造的目的；根据环渤海区域内各省市现有的经济水平和产业结构，制定职业培训合作规划、课程计划和培训计划；积极推进课程认证和学分互换系统。可以考虑同类大学同类课程和学分的互认。

对高等教育发展相对落后的省份考虑实行定向扶持。环渤海各省市高等教育发展不平衡非常显著。对此，可以试行各省高校间的对口扶帮制度。采用互聘机制，以临时聘任、短期聘任等形式，促进教师资源的充分开发与利用，既可以提高办学效益，也有利于现有教师安心于保留其基本关系于原单位，减少省际高等院校的相互恶性竞争。同时构建教师教学科研交流合作平台，进行重大科研课题、专题研究项目合作，建立教师教学科研成果通讯互评机制，积极支持区域教师职称论文（著）评审、教学科研成果鉴定等工作，并扩大区域高校间的教学科研交流。

同时，促进环渤海区域的大学毕业生的充分就业。逐步形成环渤海区域高校毕业生就业大市场和就业指导服务体系，改革户籍、社会保障等制度，促进区域内毕业生逐步实现无障碍柔性流动。

4. 推进中外合作办学，将环渤海区域建成国际优质教育资源输入中心、国内教育资源输出中心和国际教育信息交流研究中心

利用环渤海区域优势的高等教育资源，开展环渤海区域与国际教育界的合作与交流。一是打造国际优质教育资源输入中心，采取多种形式引进境外优质教育资源，建立教育特区，形成多样化的中外合作办学基地。二是共同打造国内教育资源输出中心，努力传播中国优秀的文化。要策划输出特色项目，鼓励有条件的教育机构赴境外办学，以韩国、日本等亚太地区国家的汉语教学和标准考试为突破口，开拓海外教育服务市场。三是共同打造国际教育信息交流研究中心，提升环渤海区域教育在国际社会的影响。建立知识资源整合的机制，举办和参与国际教育交流活动，包括参与跨地区教学质量测评项目。

（六）推进社会资本的形成

社会资本的概念最初由法国学者布迪厄（Pierre Bourdieu）于1970年代提出的。布迪厄认为，资本是一种积累的劳动，个人或团体通过占有资本，能够获得更多的社会资源。在每一个社会中，成员都可按占有的资本数量而划分为不同的阶级或等级。统治阶级为了避免赤裸裸地通过经济资本的占有来行使其特权，总是通过将经济资本转化为社会资本和文化资本的形式。作为资本三种形式之一的社会资本是一种"体制化关系网络"的占有并获取实际或潜在资源的集合体，它与某团体会员制相联系。对于具体的个人来说，他所占有的社会资本的多少取决于两个因素：一是行动者可以有效地加以运用联系的网络规模；二是网络中每个成员所占有的各种形式的资本数量。

美国政治学者帕特南用社会资本的概念解释为什么意大利北部许多地方政府的表现都比南部城市好。他发现在社会资本建构比较好的北部城市，市民热衷参与社团和公益事务，社会充满了互信和合作的风气，使得地方政府在政府的稳定、财政预算的制定、法律改革、社会服务的推行、工农业改革等方面都较其他社会资本较低的地区要好。帕特南是这样给社会资本下定义的，“这里所说的社会资本是指社会组织的特征，诸如信任、规范以及网络，它们能够通过促进合作来提高社会的效率”。换言之，一个拥有大量社会资本的共同体内，合作更容易出现。在帕特南看来，信任是社会资本必不可少的组成部分。在意大利公共精神发达的地区，社会信任长期以来一直都是伦理道德的核心，它维持了经济发展的动力，确保了政府的绩效。在一个共同体内，信任水平越高，合作的可能性就越大。那么，信任又是如何产生的呢？帕特南进一步指出，社会信任能够从互惠规范和公民参与网络这两个相互联系的方面产生。互惠包括均衡的互惠和普遍化的互惠，前者指人们同时交换价值相等的东西，后者指的是一种持续进行的交换关系，这种互惠在特定时间里是无报酬的和不均衡的，但它使人们产生共同的期望，现在己予人，将来人予己。遵循普遍互惠规范的共同体可以更有效地约束投机，解决集体行动中的“搭便车”问题。另外，在一个共同体中，公民参与的网络越是密集，其公民就越有可能为了共同的利益而合作。公民参与网络增加了人们在任何单独交易中进行欺骗的潜在成本；公民参与网络培育了强大的互惠规范；公民参与网络促进了交往，促进了有关个人品行的信息流通；公民参与网络还体现了以往合作的成功，可以把它作为一种具有文化内涵的模板，未来的合作在此之上进行。

社会资本的良莠与丰欠程度直接影响着区域一体化的进程。假如欧洲一体化的历程离开了其独有而丰裕的社会资本作为区域社会经济发展的基础，其结果可能就不是现在的欧盟。珠三角、长三角一体化的历程也说明了社会资本作为区域社会经济发展的推进作用。正是由于区内、区外种种因素干扰了区域内社会资本的形成和积累，导致区域社会资本的缺乏，阻碍了环渤海区域一体化合作的步伐。因此，本章认为，通过加大对社会资本的投入，推动社会资本的形成，完善社会资本的形式，将有助于加速环渤海区域一体化的进程。

要切实推动环渤海区域合作，除了加强彼此之间的开放与经济合作外，环渤海区域内各地政府还应尝试如下方式：

第一，将推动社会资本的形成，作为促进区域一体化的重要手段。通过加强区域内各省市在宗教、道德和文化传统等方面的交流，为环渤海区域合作提供良好的思想文化基础。特别要看到，环渤海区域历史上是以燕、齐、鲁文化为主体特征，同时深受外来文化的影响。其生活层面既出现“西化倾向”，又有传统生活方式的延续与更新。例如在宗教方面，历史上，环渤海区域是北方教门活动的主要地区。基督教影响广泛，传统的道、佛、回教也在本地区继续发挥着影响。应该充分尊重和发挥这一社会资本的历史积累作用，发展独有的环渤海文化作为该区域的文化基础。

第二，交往的频率与深度决定着社会资本的形成速度。因此，在尊重各省市法律制度和体制差异的同时，应强化政府间合作，建立共同的区内协调机制和制度框架，为区域内的合作创造有利的制度环境。用特区的战略思维，充分发挥各种平台的积极作用，积极推动区域内生产要素的自由流动，建立跨区域的发展特区。

第三，加强区域内各地区之间的协商，解决好环境污染、水资源调配等区域共同关注的问题，增强区域归属和区域的历史认同感。同时，以现实合作为主题，扩大区域合作的领域和范围，创造区域合作的新途径，从而增强区域互信，促进环渤海区域合作。

第十二章

区域竞合：北京建设世界城市的模式选择

随着世界经济重心向亚洲转移和中国经济的迅速崛起，作为世界经济大国的中国首都——北京，建设世界城市是时代使命和必然方向。“十二五”期间，北京市的“工作都要按照世界城市的最高标准来谋划、推动”①。北京“十二五”规划也提出，要适应和深化对外开放和建设中国特色世界城市的战略要求，创造竞争新优势，强化首都国际交往中心功能，大力开展公共外交，在服务中提升城市的国际地位和国际影响。作为全球控制力的中心节点，世界城市的形成与所在的区域发展存在着相辅相成的内在关系，一个城市在世界城市格局中的位置主要是由其在世界经济、政治、文化中的地位和对全球经济活动的重要协调控制作用决定的。公认的全球性世界城市纽约、东京、伦敦和巴黎，无不是依托所在城市区域来增强其国际影响力和控制力。与此同时，随着全球性世界城市的发展，覆盖数个行政单元的“全球城市区域”（Global City-Region，GCR）也成为世界区域经济的新型增长空间，如美国东北海岸地区、伦敦地区、西北欧巨型走廊、日本的东京——横滨走廊等。这些全球城市区域，都是以全球城市为核心，通过高速网络相连，主宰着全球经济命脉。因此，北京要建设世界城市，必然要处理好与周边区域的竞争与合作关系，通过与腹地区域及城市的相互促进、共同发展，来逐步提升北京乃至京津冀在世界城市格局中的地位及其控制力。

① 可参见刘淇：《深化改革扩大开放以世界城市标准推动首都建设》，载《北京日报》2009 年 12 月 18 日。

一、建设世界城市的选择

（一）北京的世界城市战略

早在2003年，建筑学家吴良镛先提出了北京打造世界城市的概念。之后，北京市政府发布修编以后的整体规划，也明确提出北京将来的发展目标就是建设世界城市。2010年是实施“十一五”规划的最后一年，也是全面推进“人文北京、科技北京、绿色北京”建设的重要一年。从“十一五”到“十二五”，北京正站在新的起点上。在北京市市委书记刘淇的工作报告中提出，北京要“瞄准建设世界城市”。北京市市长郭金龙也指出：“当前，首都已进入了全面建设现代化国际大都市的新阶段。面对我国国情国力和国际地位的新变化，面对首都在国家工作大局中应承担的重要任务，面对推动首都科学发展、促进社会和谐的历史责任，我们必须立足当前，着眼建设世界城市，坚持高标准建设、高质量管理、高水平服务，进一步提高现代化、国际化水平，使首都的发展建设与国家和人民的要求相适应”。

根据《北京城市总体规划（2004～2020年）》提出的北京城市发展目标的定位，到2050年北京才建设成为世界城市。但由于近年来，北京的经济发展和城市建设迅速发展，在综合经济实力、产业结构优化升级、基础设施建设、国际化程度等方面取得了长足的进展，北京已经基本具备了全面建设国际化大都市的基础和条件。因此，“十二五”的新定位，实际上是将远景目标改为近景目标。北京建设世界城市不是心血来潮的一时兴起，而是一个不断探索和深入研究的过程，在这个过程中，有专家学者的真知灼见，也有作为城市规划主体——北京市政府审时度势，工作思路的不断转变。北京建设世界城市的探索历程，见表12.1。

表12.1　　北京建设世界城市的探索历程

时　间	内　容
2003年	建筑学家吴良镛主持大首都城市圈的编制工作，明确提出“北京打造世界城市”的概念
2005年	北京市政府发布修编以后的整体规划，明确提出北京将来的发展目标就是建设世界城市
2007年	旅游业专家魏小安为北京市旅游局做北京建设世界旅游城市的研究报告

续表

时　间	内　容
2009 年	世界城市出现在北京市市委书记刘淇的工作报告中，报告提出北京要"瞄准建设世界城市"
2010 年	2009 年《北京市政府工作报告》中指出："立足当前，着眼建设世界城市"
2011 年	"十二五"规划中指出，北京要建设"中国特色世界城市"

资料来源：笔者整理。

（二）北京建设世界城市的目标定位

根据北京市政府发布的《政府工作报告及计划报告、财政报告名词解释》，"世界城市"是指国际大都市的高端形态，对全球的经济、政治、文化等方面有重要的影响力，其具体特征表现为国际金融中心、决策控制中心、国际活动聚集地、信息发布中心和高端人才聚集中心，并具备以下六个支撑条件：一是一定的经济规模；二是经济高度服务化、聚集世界高端企业总部；三是区域经济合作紧密；四是国际交通便利；五是科技教育发达；六是生活居住条件优越。

因此，本章认为在"十二五"期间，北京建设世界城市，必然要努力达到以下六个目标：

一是加强企业总部（国内总部）集聚，从而提升经济管理和控制能力。世界城市的本质特征是具有对全球经济的控制能力，而控制主要来源于跨国公司总部或区域性总部。2009 年 10 月 8 日，第五届中国总部经济论坛发布《全国 35 个主要城市总部经济发展能力评价报告》，排定全国 35 个主要城市总部经济发展能力座次，北京、上海、广州和深圳分列前四名。

二是加强信息化建设，数字城市是世界城市重要发展方向。据《北京信息化基础设施提升计划》，从 2009 ~ 2012 年，北京市将滚动投入约 1 000 亿元，全面提升信息化基础设施，从而构建"数字北京"。

三是高端人才的进一步集聚，强化世界城市的创新之源。世界城市是创造新思想、创造新时尚、新价值观和新文化的中心，为此，需要吸引大量的经济活动和专业人才，尤其是高端、领军、统率型人才。

四是进一步提高服务业的质量和比重，构建世界城市的产业支撑。世界城市是后工业化社会的产物，服务业替代制造业，成为世界城市经济的主导产业。2009 年，北京服务业第三产业的比重占 75.8%，已成为北京经济的主体，初步奠定了作为世界城市的产业基础。

五是对创新集群的强化，构建世界级的创新和产业平台。世界城市必须注重创新基地乃至创新集群建设。北京市中关村是全球科教智力资源最为密集的区域之一，2009 年 3 月，国务院批复同意在中关村建设国家自主创新示范区。目前，中关村联盟全球著名高科技园区——一个全球创新集群正在形成。

六是加强城市文化和国际协调中心的建设。世界城市的文化中心地位不仅体现在其丰富的文化资源，如文化遗存（包括工业文化遗产）和历史古迹，还表现在其教育研究、传媒娱乐以及时尚文化的影响力。国际事务协调中心功能的发挥不仅有利于世界城市提升其国际服务品质和国际影响力，还可以带动相关产业发展，产生更好的规模效应和聚集效应。

（三）建设世界城市的条件

发达国家和地区的发展实践表明，人均 GDP 超过 10 000 美元以后，若该国或地区的产业结构发生了根本变化，第三产业占据主体地位后，意味着进入到后工业化社会。与工业化阶段不同，现代世界城市的产生都是以城市进入后工业化阶段，摆脱资源紧张、能源短缺、环境恶化等方面的约束为前提的。目前北京市已经进入后工业化阶段，建设世界城市的条件日益成熟。

1. 经济实力——即将跻身世界高收入水平地区之列

新中国成立初期，北京市的农业生产落后，工业发展水平低，商业服务业萧条，经济实力很弱。经过 60 年的建设，北京已经成为一个经济繁荣、现代化程度较高的综合型特大城市。改革开放后特别是 20 世纪 90 年代以来，北京经济保持了持续快速增长。1994 年北京市人均地区生产总值首次突破 1 000 美元，2001 年超过 3 000 美元，2005 年超过 5 000 美元，2008 年超过 9 000 美元，地方生产总值突破 1 万亿元大关（见图 12. 1）。随着北京市居民收入的增长、消费结构升级，居民生活质量得到显著改善，北京市城镇居民恩格尔系数由 1978 年的 58. 7%下降到 2008 年的 33. 8%，农村居民恩格尔系数由 1978 年的 63. 2%下降到 2008 年的 34. 3%（见图 12. 2）。从人均 GDP（衡量一个地区社会富裕程度的平均指标）和恩格尔系数（表达居民的生活富裕程度）两项指标来看，北京市已达到上中等收入国家或地区的富裕水平。今天的北京，正在雄心勃勃地朝着人均地区生产总值 10 000 美元的新阶段迈进。按照 2007 年世界银行报告的最新划分标准，一两年内将与上海一起跻身世界高收入水平地区行列，这不仅是量的提升，更是质的跨越。

2. 科技创新——全国领先并已逐渐步入创新主导型社会

北京是中国智力资源最丰富的城市，历来高度重视科技工作，注重发挥科技资源优势，无论是科技投入、科技产出，还是在自主创新方面都走在全国前列。2008 年，北京全年研究与试验发展（R&D）经费支出达到 610. 9 亿元，占地区生产总值的

5.8%，高出全国同期水平4.3个百分点，财政科技投入居全国之首[①]。2008年北京全市专利申请量与授权量，分别占全国的6.1%和5.1%，其中发明专利申请量与授权量分别占全国的14.4%和12.8%（见表12.2），科技产出在全国名列前茅。

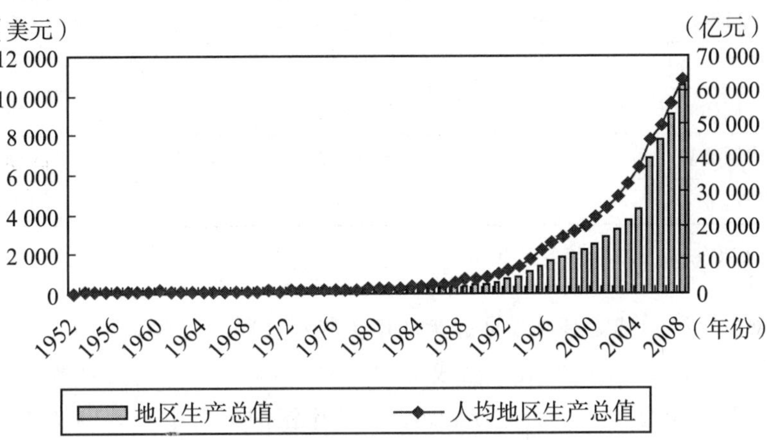

图12.1　北京市地方生产总值及人均生产总值（1952～2008年）

资料来源：《新中国六十年统计资料汇编》，地区生产总值按当年价格计算，人均地区生产总值按平均户籍人口计算。

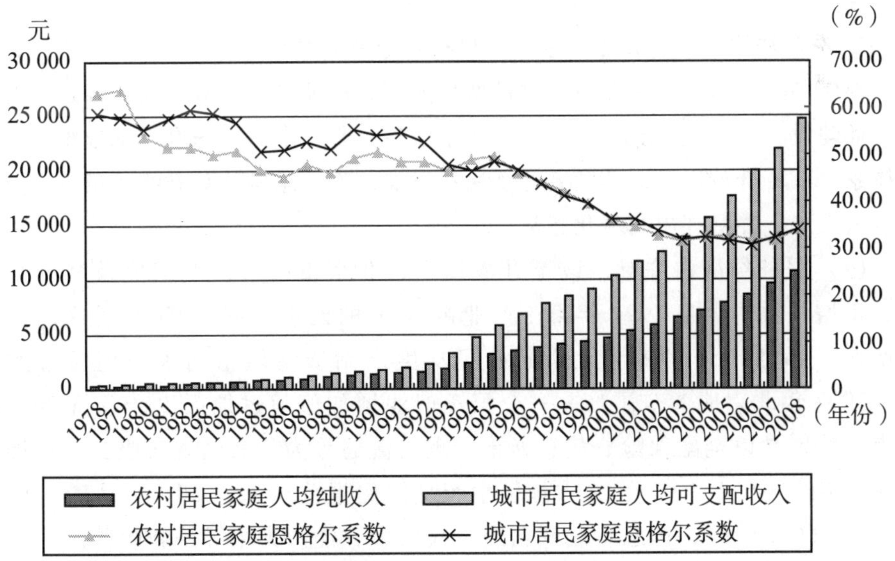

图12.2　北京市城乡居民收入和恩格尔系数变化（1978～2008年）

资料来源：《新中国六十年统计资料汇编》。

---

① 资料来源：《北京市2008年国民经济和社会发展的统计公报》。

表 12.2　北京市部分新兴优势产业增加值（2004～2007 年）　单位：亿元

项　目	2004 年	2005 年	2006 年	2007 年
文化创意产业	613.7	700.4	812.1	992.6
信息产业	867.3	1 137.3	1 307.4	1 590.5
高技术产业	370.6	503.8	604.8	725.1
现代制造业	503.5	585.2	659.8	767.0
现代服务业	2 688.5	3 167.3	3 740.9	4 672.9
物流业			368.0	383.5

资料来源：《北京统计年鉴（2008）》。

以中关村科学城为基础发展起来的中关村科技园，是我国最具创新特色和活力的区域。经过 20 多年发展，已成为“一区多园”跨行政区的高端产业功能区，2008 年园区总收入达到 1 万亿元，成为中国的创新中心，2009 年 3 月被国务院批准为我国首个自主创新示范区。在建设创新型城市方面，2006 年排在全国前五位的城市依次是北京、上海、深圳、天津和西安①，北京总体水平居全国首位。可以说，科技创新已经成为北京经济社会发展的内在驱动力，正在步入创新主导型社会。

3. 产业结构——呈现服务主导、科技主导的高端化趋势

新中国成立后，北京基本上是消费型城市，产业基础十分薄弱。经过大规模的工业建设，到 20 世纪 70 年代末，北京已建立起一个门类齐全、基础雄厚的工业体系。改革开放以后，伴随着经济快速发展、产业结构优化升级，第三产业得到较大发展，并呈现出高端化趋势。

（1）服务经济占主导。改革开放以后，北京市第三产业产值及其占 GDP 的比重增长很快，自 1994 年第三产业占 GDP 的比重（46.99%）首次超过第二产业（46.11%）以来，北京开始了从生产制造型城市向服务型城市的转变。2007 年北京成为全国唯一一个第三产业增加值超过地区生产总值 70% 的城市，特别是以金融保险、信息通讯、现代流通等为代表的现代服务业增加值（2007 年达 4 672.9 亿元），占地区生产总值比重首次超过 50%，占第三产业近 70%（69.3%），标志着北京已经步入以服务经济为主导的新阶段。

（2）科技主导特征明显。在科技进步和信息化的推动下，适合首都功能和资源特点的现代制造业迅速发展，以高新技术为主导的新型工业结构正在形成，

① 参见北京现代化研究中心：《北京现代化报告（2007～2008 北京创新型城市建设评价研究）》，社会科学技术出版社 2006 年版。

汽车、电子信息、光机电、医药等新的支柱产业逐步确立，传统高消耗的重化工业逐步转移，依托信息技术和知识传播的现代服务业获得巨大发展（见表12.2），文化创意产业成为北京经济新引擎，总部经济成为带动北京经济发展的重要动力，标志着北京的服务业正在完成从传统服务业为主向以知识密集型服务业为主的历史转变，现代制造业和现代服务业共同构成支撑北京经济发展的主导力量。

（3）第三产业呈现从"服务生活"到"服务生产"的趋势特征。北京大力发展的服务业，已不再只是简单地满足人们住宿、吃饭的需求，以商务、信息、科技、金融、物流等为主的现代服务业正悄然兴起，"为生产服务"逐渐取代了"为生活服务"，成为第三产业新的顶梁柱。生产性服务业不仅在北京第三产业中占居主导地位，在全国也占有很高的份额，如2006年，北京的金融保险、通讯邮电、建筑安装及劳务承包、计算机信息服务、专利使用特许费、咨询费等，分别占全国比重39%、82%、44%、46%、49%和36%①，成为全国工业发展的助推器。

（4）对外开放——正在朝世界级城市迈进。自1950年起，北京开始对苏联、东欧国家及中国港澳地区出口，1957年出口额仅240余万美元。从1958年起，北京的对外出口逐步扩大，1978年出口额达到2.8亿美元。改革开放以后，北京市对外开放进入全新发展时期，对外贸易规模迅速扩大。2008年年底，北京市全年外贸出口额达到574.6亿美元，是1978年的205倍。北京市对外开放最重要的窗口和载体——首都国际机场，为适应形势的发展，60年来进行过二三次大规模的扩建，特别是为了迎接2008年第29届奥运会在京举办，新建了第三航站楼及相关设施，使首都国际机场跻身于世界大中型国际机场之列。2009年上半年，首都国际机场旅客吞吐量累计3 099万人次，跃居全球第二位，成为世界最繁忙的机场，预计2015年旅客量将超过9 500万人次②。在利用外资方面，北京以其独特的魅力和首都优势，成为外商投资的热土。特别是20世纪90年代初，外商投资呈现"井喷"之势。2008年北京实际利用外资达60.8亿美元，吸收外资进入"择优录取"阶段，外资流向也由主要流向制造业转为服务业。在2007年北京市实际利用外资中，逾八成流向第三产业，其中大部分集中在占用资源少、产出比高、带动能力强的生产性服务业、现代服务业。近年来北京不断增强对跨国公司地区总部和研发中心的吸引力，总部经济得到了迅速发展，北京也逐渐从外资企业在华生产基地转变为集"战略、经营、研发"于一

① 参见《北京生产性服务业渐成全国工业发展"助推器"》，京报网.www.bjd.com.cn，2008年2月25日。

② 参见《亚洲最繁忙的机场打造靓丽橱窗》，首都机场网站.www.bcia.com.cn，2009年8月18日。

身的“大脑”，说明北京正在向世界级城市目标迈进。

（5）居民生活——质量明显改善并开始步入富裕型阶段。新中国成立60年来，特别是改革开放30年，我国城乡居民生活总体上由温饱达到了小康水平。北京市早在2001年就已跨入小康门槛，人均GDP超过3 000美元，2008年达到9 075美元，即将迈入人均GDP 10 000美元的高收入水平地区行列。北京市居民工作（学习）时间和家务劳动时间近年来明显减少，居民收入和财富大幅增加，居民恩格尔系数大幅降低。数据显示，近10年来，北京居民的服务性消费支出不断扩大，城镇居民消费结构中服务性消费已达1/2，农村居民家庭人均消费中，用于交通通讯、教育文化娱乐服务、医疗保健等服务消费占比37%。住房、汽车、通讯、教育、旅游等成为新消费热点。居民的生活更加多姿多彩。北京的公园总数从新中国成立之初的7家发展到如今的1 163家，增长了166倍。周末游、郊区游、出境游以及娱乐健身活动等逐渐成为人们日常生活的新选择。北京已率先步入富裕型阶段。

（四）建设世界城市的客观需求

1. 发展“中国特色”世界城市的内在要求

北京提出建立世界城市时机、立意、目标都具有新的意义。建立世界城市不仅仅是北京的事，而是在发展“中国特色”的城市新内涵。建设世界城市是在中国发展的一个重要时刻，特别是中国迅速崛起，成为世界强国的历史性关键时刻提出来的，它不仅是北京发展的重要举措，更是国家发展战略的一个重要组成部分。目前，国际关系的重心正在从大西洋向太平洋转移，这是人类历史上近年来最大的变化，在一批发展中国家正在崛起这样一个人类历史上前所未有的时刻。北京建设世界城市，将成为全球人与自然和谐的新型增长极，成为全球人与人和谐的社会公平模式，从而实现科学发展、绿色发展、文明发展与可持续发展，以崭新的世界城市内涵展现在全球的文明进程之中。

2. 世界城市格局演变和重心东移的必然要求

进入21世纪以来，我国经济建设取得了伟大成就，现在已经成为继美国和日本之后的全球第三大经济实体，成为推动世界经济增长的重要发动机。尤其是2008年以来的国际金融危机，不仅导致了全球经济的衰退，更重要的是引发世界经济格局的变化。以“金砖五国”为代表的新兴市场经济在世界经济格局中的影响和实力加速上升，并在后危机时代占有更大的发展先机和成长空间。如果“十二五”时期保持改革开放30年以来经济平均增长率9.8%的速度，那么2015年我国按国际汇率计算的GDP将接近2008年日本GDP的两倍，按照购买力平价计算的GDP可能接近美国，中国和亚洲正在成为世界的经济重心之一。过去几百年，世界的中心在欧洲，在美国，这就意味着美欧的标准就是世界标准，美欧的规则就是世界规则，现在这种现象正在开始发生变化，重心在向东移，向亚洲移，向亚太地区移。因此，中国的世界城市建设面临着前所未有的历史机遇，特别是首都北京更是面临着史无前例的历史机遇。

3. “奥运理念”和“人文、科技、绿色”——北京的强大推动力

2008 年奥运会的成功举办，极大地提升了北京国际化、现代化水平和综合竞争力，奥运会也为北京建设世界城市必须具有的独特文化打下了坚实的基础。“人文北京、科技北京、绿色北京”三大理念全面集中地反映了社会公认的文化理念，正在成为北京现代文化的基础。建设世界城市是我们国家走向世界前台后首都北京工作的一个新的奋斗方向，也是后奥运时代北京在新的起点上谋求更高层次发展的战略选择。北京奥运会不仅提升了北京的综合竞争力，也极大地提升了城市文明程度和软实力，提升了北京的国际影响力。以厚重的历史文化为载体，以丰富的奥运理念为基础，以高端的国际化 CBD 为起点，北京一定可以打造建设世界城市的文化软实力。随着中国在世界舞台影响力的增长，北京天然的政治中心优势、经济的持续良好发展、深厚的文化底蕴以及成功举办奥运会的经历和经验等都将为北京成为世界城市奠定重要的基础。

4. 突破传统发展模式所限，实现自身发展转型的内在要求

在维持传统的发展中，中国城市的发展（包括北京在内），主要是靠投资的高投入实现的，是一种比较粗放的经济增长模式。维持传统的增长方式，北京市将继续面临着一系列的约束，如产业发展、空间和资源承载、城市管理等困难与问题。这些问题都需要通过建设世界城市，按照世界城市的发展标准来解决。通过确立一个明确的参照坐标，抓住全球经济结构调整的契机，北京制定符合城市国际化发展规律的新规划，实现城市发展模式的优化（转型），将大大提高北京的国际化程度和全球竞争力，在激烈的竞争中赢得发展主动权。

5. 传统而厚重的文化积淀将为北京提供软实力保障

建立世界城市固然需要北京具有世界一流的经济力量，但更重要的是独特且厚重的文化软实力将为北京提供源源不断的发展动力。北京是六朝古都，有 3 000 年的建城史，历史上曾经作为世界城市而闻名海内外，因而具有浓厚的历史文化沉淀与建设世界级城市良好的基础。北京的文化底蕴深厚，是中国所有城市难以相比的，在世界各大城市当中也是罕见的。因此，建设世界城市确实是从北京的相对优势出发提出的一个完全可以实现的目标。

二、建设世界城市与区域腹地支撑

（一）建设世界城市离不开区域腹地的支撑

从纽约、伦敦、东京的发展历程来看，世界城市的形成与演变具有以下规律：一是世界城市产生于世界经济增长的重心区域；二是世界城市的形成和发展依赖于世界城市区域体系的强大支撑；三是世界城市是中心城市与周边地区相互作用的产物，集聚和辐射是世界城市发展和演进的重要机制；四是国际金融中心的崛起是推动世界城市发展的内在动力；五是世界城市体系是分层次的，世界城市的形成是一个持续渐进的过程。

以“东京圈”为例，它是东京世界城市建设的强大支撑。东京世界城市空间布局呈现出以东京都为核心，以京滨、京叶临海工业带为依托，由东京及其周边半径距离为100公里范围左右的20多个规模大小不等的城市组成的环状大城市带，即“东京圈”。“东京圈”通常包括东京都以及邻近的琦玉（Saitama）、千叶（Chiba）、神奈川（Kanagawa）3县，总面积13 280平方公里，人口3 341万人（2006年）。“东京圈”区域是制造业基地、金融中心、信息中心、航运中心、科研和文化教育中心和人才高地，具有工业生产功能、创新研发功能、高端服务功能，是东京世界城市建设的强大支撑。

产业体系不断转变和优化也是东京提升世界城市实力的关键之一。东京产业第一次转移发生在日本经济高速增长、日本经济的工业化和城市化阶段，这次转移造就了东京都的日本经济中心地位。1955～1970年，东京都的企业、工厂及相关机能开始向周围3县转移，加速了东京都与周边3个县的一体化进程。东京产业第二次转移造就了东京都国际大都市的地位。第二次转移发生在20世纪70～80年代末，东京各产业内部结构变化显著。1955～1965年高速增长期前后，日本的制造业向东京都集聚。此后，由于东京地价的上升，制造业又向东京圈扩散。服务业是东京都的第一大产业，占全日本同行业的比重也接近于1/4。商业是东京都仅次于服务业的第二大产业，占全日本同产业的GDP超过1/4。这一时期以东京都为中心的东京圈，主要集中了金融服务业和信息服务业。

因此，建设世界城市必须构建世界城市区域体系，世界城市的发展都不是靠单个城市发展起来的，而是依靠整个世界城市区域的繁荣。世界城市与区域发展之间存在一个共生互动关系，区域腹地的经济发展和服务业需求兴旺，服务中心的形成和壮大建立基础即区域腹地是世界城市赖以发展的主要依托；反之，世界城市发展和能级的提升，也会带动腹地经济的发展，即区以城兴。也就是说周边区域的经济发展水平，直接决定世界城市的形成和发展，决定其全球控制能力的大小和作用形式。

（二）北京面临的挑战

1. 与世界级城市相比具有较大差距

世界城市是对国际政治、经济和文化生活具有广泛影响力、控制力的城市，其主要标志和突出特点是具备或部分具备全球经济中心、决策与控制中心、科学文化和信息传播中心、交通运输中心等方面功能，具体体现在经济发展水平、国际集散程度、基础设施水平、社会和自然环境等方面都有很高的水平。目前，虽然北京正处在世界城市体系中竞争力不断加强，影响力不断提升的阶段，可以说北京已经有了冲击顶级世界城市的实力，但是北京固有的一些短板也十分明显，与世界级城市相比还有较大差距。参照 2008 年版 GaWC［全球化与世界级城市研究小组与网络（Globalization and World Cities Study Group and Network，GaWC）］官方名册排名[①]，北京排在第一级别的第二梯队当中[②]，见表 12.3。

表 12.3　世界都市体系排名

第 1 级世界都市 ++
纽约、伦敦
第 1 级世界都市 +
香港、东京、巴黎、新加坡、悉尼、北京、上海

资料来源：全球化与世界级城市研究小组与网络。

另外按照 2008 年 10 月，美国杂志《对外政策》（Foreign Policy）在哥伦比亚大学社会学教授萨斯奇亚·萨森等人和一些组织的研究基础上，在五个领域：商业活动、人力资源、信息交流、文化积累及政治参与的基础上开展的全球城市排名[③]，北京总体排名在 12 位（见表 12.4），只有在商业活动和政治参与中排在前 10（见表 12.5），说明还有较多需要加强的方面。

---

① 世界级城市名册是以国际公司的“高阶生产者服务业”供应，如会计、广告、金融和法律，为城市排名，可参见 J. V. Beaverstock，R. G. Smith and P. J. Taylor. A roster of world cities. Cities，1999，16（6）：445 – 58.

② 可参见 Globalization and World Cities Study Group and Network（GaWC）. The World According to GaWC 2008. Loughborough University. http：//www. lboro. ac. uk/gawc/world2008t. html. Retrieved 2009 – 05 – 07.

③ 可参见 The 2008 Global Cities Index. Foreign Policy，2008，October 21，http：//www. foreignpolicy. com/story/cms. php？ story_ id = 4509. Retrieved 2008 – 10 – 31.

表 12.4　　全球城市总体排名

排名	城市	排名	城市	排名	城市
1 位	纽约	2 位	伦敦	3 位	巴黎
4 位	东京	5 位	香港	6 位	洛杉矶
7 位	新加坡	8 位	芝加哥	9 位	首尔
10 位	多伦多	11 位	华盛顿哥伦比亚特区	12 位	北京

资料来源：[美]《对外政策》。

表 12.5　　全球城市分项排名

排名	商业活动	人力资源	信息交流	文化积累	政治参与
1 位	纽约	纽约	巴黎	伦敦	华盛顿哥伦比亚特区
2 位	东京	伦敦	布鲁塞尔	巴黎	纽约
3 位	巴黎	芝加哥	伦敦	纽约	布鲁塞尔
4 位	伦敦	洛杉矶	纽约	多伦多	巴黎
5 位	香港	香港	首尔	洛杉矶	伦敦
6 位	新加坡	东京	香港	莫斯科	东京
7 位	首尔	新加坡	东京	东京	北京
8 位	上海	悉尼	苏黎世	柏林	伊斯坦布尔
9 位	北京	波士顿	马德里	墨西哥城	维也纳
10 位	阿姆斯特丹	多伦多	华盛顿哥伦比亚特区	首尔	开罗

资料来源：[美]《对外政策》。

2. 区域支撑体系严重不足

任何一个世界城市，都不是一个真正意义上独立维持的个体，它必须依赖于它所辐射的区域来汲取和释放"能量"。世界城市绝不仅局限于城市本身，而应更多地体现为"世界城市—区域"这一空间形态。"世界城市—区域"是在全球化高度发展的基础上，以经济联系为基础，由世界城市及其腹地内经济实力较为雄厚的二级城市扩展联合而形成的一种独特空间现象，是一种新的城市组织形式。纽约、伦敦、东京、巴黎大都市区的发展同质化程度很高，大都市圈内的发展水平都很接近，为它们成为世界城市提供了强有力的支撑，即使国内具有成为世界城市可能性的上海，其所在的都市圈同质化程度、区域成熟程度也明显高于北京都市圈。从目前看，北京建设世界城市的区域基础还不牢固，按照2009年全国 GDP335 353 亿元、北京 11 865.9 亿元、天津 7 500.8 亿元、河北 17 026.6 亿元核算，京津冀三地 GDP 占全国 GDP 仅为 10.85%，与成熟世界城市差距较远。北京 2009 年 GDP 仅占全国 GDP 的 3.53%，而纽约大都市区 2006 年的 GDP 为 1.13 万亿美元，占美国 GDP 的 8.6%，同期伦敦的 GDP 占英国 GDP 的比重高达 16%。此外，北京还要在能源供应、城市用水、人力资源、城市大环境治理等方面吸附周边地区。

3. 城市创新能力有待提高

随着世界经济的发展和全球化趋势的不断加快，现代国家城市形态出现了转型，一批城市积极提出构建创新型城市的口号，并从整体上实施了城市创新运动。创新型城市建设是一个系统工程，包含着城市系统多因素的创新，特别是各因素之间的整合和协同作用。在此过程中，城市创新能力即知识创新能力、技术创新能力、制度创新能力和服务创新能力，是评价创新型城市的主要指标和影响因素。目前，北京资源、能源短缺，环境容量有限，水资源严重不足，经济发展所需的石油、天然气、煤炭等能源大量依靠外埠输入。虽然北京市高新技术产业、现代服务业取得了较快发展，但总体上北京的经济增长方式依然粗放，单位 GDP 能耗、水耗与世界城市相比还有一定的差距，产业结构中高端、高效、高辐射产业还没有达到相当的比重；城市化步伐加快，也暴露出城市建设和管理中存在的一些亟待解决的问题；中关村科技园区在推动首都经济发展中作用逐步增强，但是与密集的科技资源相比，其在区域自主创新能力提升中的作用还没有充分发挥出来；首都科研院所、高校虽然集中，但仍然面临着许多体制障碍，自主创新的活力尚未完全激发出来；区域创新体系还不完善，以市场为导向、以企业为主体、高校和科研院所共同参与的新型产学研合作机制尚未建立起来。这些问题必然制约北京经济社会发展，也是下一步北京建设世界城市面临的重要突破点。

4. 城市运营水平需进一步提升

从基础设施上看，虽然北京的基础设施建设卓有成效，但是与世界级城市相比还有不小差距。世界城市需要有先进的通讯设备，如光纤、无线网络、移动电话服务，以及其他高速电讯线路，这都有助于城区的国际化合作。信息技术和创新基金会（ITIF）公布的一份统计图，列举了全球 20 大国家互联网的接入情况，包括平均网速和网费两个指标。日本、韩国均处于遥遥领先的地位，不但 61Mbps、46Mbps 的网速远远超过其他国家，0.27 美元和 0.45 美元的网费（均指每 1Mbps 平均成本）也是最低的。相比之下，“数字北京”则还需要持续建设。

从城市形象上看，世界城市的特征之一是具有令人过目不忘、杰出的城市天际线，也就是城市建筑，但更重要的是新建筑与古都风貌的统一、和谐。北京一直在向世界城市的目标迈进，也正是在被国际化的同时，北京原有的古风韵已经所剩不多，老城区基本上快被拆没了。新的标志性建筑大多是国外的建筑大师们的试验性作品，如鸟巢、水立方、大剧院、央视新楼等都没有中国的建筑元素。新建筑的不断涌现使北京城市特征、城市风貌和城市气质模糊化，对于北京城市的国际化形象是很不利的。

从城市运营理念和机制上看，虽然北京近年来已经做了很多尝试和创新，但在国际化的生活形态，如商务环境、居住环境、生活服务等方面尚存在较大差距。世界城市需要有先进的交通系统，如高速公路及/或大型公共交通网络，提供多元化的运输模式（地下铁路、轻轨运输、巴士等），但是北京的交通拥堵问题却一直比较严重。北京城市屡超规划的扩张给城市资源、环境、交通、治安、日常运行和管理带来了巨大的压力，对未来发展有很大的影响。

5. 城市综合承载力依然严峻

城市生态环境是衡量一个城市居民生活质量的重要指标，也是影响世界城市可持续发展的重要因素。目前，北京市土地、水源、环境、交通等资源承受重压。欧洲太空总署公布的卫星数据曾显示，北京汽车废气污染一度居世界之最，是“全球最大的汽车废气污染沉积中心”。北京市统计局的数据显示，截至2009年年末，北京市常住人口达到1 755万人，比2008年年末的1 695万人增加60万人，北京市已经连续三年每年增加常住人口50万人以上。据估算，北京外来人口加上本地人口，总人口达到2 200万，已大大突破了北京市政府提出的“2010年将常住人口控制为1 600万左右”的目标，连续的人口快速膨胀，所带来的经济社会发展与资源环境的矛盾不容忽视。现代化世界城市人均占有公共绿地面积一般在30平方米以上，而目前北京不足10平方米。1999年，北京曾被世界卫生组织和联合国环境规划署下属的全球环境监测系统评为世界上空气污染最严重的10个城市之一。虽然经过大力治理，北京的大气质量明显改善，但2008年北京空气总悬浮颗粒物浓度达到122微克/立方米，是20世纪纽约的2倍，东京的2.5倍，改善生态环境和提升资源环境综合承载能力仍然很艰巨。可以说，在城市环境整治、大气污染治理和生态建设等方面，北京与现代化世界城市的差距仍然非常显著。

（三）区域腹地支撑是世界城市的建设前提

北京建设世界城市，其目标就是要建设成为世界性的国际金融中心、决策控制中心、国际活动聚集地、信息发布中心和高端人才聚集中心五个方面。而无论是从世界城市的空间形态看，还是从解决北京日益严峻的水、土地、能源和环境资源等方面考量，或是从提升周边区域承接北京功能辐射能力出发，北京建设世界城市均离不开区域合作的有力支撑。

1. 从世界城市空间演变规律看，需要区域合作

从世界城市空间演变规律看，城市的发展越来越出现多中心化和区域一体化的趋势，越来越形成良性发展的“城市—区域”关系。北京自新中国成立以来，进行过6次城市总体规划，结合北京城市的发展阶段，不断调整城市空间布局。这既反映了发展实践中的曲折和探索，更体现了对城市发展规律认识的不断深化与对优化空间结构的积极追求。从北京老城的不断更新与单中心空间的扩张，到老城的整体保护与多中心新城的培育，以及提出建设宜居城市与“两轴—两带—多中心”①，北京在发展中越来越认识到，北京的发展离不开周边地区的合作和支持，如果没有周边地区的发展，北京就是一片孤岛，其长期、持续的发展是不可能的。特别是奥运后，北京全面启动了地处东部发展带的顺义、通州和亦庄三个重点新城的建设，要与天津滨海新区形成“遥相呼应”之势，共同构成京津城际走廊两翼的“黄金发展点”。通过京津城际走廊，将北京的“空港”与天津的“海港”连在一起。这些充分反映了北京的战略思路已经跳出注重单个城市竞争的局限，转向在促进都市圈一体化发展中与周边寻求共赢发展。

2. 从缓解北京资源环境承载力看，需要区域合作

在目前的发展速度和模式下，北京的土地、水资源、大气等资源的承载力十分有限。如河北省在水资源十分紧缺的情况下，每年通过潮白河、滦河等河流给北京、天津供水，改善了北京、天津两市的缺水状况。但张家口、承德长期作为北京、天津的水源地，补偿一直不足，加上张家口、承德地区因贫困导致生态环境治理力度不够，保证京津用水安全的难度越来越大。在奥运会期间，通过北京及周边各省（市）的共同努力，北京空气质量良好，成功兑现承诺。然而，奥运会过后，京津冀、长三角、珠三角等城市群空气质量出现了反弹。研究表明，这是由区域内的大气污染物相互传输和相互影响造成的，通过气流送进北京的污染负荷占北京大气污染总负荷的30%。京津冀经济圈作为我国高速发展的三大经济区之一，高速的经济发展不可避免地导致京津冀城市群大气复合型区域污染日渐显现。工业污染源、机动车尾气和油气、溶剂挥发污染快速增长，城市化无组织排放源的增加，加上原来尚未解决的区域性煤烟型污染，使京津冀大气中污染物类型和浓度变化更加复杂。同时，京津冀城市群各区域经济、社会发展仍处于不平衡阶段，产业结构、能源利用水平、城市规划特点、工业发展需求的巨大

---

① “两轴—两带—多中心”中的“两轴”是指北京传统中轴线和长安街沿线构成的十字轴，是北京城市的精髓；“两带”是指北起密云，包括怀柔、平谷，重点为顺义、通州、亦庄的“东部发展带”以及包括延庆、昌平、门头沟、房山、大兴等在内的“西部生态带”；“多中心”则指的是在市域范围内建设多个服务全国、面向世界的城市职能中心，包括中关村科技园区核心区、奥林匹克中心区、中央商务区（CBD）等。

差异，决定了这一地区大气污染呈现复杂的区域性、复合型特点。因此，不仅是从北京的角度，而且是从整个区域的角度看，资源环境承载力的提升都迫切需要区域合作。

3. 从北京的产业升级与结构优化看，需要区域合作

随着经济的发展，北京市的产业发展表现为快速的升级与结构优化。从世界范围来看，世界级城市的产业布局演变表现出制造业郊区化趋势。随着工业企业内部分工的不断细化，很多企业按照产业链的要求，将处于产业链中间环节的大规模生产活动向大都市区外围或其他地区转移，同时把公司总部、研发、设计和销售中心留在市中心，大都市更多地表现为研发设计中心，而不是生产中心，并逐步形成在近远郊及周边重点建设高新技术产业化基地、现代制造业基地和在中心城区建设现代都市产业基地的新型产业分工格局。伦敦、巴黎、东京这些地区没有明显的二元结构，和周边地区没有明显的经济反差。但在北京周围，还有很多贫困带，很多地区比较落后。从京津冀区域范围看，天津有港口优势，有制造业基础，并且技术含量还比较高，而河北在能源、材料、机械制造、精加工业方面有很好的发展，北京在这几个方面都可以为两地提供人才、技术方面的支撑。因此，北京适时适度将一些产业转移出去，落户周边，一方面能缓解北京空间资源紧张的矛盾，另一方面也能腾出空间来发展具有比较优势的高新技术产业、综合性服务业、文化创意产业，同时在周边形成制造业腹地，形成产业配套链条，这有助于区域共同发展。

4. 从提高北京的创新能力看，需要区域合作

知识经济时代，科技创新是城市发展的灵魂，科技创新正前所未有地成为领先城市保持活力、后发城市赶超的重要动力。目前，全球公认的世界城市是纽约、伦敦、东京，它们无一不是全球科技创新资源高度集聚之地。尽管北京的科技实力堪称中国之首，但是以目前的科技实力尚不足以支撑北京成为世界城市。数据显示，2005~2007 年北京国际认可的专利数量仅有 3 012 项，与纽约、伦敦和东京的差距较大。2008 年北京研发投入超过 600 亿元，占全市 GDP 的 5.8%，远高于全国 1.52% 的同期水平。虽然北京的科技投入一直保持在全国前列，科技发展不断进步，但是距离成为具有全球影响力的科技创新中心还有一定的差距。弥补差距的有效途径是增强自身科技实力，通过创建国际科技创新中心，改善科技创新环境，开展区域科技合作共同发展，充分整合京津冀地区科技、产业资源，通过这些途径可以为北京科技创新发展提供广阔天地和舞台。

5. 从提升北京的服务功能看，需要区域合作

北京要建设世界城市，其目标是要服务世界，但着眼点首先是要服务好周边区域。在信息技术、知识产业发展的推动下，北京已经进入了后工业化时代，科技创新能力的提高为服务业的发展提供了推动力。为适应后工业社会国民经济服务化的转变，北京市的城市功能必须由生产型向服务型转变。目前，国际大都市的产业结构均进入以现代服务业为主导的阶段。研究发现，进入人均 GDP 10 000 美元阶段，纽约从事第三产业的劳动力数量显著增加。1970 年纽约市服务业就业比重达到 62.4%，到 2005 年服务业就业比重上升为 89.3%。服务业产值亦居主导地位。2005 年纽约三次产业产值构成比为 0.2∶11.4∶88.4。国际大都市的服务业类型由初期的金融、保险和房地产业、公共管理业逐步扩展到信息产业、文化创意产业、经营管理咨询业等新兴服务业（见表 12.6）。

表 12.6　　人均 GDP 10 000 ~ 30 000 美元国际大都市服务业类型

城市	服务业类型
纽约	以生产性服务业为主，金融、保险和房地产业、公共管理、法律、管理咨询、文化教育、信息产业
巴黎	商业（批发和零售）、酒店餐饮业、企业管理咨询、健康业、旅游会展业、信息服务业和金融业
伦敦	金融保险业、法律、会计、咨询、广告、设计、教育、卫生等服务业
东京	商业、金融保险业、信息产业、工商业设计、经营管理咨询等服务业

资料来源：笔者归纳。

三、北京与区域腹地[1]的合作路径选择

建设世界城市，北京离不开京津冀区域的支撑和合作，因此要有一定的保障措施，来搭建相应的支撑平台。合作机制平台的搭建，主要包括京津冀合作机制实现的多元主体，实现顺利合作的指导原则，以及在此基础上搭建的功能保障平台，包括京津冀三地的观念和区域文化整合、政府和非政府等组织之间的协作、信息化支撑平台搭建等方面，有了这个平台，就能够使京津冀区域合作的运行机制更顺畅。

（一）指导原则

一种机制要想顺利地发挥作用，必须至少满足两个条件：一是能调动参与者的积极性，使其有动力去做机制设计者所希望做的事，这可以称为“激励问

① 由于目前北京的区域带动作用有限，本章所指腹地区域主要是狭义上的，包含津冀两省市。

题”；二是机制运行的成本要比较低，一般应是可选择的各种机制方案中成本最低的，这可以称为“成本问题”。本章认为，有下面几个原则需要坚持：

1. 科学发展

对于科学发展观，我们要认识到它是对经济社会发展一般规律认识的深化，是指导发展的世界观方法论的集中体现，是推进社会主义建设的指导方针。要实现新定位下京津冀城市合作机制的有效实现，推动区域经济发展，就要坚持科学发展观，遵循区域经济发展的规律，统筹区域发展，务求实效。

2. 多方推动

实践证明，单一的行政手段或非行政手段在构建经济合作机制过程中是不够的。行政手段或路径并不能解决跨区域发展的问题，这种方式难以跳出行政封锁的圈子，因此，参与京津冀城市合作机制主体应该是多元的，至少应包括政府、社会中介组织、市场主体、公民等。这些参与合作机制构建的主体通过追寻各自的利益最大化，最终形成合力来推动京津冀城市的合作。

3. 优势互补

京津冀两城市在很多方面具备优势互补的条件，可以实现相互间比较利益。如在教育、科技、人才、知识产权、信息、管理、旅游等方面，构建无障碍共享机制，扩大区域资源的开放程度，实现这些资源的互利互赢。对交通、通讯及其他基础设施等资源，应建立区域性直达、直通网络，最大化地实现资源利用效率。这样，通过对资源进行有效整合，实现生产要素互补，合理配置资源，搞好产业配套，形成集群效应，从而最大限度地发挥这个区域的整体优势。

4. 利益分享

这里强调的利益分享原则，区别于利益补偿原则，实际上是说京津冀区域之间既竞争又合作，并在此基础上实现利益的地区分享。我们需要发挥京津冀城市的自主性，充分发挥各自优势，并通过合理行为来实现利益均衡。只要保证区域市场是统一的，竞争是公平的，每个城市都会在这个市场中获得自己的利益。在辅以恰当的分配机制，如公共服务的有偿转让、税收分成、按要素分配等，从而实现城市间的互赢与共享。也就是要通过竞争把“蛋糕做大”，并且能够通过合作能够更多的“分享收益”①。

5. 创新模式

目前，应就京津冀三地目前合作中最迫切关心和最需要解决的问题，有顺序、有步骤的顺次开展，务实推进、不断创新合作形式。京津冀三地合作形式应

① 可参见周立群、谢思全：《环渤海区域经济发展报告——区域协调与经济社会发展》，中国社科文献出版社 2008 年版。

是丰富多彩的，可以通过项目、市场、非政府组织三个层面来实现合作。在合作方式上，行政、市场、项目、合同等都是可供选择的合作方式，还可以由地方政府进行市场购买的方式来实现合作。

6. 整体运作

京津冀三地的区域经济建设是个系统工程，要尽可能做到一体化运作、整体推动。因此，在产业整合、市场布局、资源共享、基础设施建设、政策制定等方面北京和天津要顾全大局，统筹兼顾，充分体现规划的整体性和运作的一致性，从而提高整个京津冀经济圈的核心竞争力。

（二）平台搭建

1. 搭建观念更新和区域文化融合平台

不同的城市分布在不同的地域文化区，只有不断更新观念和促进区域文化融合，京津冀共同搭建融合平台，才能推动区域经济合作的不断发展。尤其是京津冀三地方政府应树立加法意识、共赢意识，逐步淡化行政区意识，树立经济区意识。一是要树立开放联动的区域理念。尽快转变传统观念，树立“立足都市圈、区域联动、共同发展、面向全球”的整体联动与区域化理念。二是树立平等协商的合作理念。要突出强调不同京津冀地区在平等基础上进行对话、协商、互动和合作，以尊重、平等、协商、合作、信任的态度，通过全体成员间的协商沟通来解决问题。三是要树立依法行政的法治理念。市场经济是法治经济，树立法治理念，真正做到依法行政，创造都市圈符合国际规则的透明、规范、公平、开放的区域市场环境，促进生产要素的自由流动。四是要树立统筹协调的科学理念。京津冀三地，应按照党中央关于“五个统筹”、“科学发展观”、“和谐社会”等总体要求，树立统筹、协调的科学理念，做到政府决策的科学化、民主化，杜绝低水平重复建设和无序化竞争。

2. 搭建政府组织协作平台

政府组织在区域经济发展中占据着重要位置，包括从中央政府组织到地方政府的各办事部门。因此要解决在不同层次和部门的政府组织之间的协作问题，本章认为，在京津冀在合作过程中，需要建立以下几方面的政府组织协作平台：

（1）建立区域协调管理委员会。该机构应可以由国家发改委、经贸委、财政部、中国人民银行等有关部门领导和区域经济专家组成，其基本职能包括：提出区域经济发展与区域经济协调的建议并报请中央与立法机构审批；具体执行经立法程序通过的政策、规划与其他规划，与地方政府合作协调不同地区利益主体间关系并约束地方政府行为；统一管理专门的区域基金（需要设立）或约束有关部门的区域资源的使用方向；具体负责区域划分工作，组织实施全国性跨区域重大项目，解决重大区域问题；审查和监督区域政府间自主达成的区域合作规则的执行情况等。同时，还要赋予这一权威性机构与其职能相匹配的权力和资源，进而理顺其与国家立法机构、国务院以及其他相关职能部门的关系，并使之制度化。

（2）建立跨京津冀行政区的协调管理机构。尽管中央政府在促进区域政府合作中发挥着重要的作用，但京津冀三地政府毕竟是区域合作的主要参与者，因此，如何发挥京津冀三地政府的积极性，建立一个反映三地政府意愿、能获得区域内各政府普遍认同的、具有民主的治理结构的跨行政区的协调管理机构，则是区域政府合作机制能够真正建立的关键。从近些年我国发展实践来看，地方政府为了协调相互间关系，也往往倾向于加强横向合作与联系以实现利益最大化，但现阶段合作往往还处于一种非制度性的阶段，缺乏强有力的组织保证。因此，应对区域经济一体化发展的客观需要，建立一个跨行政区的协调管理机构尤为必要。

（3）实现京津冀三地政府部门合作对接。如现在实行的市长联席会议制度；政府秘书长协调制度。还有就是日常工作办公室工作制度：京津冀三地应设立日常工作办公室，负责区域合作日常工作。各政府部门还要落实衔接制度：各方责成有关主管部门加强相互间的协商与衔接落实，对具体合作项目及相关事宜提出工作。

3. 搭建非政府组织协作平台

在市场条件下，应当充分重视民间组织在区域经济一体化中的推动作用。在京津冀地区，官办和半官办组织比较多，因此要建立各类半官方及民间的跨地区组织。各级政府应积极推进体制改革，打破阻碍民间组织发展的制度障碍，为民间组织发展创造良好的制度环境，组建跨地区的民间组织，以民间的力量自下而上地推进京津冀城市合作，进而实现区域经济一体化。

（1）改革官办非政府组织。当前中国普遍存在的诸多非政府组织往往脱胎于政府管理部门、与当地城市政府存在千丝万缕的联系、具有浓厚的部门化和政府化色彩，以及缺乏具有跨界服务功能的区域型非政府组织的问题，这在京津冀地区表现得尤为明显。因此，要培育跨京津冀都市圈的非政府组织体系。首先就要按照"政社分离"的原则，加快各种行政化非政府组织的脱钩和改制，让其回归为真正的自治民间组织。

（2）可建立以京津冀三地经济专家为主体的协调组织。如"京津冀经济一体化发展咨询委员会"、"京津冀经济协调联合会"、"京津冀经济一体化促进会"等组织。这些组织机构不同于一般的研究机构，它应成为三地地方政府决策的咨询参谋机构。

(3) 充分发挥行业组织在区域产业一体化中的积极作用。这里的关键是，京津冀三地的行业协会要突破行政区划障碍，组成跨地区的行业联盟，共同制定区域行业发展规划、区域共同市场规则，推进区域市场秩序建立，探索区域各类市场资源的连接和整合等。

(4) 可组建跨京津冀行政区的股份制区域性集团公司。跨国公司是打破国家之间关税和非关税壁垒的最有效方式；同样，跨区公司也是打破区域封闭格局最好的方式。因而，要倡导组建京津冀三地相互参股的跨地区的超级巨型集团，这既是参与国际竞争的需要，也是打破封闭，优化资源配置，增强综合竞争力的需要。当然，这种超级企业集团不是行政的捏合，而是需要遵循市场。可以探索通过跨京津冀地区强强联合组成具有规模和竞争力的龙头企业，再通过龙头企业联合、控股区域内的上下游配套企业，形成由紧密层和松散层组成的巨型企业集团的路径。

4. 搭建城市信息化与公共基础设施有效供给平台

京津冀城市的经济合作和一体化发展离不开完善的城市基础设施体系，它是维持整个区域经济生产及一体化的物质基础。信息化作为当今社会发展重要保障条件，其与公共基础设施的共同有效供给，是整个区域经济体系中生产和生活最基本的载体，对整个京津冀城市的经济一体化都会产生深远的影响。

(1) 要加快城市信息化建设。根据城市的作用和定位，本章认为京津冀的信息化建设应重点围绕以下几个方面进行平台建设。一是改善城市环境，加快高耗能、高污染行业的信息化改造，促进企业节能降耗减排；二是提高城市承载力，加强三地信息基础设施建设；三是改善居住条件，开发建设城市规划、住房保障、房地产管理等信息系统；四是彰显城市现代魅力，抓好电子政务、电子商务、社区信息化等方面建设；五是围绕提升城市管理水平和市民文化素质，加快推进数字图书馆、数字文化馆、数字档案馆建设，开展数字化文化服务和网络化教育。

(2) 创新城市基础设施供给机制。京津冀要研究建立重大基础设施从规划、建设、运营全程有效管理的新机制，以发挥对于跨行政区域基础设施建设的引导作用：一是共同制定和执行跨京津冀行政区域基础设施中长期发展规划，合理的城市区域基础设施规划是城市区域重大基础设施供给的基本保障；二是确定跨京津冀行政区域基础设施项目包括建设标准和建设时序等安排；三是协调解决跨行政区域基础设施建设的共享性问题；四是在扩大社会资金投向基础设施过程中发挥政府性资金的引导作用；五是制定市场运作所需的各项配套政策；六是对价格与服务进行管理。

（三）北京建设世界城市的区域合作路径

1. 市场导向的路径选择

（1）建立以政企分开为基础的微观主体激活机制。实践证明，如果不彻底摆脱传统计划经济体制的思维框架，不进行更深层次的改革和制度创新，国有企业就难以走出困境，难以成为真正的市场经济的微观主体，这在京津冀地区具有现实和紧迫的意义。北京地区70%以上的经济是由国有企业贡献的，天津和河北也有相当数量的国企。而实行政企分开，可以减少政府对企业的控制和干预，扩大企业经营管理的自主权，使企业成为自主经营、自负盈亏、自我约束、自我发展的商品生产者和经营者，从而真正的激活微观主体。要进一步以市场化为导向，加快京津冀城市激活微观经济主体的步伐，要健全科学合理的用人制度和分配制度；要采用先进的管理模式，激发企业内部活力。

（2）建立以要素市场为突破的资源整合机制。区域经济形成发展过程，是以市场为基础进行资源配置的过程。因此，市场的力量是基础性的，作用是无可比拟的。目前京津冀区域经济的发展阶段已经进入要素一体化阶段。因此，要建立以要素市场为突破的资源整合机制，建立统一的市场体系，能够促进区域资源整合、区域发展互动的基本条件；要研究制定生产要素合理流动的市场规则，促进资源、资本、技术、信息、人力的优化组合；要消除行政壁垒和市场障碍，共同培育和发展环渤海地区统一、开放、有序的市场体系；要积极发展面向区域经济的各类中介机构，加强各类行业协会、商会的建设和协作，增强区域经济活力。

（3）建立以产业集聚和分工为关键的协调机制。围绕产业专业化分工的模式，主要有产业转移和产业集聚方式。京津冀产业分工与集聚协调机制应该以市场的作用为基础，结合政府的协调政策，充分发挥企业组织作为市场主体的角色。产业分工要以资源禀赋为基础，按照比较优势原则，实现产业资源的自由合理流动。北京的产业结构调整是将强化首都的功能作用作为改革的主要方向，充分发挥我国政治中心和文化中心的集聚效应，建设高水平的国际交流中心和金融中心，为周边地区的经济发展提供优越的投资环境和资金支持；同时，北京要有计划地实施工业产业的对外迁移战略，将污染重、技术更新差的包袱产业逐渐迁出，对于低层次的产业项目要考虑环渤海其他城市的消化水平。

2. 创新导向的路径选择

（1）建立京津冀人才共享机制。京津冀都是各类人才比较集中的城市，可是由于历史、文化、发展水平等诸多方面因素的共同作用，造成人才队伍结构和分布不合理，表现为量和质的双向不匹配。创新人才共享机制。一是要创新人才共享的微观生成机制，主要通过工资、效益、成本效益对比，以及人才供求和竞争等经济利益驱动的作用与非经济利益驱动的作用，自动调节人才个体以及用人单位的选择。二是要创新人才共享的宏观调控机制，各级政府作为人才使用的协调者，从各地的全局利益和长远利益考虑，根据人才共享的微观生成机制的要求，对人才区域间、人才单位间的共同使用、自由流动从政策角度进行管理、调节和控制。从而促进京津冀区域的创新性发展。

（2）京津冀三地的产学研合作机制。京津冀三地具有大量的研究机构和创新型企业。通过产学研合作，对促进科技成果转化，提高企业技术创新能力，促进产业技术升级，培育新的经济增长点有着积极的作用。在京津冀城市产学研合作中，要充分发挥企业的主体作用，企业必须积极地参与产学研合作，使企业的技术创新与学研的科学创新紧密结合，在产学研合作中获得符合企业要求且创新性很强的关键技术，并把这些技术转化为现实生产力，增强企业的经济实力。另外，还要解决好产学研合作中的利益分配问题，提高产学研各方领导的决策能力，并建立高效的科技成果转换市场，从而创造良好的外部环境。

3. 发展导向的路径选择

（1）成立京津冀共同发展基金。京津冀城市合作和治理的实施必须依托一定的政策工具。这种政策工具包括两种类型：一是体现为资金支持和政策倾斜的扶持政策；二是出于一体化的目标对京津冀三地所采取的控制政策。而建立京津冀共同发展基金，尤其是产业发展协调基金，可以缓解本地区的产业同构竞争的局面，发挥整体联动效应，而不是区内同类产品之间的内耗。再如，项目风险基金可以缓解目前京津冀地区基础交通设施“瓶颈”的问题。它通过共同权力干预了资源的配置，从全局和整体上进行整合，加强了合作和治理。

（2）成立京津冀特别财税管辖区。所谓的特别财税管辖区，实际上就是要建立一个独立于京津冀三地的、单独的财政税收管理区。但这个“经济特区”不是为了获取减免税收的优惠政策，而是为了利用京津冀三地的优势，打造一个具有辐射作用的区域极，同时能协调双方，甚至是多方的利益，使各方都能参与并能从中获益，真正做到开放公平、优势互补、互利共赢。目前，虽然北京第二国际机场已经选址大兴区，但本章认为在北京、天津和河北之间，可以以第二国际机场为核心，选择一个共同的区域，并形成特别财税管辖区。京津冀共同出资和管理，收益平等分享，并且可以大胆在试验区推行各项经济制度的创新。

4. 制度建设导向的路径选择

（1）加快京津冀社会信用体系建设。社会信用体系是一种规范诚信的社会机制，是规范市场经济秩序的治本之策和长效机制。它对于失信行为具有记录、揭露、预警和惩戒的功能，可以有效地遏制市场交易当事人信息不对称的现象，造成一种“违规失信，处处制约；诚实守信，路路畅通”的社会氛围。京津冀三地经济和信息化发展水平比较高，经济往来密切，在区域社会信用体系建设上可以做出表率。在建设的方法步骤上，京津冀三地应当坚持政府推动，市场化运作，全社会广泛参与；坚持总体规划，精心试点，统筹协调，分层推进，分步实施；坚持诚信宣传教育与信用制度建设并重；坚持采用先进的信息化手段和统一的信用信息标准；坚持培育社会信用市场需求、促进商业性信用服务行业发展与加强信用监管相结合，从而最终提高京津冀三地的社会信用水平。

（2）构建京津冀合作的法律协调机制。京津冀三地之间的合作和治理过程显示，仅靠传统的会议协调、友好磋商或联合声明等方法，很多时候难以实现首都圈的协调发展。因此，只有通过区域协调，发展法律机制才能建立政府协调与合作制度，才有可能为这一地区迅速走向现代化奠定制度基础。京津冀三地要尽快形成立法协调运行体系，形成跨行政区建设和管理的法律法规体系；执法协调运行体系，改善法制环境，要增强政府、企业和个人的法律意识，大幅提高合同的履约率和违约合同的执行率；司法协调运行体系，主要取决于京津冀司法机关之间的协调，特别是在司法标准的确定、司法协助的加强、地方保护主义的拒绝等方面。

5. 规范政府行为导向的路径选择

（1）建立新的政绩考核与评价机制。在以经济建设为中心的制度背景下，一个地方的经济发展状况往往直接决定了该地方政府的政治、经济收益，京津冀三地也不例外。所以在这样的绩效评价体系的指引下，会导致地方政府间利益关系的不协调，地方保护主义和地方市场分割盛行。因此，京津冀三地必须建立起科学的地方政府官员绩效评价体系。政府绩效评估价值以忠实公共利益为前提，才能实现绩效评估的协调与和谐。政府的目标价值具有多样性，政府绩效评估价值目标的设计，要使政府绩效评估过程和效应结合，不仅仅是评估其行为的有效性，更要评估其行为正当性；不仅评估其行为的经济成果，还要评估其行为对于政治、文化、社会、自然，特别是对公民及社会公平、公正的影响；不仅要评估效率、发展，还要评估和谐、协调。

（2）建立新的利益分享与协调机制。地方利益的内涵实质上包括两个方面：一是本地区经济发展的需要和满足；二是地方政府官员追求政绩的需要和满足。京津冀三地在新定位前难以合作的一个突出问题，就是利益难以分享和协调，而新的地区利益的补偿将会通过规范的利益转移来实现。新机制将是在非常规范的条件下进行。新的利益分享将更强调效率，即鼓励京津冀三地在竞争与合作的基础上，来获得自己应得的那份利益。新机制还强调形成一种合理的地方经济关系，也就是本章所说的城市间合作的一体化状态。如果说这种竞争后的利益分配没有达到理想中的优化，出现与区域合作目标不相吻合、相关利益不能妥善解决从而影响联盟的生存和发展的情况时，那么就有必要利用有效的协调机制。区域合作中的协调机制应包括协商机制、仲裁机制和补偿机制等。

（3）建立新的政府行为约束机制。为了防止京津冀区域合作中的机会主义行为，保障整个区域经济合作关系的健康发展，需要建立一种区域合作的行为约束机制。这个机制的构成要件有：京津冀三地的合作章程中明确的行为则戒条款，包括合作各方在合作关系中应遵守的规则、在违反合作条款后应承担的责任、对违反合作规则所造成的经济和其他方面损失应做的经济赔偿规定；建立一种合作冲突的协调组织，负责区域合作中的矛盾和冲突的裁定；中央政府通过相关的政策和法规对区域合作关系进行规范，对区域合作中的非规范行为作出惩罚性的制度安排等。

第十三章

区域竞合：天津提升产业竞争力的战略选择

“十一五”以来，京津冀区域竞争合作发展的步伐逐步加快，并在产业协调发展、交通基础设施、环境治理等方面取得了较为积极的成果。“十二五”以来，京津冀发展思路有了新的变化和趋势，北京建设“世界城市”的日标将成为京津冀区域合作的切入点，区域间合作与竞争将以此为轴线展开。京津冀产业间专业化分工、适度竞争将成为京津冀“十二五”期间的主要的政策。

一、区域产业合作理论基础

（一）市场机制下区域产业分工理论

区域产业合作理论源于18世纪英国经济学家亚当·斯密提出的绝对比较优势理论。斯密认为，两个具有不同绝对成本优势的地区应该分别专业化生产自己占绝对优势的产品，然后进行交换，可以增进各自和整体的效益。区域应该根据其绝对优势进行分工合作，促进区域经济发展。李嘉图则发展了亚当·斯密的区域分工理论，认为两个具有相对优势的区域通过分工和交换同样可以获得贸易利益。比较优势成为区域产业分工的前提。瑞典经济学家赫克歇尔（E. F. Heckscher）与他的学生俄林（B. Ohlin）则进一步强调区域比较优势取决于要素禀赋（Factor Endowments），提出了要素禀赋理论（Factor Endowment Theory），强调不同产业的要素配置比例和要素禀赋决定产业区域分工。因此，劳动力相对充裕的地区，劳动密集型产品的生产成本相对低，而资本—技术相对密集的地区，资本—技术密集型产品的生产具有相对优势。建立在古典和新古典经济学假设前提下，企业通过市场这只“看不见的手”在区域之间配置资源，实现合理的区域产业分工，达到区域资源的最大化利用。

随着全球化的发展，产业内贸易和公司内贸易成为重要的贸易形式，城市间产业分工开始向依托产业链的产品分工或产业内分工方向发展。城市按产业链不同环节进行专业化分工，形成不同层次的区域产业链，城市间基于区域产业链的分工协作关系强化了城市间经济联系，促进城市群一体化发展。在产业链分工中，生产过程被区分成不同的部分，为了降低成本，低等级的生产活动被外包到一定的区域，一些学者将其称为“价值链分割”（Krugman，1995）、“生产分解”（Disintegration of Production）（Feestra，1998）或“生产碎片化”（“Fragmentation” of Production）（Arndt and Kierzkowski，2001）。区域一体化开始进入功能一体、地理分散的生产阶段（Dicken，1998）。区域间的产业内或产品分工的基础是内部规模经济和外部规模经济，产业链的某个功能通常集中在规模经济显著的区域。都市圈产业区域分工大体经历三个阶段：第一个阶段为产业间分工，就是不同区域基于绝对优势或者比较优势发展不同的产业部门，进行专业化生产，这种专业化可称之为部门专业化，它是经济发展早期阶段的产业分工形式。第二个阶段为产业内分工，即不同区域都在发展同一个产业部门，但其产品种类不同，这种专业化可称之为产品专业化。这种专业化可能是基于比较优势或者规模经济；第三个阶段为产业链分工。也就是说，虽然很多地区都在生产同一产品，但是各个区域按照产业链的不同环节、工序甚至模块进行专业化分工，这种专业化称为功能专业化（Duranton and Puga，2002）。城市功能专业化的根本是内部规模经济和外部规模经济，对各地区之间的合作提出了更高要求。在一个都市圈内部，经济技术水平差异最大的城市之间主导的产业分工格局是产业间分工，经济技术条件相当的不发达城市更多的是基于其比较优势和区位优势进行产业间分工，而发达城市之间的主导分工模式是产业内分工；在一个发达的都市圈内可以实现产业链区域分工。

（二）京津冀都市圈产业分工合作

目前有一些关于京津冀都市圈区域合作的研究，但主要集中在几个方面：京津冀都市圈京津冀合作问题（蒋满元，2007；薛维君，2008）；京津冀都市圈一体化问题，如孙久文等（2007）分析了京津冀都市圈各产业分工指数的变化，发现京津冀分工程度不断提高，区域产业结构趋同问题在不断改善和消除；刘作丽等（2007）根据京津冀都市圈两位数和三位数产业的相似系数，认为这一地区有一定的分工；以及针对京津冀都市圈某一产业分工与合作的研究，如马同斌等（2004）对京津冀都市圈农业合作的研究，白翠玲等（2003）、蒋满元（2008）对京津冀都市圈旅游合作的研究等。这些研究对于京津冀都市圈产业发展合作的研究提供了参考。本文试图以产业分工合作理论及相关的京津冀都市圈产业分工合作为基础，探讨“十二五”期间，京津冀都市圈产业及总体发展趋势，并深入研究京津冀都市圈在航空航天、电子信息、装备制造业、金融行业等6个行业上的发展协调关系如何，进而突出对天津在京津冀都市圈产业发展中的地位和作用的研究，以提高天津产业竞争力。

二、区域竞合发展下的产业竞合关系

（一）京津冀都市圈竞争合作总体趋势

2011年作为“十二五”规划的第一年，京津冀各地都重新梳理和调整自己的发展战略，并启动了“十二五”规划的前期研究，区域发展出现了一些新取向、新特点。各省市以经济发展方式转变为主线，在发展定位、目标、路径及区域合作等方面提出了新概念或对原有概念赋予了新的内涵，突出表现在产业间竞争合作上。

第一，京津冀在发展定位、目标、路径等方面提出了新的概念，并转变了“十二五”规划思路，区间竞争合作日趋密切。

2005年年初，国务院批复《北京世界城市规划（2004～2020）》，明确提出到2050年左右，把北京建成经济、社会、生态全面协调可持续的城市，步入世界城市的行列，标志着北京将“世界城市”作为发展目标。2009年11月、12月北京市领导前后两次提到建设北京为世界城市的发展目标；2010年1月，北京市政府工作报告中，建设世界城市被正式定为北京未来的发展方向。2011年北京政府报告中坚定地继续推进“人文北京、科技北京、绿色北京”战略，推动建设有中国特色的世界城市。

天津市的“十二五”规划纲要提出，经济社会发展主要指标由七类31项调整为10项，更加注重调整经济结构调整、科技创新、节能减排、环境保护、社会建设和改善民生，继续推动滨海新区开发开放的龙头带动作用，继续加强天津作为国际港口城市、国际物流中心、航运中心的地位。通过大项目、好项目的建设，统筹滨海新区、中心城区、涉农区县的全面发展，着力构筑高端产业、自主创新、生态宜居三个高地，着力改善民生，提高医疗卫生服务水平、繁荣文化，推进基本公关服务均等化。通过空间规划发展的新战略，加快基础设施建设，完善与北京、河北之间道路的互通，推进天津市内“两港三地”间互通，推动天津现代宜居城市的要求。

河北省2011年政府工作报告中提出，河北省将“十二五”发展目标定位为经济发展、结构调整、科技创新、社会建设、生态环境、基础设施、人民生活等要求。河北省的发展也面临着加快发展和加速转型的双重任务，一是构筑环首都经济圈，依托京津冀一体化进程加快的步伐，接受北京、天津辐射，借力发展第一产业、第二产业等；二是依托产业转移，对接北京、天津等政策，推进河北省秦唐沧、沿海隆起带、冀中南经济区等产业基地，积极培育大项目、大企业集团、大型产业聚集区等。由此可见，河北把发展开放型经济、提高对外开放水平提升到全新的高度，提出做好壮大沿海经济，主动对接京津，利用沿海优势全方位与京津合作，做好产业、人才、金融、建设、服务等几大对接，并着力于促进京津冀一体化建设。

第二，“十二五”期间，京津冀都市圈进一步合作将调整以建设“首都大都市圈”、“世界城市”为着力点，交通一体化将率先成为京津冀一体化的切入点。

京津冀地区无论是历史文化还是自然地理都有不可分割的联系，但区域间并没有形成良好的互动机制，缺乏合理的分工与协作。北京建设世界城市的发展目标将成为整个京津冀合作的新契机，这也意味着北京对区域的依赖性将会增强，京津冀都市圈的概念将以北京——世界城市作为着力点，从而促进了北京、天津、河北八市的合作与互动。因此，建设世界城市这一发展方向将在“十二五”规划中分解落实。

北京“十二五”规划将以首都经济自主创新和结构调整、保证和改善民生、首都文化建设、城镇建设和服务管理、生态文明建设、经济体制改革的探索为主要任务。北京的发展也将随着这一目标呈现出一些新的特点：一是对京津冀都市圈的依赖性增强，京津冀都市圈将成为北京作为世界城市的新单位参与全球竞争，其诸多功能都需要由河北、天津来补充或者承担；二是城市国际地位的提升和突破，打造国际金融中心：北京金融资产总量已占全国总量的40%，其国际金融中心的具体定位是：金融管理控制中心、金融业支付结算中心、金融信息中心、金融行业标准制定中心、金融批发业务中心、资金调度中心和金融中介服务中心，以体现北京作为中国首都在世界经济和政治格局中的地位和影响力。第三，以优化城市功能和空间布局为目标，从消极被动控制城市规模向主动疏散引导过度集中膨胀的城市功能转变。

河北省将全方位与首都、京津冀对接纳入河北省“十二五”发展的战略，并清晰的提出依托承德、张家口、廊坊、保定四市毗邻北京的地理优势，建设“1圈4区6基地”的目标。所谓1圈是指以新兴产业为主体的环首都经济圈，4

区指高层次人才创业、科技成果孵化、新兴产业示范、现代物流园区，6基地指养老、健身、休闲度假、观光农业、有机蔬菜、宜居生活基地，聚集产业和人才，带动周围区域经济发展，逐步把环首都地区打造成为经济发达的新兴产业圈、绿色有机的现代农业圈、独具魅力的休闲度假圈、环境优美的生态环保圈、舒适怡人的宜居生活圈。此外，河北将构建现代综合立体交通支撑体系，依托高速铁路、城际铁路、疏港铁路等，完成“一小时交通圈”、“两小时交通圈”、“立体交通”等互通格局。

天津“十二五”时期，将以交通一体化为接口，实现天津、滨海新区、北京、河北之间的互通，形成高效、快捷的现代交通网络。京津高速铁路开通运营并延伸至滨海新区、京津塘高速公路拓展改造及滨石高速公路建设、津秦客运专线等。此外，天津还将主动参与京津冀都市圈建设，加强区域生态环境治理及水源保护工作，推动区域市场、交通、金融、旅游、人才等一体化发展。但值得注意的是，天津在京津冀区域合作中的地位有可能将在“十二五”期间被边缘化。

第三，京津冀各省市产业发展思路清晰，基本形成分工专业化和适度竞争的良好局面，技术创新、人才战略、产业集聚成为各省市产业政策的共同点。

京津冀都将自主创新作为“十二五”工作的重点之一，北京提出建设国家创新中心，天津促进生物科技、金融产业、风力发电等多个产业创新，促进创新联盟、创新体系、教育改革和发展等。河北则意图打造首都科技股创新平台，与京津高校、科研院所合作，加快建设钢铁、能源等十大工业技术研究院，培育科技创新联盟、推动科技成果孵化和产业化。

从区域内产业分工合作来看，京津冀区域间分工协作性较强。为建成世界城市，北京将打造“两城两带、四新六高”，发展科技城、研发服务中心、战略性新兴产业和金融业、高端服务业等；天津继续依托滨海新区，建立航空航天、石油化工、新能源、电子信息、汽车及装备制造、海洋科技等现代制造业和研发转化基地，建立以物流、航运、多层次金融业务、总部经济和服务外包业为支撑的北方国际航运中心和国际物流中心，此外，天津还将建立物联网、云计算、风力发电、绿色电池、新材料、生物科技等多个战略性新兴产业；河北则将以对接京津为抓手，积极发展农业、粮食、畜牧业和农田水利工程，抓好物流、文化、金融保险、服务外包、会展等高端服务业，打造“四个一”工程，建立由承德、张家口、廊坊、保定四市组成的环首都经济圈，建立秦唐沧沿海经济隆起带，发展石、衡、邢、邯等冀中南经济区，培育一个千亿级工业聚集区、开发区和大型企业区。因此，北京的金融中心建设很有可能与天津滨海金融创新示范区形成良性互动，相互支撑；北京的扩散化发展可能在技术、资金、人才等资源上给津、冀创造了良好的外部环境。而河北省“十二五”规划中发展高端制造业、发展千亿级以上的项目很有可能与滨海新区的发展趋势形成良性的竞争关系。

（二）京津冀产业竞争合作关系分析

总体来看，京津冀都市圈产业结构和我国总体状况一致，第一产业所占比重逐年降低，第二产业比较发达，在三大产业中所占比重最高，第三产业亟待发展。京津冀都市圈产业竞争合作的重点也主要在第二产业和第三产业中，包括航空航天、电子信息装备制造、新能源新材料等战略性新兴产业，金融、旅游、物流等服务业。因此，本研究选取航空航天、装备制造、电子信息、新材料新能源、石化、金融等产业，以天津为切入点，探索京津冀都市圈内各个产业上的竞合关系。

1. 航空航天产业分析

在京津冀都市圈航空航天产业还是一个新兴产业，发展还很不完善。天津依托国家的发展战略，航空航天产业已经走上了快速发展的轨道。虽然航天产业的发展还相对空白，但航空产业已经形成了一定的规模，在环渤海区域内占据了领导者的地位。航空产业主要分为航空制造业和航空物流业。目前京津冀经济区航空制造业发展较好的是天津，航空物流业发展较好的则是北京和天津。

就航空制造业看，除天津在航空制造业上已取得不错的发展外，其他地区在航空制造产业的发展中还处于配角的地位，主要是发展航空产业链的配套产业。天津的航空制造业在空客A320系列飞机总装线项目落户滨海新区的带动下已经初步形成了航空制造产业集群。

天津与北京的对比——从区域经济角度来看，京津两市具有较强的经济实力、发达的工业基础、雄厚的资金优势、先进的科技水平以及人才优势，二者可以相互依存、相互促进，提升天津航空航天产业的竞争力，比如北京具有相比于天津更丰富的知识和技术资源，京津一体化将进一步优化天津航空航天产业的创新环境。

同时北京东部发展带以其现代制造业的迅猛发展势头受到越来越多的投资者关注。北京东部发展带延伸到天津，而且东部发展带上以高科技制造加工产业为主，对航空的运输依赖性相对较大，这对于天津的航空运输业是一个发展的契机。京津一体化和北京东部发展带对天津航空航天产业具有巨大的拉动和辐射作用。

2. 装备制造业分析

在王庆丰和李雄诒做的《中国装备制造业区域发展水平研究》[①] 中对全国2007年的装备制造业做了一个排名，如表13.1所示。

① 王庆丰、李雄诒：《中国装备制造业区域发展水平研究》，载《统计与决策》2008年第9期，第117页。

表 13.1　　各省区市装备制造业发展水平排名

地区	排名	地区	排名	地区	排名
广东	1	吉林	11	广西	21
江苏	2	河南	12	山西	22
上海	3	四川	13	贵州	23
浙江	4	河北	14	甘肃	24
山东	5	重庆	15	内蒙古	25
辽宁	6	陕西	16	云南	26
北京	7	安徽	17	海南	27
天津	8	湖南	18	新疆	28
湖北	9	黑龙江	19	宁夏	29
福建	10	江西	20	青海	30

资料来源：王庆丰、李雄治：《中国装备制造业区域发展水平研究》。

从表 13.1 可知，珠三角地区的广东和长三角地区的江苏、上海和浙江都处在国内的领先水平。京津冀地区的北京、天津紧随其后，在全国的制造业发展中处于第一梯队。近年来快速发展的装备制造业正在逐渐成为本区域经济发展又一大亮点。2008 年年底，仅天津开发区装备制造业产值规模就达 677 亿元，年均增速超过 40%。

表 13.2　　京津冀装备制造业 2007 年主要经济指标

地区	工业增加值（亿元）	资产（亿元）	实收资本（亿元）	产品销售收入（亿元）	利润总额（亿元）	就业人数（亿人）
北京	465.86	2 134.08	542.36	2 006.36	132.22	37.2
天津	389.44	1 553.88	552.89	1 787.16	73.92	40.98
河北	257.96	988.94	275.47	745.16	46.97	48.72

资料来源：王庆丰、李雄治：《中国装备制造业区域发展水平研究》。

天津的制造业发展整体水平在三省市中处于中等水平，比北京的发展水平低，比河北高，从就业人数看，天津比北京就业人数还要多，却产值低于北京，说明天津装备制造业属劳动密集型的，是粗放型的。

在装备制造业的各个分类行业方面，各个省市根据其自身的比较优势，发展的侧重点不尽相同。根据张贵和孙士强在《环渤海区域经济发展报告》中所做的关于《京津冀鲁辽主导产业选择的实证分析》，整理出各省市的装备制造业内的六大分类在该地区第二产业中的排名：

表 13.3　京津冀装备制造业内六大分类在区域内的排名分析

行　业	北京	天津	河北
通用、专用设备制造业	8	9	10
交通运输设备制造业	7	4	23
电器机械及器材制造业	9	7	3
通信设备、计算机及其他电子设备制造业	4	2	4
仪器、仪表及文化、办公用品机械制造业	6	10	21
金属制品业	12	8	20

资料来源：王庆丰、李雄治：《中国装备制造业区域发展水平研究》。

从天津的装备制造业在其第二产业内的排名情况可以看出，天津的装备制造业发展具有很强的比较优势，尤其是通信设备、计算机及其他电子设备制造业、交通运输设备制造业和金属制品业都处于前 8 的位置，处于其主导产业位置。在这三个行业中，北京、河北在通信设备、计算机及其他电子设备制造业形成了较强的竞争格局。在金属制品业中其他两地相比具有一定的竞争力，而在交通运输设备制造业的发展格局中，天津在京津冀地区内具有明显的比较优势，并在该三个领域形成了一定程度上的产业集群。

3. 石化产业分析

京津冀都市圈是中国重要的石化产业聚集地区之一。此区域不仅石油资源丰富，而且石化产业基础雄厚，河北、天津等省市都是石化产业的重要基地。

近 10 年来，北京石化行业加快资源整合，优化产品结构、产业结构和产权结构，而聚集在北京的中石油、中石化、中国化工、中海油、中国神华等石油和化工企业总部的应运而生，使北京石化行业历史性地走向“总部化工”，推动和影响了全国石化行业的转型升级和绿色化工的发展，走出了一条适合自己的“高、精、尖”发展之路，使我国石化行业从这里辐射全国，走向世界。

石化产业是河北省三大战略支撑产业之一，包括石油化工、盐化工、煤化工、基础化工原料、农用化工、精细化工、生物化工、高分子材料、橡塑产品等 10 多个门类较为完善的生产体系。河北石化工业的发展具有独特优势：有环绕京津突出的市场优势；有相对的资源优势，石油、天然气、煤炭和原盐资源丰富。河北省石化产品结构不尽合理，高技术含量、高附加值产品所占比例较低，初级产品多，精细产品少，加快结构调整步伐迫在眉睫。

天津发展石化产业有较雄厚的产业基础、地理、人才和国家政策优势，并拥市场竞争力较强的石化产品。但天津石化产业发展也存在着不足，如石化产业总量不大，企业数量和规模没有明显优势等。

天津石化产业拥有的原盐、纯碱、烧碱、聚氯乙烯、苯酐、顺酐、聚酯化纤等十几种化工产品产量居中国前列，并拥有一批优势产品。天津石化产业主要的优势产品与河北主要石化产品相比较，天津的优势产品与其他地区的主要石化产品存在严重的同质特征，这说明天津石化产业优势产品存在着潜在的竞争对手，这也是天津的石化产业在“十二五”期间面临的最主要问题。

4. 电子信息产业分析

北京电子信息产业结构调整成效显著，重点产业国内领先，其中软件、集成电路、电子显示器、移动通信、计算机整机制造发展迅速，已成为北京市经济发展的支柱性产业。2009 年北京市提出首个产业振兴规划，将实现产业结构由移动通信“单一支柱”型向“多极支撑”型转变，在产业布局上形成“一带双核多点”的发展布局。

天津市电子信息产业综合实力不断增强，发展速度居天津支柱产业前列。天津市电子信息产业总值保持较高的增长势头，成为全国首批九大电子信息产业基地之一。天津电子信息产业经过多年的发展形成市场竞争力强、具有一定发展实力的行业，形成移动通信、新型元器件、数字视听、集成电路、计算机、汽车电子和软件等一批重点行业领域。移动通信制造业、新元器件业、计算机制造业是天津市在电子信息产业中的优势部分，数字视听产业、集成电路、汽车电子等将成为带动电子信息产业发展新的增长点。

河北的电子信息产业发展提速晚，产业规模小，虽保持了快速增长态势，但自主创新能力弱、内生动力不足、产品附加值低，多处于价值链的中低端，仍需要强调规模。其硅太阳能光伏电池产业已成为国内重要制造基地。除了光伏产业外，通讯网络设备、平板显示、半导体照明也是河北省准备壮大延伸的优势产业。2009 年，河北省提出将以“建成太阳能光伏电池产业强省，光伏发电、半导体照明、卫星导航等重点领域核心技术取得突破”作为发展目标，集中建设廊坊、保定、石家庄、秦皇岛四大电子信息产业基地，加快产业集群化发展。

2008 年京津冀地区都大力发展电子信息产业来实现产业结构优化、经济持续增长。各地发展电子信息产业存在差异性，通过京津冀区域内产业结构调整，实现利益共赢、强强联合、长短互补、共同发展。

表 13.4　　京津冀地区电子信息产业的行业情况比较

地区	移动通讯	微电子	显示器	汽车电子	电子元器件	家庭视听设备
天津	√	√	√	√	√	√
北京	√	√	√	√	√	√
河北	√		√			

资料来源：笔者整理。

由表13.4说明，天津、北京在移动通讯、微电子、显示器、汽车电子、电子元器件、家庭视听设备行业存在着高度的相似度。天津、北京在制订电子信息产业发展规划时应该加强协调，降低产业过度竞争水平，积极投资和引进适应本地区发展的优势行业。河北省相关行业发展滞后，尤其是河北省与天津市在电子信息产业间的竞争最弱。

5. 金融行业分析

天津金融业在“十一五”期间规模逐步壮大，推进金融改革创新先行先试，建设与北方经济中心相适应的现代金融服务体系和金融改革创新试验基地，为天津金融业发展注入了新的活力。截至2009年，金融业增加值占全市GDP为6.13%，占第三产业增加值比重为13.54%。

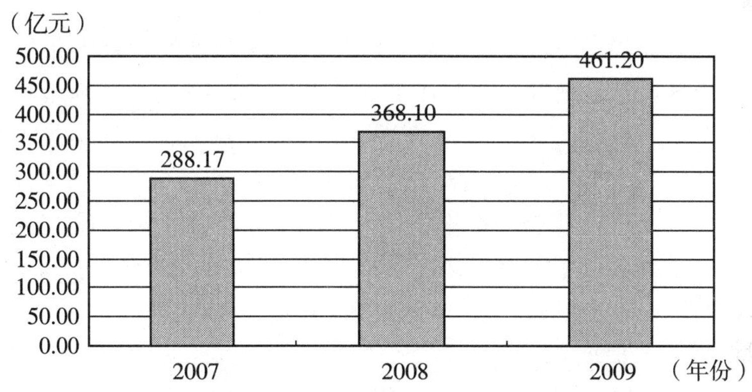

图13.1　2007～2009年天津市金融业增加值

资料来源：《天津统计年鉴（2010）》。

第一，金融机构规模不断扩大、体系日趋完善。全市银行类金融机构数2008年年末共有2 376家。金融机构效益持续增长，累计实现收益197亿元；资产质量不断提高，不良贷款率比年初下降2.6个百分点。自2006年起，天津作为金融中心的吸引力越来越大，逐渐成为南北城市商业银行的交汇点。

表13.5　2008年天津市银行类金融机构情况

机构类别	营业网点			法人机构（家）
	机构个数（家）	从业人数（人）	资产总额（亿元）	
一、国有商业银行	1 090	23 160	5 456	0
二、政策性银行	10	368	962	0
三、股份制商业银行	194	6 081	2 537	1
四、城市商业银行	201	4 405	1 390	1

续表

机构类别	营业网点			法人机构（家）
	机构个数（家）	从业人数（人）	资产总额（亿元）	
五、农村合作机构	574	6 374	58	11
六、财务公司	4	59	350	3
七、邮政储蓄	271	1 480	417	0
八、外资银行	30	976	2	1
九、农村新型机构	2	32	—	2
合计	2 376	42 935	11 172	19

资料来源：《天津统计年鉴（2009）》和《中国金融年鉴（2009）》等。

第二，储蓄存款、贷款总额双增长，信贷投放有重点。2008 年年末全市金融机构本外币各项存款余额 9 954. 16 亿元，增长 20. 8%，比年初增加 1 716. 28 亿元，同比多增 338. 48 亿元。其中储蓄存款 4 061. 73 亿元，比年初增加 896. 65 亿元，同比多增 646. 99 亿元。截至 2009 年 6 月末，全市银行机构本外币存款余额达到 10 105 亿元。全市金融机构本外币各项贷款余额 7 689. 12 亿元，比上年增长 19. 3%，比年初增加 1 251. 79 亿元，同比多增 164. 26 亿元。其中，中长期贷款余额 4 377. 19 亿元，增长 23. 7%，比年初增加 829. 90 亿元，占到全市新增贷款的 66. 3%；票据融资余额 419. 25 亿元，增长 94. 8%，比年初增加 203. 97 亿元，占到全市新增贷款的 16. 3%。截至 2009 年上半年，全市金融机构本外币贷款余额 10 276 亿元。金融机构对重点项目的支持力度普遍加大，对水利、环境和公共设施建设，租赁和商务服务业，交通运输等行业的信贷投入较多。

第三，证券业运行平稳。2008 年，天津市证券期货业加强监管，改善盈利模式，保护投资者合法权益，进一步提升综合竞争力，保持了平稳发展态势。基金管理公司规模扩大，上市公司融资情况良好，期货市场抗风险能力增强。自 2006 年 12 月起，渤海产业投资基金、天弘基金、船舶产业基金、股权投资基金协会等的成立为天津市股权基金业发展奠定坚实的基础。截至目前，天津市累计注册 189 家股权投资基金（管理）企业和 114 家创业风险投资企业，认缴资金额超过 600 亿元，已经成为我国股权投资基金相对集中的城市，在全国形成了影响力。

第四，保险业规模稳步扩大。2008 年年末，全市有保险机构 580 家，其中保险公司机构 491 家，专业保险中介机构 87 家，外资保险公司代表处 2 家。保险公司总资产达 427. 1 亿元，同比增长 21%。产、寿险公司资产总额分别为 46. 1 亿元和 381 亿元。具有理财功能的寿险新产品的热销以及寿险团体业务的高增长，成为推动全市保费收入快速增长的主要力量。

表 13.6　　2008 年天津市保险业基本情况

项　目	数　量
总部设在辖区内的保险公司（家）	4
其中：财产险经营主体（家）	2
寿险经营主体（家）	2
保险公司分支机构（家）	35
其中：财产保险公司分支机构（家）	19
寿险公司分支机构（家）	16
保费收入（中外资，亿元）	175.6
财产保险费收收入（中外资，亿元）	41.8
人寿保险被收入（中外资，亿元）	133.8
各类赔款给付（中外资，亿元）	51
保险密度（元/人）	1 493.4
保险深度（%）	2.8

资料来源：《天津统计年鉴（2009）》和《中国金融年鉴（2009）》等。

第五，金融市场建设进程加快。各类创新型资本交易平台相继建立，先后成立天津股权交易所和滨海国际股权交易所，为基金与企业提供投融资信息等服务，探索基金退出渠道。成立排放权交易所，财政部和环保部批准天津市开展排放权交易综合试点，探索开展主要污染物有偿使用与交易。积极筹备设立大宗商品交易所、文化艺术品交易所、铁合金交易所等新型交易平台，进一步增强了区域经济活力。

从京津冀经济区金融业的比较看，北京是全国大多数金融机构的总部所在地，天津作为国家 14 个沿海开放城市中的成员，外资金融机构已颇具规模，京津冀都市圈金融优势明显。

①金融深化程度比较。金融对经济的推动作用在早期首先表现为经济金融化程度的提高，其衡量指标是金融相关比率（FIR），指全部金融资产与有形资产价值（国民财富）的比率。在现实研究中，人们常把金融相关比率的计算简化为金融资产总量（存款 + 贷款）与 GDP 之比。

三省市的金融相关比率总体呈现平缓变化趋势，不难发现区域内经济的货币化程度存在着明显的差异，金融对经济的渗透能力高低不一。其中，北京最为突出，其金融相关比率 2008 年高达 6.37，远远高于其他几个省市；天津略高于全国平均水平。从此角度分析，天津较之于北京还有很大距离，金融在促进经济增长方面尚有不小的作用空间。

表 13.7　　京津冀经济区金融相关比率（FIR）比较

地区	2004 年	2005 年	2006 年	2007 年	2008 年
全国	2.77	2.75	2.75	2.72	2.66
北京	6.16	6.43	6.73	6.39	6.37
天津	3.17	2.95	2.83	2.95	2.78
河北	1.77	1.72	1.74	1.66	1.69

资料来源：笔者根据《中国金融年鉴（2008）》、各省 2008 年公报和中国人民银行网站数据计算整理得出。

金融机构信贷比率（FICR）是衡量金融发展的又一重要指标，用来反映金融体系对经济增长的效率，可以用“贷款余额/GDP”来表示，即每一单位 GDP 的增长所得到的信贷支持。

表 13.8　　京津冀经济区金融机构信贷比率（FICR）比较

地区	2004 年	2005 年	2006 年	2007 年	2008 年
全国	1.181	1.123	1.117	1.113	1.064
北京	2.24	2.226	2.348	2.205	2.189
天津	1.414	1.288	1.248	1.303	1.21
河北	0.705	0.64	0.644	0.612	0.587

资料来源：笔者根据《中国金融年鉴（2008）》、各省 2008 年公报和中国人民银行网站数据计算整理得出。

②金融机构存贷款情况比较。储蓄—投资转化率（SLR）是描述金融（储蓄）资源利用能力的有效指标。考察京津冀经济区金融机构存贷款增长尤其是存差变化，可以从一定程度上说明金融机构运筹资金的能力，评估金融资源的配置效率。2008 年年末，京津冀经济区银行类金融机构及其存贷款情况比较如表 13.9 所示。

2008 年，北京信贷总量稳居第一的位置，存贷比为 52%。天津存贷款增幅较大，存贷比平均保持在 77% 的较高水平，分别高出北京和河北 25 个和 22 个百分点。巨额存差意味着资金闲置或利用率不高，也暴露了经济金融运行中的一些深层次问题：一是储蓄向投资转化出现梗阻，金融没有充分发挥引导资源配置、支持经济发展的作用；二是金融机构信贷资金使用效率不高，在银行体系中存在“惜贷”现象。相比之下，天津的存差是最小的。

表 13.9　　银行类金融机构及其存贷款情况

地区	银行类金融机构			存款余额（亿元）	贷款余额（亿元）	存差（亿元）	存贷比（%）
	机构个数（个）	从业人数（人）	资产总额（亿元）				
北京	3 478	80 921	61 649	43 876. 5	22 958. 5	20 918	52. 33
天津	2 376	42 935	11 172	9 954. 2	7 689. 1	2 265. 1	77. 24
河北	9 952	140 134	20 708	17 844. 8	9 506. 7	8 338. 1	53. 27

资料来源：笔者根据《中国金融年鉴（2008）》、各省 2008 年公报和中国人民银行网站数据计算整理得出。

③人均拥有的金融资源比较。人均金融机构说明金融服务对社会公众的便利程度和金融自身发达程度，人均存款说明了金融机构动员储蓄的能力和居民的富裕程度，人均贷款说明了金融资产的分布状况和对贷款的吸纳能力。从人均金融机构分析天津和北京水平大致相当，河北则远低于上述两地。从人均存款的数据分析，北京最高，体现了居民的富裕程度和储蓄能力，天津的人均存款远低于北京，差距很大；从人均贷款的数据分析，北京最高，其次是天津，但两者差距较大。

表 13.10　　京津冀人均金融资源拥有情况

地区	人均机构（家/万人）	人均存款（万元）	人均贷款（万元）
北京	2. 05	25. 89	13. 54
天津	2. 02	8. 46	6. 54
河北	1. 42	2. 55	1. 36

资料来源：笔者根据《中国金融年鉴（2008）》、各省 2008 年公报和中国人民银行网站数据计算整理得出。

④证券业比较。截至 2008 年年末，北京共有证券、基金、期货公司 46 家（总部在辖内），天津有 8 家、山东 8 家、河北 2 家、辽宁 11 家；国内上市公司北京拥有 109 家、天津 28 家、山东 96 家、河北 36 家、北京上市公司融资额为 1 020. 1 亿元，天津 91. 3 亿元，山东 112. 1 亿元。

⑤保险业比较。京津冀经济区是全国性保险公司比较集中的地区，比较天津和其他地区 2008 年的保费收入、保险深度①和保险密度②。如表 13. 11 所示，天

① 保险深度指保费收入占国内（地区）生产总值（GDP）的比例，是反映一个国家（地区）的保险业在其国民（地区）经济中的地位的一个重要指标。

② 保险密度是按照一个国家（地区）的全部人口计算的人均保费收入，它反映了一个国家（地区）保险的普及程度和保险业的发展水平。

津较之北京的差距较大，在区域内好于河北。

表 13.11　　京津冀经济区保险业比较

地区	保险收入（亿元）	保险深度（%）	保险密度（元/人）
全国	9 784	3.25	736.74
北京	586	5.6	3 521
天津	175.6	2.8	1 493.4
河北	480	3	690

资料来源：笔者根据《中国金融年鉴（2008）》、各省2008年公报和中国人民银行网站数据计算整理得出。

2009年6月推出的首期“中国金融中心指数”（CDI CFCI），综合竞争力排名前十位依次是上海、北京、深圳、广州、杭州、大连、宁波、南京、天津、沈阳。根据得分，中国的金融中心可以分为三级，第一级为“全国性金融中心”，是具有全国性金融影响力和辐射力的金融中心，分别为上海、北京和深圳；第二级为“核心区域金融中心”，共有六个城市，分别为广州、杭州、大连、宁波、南京、天津；第三级为“次级区域金融中心”，包括沈阳、西安、郑州等。

总体看，北京是京津冀都市圈中金融业最为发达，辐射能力最为强的城市。天津要优于河北，但与北京的差距还较大。

6. 物流产业分析

物流业正在逐渐成为天津第三产业的支柱。目前，天津在物流经济运行、产业规模、基础设施建设、企业经营管理、政策体制、教育培训、物流发展基础等方面都取得了明显进步，建设北方国际物流中心的步伐不断加快。天津港散货物流中心、集装箱物流中心、保税物流园区、空港国际物流区、物流货运中心和邮政物流中心等12个重点物流园区作为全市物流发展的典型示范工程都已基本成型，发展势头良好，起到了较好的引领示范作用。

京津冀都市圈各城市相继制定了各自物流发展规划，并且进入了实施阶段。在物流基础设施方面也取得了明显的改善，京津冀间已建立起相对较完备和发达的运输、通讯网络，以海港、空港、铁路、高等级公路为标志的综合交通体系已经形成，仓储、运输、货物包装与搬运等物流企业也已初具规模。这些为区域物流业的发展及增强该地区整体经济竞争力提供了有力的支撑。

第一，从港口运输业看，京津冀都市圈物流业以港口物流业的发展为主。目前该地区较为重要的港口有秦皇岛港、天津港，此外还有黄骅港、唐山港等一批地区性和专业性港口。天津港是首都北京的海上门户，也是环渤海中与华北、西北等内陆地区距离最短的港口，综合运输成本最低。天津港能够服务和辐射的范围包括京津冀及中西部地区的14个省、市、自治区，总面积近500万平方公里，占全国面积的52%。另外天津港处在欧亚大陆桥的桥头堡地位，距离日、韩的海上运距最短，距中亚、西亚的陆地距离最短，是连接东北亚与中西亚的纽带。随着我国经济由南向北的梯次发展，天津港在北方地区的地位和作用日益突出。

第二，从铁路运输看，京津冀都市圈历史上就是铁路交通较好的地区，铁路网络较发达。该区域在全国铁路运输的货运量和货物周转量上所占的比重比较大。天津和北京虽然拥有庞大的铁路网络，但是由于客运运力的占用和地域限制的因素，货运量和货物周转量与河北有显著差距（见表13.12）。

表13.12　　　　2009年京津冀经济区铁路运输情况

地区	货运量（万吨）	货物周转量（亿吨公里）
北京	1 717	643.7
天津	11 263	458.1
河北	15 483	3 182.8
京津冀经济区	28 463	4 284.6
全国	333 348	25 239.2
京津冀占全国比例（%）	8.54	16.98

资料来源：《北京统计年鉴（2010）》、《天津统计年鉴（2010）》、《河北统计年鉴（2010）》和《中国统计年鉴（2010）》。

第三，从公路运输看，京津冀都市圈是我国公路交通最发达的地区之一，公路货运量和货物周转量在全国的比例分别达到了6.82%、8.85%（见表13.13）。

表13.13　　　　2009年京津冀经济区公路运输情况

地区	货运量（万吨）	货物周转量（亿吨公里）
北京	18 753	87.9
天津	19 800	205.9
河北	106 530	2 998.5
京津冀经济区	145 083	3 292.3
全国	2 127 834	37 188.8
京津冀占全国比例（%）	6.82	8.85

资料来源：《北京统计年鉴（2010）》、《天津统计年鉴（2010）》、《河北统计年鉴（2010）》和《中国统计年鉴（2010）》。

第四，从民航运输看，京津冀都市圈中有全国三个航空枢纽之一的首都国际机场，其起降架次位居全国第一，货邮吞吐量排列第二。其他机场的排名比较落后，天津滨海国际机场排名第十一，但是其增幅非常大，为33.2%。尤其是滨海新区纳入国家发展战略以来，滨海国际机场的航空物流的发展速度会继续加快，发展前景非常美好。

天津与北京的对比——天津和北京在物流产业的发展条件上各有优势。从综合运输体系来看，北京是全国铁路、公路和航空运输的中心，天津则拥有北方最大的外贸港口和全国四大航空货运基地之一的机场。两个交通枢纽的扩散能力极强。从城市经济结构来看，两大城市经济发展具有较强的互补性，腹地的经济辐射半径相互交错。

北京外贸出口的90%经过天津港，天津是首都的重要出海通道。天津应当充分发挥港口优势，创造良好的口岸条件，为北京提供高效便捷的服务。作为环渤海经济中心和北方国际物流中心，天津独有的海港和空港优势能够为北京提供良好的物流服务。

天津与河北的对比——天津与河北在散杂货物物流运输上的趋同性非常严重。煤炭、金属矿石这两个大宗散货的吞吐量分别占到了河北省三大主要港口（秦皇岛港、黄骅港、唐山港）总吞吐量的82.8%和9.5%，占到了天津港总吞吐量的33.2%和16.9%。河北省近年来倾全省之力打造的曹妃甸港也是以铁矿石等能源、资源类货物吞吐为主。天津与河北两省市的港口在大宗散杂类货物吞吐上都存在着严重的重合。加强协调合作，合理规划各港口吞吐货物种类的功能特色，形成错位发展是区域合作的重要内容。从天津物流产业发展状况看，还存在着条块分割、部门分割等问题，港口分属河北省和天津市，缺乏统一规划，在“以港兴市”的战略下，很多地方把发展集装箱作为重点，导致许多集装箱码头因地方经济发展限制、腹地货源少而难以发挥应有的效益。物流资源浪费严重，缺乏集约化经营理念，空港聚集功能弱，过多依赖于传统交通运输仓储业，专业物流人才紧缺等都影响着物流产业在天津市的发展水平。

三、区域产业竞合关系中天津产业竞争力分析

（一）天津产业发展在区域竞争合作中的地位

从整体来看，区域内呈现出政府间、产业间、企业间、民间组织间的竞争和合作关系越来越密切，成员省市的经济发展都与整个环渤海区域的整体发展联系起来，而这种联系具备比较、竞争、合作关系。本报告认为，区域合作的重点是产业合作，综合以上分析，以产业视角透视整个天津在区域竞争合作协调发展中

的地位显得十分必要（见表13.14）。

表13.14　天津主导产业在环渤海区域协调发展中的作用和地位分析

天津主导产业	在环渤海区域协调发展中的作用和地位
物流业	港口、机场优势明显，公路、铁路优势较小，区域内有竞争优势
金融业	金融深化程度、信贷比率、存款率、金融人才拥有量位居区域均第二名，保险业深度位居区域第一，除北京外，金融综合改革示范基地有着一定的竞争优势和示范应
旅游	在人文旅游和滨海旅游资源等方面占优，旅游资源偏向固定与现代结合；旅游基础设施并不落后，但服务体系有待提高；旅游收入年增长率居环渤海区域的首位；酒店业较为发达，可以作为“十二五”期间潜在发展的产业
石化	石化产业总产值占到环渤海区域内的10%，企业拥有数占到8%，原盐、纯碱、烧碱、聚氯乙烯、苯酐、顺酐、聚酯化纤等十几种化工产品产量居全国前列，与河北形成竞争关系
装备制造	交通运输设备制造、电子信息设备制造、金融设备制造等位居全国前八名，在区域内处于较为领先水平，在科技研发方面有引领环渤海区域发展的趋势
航空航天	空客320总装线等国际大企业的注入使航空航天产业发展、增幅较快，带动了环渤海内的航空制造业的发展，与北京航空服务业、临港服务业形成了错位发展局势
电子信息	电子信息产业上具备较大的优势，移动通讯、微电子、显示器、汽车电子、电子元器件、家庭视听设备等业务有发展较快，其业务关系与北京形成了较为鲜明的竞争关系
冶金	冶金工业创新指数较高，制造业500强企业中，仅次于河北，企业规模大、数量多，具有较完整的产业价值链，有很好的发展前景

从产业结构看，区域内第二产业内部的竞争压力加大，良性合作关系并不稳固。装备制业、电子信息产业、钢铁业等均被作为各省市内部重点发展产业，尤其在某些产品上形成了良性竞争关系，专业化分工有待细化，产业间的协调发展模式并未完全形成。

区域内第三产业发展滞后，传统服务业存在着一定的优势，现代服务业水平较长三角、珠三角等地区落后。交通运输、特别是仓储和邮政业较为发达，尤其是天津、河北等地在重工业特别是原材料工业占据了相当大比重，这些工业的需求为生产性服务业如物流产业等带来了巨大发展空间。其中批发和零售、住宿和餐饮业出现分化局面，其中批发和零售，天津所占比重较高，而河北比重较低；北京的住宿业和餐饮业比重较高，而河北则远远落后于其他省市。对于金融业来讲，整体落后于东南沿海省市，仅有北京金融业发展较为迅速。区域内服务业的发展空间、发展潜力都较大。

从区域产业间协作合作关系看，天津在区域竞争与合作中呈现的作用和地位有以下几个特点：

第一，天津各个产业在区域经济合作中所处地位有所不同。装备制造业、电子信息产业、钢铁业等几大优势产业中，产业的发展程度不同，即使已形成细化分工的产业也只作为价值链条的一个或部分，远没有形成竞争力较强的完整链条。因此，区域内产业间的竞争关系大于合作，虽然这种竞争中包含着错位发展的一些特点，但产业分工的格局还没有形成。第二，天津的产业实力、企业实力还不能撑起区域经济的增长极。在环渤海区域内发展的重点产业系列中，天津并不具绝对优势。第三，高端大企业、优质生产要素、资金向天津、滨海新区的不断流入，说明了天津正处于一个“极化”阶段。以航空产业、钢铁产业、金融产业等为例，一批具有国际化水准的大型企业落户天津，同时带来了资源、人才、技术等优质资源，北方地区的资本、人才、企业向滨海新区、天津迁移集聚的态势正在形成中，“极化”是天津产业发展的突出特征。第四，引领区域经济协调发展的能力和潜质在提升。物流、装备制造等产业天津在环渤海区域内已经占据了价值链的高端，初具区域经济中心的地位，同时，旅游业、冶金业、电子信息产业也具备较好的产业发展基础和发展潜力。因此，伴随这些产业的地位提升，在“十二五”时期天津在区域内的地位和作用将有所提升。

（二）天津区域竞争合作优势与劣势分析

“十二五”期间，天津在未来的区域经济将扮演重要角色。北京“世界城市”概念的提出，天津面临着机遇与挑战。一方面，天津在京津冀区域合作中有被边缘化的危险，实现率先发展的政策推动力可能被减弱，并且天津现代服务业的发展空间将受到北京的挤压；另一方面，就产业角度上讲，天津在航空航天、通讯设备制造、钢铁、汽车制造、装备制造、医药制造业产业链条上都有占据价值链高端的趋势，医药制造、装备制造业、汽车产业等都在向着产业链条较为完善，同时天津将会占据航天航空、新能源、新材料等新兴战略性产业的高地，与北京、河北形成产业联盟、产业间竞争合作的关系，也促进天津国际港口建设、北方经济中心建设、天津滨海综合改革配套试验区的建设，有助于区域间的资源、能源的流动。部分优质的资源（人才、技术）沿着产业链、企业间的合作而实现传递，通过合作和良性竞争向天津集聚，以达到生产力优化配置，促进环渤海区域的协调发展。

1. 天津区域竞争合作优势

第一，首都圈建设可以为天津建设国际港口城市和北方经济中心提供强大的区域支撑体系。虽然北京的首都圈建设意在通过京津冀区域一体化的快速推进实现自身综合实力的进一步提升，但是作为京津冀“双核”之一的天津也必将从中获益。无论国家区域城市、国际区域城市，还是世界城市的发展，都需要强大的区域体系的支撑，而世界城市发展需要的区域支撑体系必然比国家区域城市和国际区域城市所需要的高级。北京和天津拥有共同的区域支撑体系，而以世界城市为目标的北京对区域支撑体系的诉求必然高于以国家区域城市和国际区域城市为目标的天津。这样，天津就可以从北京首都圈建设中“借力”，获得高于建设国际港口城市和北方经济中心所需水平的强大区域支撑体系。

第二，北京的扩散化发展可以为天津的集聚化发展创造良好的外部环境，为天津形成“极化”效应创造外部环境。新中国成立后，北京和天津原本在经济上长期和谐共存的局面之所以被打破，很大程度上是因为北京依据首都之利将原本属于天津的经济中心的功能占为己有。在从消费城市向生产城市转型的过程中，北京的集聚效应发挥压制住了一直是生产城市的天津，导致天津在京津之间的区域竞争中处于下风，京津之间的区域合作也难以展开。经过半个多世纪的发展，北京的区域经济发展进入到以扩散效应为主的阶段，而天津的区域经济发展仍然处于以集聚效应为主的阶段。在建设世界城市的过程中，北京将坚决进行产业扩散和功能分散，这就为天津的集聚化发展创造了良好的外部环境。北京对天津的要素和生产力的集聚将减弱，天津集聚要素和生产力所承受的来自北京的竞争压力将减轻，并且可以承接北京扩散和分散出的部分产业和功能。在“十二五”期间，天津的高端极化效应会强于扩散效应，这是天津发展阶段和发展特点，也是滨海开发模式的重要特征，但天津的极化阶段不是传统城市发展的极化，而是高端极化，即集聚优质要素和高端产业，通过集聚来构筑研发转化高地、自主创新高地、生态宜居高地。与此同时，滨海新区的“扩散”也并非传统意义上的产业的区际平移和产业淘汰转移，而是航空航天、装备制造、冶金、钢铁等产业的延伸、扩张、协作和合作，是金融、物流等现代服务业的拓展和整合，是体制创新的示范。在此期间，天津对区域经济发展的引领、带动、辐射、服务，主要通过增强城市群的整体竞争力，适当缩小区域经济差距，避免区域内极化和贫化（包括中心城区与郊区县、直辖市与周边市县）来实现。

第三，北京国际金融中心建设可以促进天津滨海新区综合配套改革试验的深入进行。作为京津冀地区唯一的国家综合配套改革试验区，天津滨海新区担负着将解决本地实际问题与攻克区域共性难题结合起来，探索区域经济发展的新思维、新路径和新模式，对京津冀地区和全国的综合改革进行示范的重任。国务院在对《滨海新区综合配套改革试验方案》的批复中明确指出，鼓励天津滨海新区进行金融改革和创新，金融企业、金融业务、金融市场和金融开放等方面的重大改革原则上可安排在天津滨海新区先行先试，可在产业投资基金、创业风险投资、金融业综合经营、多种所有制金融企业、外汇管理政策、离岸金融业务等方面进行改革试验。北京在建设国际金融中心过程中面临的很多问题可以转移到天津滨海新区通过综合配套改革试验探索解决，天津滨海新区在金融改革和创新方面获得的经验也可以被北京充分借鉴，从而实现北京建设国际金融中心和天津滨海新区加快开发开放的双赢。

第四，天津在发展新兴战略性“产业高地”等方面起到引领作用。坚持“研发转化高地、自主创新高地、生态宜居高地”的定位是对天津发展及滨海新区开发开放主题的全新表达和具体化。走自主创新道路，探索新发展模式，是中国经济现阶段面临的紧迫命题。近年来，我国各省市加快了探索新发展模式和发展战略性新兴产业的步伐。“三个高地”尤其是自主创新高地战略构想的提出对天津在区域经济发展中的作用提出了全新的命题。“十二五”期间，构筑自主创新高地的内涵是快速发展包括航天航空、新能源、新材料、现代医药和文化创意产业在内的新兴战略性产业。而战略性新兴产业的发展不可能再像过去那样通过简单的放松管制和优化投资环境来实现，而是需要探索全新的战略思维、方法、机制和路径，这种探索和实践的示范和带动作用也就是天津在区域经济中的示范和引领作用。因此，天津应把握住重点，积极建立新能源、新材料、高技术等新的合作领域，引领环渤海经济圈的发展方向，旨在下一轮经济增长中占据优势地位，确立天津在环渤海经济圈内的中心地位。

2. 天津区域竞争合作劣势分析

第一，天津在京津冀区域合作中的地位有被边缘化的危险。“十一五”时期，北京以首钢为代表的部分生产企业开始向河北省转移，部分进出口贸易开始选择以京唐港和黄骅港为出（入）海口，大量城市人口也在高房价的挤压下选择在燕郊等河北地界居住，北京与河北的经济和社会融合加速推进。“十二五”时期，北京在首都圈建设中将重点发展与河北省的区域合作，地铁建设也将延伸至河北省的部分地区。同时，河北省在“十二五”规划制定过程中把“服务首都”作为发展思路之一，并配合首都圈建设出台“环首都经济圈”建设计划。将以分布在北京周边的廊坊、张家口、承德和保定 4 个市的主城区为核心，13 个县为主体，建设环绕北京的新城和特色功能区，拉大城镇框架，吸引人口聚集。河北省计划融资 200 亿元，推进京涿、京廊、京固等城市轻轨建设，加快进京、环京高速公路网建设，打造10分钟至半小时交通圈，构建与首都一体化的交通体系。同时，加快通讯基础设施建设，移动通信、固话通信加紧与北京联网、同网改造，在2010年年底实现13个县改用北京010区号。与北京同河北的火热来往相比，天津与北京的关系仍然不愠不火，自京津城际高铁建成之后在区域合作方面鲜有大动作，天津与河北的关系也还停留在以生态合作为主的层面上。如果保持这种发展态势，天津在京津冀区域合作中的地位很可能边缘化，天津建设国际港口城市和北方经济中心所需要的强大区域支撑体系也难以获得。

第二，天津现代服务业的发展空间将受到北京的挤压。作为进入后工业化发展阶段的重要标志，以现代服务业为主的第三产业已经成为北京经济社会发展的主导产业，在产业结构中的比重超过70%。在建设世界城市的过程中，北京将坚持把现代服务业作为经济社会发展的首要支柱产业，并且要把现代服务业的发展方向从成长期的规模扩张转向成熟期的实力提升。与北京相比，天津的现代服务业发展明显滞后，由于经济社会发展尚处于工业化后期阶段，以现代服务业为主的第三产业在天津产业结构中的比重还低于以现代制造业为主的第二产业，现代服务业在经济社会发展中的支柱地位还不够显著。在一定时期内，天津的现代服务业发展还仍处于以规模扩张为主的成长阶段。作为与其他产业最大的差别之一，现代服务业的生产地与市场难以分离，服务对象和销售市场大都局限在生产地周边地区。同在京津冀地区，处于成长期的天津的现代服务业要与已经进入到成熟期的北京的现代服务业争夺市场，必然会处于劣势。近年来天津现代服务业发展的实践也证明，在总部经济、金融业、物流业、文化产业等诸多产业领域，天津越来越感受到北京的竞争和挤压。而天津拥有着公路、铁路、港口、航空等交通资源，拥有着第二产业中的重化工业基地，滨海新区作为支撑天津经济发展的功能新区，拥有高新技术产业发展基础，又拥有着金融改革试验基地的宝贵资源，因此，天津具有发展第三产业中的生产性服务业的优势，尤其是物流业、金融业、信息咨询业、技术服务业等。“十二五”时期，天津现代服务业的发展要实现从成长期到成熟期的蜕变。要成为天津经济社会发展的首要支柱产业，必须要处理好这个问题，一方面，促进天津市内生产制造业的建设和发展，提高天津市内的产业关联度；另一方面，天津欲成为环渤海区域经济中心，应依托“制造业基地”的优势，抓住“生产性服务业”这一先机，并将服务业的视角定位于整个环渤海区域，并扩散天津在环渤海区域内的影响力、提升天津的在环渤海经济圈内的重要地位。

第三，天津实现率先发展的政策推动力有可能被减弱。“十一五”时期，天津的经济社会发展取得了巨大的成就。虽然主要原因在于天津自身的努力奋斗，但是国家政策支持的推动作用也不容忽视。国务院在对北京的功能定位中不再提及“经济中心”，而将天津定位为北方经济中心，生产力布局向天津重点倾斜，大批大项目好项目落户天津。滨海新区的开发开放被上升为国家战略，综合配套改革试验区的设立更赋予了天津在改革开放事业中先行先试的权利。“十二五”时期，为了推动北京世界城市的建设，国家必定会出台相关政策进行支持，北京也会主动向国家寻求更多的政策扶持。而国家扶持北京建设世界城市政策的出台，必然会引发京津冀地区现行区域经济发展战略的调整，历经7年之久的《京津冀都市圈区域规划》迟迟未予以公布就是典型例证。随着区域经济发展战略的调整，京津冀地区的区域经济关系也将发生改变，北京的中心地位将得到巩固甚至进一步提升，而天津在“十一五”时刚有提升的区域地位很有可能出现下滑，重新沦为北京的从属，天津“十二五”时期实现率先发展的政策推动力将被减弱。对此，天津必须要有理性的认识和充分的准备。

第四，产业链条不够完善，天津在产业链条中的地位和作用需要提升。按照以上对“十二五”期间产业发展的预测，天津将在通讯设备、计算机制造业、钢铁、装备制造业、医药制造等产业链条中拥有研发和生产的重要地位。而在航空航天、汽车等产业天津仅作为生产、组装性基地，产业附加值较低，远没有形成技术研发、生产、加工、销售完整的产业链条。同时，除了航空航天、钢铁等产业外，其他产业中大型企业较少进入，中小企业发展缓慢，这也阻碍了天津产业集群优势的发展。基于这一特点，天津应该拉长优势产业的产业链条，向“微笑曲线”的两端发展，重视对于完整的产业价值链的建设，吸收引进大型企业，鼓励大型企业的科技研发项目，鼓励科研成果向市场化的转化，按照具体产业特性发展完善产业链条，以在“十二五”期间占据产业发展优势，形成产业集群优势。

四、提升天津产业竞争力的战略举措

“十二五”期间，应对京津冀都市圈发展的新格局，天津需更加积极主动的把握区域合作的主动权，实施区域经济“包容式”发展战略，大力推动国际港口城市、北方生态中心和生态城市建设，推动滨海新区的开发，体现天津作为京津冀对外窗口的重要地位和作用。同时，产业视角下提升天津的地位面临着两大严峻的任务，从产业结构上讲，天津须将第三产业尤其是金融、物流等生产性服务业做大做强，且围绕以天津为中心的环渤海区域的第二产业发展而发展，实现产业结构上的优化；天津第二产业中的优势产业须做大做强，如石化、冶金、航空航天、装备制造等，提升天津的“硬”实力，为吸引优质、高端生产要素奠定基础，为生产性服务业的发展奠定基础；从各个产业自身发展状况来讲，“十二五”期间天津应主要实施产业错位发展，大力支持发展潜力大、竞争压力小、产品附加值高的产业、产品。

（一）应对“十二五”新形势，把握天津发展的新战略

第一，更加积极主动的推动京津冀区域一体化进程，把握区域合作的主动权。北京建设世界城市战略举措的实施，必将对京津冀的区域经济发展产生重要的影响。京津冀区域一体化进程将明显加快，区域经济关系将发生新的调整，区域经济格局将发生新的变化。天津只有积极主动的参与到这个过程中，才能在调整与变化中占据先进、把握主动权。一方面，天津要加强与北京的合作，以京津城际高铁为依托，扩大和深化京津“同城效应”，主动承接北京的部分产业扩散和功能转移；另一方面，天津要加强与河北的合作，将河北作为天津重要的集聚来源和扩散目标，通过津冀联合实现与北京的协调和融合。另外，如果天津能够主导促成京津冀省市长联席会议制度的建立，也必将增强天津在京津冀地区的影响力和话语权。

第二，实施区域经济的包容式发展战略，促进京津冀地区的融合发展。在区域经济发展的过程中，区域竞争与区域合作的博弈左右着区域一体化的进程。在区域竞争客观存在、不可能消除的情况下，京津冀的区域一体化要以区域合作包容区域竞争，通过区域合作的向心力抵消区域竞争的离心力。天津应该实施、并在京津冀地区倡导实施区域经济的包容式发展战略。一方面，推动错位发展向互补发展的转变，在产业选择上不是被动的“躲避”而是主动的“补充”，在城市功能定位上将天津的北方经济中心、国际港口城市和北京的世界城市构建为一个城市建设体系；另一方面，推动首都圈、京津冀地区和环渤海经济圈的协调发展，北京的首都圈建设是“从内向外”推动京津冀的区域一体化，天津则可以通过环渤海经济圈的建设为京津冀的区域一体化增加外部动力。

第三，大力推动国际港口城市、北方经济中心和生态城市建设。北京建设世界城市目标的实现需要强大的区域支撑体系，虽然目前京冀合作进入蜜月期，但是由于京冀间巨大发展差距的存在，北京建设世界城市所需要的更多支撑还是要由天津提供，而天津也可以在为北京提供支撑的过程中实现国家赋予的城市功能定位。通过大力推动国际港口城市建设，天津可以为北京提供港口和物流支撑，同时促进自身的现代服务业发展；通过大力推动北方经济中心建设，天津可以分担北京的部分经济功能、承接北京的部分产业转移，同时促进自身经济综合实力的提升；通过大力推动生态城市建设，天津可以分流北京日益膨胀的部分人口压力，同时促进自身的人才集聚，为城市创新体系的构建提供人力资本支撑。

第四，加快滨海新区开发开放，为天津未来建设世界城市积蓄能量。从长远

看，随着综合国力的不断增强和国际地位的不断提高，我国拥有的世界城市的数量必将增加，在北京、上海和香港之外，高速发展的天津必将占据一席之地。在实现国际港口城市、北方经济中心和生态城市的建设目标之后，世界城市必将成为天津新的发展目标，而滨海新区的快速发展则是天津实现建设世界城市远景目标的重要动力。一方面，通过综合配套改革试验为北京建设世界城市探索路径、方法和模式，可以为天津未来建设世界城市积累经验；另一方面，通过滨海新区的科学发展和谐发展率先发展，可以为天津未来建设世界城市奠定坚实的发展基础。因此，必须要加快滨海新区的开发开放，在为北京建设世界城市服务的同时为天津未来建设世界城市积蓄能量。

（二）提升第三产业地位，优化天津产业结构

“十二五”期间，提升天津的第三产业比重、促进生产性服务业与环渤海内第二产业发展互动发展，是天津发展的必由之路。

1. 打造区域金融中心的战略选择

金融是现代经济的核心，经济中心的地位在一定程度上取决于中心城市的金融地位。中国崛起过程中需要多个金融中心。OTC 落地预热、北京金融街东扩、天津于家堡金融城规划动工，京津金融布局变动将“天津金融中心”问题再次凸显。尽管京津学者都在谈“京津双极驱动、资源高端整合”，但在金融中心问题上仍有很大分歧。从现实看，天津的金融总量与金融控制能力不仅与国际上的金融中心不可同语，与京、沪相比也存在相当大差距。

北京座拥“一行一局三会”（央行、外汇管理局和银监会、证监会、保监会）及三家政策性银行、八家商业银行和邮政储蓄银行的总部，集中了 60% 的中国银行业务，80% 的货币资金调动总量，70% 的保险业务。仅北京人民银行的人民币清算业务即占全国的 38%，外汇清算占全国的 50%。金融业占北京市 GDP 总量的 12.5%。

上海是中国资本市场最集中、金融市场体系最完善的城市，拥有国内最大的证券交易所、同业拆借市场、外汇交易市场、票据贴现市场、证券和保险市场，住房抵押市场、商品期货市场、白银市场（甚至黄金市场）等。以浦东为中心聚集了 3 300 多家金融机构，年创造 GDP 占上海 GDP 的 15%，形成了以资本、货币、外汇、保险和再保险、商品期货、金融期货、黄金、产权交易为主要内容的金融市场体系。

天津所面临的首先是在金融资源总量上的两个先天不足：一是受地域局限，金融总量和规模较低，聚集能力不足；二是京津处同一区域，一直存在资源竞争及北京对天津的单向吸附。

尽管北京—上海—香港三个城市构成了中国金融中心的基本架构，但并不意味着天津已失去成为第四个中心的可能。天津作为金融中心的依据是：第一，历史上天津曾是最重要的金融中心，其基础条件今天依然存在。使天津地位凹陷的成因，既与全国的金融布局有关，也与天津与北京在金融发展思路上没有形成区域共识有关。北京的强势并没有为两地金融发展提供足够的空间，反而导致区域金融弱化。第二，天津具备国际金融中心城市的两大基本要素——现代制造业基地和进出口贸易聚集的港口城市。第三，伴随服务业的开放和国际资本的流动，滨海开发不仅会集聚国际投资，也将吸引各类国际金融资本的进入和流转。

天津与北京是京津冀一体化的两个龙头，从地理联系到区位优势在世界上都是极少有的，而在交通上的无障碍率先连接，为两城之间联袂发展奠定了基础。两市资源高端整合，实现双极驱动、错位发展、功能互补的战略已在探索推进。这使我们看到集两地资源优势联手打造金融中心的可能。

尽管强调京津两地资源的统筹布局高端整合，但对天津而言，发展金融的思路仍要突出重点、注重特色，用足滨海开发开放的政策，争取在短期内形成重大突破，通过金融资源的快速聚集来构建天津滨海金融中心的标志性产业或交易市场，实现金融改革示范中心的功能。

既然天津目前还不具有金融强势，金融总量在短期内也不可能大规模提升，那为什么要坚持推进金融中心战略呢？因为，天津未来的发展需要金融中心。若不能持之不渝地全力推进，国际金融中心的排名中就永远不会有天津的位置，不仅与上海，甚至与深圳、武汉、重庆的差距都会拉大。天津在金融领域的发展弱势，会导致国内外资本的转移和外流，滨海开发的金融依托将会松动和弱化。

参考国际金融中心的形成路径与模式，天津金融中心的谋略与定位为：打造一个后台服务系统，培育三个功能中心，做强四个特色优势，用足中央政策，构建最具创新活力的金融中心。

第一，打造以金融信息服务为核心能力的后台服务系统。通过银行金融信息服务的创新对接各类金融总部，使天津成为以金融总部提供信息服务、安全保障、高端人才培训及政策研究为特色的金融中心。

第二，培育股权基金、金融保险服务、票据交易三大中心。即依托融洽会平台，构建国际股权基金中心；依托保税区和东疆保税港建立金融保险服务中心；依托京津资源整合优势，建立跨国公司交易结算中心。

第三，突出四大优势特色，构建有创新活力的国际金融中心。天津须放弃全面推进战略，而应做强特色、放大优势，以重点突破带动总体提升，以创新开拓确定优势地位。尽快形成滨海金融中心的四个特色优势：以服务金融总部为特色的金融产业优势、以产业基金为重点的金融聚集优势、以综合配套改革实验区为基础的政策优势、以金融创新为先导的金融发展优势。

金融业应成为天津支柱产业，到“十二五”末期基本确立金融在天津经济发展和城市功能中的核心作用，金融业增加值占GDP比重在13%左右，提高金融对经济的贡献度，提高资本市场在经济发展中的作用和与企业发展联系，改善直接融资和间接融资比例，扩大直接融资数量，形成比较完善的中外资机构和中介服务机构相对集聚地区，成为中小企业和民营企业资金的供需中心和服务中心。

同时，加强天津金融中心与其他国际金融中心的合作。一是建立金融业务交易市场，加强与周边地区和国内其他金融中心的合作。二是加强与日、韩、新加坡和欧美等国的金融合作，实现资本的国际流通和全方位扩大对外开放，借助外力加快天津区域性金融中心的建设。

2. 以物流产业整合再生产网络、服务区域经济

物流产业是促进和支撑天津、环渤海地区第二产业发展的生产性服务业之一。到“十二五”末期，应基本确立物流产业在天津经济发展和城市功能中的地位，提高物流产业对经济的贡献度，建成“临港工业区”，实行“生产制造”产业与生产性服务业的联合效应。

第一，立足于整个环渤海产业发展特色，发展与之相配套的物流产业，形成第三产业、第二产业互动发展的局面。利用区域内各省市的产业优势和产业特点发展与之相配套的物流产业，形成与装备制造业、石化产业等优势产业相关的物流业的集聚效应。

第二，依托京津城际铁路，实现物流资源共享，不断完善天津港口功能。滨海新区将建设成为现代化制造业研发转化基地，发挥临海优势和港口优势，打造北方国际航运中心和国际物流中心，形成大开发、大开放的格局，这为港口功能的提升提供了一个很好的发展机遇。天津港作为打造北方国际航运中心和国际物流中心的核心载体，通过“十大工程”的建设使得港口功能进一步完善，通过东疆保税港区的建设，充分争取和利用国家的优惠政策，增强天津港的国际中转特别是对中西亚地区的中转功能。

第三，强化区域间的组织协调，营造现代物流发展的体制政策环境。现代物流是一种高效率的、集成性的物流活动，它要求相关的各个要素、环节彼此按照市场需求连接成一体，形成整体运动。根据现代物流产业的这个特点，天津应与其他地区协同发展，积极地参与建立环渤海现代物流发展协调机制，统一规划环渤海区域物流体系的建立与完善，加快区域物流信息平台的建设，尽快实现区域“通关一体化”，引导与鼓励地区间物流区域的跨地区合作与联盟。

（三）做强做大第二产业，提升天津竞争实力

目前，天津的石化、装备制造、电子信息产业、冶金产业、航空航天产业处

于不同的发展时期，也为提升天津的地位承担着不同的作用。作为身处环渤海区域的天津，面临着第二产业竞争压力较大的局面，做强做大第二产业势必成为提升天津竞争实力、提升天津地位的途径和方法。同时，作为生产性服务业的发展基础，天津的第二产业还承担着托起第三产业的任务。

第二产业将在"十二五"期间模式完成五个转变：发展模式由总量扩张向产业提升、结构优化转变；发展方式由集聚大项目、大产业向构筑大市场网络转变；发展驱动由靠要素投入向靠要素效率和创新效率转变；产业主体由"中央军团"向"三大军团"（央企、外企、民企）转变；发展格局由滨海新区突破引领向城乡良性互动、科学协调发展转变。

在产业发展取向上，一方面，要延伸和完善现有的产业链，现代制造业体系构建从上游能源供给、产品设计、生产流程设计到生产制造，再到下游产品营销、物流等的完整产业链。产业向上游延伸时要重视参与或掌握新兴产业的技术研发、标准制定权、投入要素定价权，同时在产品进入制造之前要具备高水平的研发、设计、管理的相关配套能力。另一方面，产业向下游延伸，以现代制造业为依托大力发展现代生产性服务业，推动物流、金融等服务业市场网络的形成和完善。

1. 发展石化产业中的优势业务，拓宽天津石化产业领域

第一，积极引进石化企业、壮大天津石化产业。天津的石化产业在规模上不具有明显优势，通过制定相应的政策、降低石化企业投资天津的成本，大力引进石化企业入驻滨海新区，壮大石化产业，从产业规模上提高石化产业的竞争力。吸引大项目或龙头企业入驻园区。

第二，大力发展石化产业中优势行业、增强产业竞争力。天然气、原油、烧碱、硫酸、聚氯乙烯、涂料、轮胎外胎、聚酯、初级形态塑料、塑料制品等行业在国内具有一定的行业优势，要充分挖掘优势行业的优势，增加对优势石化行业的支持力度，进一步优势石化行业的市场竞争力。

第三，加大石化产业科研投入、推动石化产品升级。产业的竞争力依靠企业，企业的竞争力依靠产品，产品竞争的实质是科技实力的竞争。随着我国经济发展模式由出口拉动型转向内需拉动型，开发国内市场和适销对路的产品是天津石化产业发展的关键。这一切都需要增加科研投入，以推动石化产品升级，抢占石化行业制高点。

第四，利用冀东大油田开发机遇，推动石油加工基地发展。冀东大油田地处环渤海区域的核心位置，其大开发使原油供应直接辐射到包括天津在内的环渤海省市，还可以为全国各地提供新的原油供应渠道。积极利用冀东大油田开发的契机，调整产业结构，促进石化产业的换代升级，使天津成为环渤海石化产业重要加工基地。

2. 重点发展装备制造业，提升优势产业竞争力

在装备制造业拥有相对较为完善的产业链条的基础上将重点放在提升价值链高端优势、完善产业价值链上。到“十二五”末期，确立装备制造业在天津经济发展和城市功能中的作用、环渤海新区的核心产业的作用，建立装备制造业的产业集群效应，实现对其他产业的带动。

首先，要利用行业比较优势，加大发展力度。天津市的装备制造业的通信设备、计算机及其他电子设备制造业、交通运输设备制造业和金属制品业在环渤海区域内具有一定的行业比较优势，在今后的发展中，应更好地利用行业比较优势，加大对这三个细化行业的发展力度，争取在现有的基础上形成更大一批具有产业竞争力的产业集群，吸引更多的相关企业向天津地区集聚。

其次，落实国家调整振兴规划，推进装备自主化。装备自主化是国家这次装备制造业调整振兴规划中最大的亮点。为推进装备自主化，要依托高效清洁发电、特高压输变电、煤矿与金属矿采掘、天然气管道输送和液化储运、高速铁路、城市轨道交通等领域的重点工程，有针对性地实现重点产品国内制造。结合钢铁、汽车等大产业的重点项目，提高装备自主化程度。

再其次，加大关键零部件的研发生产。关键的基础零部件是我国装备制造业发展的“短板”。国家装备制造业调整振兴规划把对基础零部件的要求从之前的“主机带动零部件行业发展”转变为了“坚持整机发展与基础配套水平提升相结合”，基础零部件首次被放在了非常重要的位置。天津应该抓住目前国内的这个“短板”，加大关键零部件的研发与生产，通过引进、消化、吸收和产学研相结合的方式，开发一批具有国际先进水平的关键基础零部件的生产装备。

最后，优化产品结构，着力发展现代制造服务业。优化产品结构，提高创新能力，发展装备制造服务业是做大做强装备制造业的有效途径。现代制造服务业属于生产性服务业，增值服务是其重要内容，开展增值服务是航空航天、机械制造业转型升级的重要途径。

3. 大力发展航空航天产业，带动天津产业优化发展

首先，应加大航天产业体制创新、拓展产业空间。根据航天产业的自身特点，发挥其对相关产业的带动作用，打破其体制壁垒，避免“体内循环”。通过“军转民”和“军民一体化”的互动交流与合作，构建天津航天产业新体制。鼓励引导民用部门的相关科研、生产单位进入航天科技的研发、生产与技术推广，促进民用部门整体研发能力的提升和体制的转换。另外，应借助航天项目落地滨海之机，加大航天产业项目合作。应加强与其在津注册的“航天长征技术”、“航天长征火箭制造”、“航天液压装备长征技术”等公司的商业合作，通过产业链延伸和核心技术向民用产品的拓展转化，为天津航天产业发展拓展更大空间。加大与周边地区的合作力度，获得配套产业支撑，完善产业链。航空工业是一个产业链相当长的产业，需要庞大的配套产业群支撑。天津应争取在航空航天产业中技术更为密集、附加价值更高的飞机与火箭发动机制造领域取得突破，并积极进入机载设备及武器系统、空港与航天中心地面设备等领域，形成较为完整的航空航天产业链。

其次，以优惠政策引导航天业功能性项目集聚发展。航空制造产业是一个需要有规模效应的产业，引领产业链上游和下游的企业进行生产。尤其航空制造产业中的整机总装、机载系统集成等，只有作为行业核心和龙头的主制造商，才能具有这样的技术和实力。因此天津应该在航空制造产业发展初期就开始积极采取配套的优惠政策，争取主制造商的入驻，这必将极大地促进产业群的快速形成，加速其发展升级。同时要把分布在北京、陕西、山西、成都等地的航天业功能性项目进行分析排队，并制定相应的引进规划和吸引政策措施，促进其向天津的转移、集聚。一是借鉴上海浦东新区的做法，对航天产业园开发的新产品进行15%左右的所得税退税，有效调动企业进行研发创新的积极性；二是通过财政支持、人才吸引等方式集聚航天专家推进天津的航天业的研发、产业化及科教、科普等服务。

再次，培育航天产业和服务业融合的新增长点。加快航天产业和服务业的融合，从科教、旅游、展览、出版等多角度培育和弘扬航天文化，发展航天展览展示业。借鉴美国休斯敦航天城发展的有益经验，规划建设航天主题公园和航天展示馆，形成以航天科技为特色的专业性旅游，丰富滨海新区的旅游资源和人文底蕴。发展航天科普业，建立航天科普书籍、音像出版基地，举办航天夏令营和航模设计大赛，使天津成为全国航天科技教育的重要基地。利用京津机场功能的互补错位，带动发展天津航空物流产业。京津之间航空货物可以在一地一次性报关检验。北京航空货物可以在天津机场方便、快捷的进出，京津两地之间已建立了货物大通关通道。

最后，打造航天产业公共服务平台和人才集聚平台。加快航天科技向民用技术的转化，通过航天产业链延伸和核心技术拓展开拓具有广阔市场前景的民用产品。同时注重优化转化环境，包括创新环境和服务环境。建立支撑航天产业的投资基金，为航天科技成果转化和航天技术的二次开发提供市场推介、股权融资、股权托管等全方位的投融资服务。在人才集聚方面要把握航天项目落地和战略转移的机遇，吸引高水平研发机构在津落户，如承接新一代运载火箭航天产业基地建设的中国运载火箭技术研究院，其拥有 8 个专业研究所和 10 多个产研一体化基地（公司），1 万多名高级工程技术人员。在项目落地的同时积极构建人才服务机构，制定航天人才及其家属的落户政策、加大航天专业培训和交流、以带动航天人才和研究院所的集聚。

4. 推进电子信息产业集群与创新网络形成

第一，积极发展电子信息产业集群，推动产业结构升级。以高新技术园区、西青开发区、微电子小区、武清逸仙园工业园区和市区老工业配套为重点的信息产业五大园区密集区为依托，形成了通信、集成电路、绿色电源、片式元器件、显示器、数字视听产品、汽车电子、电真空器件、软件、配套加工等十大专业产业园。

第二，重点发展优势行业、大力提高行业竞争力。推动滨海新区电子通讯产业发展，使其成为以移动通讯、微电子、汽车电子、显示器、电子元器件和家庭视听设备等重点产品生产及配套的电子信息产业制造和研发中心。

第三，加速环渤海地区产业融合，提高天津电子信息产业制造、研发的中心地位。五省市都把发展电子信息产业作为经济发展的重点产业。建立区域发展电子信息产业规划，推动地区电子信息产业快速发展，尤其是地区电子信息产业技术、制造、研发合作机制，提高产业的整体竞争力。

第四，大力发展软件行业，积极承接国际软件外包业务。天津软件产业2008年实现业务收入155.4亿元，比上年增长30%，其中软件产品收入增长205%，系统集成收入增长78%，软件技术服务收入增长111%，软件服务外包收入增长183%，实现增加值37.5亿元，增长200%。软件行业增长速度快，吸引就业量较大、收入增长迅速，是天津信息产业重点发展的对象。

5. 强化冶金产业优势，充分利用区域内优质资源

环渤海地区冶金业基础雄厚，产出总量居全国前茅，河北、山东、辽宁都有是冶金工业大省，拥有一批大型钢铁冶金企业。天津位于环渤海地区中心，冶金产业的发展要进一步延伸产业链，积极开发环渤海地区的资源优势、加强与其他省市的合作。一方面积极吸引其他省市冶金企业入驻天津，做大做强冶金产业；另一方面加大对冶金业科技投入，推动新产品开发。同时强化运输、物流、交易等服务功能，把天津建设成区域冶金产品生产中心、服务中心、交易中心。

第十四章

区域竞合：河北省产业结构发展战略选择

一、区域多极发展下的各省市经济特征

辽宁省于2004年提出沿海经济带开发建设战略，2005年河北省曹妃甸被列入国家首批循环经济试点园区，2006年又被列入国家“十一五”发展规划，同年天津滨海新区的开发开放上升为国家战略。2009年《辽宁沿海经济带发展规划》、《黄河三角洲高效生态经济区发展规划》正式批复，2010年4月6日沈阳经济区列为国家综合配套改革试验区，环渤海经济圈多极化发展格局初步显现。

（一）各省市经济状况及产业结构特征

目前，环渤海经济区内的京津冀、辽宁、山东各省市凭借厚实的发展基础，已经形成各自的经济发展重心，经济增长速度十分迅猛，显现出巨大活力，环渤海经济圈将成为中国未来最有发展潜力的地区。

1. 北京市

面对日益严峻的水土资源和能源的制约以及人口与环境压力不断加大，北京市明确“国家首都、国际城市、文化名城和宜居城市”新的城市定位，提出和有效实施“三个北京”发展战略，进一步明确了北京市未来的发展方向：发挥历史文化优势，着重发展文化创意产业、总部经济和现代高端服务业。2009年北京市金融业、服务业等多项振兴规划的实施以及中关村国家自主创新示范区建设，整合首都优势资源，增强了北京市的产业发展后劲，为北京市经济发展注入

表 14.1　　　　2009 年全国及环渤海各省市主要经济指标

	地区生产总值（亿元）	人均生产总值（元）	社会固定资产投资（亿元）	社会消费品零售总额（亿元）	进出口总额（亿美元）	出口（亿美元）	实际利用外资（亿美元）	常住人口（万人）	城镇居民人均可支配收入（元）	农民人均纯收入（元）
河北	17 026.6 10.0%	24 283 9.3%	12 310.5 38.4%	5 764.9 18.1%	296.1 22.9%	156.9 34.6%	36.9 1.6%	7 034.4	14 718 9.5%	5 150 7.4%
北京	11 865.9 10.1%	68 788 6.2%	4 858.4 26.2%	5 309.9 15.7%	2 147.6 20.9%	483.6 15.9%	61.2 0.6%	1 755	26 738 8.1%	11 986 11.5%
天津	7 500.80 16.5%	62 403 11.1%	5 006.32 47.1%	10 678.91 13.1%	639.44 20.6%	299.85 29.0%	90.20 21.6%	1 228.16	21 430 10.3%	10 675 10.4%
山东	33 805.3 11.9%	35 796 11.3%	19 031.0 23.3%	12 363.0 19.1%	1 386.0 12.4%	795.6 14.6%	80.1 2.3%	9 470.3	17 811 9.2%	6 119 8.5%
辽宁	15 065.6 13.1%	34 882	13 074.9 30.5%	5 812.6 18.2%	629.2 13.1%	334.4 20.5%	154.4 28.5%	4 319	15 761 9.5%	5 958 6.8%
全国	335 353 8.7%	25 125	224 846 30.1%	125 343 15.5%	22 072 13.9%	12 017 16.0%	900 2.6%	133 474	17 175 9.8%	5 153 8.5%

资料来源：根据 2009 年全国和各省国民经济和社会发展统计公报整理得出。

新的活力。2010 年一季度，全市实现地区生产总值 3 117 亿元，比上年同期增长 14.9%。农业生产形势稳定，都市型现代农业发展态势良好，农业观光园和民俗旅游分别实现收入 1.8 亿元和 0.5 亿元。工业生产增长加快，交通运输设备、通信设备、计算机及其他电子设备、专用设备以及汽车制造业带动作用突出。三产保持较快增长，其中文化、体育和娱乐业，批发与零售业，租赁和商务服务业增长较快，分别增长 35.6%、32% 和 21%。一季度全市完成全社会固定资产投资 710.5 亿元，同比增长 34.3%；第三产业完成投资 648.1 亿元，增长 37.3%。对外贸易中电子通信类商品出口增长较快，进口的能源类大宗商品快速增长，其中原油进口增长 45.6%。一季度全市完成地方财政一般预算收入 602.9 亿元，同比增长 39.6%，增幅较上年全年提高 29.3 个百分点①。

2. 天津市

天津滨海新区位于环渤海经济圈的中心地带，是亚欧大陆桥最近的东部起点，也是中国邻近内陆国家的重要出海口。2009 年天津市撤销塘沽区、汉沽区、

① 数据根据北京市统计局公布的北京市 2010 年 1 季度经济运行情况整理得出。

大港区3区合并为滨海新区的行政区域，这一重大改革措施对于进一步加快滨海新区开发开放有重要意义，有利于提高京津冀及环渤海区域竞争力。2009年，天津市固定资产投资突破5 000亿元，相当于“九五”时期的两倍、“十五”时期的总和。2010年1～2月，装备制造、石油开采、文教卫体等投资分别增长46.4%、77.8%和1.3倍，投资结构进一步改善。金融业健康发展，融资总额超过3 000亿元，为基础设施和重大项目建设提供了资金支持。工业增加值增长22%，拉动全市经济增长10个百分点。航空航天、石油化工、装备制造、电子信息、生物医药、新能源新材料、国防科技、轻工纺织八大优势支柱产业初步形成，占工业比重超过90%。[①] 自主创新能力进一步提高，55项重大产业化项目全面启动，基本建成12个国家级科技创新平台，国家级企业技术中心达到24个。服务业增加值增长15%，批发零售业活跃，旅游业、现代物流、服务外包、中介咨询等发展迅速。中心城区的总部经济、楼宇经济、创意产业等现代服务业取得新进展。农业标准化体系逐步完善，2009年新增无公害种植面积60万亩，农业科技进步贡献率达到60%。优化资源配置，推进集约发展，整合设立了31个区县示范工业园区，截至2010年2月底，累计签约项目546个，总投资1 478亿元。

3. 河北省

2006年河北省提出了建设“沿海经济社会发展强省”的核心战略及目标。环京津高新技术产业带重点培育壮大装备制造、新能源、新材料、生物医药、纺织服装、食品加工、汽车及零部件、文化创意、电子信息、旅游会展等高增长产业，成为华北重要的现代制造产业带和技术创新及扩散连接带，成为面向京津的现代物流走廊。随着首钢的东迁和曹妃甸大港的建设，京东工业带以钢铁、建材、机械装备制造、化工等工业为主导产业。环首都山区通过山区生态重建与科技示范，大力发展精品果业及精深加工业，建设高效设施农业、太阳能、风能等产业，把环首都山区建成四季常绿的生态花园。2009年，河北省年生产总值增长10%，全部财政收入增长10.6%，全社会固定资产投资增速38.4%，居全国前列，在环渤海区域内仅次于北京、天津，远高于山东、辽宁省和全国平均水平。[②] 工业生产增速逐步加快，规模以上工业增加值增长13%以上。投资结构不断优化，2009年1～11月份，服务业、装备制造业、高新技术产业的投资同比分别增长66.3%、41.2%和48.5%，铁路、公路、港口等基础设施投资为多年来力度最大。消费需求稳定增长，社会消费品零售总额5 765亿元左右，增长18%。基础设施完成投资2 500亿元、增长56%。粮食总产量达到2 910万吨，

① 数据来源：《2010年1至2月天津市经济运行呈现六大特点》，人民网，2010年3月30日。

② 数据根据中国统计局网站公布的《河北省2009年国民经济和社会发展统计公报》整理得出。

连续6年获得丰收。城乡居民收入稳步增长，预计全省城镇居民人均可支配收入14 718元，农民人均纯收入5 150元，分别增长9.7%和7.4%。[①]

4. 山东省

近年来，山东省一方面着力打造山东半岛蓝色经济区，重点支持海洋高科技研发、海洋优势产业、临海高技术产业和新兴产业发展。另外，全力推进黄河三角洲高效生态经济区建设，根据总体功能定位，依托东营、滨州、潍北和莱州四大临港产业区，加快发展高效生态农业、环境友好型工业和现代服务业。同时，山东省还扎实推进胶东半岛高端产业聚集区、省会济南和鲁南临港产业带建设。2009年，山东小麦、玉米实现连续7年增产，蔬菜、果品、水产品、畜产品等高效特色农业产量平稳增长，农产品出口97.7亿美元。通过制定实施10个重点产业调整振兴规划、40个特色产业调整振兴意见和13个新兴产业加快发展的指导意见以及扶持工业发展的22条政策措施，全年实现规模以上工业增加值18 847.8亿元，增长14.9%。高新技术产业产值占规模以上工业的比重达到32.9%，提高2.2个百分点。2009年度，获国家科技奖励33项，其中国家技术发明一等奖1项，国家科技进步一等奖2项，获奖数量和质量居各省区市前茅。2010年第一季度，服务业投资加快，增长27.2%，三次产业投资结构由上年同期的3.0∶54.9∶42.1调整为2.3∶53.0∶44.7[②]。

5. 辽宁省

辽宁沿海经济带既是东北地区唯一的沿海区域，也是东北地区的主要出海通道和对外开放的重要门户，更是国内外企业瞩目的投资热点区域。辽宁紧紧抓住沿海经济带上升为国家战略这一重大历史机遇，加速大连沿海核心城市建设和国际航运中心建设，加快沿海六市开发开放，一个沿着海岸线充满生机的城市带、经济带、旅游带开始形成。2009年，辽宁沿海经济带完成固定资产投资1 762亿元，基础设施建设投资407.1亿元，实现地区生产总值1 807.4亿元，财政收入251.7亿元。2010年4月6日沈阳经济区成为国家综合配套改革试验区，沈阳经济区将建成国家新型产业基地重要增长区，老工业基地体制机制创新先导区，资源型城市经济转型示范区，以新型工业化带动现代农业发展的先行区，节约资源、保护环境、和谐发展的生态文明区。突破辽西北战略不断取得进展，重大项目全面推进，产业集群迅速成长，生态建设初见成效。在三大战略推动下，辽宁对外开放不断扩大，全年实际利用外商直接投资154亿美元，增长28.5%，位居全国第三。三次产业加快发展，装备制造、钢铁、石化、农产品加工四大支柱

---

① 数据来源：《回望2009年河北：河北省万亿元投资担纲保增长重任》，《河北日报》2010年1月10日。

② 数据根据中国统计局网站公布的《山东省2009年国民经济和社会发展统计公报》整理得出。

产业引领工业增长。工业产业集群蓬勃发展，全省市级工业园区达到70个，县级工业园区44个。全年粮食产量达到318亿斤，蔬菜产量3 700万吨、水果产量560万吨、肉类产量410万吨。服务业发展步伐明显加快，服务业增加值达到5 829亿元，增长12.1%，高于全国3.2个百分点，为近十年来最高增速[①]。

（二）区域多极化发展对河北省产业结构的影响

目前，环渤海经济区已经进入一个新的发展阶段，形成了如天津滨海新区、河北曹妃甸新区、山东黄河三角洲、辽宁“五点一线”沿海经济带等多个发展亮点，多极化发展格局已成为环渤海区域内的一种新的发展态势。区域多极化对河北省三次产业的发展具有重要的影响。

1. 区域多极化发展对河北省第一产业的影响

河北省是农业生产大省，耕地面积占全国的5.29%，为全国第五位，农业资源和农产品丰富多样，农业生产具有多方面的竞争优势。

市场占有率是衡量一个区域经济竞争力大小的指标之一。本章采用该指标对环渤海区域内的河北省各产业竞争优势进行分析，并选用中国统计局网站中公布的河北省、北京、天津、山东、辽宁五省市各年度国民经济和社会发展统计公报中各产业增加值作为基础数据。

表14.2　　五省市第一产业区域竞争优势动态变化　　单位：亿元、%

地区	2001年		2003年		2007年		2009年	
	增加值	比重	增加值	比重	增加值	比重	增加值	比重
河北	914.1	16.39	1 064.3	15.00	1 971.2	14.22	2 218.9	13.03
北京	93	3.30	95.3	2.64	101.3	1.12	118.3	1.00
天津	78.56	4.30	89.7	3.76	102.86	2.05	131.01	1.75
山东	1 359.5	14.40	1 505.0	12.11	2 509.1	9.96	3 226.6	9.54
辽宁	545	10.83	622.5	10.37	1 178.4	10.69	1 414.9	9.39
全国	14 610	15.23	17 247	14.78	28 910	11.72	35 477	10.58

资料来源：中国统计局网站河北省、北京、天津、山东、辽宁五省市相关年份国民经济和社会发展统计公报。

由表14.2可以看出，2001～2009年中河北省第一产业所占比重由16.4%下降到13.0%，虽然有下降但仍高出全国平均水平，而环渤海经济圈内其他各省市均低于全

① 数据根据2010年1月22日公布的《2010年辽宁省人民政府工作报告》整理得出。

国平均水平，其中，2007 年、2009 年河北省第一产业所占比重均比上年略高，而北京、天津、山东以及全国均呈逐年下降趋势。从三省两市第一产业市场占有率的历年变化趋势来看，河北省第一产业市场占有率始终保持在 6% 以上。近几年来，河北省采取多项措施提升农业整体素质，农业发生了深刻的变化。《河北省 2009 年度国民经济和社会发展统计公报》显示，河北省粮食生产连续 6 年获得丰收，畜牧、蔬菜、果品三大优势产业带动作用明显，实现产值占农林牧渔业总产值的比重达 69.6%。

2. 区域多极化发展对河北省第二产业的影响

2009 年，河北省第二产业所占比重为 52.1%，经济增长主要是靠第二产业尤其是制造业的拉动。目前河北省已基本形成以煤炭、纺织、冶金、建材、化工、机械、电子、石油、轻工、医药等十大产业为主体，布局基本合理的资源加工结合型工业经济结构。工业生产中的一些行业和产品在全国居重要地位，其中纺织工业中的纱、布产量居全国第 4 位和第 5 位，印染、服装产量居全国第 6 位；建材工业中的卫生陶瓷、平板玻璃产量均居全国第 2 位；能源工业中的洗精煤、原煤、原油产量和发电量分别居全国第 1、6、7、4 位；化学、医药工业在全国占优势地位，其中位于省会石家庄市的华北制药集团是全国最大的抗菌素生产基地，青霉素产量居世界第 2 位。在环渤海经济区内河北省工业和建筑业市场占有率较高，始终保持在 5.5% 以上（见表 14.3）。河北是个钢铁大省，冶金工业中的钢和生铁产量居全国第 5 位和第 3 位，钢铁产量约占全国总产量的 20%。在推进钢铁产业结构战略性调整的基础上，河北省装备制造业发展迅速，具有较强的区域竞争优势。2009 年河北省装备制造业完成增加值 1 033.5 亿元，增长 17.2%，增速快于全省规模以上工业 3.8 个百分点，占规模以上工业的 16.4%，同比提高 2.7 个百分点，河北省力图把装备制造业培育成新的支柱产业。

表 14.3　　五省市第二产业区域竞争优势动态变化　　单位：亿元、%

地　区	2001 年		2003 年		2007 年		2009 年	
	增加值	比重	增加值	比重	增加值	比重	增加值	比重
河北	2 744.3	49.20	3 675.4	51.80	7 252.5	52.31	8 874.9	52.12
北京	1 063.7	37.75	1 298.5	35.95	2 479.3	27.53	2 743.1	23.12
天津	891.51	48.81	1 212.34	50.79	2 891.33	57.62	4 110.54	54.80
山东	4 654.5	49.32	6 650	53.50	14 773.4	57.07	19 035.0	56.31
辽宁	2 444.2	48.56	2 852.6	47.52	5 829.5	52.89	7 821.7	51.92
全国	49 069	51.15	61 778	52.94	121 381	49.22	156 958	46.80

资料来源：中国统计局网站河北省、北京、天津、山东、辽宁五省市相关年份国民经济和社会发展统计公报。

3. 区域多极化发展对河北省第三产业的影响

河北省第三产业一直低于全国平均水平，由于历史原因所形成的产业结构的惯性，重工业比重过高客观上影响了河北省现代服务业的发展，使得河北省现代服务业的比重远低于北京、天津等发达地区。2005 年，河北三大产业结构比例为 14.4∶52.6∶33，其中，三产比重居全国第 29 位，低于全国平均比重 6.5 个百分点。近年来，尽管河北省第三产业投资比重逐步上升，服务业也取得了发展。2008 年年末，全省共有产业活动单位 32.87 万个，其中，第三产业 23.43 万个。个体经营户 283.27 万户，其中，第三产业 230.02 万户。全省第二、三产业的从业人员数为 2 016.61 万人，其中，第三产业的从业人员为 1 017.90 万人。[①] 尽管如此，2009 年河北省第三产业比重为 34.9%，仍比 42.6% 全国平均水平低 7.7%，仍处于全国中下游水平，相比于第二产业而言，服务业的增幅较小，对经济发展的拉动力不强。服务业税收在全部税收收入中的比重不足 30%，且其中 80% 多来自批发零售、交通运输仓储及邮政等传统行业，现代和新兴服务业发展较慢，金融证券业、计算机软件及服务业、文化体育和娱乐业税收为负增长。[②]

表 14.4　　五省市第三产业区域竞争优势动态变化　　单位：亿元、%

地区	2001 年		2003 年		2007 年		2009 年	
	增加值	比重	增加值	比重	增加值	比重	增加值	比重
河北	1 919.3	34.41	2 355.7	33.20	4 639.8	33.47	5 932.8	34.84
北京	1 660.9	58.95	2 218.2	61.41	6 425.6	71.35	9 004.5	75.89
天津	856.6	46.89	1 084.9	45.45	2 024.09	40.33	3 259.25	43.45
山东	3 424.3	36.28	4 275	34.39	8 605.2	33.24	11 543.7	34.15
辽宁	2 043.9	40.61	2 527.4	42.11	4 013.8	36.42	5 829	38.69
全国	32 254	33.62	37 669	32.28	96 328	39.06	142 918	42.62

资料来源：中国统计局网站河北省、北京、天津、山东、辽宁五省市相关年份国民经济和社会发展统计公报。

（三）河北省产业结构的区域定位

河北省产业基础雄厚，第一产业和第二产业在区域内市场占有率较高，均在 5% 以上（见表 14.5）。目前河北省已基本形成以煤炭、纺织、冶金、建材、化

① 可参见河北省统计局：《河北省第二次经济普查主要数据公报（第一号）》，2010 年 1 月 28 日。

② 可参见民盟河北省委：《服务业，现代产业体系的重要支撑》，燕赵都市网，2010 年 1 月 11 日。

工、机械、电子、石油、轻工、医药等十大产业为主体，布局基本合理的资源加工结合型工业经济结构。

表 14.5　　2009 年环渤海区域三次产业竞争力比较　　单位：亿元、%

地区	第一产业		第二产业		第三产业	
	增加值	比重	增加值	比重	增加值	比重
河北	2 218.9	13.03	8 874.9	52.12	5 932.8	34.84
北京	118.3	1.00	2 743.1	23.12	9 004.5	75.89
天津	131.01	1.75	4 110.54	54.8	3 259.25	43.45
山东	3 226.6	9.54	19 035.0	56.31	11 543.7	34.15
辽宁	1 414.9	9.39	7 821.7	51.92	5 829	38.69
全国	35 477	10.58	156 958	46.8	142 918	42.62

资料来源：中国统计局网站河北省、北京、天津、山东、辽宁五省市 2009 年国民经济和社会发展统计公报。

在环渤海区域经济的发展中，北京、天津与河北显示出较强的差异性。北京重点发展第三产业以交通运输及邮电通信业、金融保险业、房地产业和批发零售及餐饮业为主。同时，北京发挥大学、科研机构、人才密集的优势，与高新技术产业园区、大型企业相结合，积极发展高新产业，以发展高端服务业为主，逐步转移低端制造业。北京新兴第三产业对河北省跨入工业化新阶段的现代制造业的集聚起了领航以及保驾护航作用，提高了京津冀区域竞争力。天津作为枢纽港通过铁路、高速公路等把河北省主要港口和以京津为核心腹地、以辽东和山东半岛为重要支撑的环渤海地区联系为一个整体。在现有加工制造业优势与港口优势基础上，定位为于大力发展电子信息、汽车、生物技术与现代医药、装备制造、新能源及环保设备等先进制造业；发展现代物流、现代商贸、金融保险、中介服务等现代服务业，适当发展大运量的临港重化工业。北京、天津和唐山之间由于铁路、公路、高速公路纵横交错成网，人员、物资交流频繁，经济相互关联度高，使各自经济发展实现快速健康增长，成为环渤海区域经济快速发展的“金三角”。河北 8 市定位在原材料重化工基地、现代化农业基地和重要的旅游休闲度假区域，也是京津高技术产业和先进制造业研发转化及加工配套基地。在第一产业中着重发展农业和牧业，为京津的“米袋子”和“菜篮子”。虽然目前京津冀之间在产业定位上仍存在一定交叉，但总的来看，相互间已逐步形成了合理产业分工，并具有一定产业梯度，为河北省与京津合理分工、加强协作奠定了良好的基础。因此，在京津冀区域内，河北省与京津之间合作大于竞争。

在多极化发展趋势下，环渤海各省市加速产业集聚升级，一体化程度将进一步加深。通过辽宁沿海经济带开发建设战略和沈阳经济区建设，东北经济振兴将为山东的家电、服装等工业产品提供巨大的消费市场；而京津地区的高科技人才和科研成果在河北、山东实现产业化；山东经济发展所需的钢铁、化工等工业原材料和机床等生产设备可由河北、东北重化工基地提供。同时，我们还应看到，长期以来，大规模、群体性和高强度资源开发，形成了河北省高度依赖资源的主体产业体系，长期与生态环境不和谐，导致河北省产业竞争力退化，在全国分工中处于低端地位，在环渤海区域内山东、辽宁相比处于不利地位。河北、山东和辽宁从经济结构看，所有制特征相似度较大，政府对资源的控制能力较强和对企业干预程度过大，导致三省产业结构趋于雷同且关联度小，难以在环渤海区域内形成三省之间科学的产业链和合理的分工体系。如区内大部分省市在过去都形成了自成体系的钢铁、化工、建材、电力、重型机械、汽车等传统行业，目前又都在竞相发展电子信息、生物制药、新材料等高新技术产业，三省之间的竞争之势不断加剧。在环渤海区域内，河北省、山东与辽宁省之间竞争大于合作。

二、区域竞合中河北省比较优势分析

比较优势有静态与动态之分。传统的比较优势理论属于静态比较优势，指的是现存的、已有的比较优势，是制定一个区域产业发展战略的基础；而动态比较优势指的是处于转换中的比较优势，强调通过产业升级、学习积累等经济活动创造本地区新的比较优势。

传统的比较优势理论以要素禀赋完全静态为假设前提，分析各国要素禀赋的差异，认为一国应依据自身要素禀赋的丰裕程度决定其在国际分工中的方向。该理论强调先天因素对比较优势的影响，且比较优势无法动态演变。这一理论在一定程度上证明了一国或地区运用比较优势发展经济可以提高社会福利。然而，当经济环境发生变化，静态比较优势理论假设前提发生变化的情况下，以比较优势理论为指导，执行比较优势战略的经济欠发达国家和地区却出现了贸易条件恶化和贫困化增长的现象，即陷入“比较优势陷阱”。由此可见，静态比较优势只是经济发展的有利因素之一，而不是经济发展的根本，不能对经济发展起决定性作用。因此，实现一个区域经济合作，并在竞争中保持有利地位的正确途径，应当是通过动态优势的积累，将没有比较优势的技术密集型、资本密集型产业在未来新的时点上转化为静态比较优势。

（一）河北省静态比较优势

一个区域的静态比较优势主要指的是该区域在区位、资源禀赋、劳动力资源和产业结构等方面所具有的比较优势，是在区域竞争与合作中谋求有利地位的基础条件。

1. 区位要素比较优势

（1）独特的地理区位。河北省中环京津，东临渤海，西联山西，南接鲁豫，北通蒙辽。西北部为山区、丘陵和高原，中部和东南部为广阔的平原。海岸线长487公里，总面积为187 693平方公里。河北省是环渤海经济圈的中心区域，在区域竞合中具有得天独厚的地缘优势。

（2）优越的商业区位。目前京津冀经济区内拥有近1.2亿消费群体，市场容量占全国大陆总量的10%以上，是全国市场容量最大的地区之一。2009年河北省社会消费品零售总额实现5 764.9亿元。河北是华东、华南和西南等区域连接“三北”（东北、西北、华北）地区的枢纽地带和商品流通的中转站，也是“三北”地区的重要出海通道。自古以来河北就是中国北方著名的商品集散地。省会石家庄拥有新华集贸、南三条等8个全国百强市场；辛集皮革、白沟箱包、清河羊绒等在全国乃至世界享誉盛名。

（3）便捷的交通区位。河北省是拥有全国、高速公路及国家、省际、县乡公路最密集的省份之一。15条主要铁路干线穿省而过，铁路货物周转量位居全国首位；拥有17条国家干线公路，公路货物周转量居全国第2位。2009年全省公路通车里程达到15.2万公里（包括村路），其中高速公路3 303.3公里。

河北航空和海运条件十分便利。石家庄正定国际机场是国家批准的国际航空口岸和民用机场，现已通航城市达到全国37个大中城市，周航班量1 018架次，并开通了石家庄至香港地区及俄罗斯等独联体国家的航线。秦皇岛山海关机场开通21条航线，通过全国17个城市。北京首都机场、天津国际机场也可为河北利用。海运方面，河北省拥有秦皇岛港、唐山港、曹妃甸港及黄骅港等较大型现代化出海口岸。2009年港口吞吐量达5.1亿吨。

2. 资源要素比较优势

河北省是北方拥有自然资源丰裕的地区之一。现拥有耕地面积649.37万公顷，是我国粮棉油集中产区之一；海岸带总面积100万公顷，海洋生物资源多达200多种，是我国北方重要的水产品基地。全省现有植物3 000多种，其中纤维植物140多种，药用植物1 000多种，木材植物100多种，牧草300多种，油脂植物140多种，栽培植物450多种，其中棉花、玉米产量各占全国的1/10，水果约占1/11，可列为名、优、特、稀的农产品有12大类215种。出口的药用植物品种有20多种。近年来，河北省大力发展区域特色经济和绿色经济，以生物技术和信息技术为重点的技术在农业中得到广泛应用，大大促进了全省传统农业向现代化农业迈进。

河北省又是我国能源种类齐全，储量丰富的石油矿产资源大省。目前已发现各类矿产151种，其中探明储量的矿产120种。煤炭资源已探明储量170亿吨，是国家确定的13个煤炭基地之一；石油天然气资源主要分布在华北、冀东、大港三大油田，石油探明17亿吨，天然气地质储量约420亿立方米。这些广泛分布的矿产资源体系完整具有建设大型钢材、化工等综合工业基地和发展煤化工、盐化工、油化工等产业的天然有利条件。

另外，无论是数量规模，还是价值品位，河北都堪称是全国的旅游资源大省。全省现有各级各类景区景点432个，其中包括世界文化遗产3项；国家级历史文化名城4座；国家级重点文物保护单位88处，数量位居全国第一；全国4A级（最高级）景区9个。丰富多彩的旅游资源为河北旅游业的发展奠定了坚实的物质基础。

3. 劳动力要素比较优势

河北省在劳动力要素比较优势方面主要体现在数量方面。截至2009年年底，全省年末常住人口达到7 034.4万人，其中就业人员3 792.49万人，占人口总数的53.9%。其中，第一产业就业人员1 479.22万人，占全省就业人员的39.0%；第二产业1 203.36万人，占31.7%；第三产业1 109.91万人，占29.3%。[①] 河北省劳动力资源十分丰富。

伴随着现代工业化的发展以及产业结构的调整，智力劳动逐渐成为劳动的主体，单纯的劳动力数量上的比较优势已不复存在。要注重提高劳动力素质，实现劳动力要素比较优势从数量到质量的转变，关键是要改善劳动力资源的构成，从多方面提高劳动力的素质。而受教育程度是衡量劳动力素质高低的标准之一。近几年来，河北省教育事业发展迅速。截至2009年年底，拥有普通高等院校109所，在校生达106.1万人（其中：在校研究生2.8万人）。科技队伍不断壮大，2009年年末从事科技活动人员达15万人，其中科学家和工程师10.4万人。科技创新能力日益增强，2009年全年建设省级以上企业技术、工程技术研究中心、重点实验室360家，组织实施高新技术产业化项目179项，其中新增22项、在建34项国家重大专项和示范工程。科技成果显著。2009年共登记省级以上科技成果3 392项，其中46项处于国际领先地位。

这些优秀人才和科技成果是河北值得骄傲的资本。近几年来，随着环渤海地区的经济崛起，京津冀都市圈的快速发展，河北的区位优势越发明显，创业机会越来越多，一些外省市的大学毕业生和外地在冀院校毕业生，把目光纷纷投向河北。省委、省政府对人才问题高度重视，在广纳贤才、人尽其才方面取得了显著成效。

---

① 资料来源：2009年河北省人力资源和社会保障事业发展统计公报。

4. 河北省产业结构比较优势

河北省产业基础雄厚，传统产业规模大且成熟度高，目前已基本形成以煤炭、纺织、冶金、建材、化工、机械、电子、石油、轻工、医药十大产业为主体，布局基本合理的资源加工结合型工业经济结构。工业生产中的一些行业和产品在全国居重要地位，其中纺织工业中的纱、布产量均居全国第四位和第五位，印染、服装产量居全国第六位；建材工业中的卫生陶瓷、平板玻璃产量均居全国第二位；能源工业中的洗精煤、原煤、原油产量和发电量分别居全国第一、六、七、四位；冶金工业中的钢和生铁产量居全国第五位和第三位；化学、医药工业在全国占优势地位，其中位于省会石家庄市的华北制药集团是全国最大的抗菌素生产基地，青霉素产量居世界第二位。

2009 年，河北省生产总值达到 17 026.6 亿元，比上年增长 10.0%。其中，第一产业增加值 2 218.9 亿元，增长 3.3%；第二产业增加值 8 874.9 亿元，增长 10.5%；第三产业增加值 5 932.8 亿元，增长 11.4%。

从表 14.6 中可以看出，河北省产业结构已由新中国成立初期的“一三二”格局和改革开放后的“二一三”格局，演变为当前的“二三一”格局，经济结构日趋合理，产业结构不断优化，三次产业结构已从 2004 年的 15.51∶53.22∶31.27 调整为 2009 年的 13.03∶52.12∶34.85，第一产业增加值在 GDP 中的比重呈缩小下降趋势，第二产业增加值在 GDP 中的比重较为稳定，第三产业增加值在 GDP 中的比重上升趋势。

表 14.6　　河北省三次产业 GDP 占比变化　　单位：亿元

年份	第一产业	第二产业	第三产业
2001	16.40	49.60	34.00
2004	15.51	53.22	31.27
2008	12.57	54.23	33.20
2009	13.03	52.12	34.85

资料来源：中国统计局网站历年河北省国民经济和社会发展统计公报。

（二）河北省动态比较优势

具备动态比较优势是一个区域经济健康运行的根基。河北省区域动态比较优势主要包括以下几个方面：

1. 借势京津冀都市圈规划，促使河北省承接区域内产业转移

2001 年，建设部审定并通过了由吴良镛院士主持的“大北京”规划，该规划的主要内容是“以京津为主轴，以唐山、保定为两翼，根据需要与可能，疏散大城市功能，调整产业布局，发展中等城市，增加城市密度，构建大北京地区组合城市，优势互补，共同发展。”① 在实施“大北京”规划的基础上，国家发改委于2004年正式启动京津冀都市圈区域规划编制，2010年5月19日上报国务院，京津冀都市圈目前已经形成较为完整的区域经济规划蓝图，有望成为中国经济的“第三极”。京津冀都市圈体系完整，三地各有明确的产业发展定位，具有优势的部门与行业的覆盖面和涉及的领域非常全面。

7年来，京津冀不断加强合作，在产业结构调整与生产要素优化配置、承接产业梯度转移中取得了良好的效果。

河北省以产业结构调整为主线，以推进重大项目建设为突破口，积极构建各具特色的主导产业。2009年，河北省项目建设呈现出了大发展的态势，有利拉动了全社会固定资产投资增长和全省经济的快速发展。全年全社会固定资产投资完成12 310.5亿元，固定资产投资增速从2007年的25.2%攀升至2009年的38.4%。

河北省在承接区域内产业梯度转移与生产要素优化配置方面，主动谋求与京津的产业对接，积极打造环京津产业带。

基于京津冀区域经济协调发展的考虑，河北省高碑店市提出了打造京津产业承接基地的目标。并且告别了单纯的被动承接、只提供低端配套服务的初始阶段。产业结构在积极对接中转型升级，新能源、新型建材、汽车等新兴产业项目建设方兴未艾。例如在北京奥运会媒体村、万科熙园等多个地产项目中均使用了高碑店奥润顺达窗业有限公司生产的高档节能门窗。并且2009年，高碑店市动工兴建了国际门窗城暨奥润顺达节能门窗工业园，该工业园建成后可生产十几大类节能产品，经营、展示世界各地的高精尖门窗设备。我们相信在不久的将来将有更多的北京建筑装上高碑店产的节能门窗。

河北省涿州市积极谋划对接京津的项目，重点引进了国家支持的新能源、新材料、新医药、节能环保、生物育种、信息网络等战略性新兴产业项目。例如，在涿州开发区，投资36.5亿元的中国钢研集团河北新材料产业园三期项目、投资8亿元的航天科工惯性技术有限公司正在紧张建设中；从北京引入该市东仙坡工业园区的总投资100亿元的温州卢氏服装加工基地项目已签订框架协议，建成后这里将成为一个集加工、展示、销售、原辅材供应于一体的全产业链中国服装产业“航母级”基地，服装产业将会令人耳目一新。

曹妃甸工业区是临港重化工业基地。2005年2月18日，国家发改委正式批复了首钢实施搬迁、结构调整和环境治理的方案，这标志着首钢将正式迁至曹妃

① 引自吕贤如：《撩开“大北京”蓝图的面纱》，载《光明日报》2001年10月26日。

甸。首钢的落户，对于当地的经济发展来说无疑是一个巨大的机遇。一个被冠以“国家级”头衔的“中国首个科学发展示范区”和“中国首批循环经济示范区”正在加速崛起。2009 年，曹妃甸口岸年吞吐量达 7 018 万吨，同比增长 120%①。目前，该口岸已经建成的 6 个码头全部投入运营，业务范围涵盖煤炭、矿石、石油、钢铁、鲜活水产进出口等多个领域。2009 年曹妃甸工业区完成投资 650.6 亿元，增长 98.8%。曹妃甸工业区正在逐渐成为京津冀乃至我国北方重要的重化工业发展基地。曹妃甸工业区的开发，进一步增强了河北省承接区域内产业转移的能力，为河北省经济的发展注入了新的活力，成为京津冀区域经济发展的新引擎。

河北承接京津产业转移的成功案例，充分证明了河北省已完全具备借鉴京津技术与发展经验，与京津实现产业梯度转移的条件，河北省应抓住机遇，正确处理好产业梯度转移与产业结构调整之间的关系，合理分工，突出产业和区位特色，有选择的接收京津转移出的部分产业，实现与京津的错位发展。

2. 借力京津的技术外溢效应，增强河北省自主创新能力

根据新经济理论，科技创新是经济发展的源泉。一般而言，一个区域的科技创新可以通过两种途径实现：一种是经过专门研究开发而产生的，也可称为是一种革新（Innovation），它一般是 R&D 的结果。另一种则是通过贸易等经济行为接受“技术外溢”（Spillovers）而学来的，被称为“干中学”（Learning by Doing）。这种技术外溢不仅是生产技术，还包括管理知识。

环渤海地区人力资源丰富，综合科技实力位居全国前列，是中国科技文化最为发达的地区之一。尤其北京、天津是全国知识最密集的地区。北京的知识密度是全国平均水平的 6.06 倍，天津是全国的 2.83 倍。京津地区是中国科研实力最强的地区，拥有大量的研发与创新机构，高科技园区林立，而且专业配套齐全。仅北京重点高校占全国的 1/4，而天津也拥有 30 多所高等院校和国家级研究中心。

2009 年，环渤海地区拥有专利申请数与授权数分别为 173 549 项与 84 055 项，各自占全国的比重为 17.8% 与 14.4%②。环渤海地区雄厚的人力资源与科技实力，为环渤海地区向高科技领域发展提供了最可靠的保障。

河北省很早就注意到京津的人才和技术等优势，并借助这一有利时机，充分开发和利用京津的人才资源，促进河北经济的发展。

---

① 数据来源：《2009 年唐山市国民经济和社会发展统计公报》。

② 该数据依据中国国家统计局网站 2009 国民经济和社会发展统计公报计算得出。

表 14.7　　2009 年环渤海区域科学技术发展情况一览

行业	河北		北京		天津		辽宁		山东	
	绝对值	增长率	绝对值	增长率	绝对值	增长率	绝对值	增长率	绝对值	增长率
科技活动经费支出（亿元）	216	17.3%	700.2	12.9%	—	—	219.6	15.5%	—	—
科技人员数量（万人）	15.0	4.2%	47.3	5.1	26.8	10.3%	—	—	—	—
专利申请量（件）	11 362	24.5%	50 000	15.5%	19 187	10.1%	26 000	23.5%	67 000	11.0%
专利授权量（件）	6 839	24.4%	23 000	29.1%	7 216	9.0%	12 000	14.4%	35 000	29.3%
技术合同签订数量（份）	4 392	7.11%	50 000	-5.3%	9 843	5.6%	16 000	20.2%	—	—
技术合同成交金额（亿元）	17.2	3.7%	1 236.2	20.4%	106.15	21.3%	119.8	20.2%	—	—

资料来源：中国国家统计局网站 2009 年环渤海区域五省市国民经济和社会发展统计公报。

在引进高科技成果方面，由于北京是科研机构聚集之地且科技总体水平高，河北省充分利用北京的高科技优势，积极引进科技成果、进行科技项目合作，充分带动了河北的科技进步。例如，河北廊坊积极利用自身优势，实施“借脑工程”，将汉王制造、多元电器有限公司等多家高科技企业引入，落户高新技术园区。河北保定各地积极建设环首都高新技术产业带，2008 年动工建设的保定天威薄膜光伏有限公司，目前已建设成为全球生产单结非晶硅薄膜太阳能电池组件最好的企业。

另外，在京津环渤海区域人才市场的合作方面，河北省发挥环绕京津的区位优势，充分开发和配置全省人力资源，实现冀京、冀津人力资源有效对接。2007 年 1 月，京津冀三省市人事部门在“人才交流合作，人事代理、人才派遣合作，人才网站合作”等方面达成协议，并签订了协议书。此举标志着京津冀人才开发一体化进入了实质性合作阶段，为京津冀三地流动人才解除了后顾之忧。2009 年 4 月 17 日，河北省人力资源和社会保障厅与北京市人力资源和社会保障局在京联合举办了“2009年河北—北京人力资源洽谈会”，向北京展示了河北省劳务经济发展成果。定期召开的京津冀青年企业家合作年会，为青年企业家、政府官员及专家学者提供了一个共商经济、社会、环境及其他相关问题的平台，引导青年企业家共同致力于促进地区间经济交流、协调与合作，推动京津冀经济一体化发展。

3. 构建“一小时经济”圈，打造京津冀一体化大旅游圈

所谓“一小时经济圈”是指以主城为核心，在“交通一小时”可通达的范围内，形成一个具有明显聚集效应的地区最大城市群。“一小时经济圈”对本区域内经济的作用主要体现在三个方面：一是，“一小时经济圈”的形成可以实现城市间产业的优势互补，避免了在低层次上的重复建设，提高了资源的利用效率；二是，在“一小时经济圈”内形成了一个统一的大市场，圈内资源实现共享，通过核心城市的龙头带动和集聚扩散作用，实现了圈内资源的共享，生产要素得到优化配置；三是，“一小时经济圈”产生的正“外部性”效应可以辐射周边，带动周边城市发展，增强城市功能，促进产业结构升级。

河北省是全国唯一内嵌两大直辖市的省区，国家“十一五”规划给河北和京津的关系定位为京津冀都市圈。作为京津经济发展、城市拓展的巨大腹地，河北无疑具有得天独厚的优势。新开的动车组大大缩短了北京到天津以及北京到石家庄、秦皇岛的路程时间，北京到廊坊的公交车10分钟一趟，“一小时经济圈”已经显现出来。近年来，京津冀旅游一体化成为相关各方共同关注的焦点，并在实践中取得了可喜的成绩。

例如，保定各地为满足北京高消费群体日益丰富的居住、养老、休闲需求，正积极发展包括医疗、保健、康复、健身、旅游休闲在内的健康产业。

在居住养老方面，推出了“5+2”亲情生活，即工作在北京的年轻人可以选择在涿州买房，一周5个工作日在北京，周末带孩子到涿州与老人团聚。

在旅游休闲方面，保定的环京津休闲旅游产业带建设正在积极推进。白洋淀正在建设一个集温泉理疗、旅游观光、度假休闲、会议展览等多功能于一体的休闲旅游观光体系，预计到2012年完成湖泊城建设，白洋淀休闲聚集区将成为吸引京津及各地游客的高品质休闲目的地。距天安门仅62公里的涿州也正全力建设京南“休闲第一州”。2009年动工建设的涿州明城生态农业观光园，融生态旅游观光、绿色食品生产、现代农业展示、农产品加工于一身，建成后也将以主要吸引京津游客为目的。另外，2010年“京津冀名胜文化休闲旅游年卡”即“旅游一卡通”，在北京启动销售。以中央电视台影视城和高尔夫球场为依托的码头国家级旅游度假区也在兴建。

综上所述，京津冀联合经济圈正逐渐发展成为中国经济增长的第三极，面临机遇与挑战，河北省应加快发展，充分发挥河北省在区位、资源、产业、人力等方面的综合优势，合理定位，进而形成与周边区域优势互补，促进产业结构的优化升级，实现从静态比较优势向动态比较优势的转变，最终谋求在区域竞争与合作中的有利地位。

三、竞合中的河北省产业发展战略选择

当前环渤海地区之间的竞争大于合作，尤其是产业方面的同质化竞争不利于区域协调发展，而在京津冀区域内河北省产业合作大于竞争，因此，河北省应处理好区域竞争与合作的关系，加强各地区间产业分工与合作、推进产业结构优化升级。

（一）第一产业

河北省可耕地面积达 649.37 多万公顷，居全国第四位，是全国三大小麦集中产区之一，也是全国粮油集中产区之一。作为传统农业大省，河北省具有较好的农业发展基础，其未来发展方向就是加快发展现代农业，使其占据第一产业主导地位，建设全国农业强省，成为京津的“米袋子”和“菜篮子”。从环渤海区域竞合发展的角度来看，河北省第一产业发展战略可以体现在以下四个方面：

1. 加强环渤海区域农牧业发展合作，加快农业产业化进程

河北省在实现农业产业化进程中，以培植龙头、壮大规模、建立基地、带动农户、积极推进农业产加销一体化为战略目标，将具体实施“111”行动计划，建设省级重点龙头企业 300 家和 30 个农产品加工示范基地县。同时在调整农业结构方面，将确立巩固壮大畜牧、蔬菜、果品三大优势产业，大力发展牛奶、肉类、粮油、蔬菜、果品五大加工业，并希望以此为基础培育一批有市场竞争力和影响力的农产品品牌。在环渤海区域中北京、天津、山东、辽宁四省市农业产业化发展各有特色，农业技术水平较高，特别是北京和山东居于全国前列。其中北京具有精品农业、设施农业、籽种农业、加工农业、创汇农业和观光休闲农业六种优势农业，已经形成了比较成熟的农业产业化模式；山东的农业技术水平全国领先，尤其是在蔬菜生产方面技术先进，已经实现了较高层次的产业化发展水平，优势明显，享有“世界三大菜园”美誉。因此，河北省可以通过区域合作，引进这些省市领先的农业生产技术，借鉴其先进的农业产业化模式和经验，加快自身农业产业化进程。此外，河北省农业基础设施较好、农村劳动力比较充裕，可以以此为基础吸引环渤海区域的农业龙头企业进行投资，解决河北省农业产业化发展资金缺乏问题。

2. 以环境保护为切入点，实现林业生产的跨越式发展

环渤海地区合作的一个重要领域就是环境保护合作。河北省地处京津周围，是全国生态建设最重要的地区之一，张承地区、太行山区、黑龙港流域又是典型的生态脆弱区。特殊的地理位置和省情，决定了河北省林业发展不仅担负着维护全省生态安全、促进农村产业结构调整、带动农民增收的重任，还担负着为京津阻沙源、保水源，改善京津人民生产生活环境的重任。为此河北省提出了林业跨越式发展，建设"四个千万亩"，即在张家口、承德沿边沿坝地区，建设以防风固沙为主的千万亩防护林；在太行山和燕山山区，建设以水土保持为主的千万亩防护林；在平原区，建设以生产林板加工原料为主的千万亩用材林；在浅山丘陵和平原等条件适宜地区，完善建设生产以优质干鲜果品为主的千万亩经济林。特别是在北京奥运会之前，为了保障京津的生态环境，河北省从政治责任的高度投入了大量的人力、物力、财力进行了林业建设。但从整个产业可持续发展的角度来看，仅靠河北省的一己之力是不够的，区域合作更加重要。通过深化集体林权制度改革，提高林业生产的经济效益，引导环渤海区域的社会资本进入林业生产，发展多种形式的非公有制造林的经营模式，同时延长林业生产的产业链条，开展林业产品的深加工，以此真正实现河北省林业的跨越式发展和区域环境保护的可持续发展。

3. 充分利用沿海资源，加快海洋渔业发展

渤海海洋资源丰富，海洋动植物共有170种以上，盛产多种鱼、虾、贝类水产品。在环渤海五省市中，河北省的海水产品产量位列第三，次于山东省和辽宁省，在全国排名的位次也比较靠前。而且河北省拥有487公里的海岸线，根据河北省政府批准新颁布的《河北省养殖水域滩涂规划》规定，到2015年，全省海岸线向海一侧12海里以内浅海、滩涂水域规划养殖面积为348 676.06公顷（为全省耕地面积的5.8%），可以说河北省海洋渔业发展的基础是比较好的。为提高河北省海洋渔业整体发展水平和竞争力，必须发挥自身的资源优势，加快渔业结构战略性调整，以整体推进列入全国规划的沿海出口优势水产品养殖带为切入点，重点建设以唐山沿海为中心的对虾养殖，以秦皇岛沿海为中心的贝类养殖，以沧州沿海为重点的梭子蟹养殖，以沿海为重点的水产品和生物饵料养殖加工，构建现代化的河北省海洋渔业发展体系。

（二）第二产业

河北省的工业发展水平在环渤海五省市中居于落后地位，从而拉低了全省的经济发展水平。在工业结构方面，河北省工业的优势行业数量少，行业间发展不平衡现象比较明显。为了加快河北省第二产业发展，必须要调整工业结构，建立现代工业体系。在环渤海区域经济发展的大背景下，其调整思路是：瞄准产业发展方向，促进优势产业高端化、传统产业品牌化、新兴产业规模化，加快环渤海区域（特别是京津冀区域）产业融合，建设成为京津高技术产业和先进制造业研发转化及加工配套基地。

1. 做大做强优势产业，优化整合钢铁工业，加快发展装备制造业和石化产业

（1）钢铁业。河北省的钢铁业已经具有较为深厚的基础，发展战略的重点是整合现有资源，提高行业的整体竞争力。对于钢铁业的整合着力点则在于优化钢铁业的产能布局，在按市场需求控制总量并淘汰落后产能的前提下，推动钢铁产能向沿海和资源优势明显的地区集中。其中，河北省政府提出重点实施“4+1”工程，即建设曹妃甸精品钢、邯钢新区高档优质板材、承德钒钛钢铁制品、渤海新区特种钢生产基地，启动唐山船用钢生产基地。通过推动上下游、产供销之间的联合重组，大力发展壮大龙头企业，支持河北钢铁集团跻身于全国钢铁生产的“第一集团军”。加强河北省钢铁业的创新能力：依托河北钢铁集团和有关高等院校及科技机构，组建河北钢铁技术研究院，建成国内一流的产业技术创新中心和高层次人才聚集中心；提高行业研发能力，研发推广熔融还原、纯净钢冶炼、大型板坯连铸、钢渣综合利用等共性关键技术和先进工艺，力争在部分领域形成一批具有自主知识产权的技术和标准，并进一步降低行业能耗指标和污染物的排放水平；加快研发新产品，重点发展造船板、桥梁板、压力容器板、高强度轿车用钢、硅钢板等高附加值产品；支持中钢研河北新材料产业园开发冶金新材料。

（2）装备制造业。在原有装备制造业的基础上，河北省政府提出按照“发展整机、壮大配套，培育龙头、推进聚集”的总体思路，围绕车辆装备、能源装备、工程装备、专用设备、船舶产业和基础产品等六大领域，加快建设唐山高速动车组和中低速磁悬浮轨道交通系统研发生产基地，保定皮卡车、乘用车与微型车、大型超高压输变电成套设备制造基地，秦皇岛修造船及海洋工程装备制造基地等。推进产业聚集发展，依托龙头企业和整机产品，引导零部件企业向基地和园区聚集；立足现有产业集群，培育壮大冀南装备新城等一批产业园区。通过引进战略投资者，加快新型项目的开发，将开放重点放在重型车、混合动力及电动汽车、中高档轿车、核电设备、重型机床、航空装备和其他新型、大型成套设备生产方面。

（3）石化工业。经过多年的发展，从全国来看，河北省的石化工业也是具有一定优势的。该行业的发展思路是：将坚持循环经济发展理念，重点延伸石油化工、煤化工和盐化工三大产业链，促进石化企业入园进区聚集发展。在石油化工领域，将重点实施“四改一新”工程，建设华北石化、石家庄炼化、中捷石化炼油扩能改造及沧州炼化填平补齐项目，推进曹妃甸千万吨炼油、百万吨乙烯工程，使全省尽快达到4 000万吨以上的原油加工能力。在煤化工业领域，将按照巩固提高煤焦化、大力发展煤气化、密切关注煤液化的思路，依托峰峰、旭阳、建滔（河北）、开滦精煤、河北正元等骨干企业，加快建设以大型煤气化为龙头的碳一化工园区，鼓励发展芳烃精制和煤焦油深加工，引导煤化工企业向临港地区聚集。在盐化工业领域，则以发展循环经济为基础，支持唐山三友、河北盛华、金牛化工、冀衡集团等重点企业延伸产业链条，计划建设宁晋大型盐化工项目。

此外，河北省还可以通过利用市场、资源和环境约束趋紧的“倒逼”机制，加快推进建材、轻工（食品）、纺织服装等一系列传统产业优化升级。努力打造一批生产规模大、品牌美誉度好、市场占有率高的行业领军企业和特色产业集群。

2. 培育发展高新技术产业和新兴产业，着力将新能源、电子信息和生物产业打造成为后续支柱产业

（1）新能源产业。新能源具有污染少、可再生、储量大等特性，代表了能源领域未来的发展趋势，新能源产业也是近年来我国鼓励发展的新兴产业。因此，可以将新能源产业作为河北省工业发展的后续支柱产业之一，加大政策和资金的支持力度。根据河北省已有的新能源产业基础，选择产业发展重点领域：加快开发风能、太阳能、生物质能和地热能，积极推进核电建设，鼓励煤炭清洁高效利用；加快建设张承千万千瓦级风电基地、张家口大型风光储示范工程、保定英利光伏电站等项目。大力发展能源装备制造业，支持保定新能源国家高技术产业、宁晋晶龙和廊坊新奥等太阳能光伏产业基地建设，打造太阳能光伏发电和风力发电产业强省。促进技术创新，鼓励龙头企业与国内外科研机构加强合作，建设一批具有国际先进水平的研发、设计平台；开发大直径多晶硅超薄片制备、大型风力发电机组风轮叶片试验检测、光伏发电并网逆变器、核电站配套设备等关键技术和产品。

（2）电子信息产业。北京是我国最重要的电子信息产品生产基地，技术全国领先。河北省毗邻北京，具有明显的产业辐射的区位优势，其电子信息产业的整体发展水平虽然相对落后，但也已经具备一定基础，可以考虑将河北省建设成为北京电子信息产业的研发转化及加工配套基地。因此，可以将电子信息产业作为河北省工业发展的后续支柱产业之一，其发展重点是：着力延伸和完善通信网络设备、平板显示、半导体照明等优势产业链，培育发展应用软件与信息服务业、第三代和第四代移动通信系统和终端、新一代互联网、数字广播电视和家用视听设备、卫星导航终端、行业电子等新的增长点。加快研发电子级硅材料、有机电致发光屏、等离子放电显示屏等产品，引进集成电路、高世代液晶屏等生产线。加快建设廊坊、保定、石家庄、秦皇岛四大产业基地和一批特色园区，打造环首都高新技术产业带，建成中国北方电子信息产品制造基地。

（3）生物产业。生物产业作为一种新兴产业，是现代工业体系中重要的组成部分，可以将其作为河北省工业发展的后续支柱产业之一。根据现有的产业发展基础，确定河北省生物产业的发展重点是：发挥生物发酵技术和生物制品加工制造的比较优势，以石家庄国家生物产业基地为龙头，重点发展生物医药，培育发展生物制造、生物能源、生物农业。盯住潜在优势领域和具有战略价值的关键环节，大力引进战略投资者，加快推进华药工业园、石药工业园、神威现代中药园等重大项目建设。以大园区、大项目为载体，着力培育新型抗生素、维生素、现代中药、生物基材料、非粮生物质液体燃料等产业，加快治疗性抗体制备、酶法半合成、生物医学工程制品、生物质材料、转基因动植物新品种等技术研发和产业化进程。

3. 利用河北省的比较优势，融入滨海新区的现代制造业体系

“十一五”规划将开发天津滨海新区列入国家战略布局，国家各部委也为滨海新区的发展提供了一系列优惠政策，希望将其建设成为环渤海地区的产业发展高地。经过5年的发展，滨海新区的大产业格局已经奠定。河北省毗邻滨海新区，完全可以利用现有的比较优势，通过产业对接，融入滨海新区的现代制造业体系，搭乘这辆高速行驶的经济快车，实现自身工业结构的升级。根据增长率的高低排序，2008年河北省工业主要产品为变压器（46.2%）、布匹（23.3%）、平板玻璃（13.6%）、钢材（10.1%）、粗钢（4.9%）、生铁（3.4%）；天津市的主要产品为照相机（42.9%）、电子元件（22.3%）、无缝钢管（22.2%）、轿车（18.4%）、显示器（14.1%）、成品钢材（6.8%）等。滨海新区则形成了以电子信息、汽车、医药、石油钢管和优质钢材深加工等一批标志性的产业聚集区，因此，从主要产品看，河北省的产品大多处在天津及滨海新区产业的上游，具备对接或融入滨海新区产业发展规划的条件。2008年河北省增长较快的行业有：煤炭采选业增长1.7倍、黑色金属矿采选业增长78.7%、医药制造业增长47.7%、化学原料及化学制品制造业增长18.7%、电气机械及器材制造业增长31.5%、农副食品加工业增长22.7%、石油和天然气开采业增长25.3%①。其中，钢铁产业集中度进一步提高，产品结构逐步优化，钢材板带比达55.1%，比上年提高0.7个百分点。河北钢铁集团和冀中能源集团的建立，集合了唐山钢

① 数据来源：河北省2008年国民经济和社会发展统计公报，2009年2月23日，河北省统计局网站。

铁、邯郸钢铁、承德钢铁的优势，三家上市公司的重组并购更加显现了河北钢铁在国内的重要地位，说明河北省已经具备建设大型钢铁、建材、棉纺等综合性工业基地和发展石油化工、煤化工和盐化工等化工基地的条件。这些优势是河北省融入滨海新区的必要条件，而河北省具备的劳动力成本和土地成本优势成为融入滨海新区的充分必要条件。对于滨海新区来说，在现代制造业体系中，重点集中在电子信息产业群、航空航天产业群、光机电一体化产业群、生物制药产业群、新能源产业群、汽车与机械制造产业群等的建设上，河北省在生物制药、新能源建设、汽车及汽车零配件等领域的产业基础，将成为滨海新区产业合作的首选对象。

（三）第三产业

从整个环渤海区域的产业情况来看，第三产业属于发展相对滞后的产业。对于河北省来说，短期内第三产业在国民经济结构中的比重不会超过第二产业。当然发展第三产业并不是一味追求扩大产值，更重要的是从根本上提升第三产业内部的发展质量和行业竞争力。结合实际情况，河北省可以将大力发展现代服务业作为促进第三产业发展的战略选择，并以此实现河北省产业结构的战略性调整，其具体思路是：以市场化、产业化和社会化为方向，重点发展现代物流、金融、旅游、文化创意等产业。

1. 现代物流业

立足原材料工业比重大和环绕京津交通便利的客观条件，建设“一带、两通道、三类聚集区”，即打造环京津物流产业带，畅通以唐山港、秦皇岛港为龙头的冀东物流通道和以黄骅港为龙头的冀中南物流通道，发展交通枢纽型、制造业基地型和商品集散地型物流产业聚集区。组织实施物流企业与制造业企业联动发展示范工程，促进双方有效对接、有机融合；依托骨干企业，高起点、高标准谋划建设大型综合性和专业性物流园区；鼓励工商企业剥离和外包物流业务，加快第三方物流的发展；完善和提升港口集疏功能，大力发展集装箱物流；支持建设物流公共信息平台和大型标准化物流设施，推进物流中转无缝链接。

2. 金融业

充分发挥金融业在现代经济中的核心作用，积极引进国内外银行、保险、证券、信托等金融机构来河北省设立分支机构；鼓励现有股份制银行和城市商业银行增设网点、延伸服务，支持城市商业银行跨区域经营，推动农村信用社逐步向农村商业银行或合作银行转变；规范组建地方投融资机构，壮大非银行金融机构实力。大力推进金融创新，改造升级传统金融业务，创新金融产品、技术、服务、市场和机制，实现融资模式多元化；推动环渤海区域金融合作和京津冀金融一体化，谋划建设以曹妃甸新区为依托的离岸金融市场。扩大直接融资规模，鼓励先进制造业、现代服务业等行业的河北省重点企业上市融资，加快发展债券、期货、投资基金和股权产权交易市场。

3. 旅游业

河北省旅游资源丰富，可以通过充分利用环绕京津的区位优势，搞好旅游资源的集约化利用和品牌化经营，延长服务链、产业链和经济链，促进旅游业向综合业态发展。随着京津冀一小时生活圈逐渐形成，河北省应该加快建设环京津休闲旅游产业带，重点建设白洋淀温泉、秦皇岛——乐亭滨海度假、廊坊商务休闲、张承草原生态度假、崇礼——赤城冰雪温泉、桑洋河谷和昌黎葡萄酒文化休闲、保定文化休闲七大聚集区；鼓励发展西柏坡红色旅游、邯郸历史文化旅游、邢台百里太行生态旅游、衡水湖湿地生态休闲旅游等特色旅游业。

4. 文化创意业

文化创意产业属于高端服务业，是现代服务业发展的重点。河北省选择其作为重点发展行业，有利于提高服务业发展水平，优化服务业结构。文化创意业的发展策略是：培育壮大骨干文化企业集团，重点支持河北报业传媒有限公司、河北出版传媒集团有限责任公司的发展；大力实施数字化引领、结构化升级工程，发展移动多媒体广播电视、网络广播影视出版、手机广播电视出版；谋划建设大型文化产业园区和一批创意产业孵化平台、省级产业化示范基地，提高石家庄、保定动漫产业国家级基地建设水平；加快实施重大项目带动战略，每年推出一批关联度高、拉动力大、示范性强的重大文化产业项目，有针对性地加大招商引资力度。

5. 支持发展服务外包和保健康复等新兴服务业

现代服务业是京津地区未来发展的重点产业，该地区将成为全国服务业生产中心之一，但其自身的生产能力有限，河北省则可以以此为基础促进服务外包产业的发展。其具体策略是：以信息产业园、软件产业园、大学教育基地为载体，重点发展信息技术、数据开发、财务会计、产品设计、应用软件等领域的外包业务，搞好秦皇岛、廊坊、保定三个国家级服务外包试点。此外，随着生活水平的提高，人们对于健康的要求也越来越高，保健康复将成为未来快速发展的朝阳产业，河北省也可以选择该产业作为重点发展产业。鼓励发展城乡保健康复产业，完善提升服务设施，研发生产保健产品。

参考文献

[1] 敖荣军:《中国地区经济差距及其演化的产业变动因素》，载《长江流域资源与环境》2007 年第 4 期。

[2] 白重恩、杜颖娟、陶志刚、仝月婷:《地方保护主义及产业地区集中度的决定因素和变动趋势》，载《经济研究》2004 第 4 期。

[3] 北京现代化研究中心:《北京现代化报告（2007~2008 北京创新型城市建设评价研究）》，社会科学技术出版社 2006 年版。

[4] 蔡昉、都阳:《比较优势差异，变化及其对地区差距的影响》，载《中国社会科学》，2002 年第 5 期。

[5] 蔡昉、都阳:《中国地区经济增长的趋同与差异——对西部开发战略的启示》，载《经济研究》2000 年第 10 期。

[6] 陈红霞、李国平:《1985~2007 年京津冀区域市场一体化水平测度与过程分析》，载《地理研究》2009 年第 6 期。

[7] 陈柳、于明超、刘志彪:《长三角的区域文化融合与经济一体化》，载《区域发展》2009 年第 11 期。

[8] 陈柳钦:《京津冀三省市产业发展比较分析》，载《区域经济》2004 年第 10 期。

[9] 陈建军:《长江三角洲的产业同构及产业定位》，载《中国工业经济》2004 年第 2 期。

[10] 陈建华:《长江三角洲产业结构趋同问题的再研究》，载《上海市经济学会学术年刊》2007，上海人民出版社 2008 年版。

[11] 陈建军、张兴平、丁正源:《长三角区域经济一体化和创新中心的创出》，载《上海经济研究》2007 年第 4 期。

[12] 陈瑞莲:《欧盟经验对珠三角区域一体化的启示》，载《学术研究》2009 年第 9 期。

[13] 陈雯、何雨:《从文化资本到文化整合：新时期长三角一体化的重要

战略》，载《现在城市研究》2009 年第 10 期。

[14] 陈晓永：《京津冀产业发展功能定位与产业集群空间分布》，载《河北经贸大学学报》2005 年第 6 期。

[15] 陈钊：《政府行为、市场整合、工业集聚与地区差距——中国区域经济发展的经济学逻辑》，载《学习与探索》2007 年第 2 期。

[16] 戴相龙等：《天津滨海新区：国家发展战略的新布局》，载《经济大讲堂》，辽宁人民出版社 2006 年版。

[17] 道格拉斯·诺斯：《制度，制度变迁与经济绩效》，三联书店出版社 1994 年版。

[18] 董先安：《浅释中国地区收入差距：1952 ~ 2002》，载《经济研究》2004 年第 9 期。

[19] 董险峰：《合作共赢大力推进京津冀区域经济发展》，载《港口经济》，2005 年第 6 期。

[20] 杜亮：《四分五裂的环渤海经济圈》，载《中国企业家》2004 年第 12 期。

[21] 段霞：《首都国际化进程研究报告》，中国经济出版社 2008 年版。

[22] 范剑勇：《产业集聚与地区间劳动生产率差异》，载《经济研究》2006 年第 11 期。

[23] 范剑勇：《长三角一体化、地区专业化与制造业空间转移》，载《管理世界》2004 年第 11 期。

[24] 范剑勇：《市场一体化、地区专业化与产业集聚趋势——兼谈对地区差距的影响》，载《中国社会科学》2004 年第 6 期。

[25] 范剑勇、张涛：《结构转型与地区收敛：美国的经验及其对中国的启示》，载《世界经济》2003 年第 1 期。

[26] 范剑勇、朱国林：《中国地区差距演变及其结构分解》，载《管理世界》2002 年第 7 期。

[27] 樊福卓：《长江三角洲工业的地区专业化——兼论“产业同构”之争是伪命题之争》，载《上海市社会科学界第六届学术年会文集（2008 年度）》，上海人民出版社 2008 年版。

[28] 樊福卓：《地区专业化衡量》，载《经济研究》2007 年第 4 期。

[29] 樊永岗、问倩玮、吕明元：《滨海新区与京冀产业结构的比较与未来调整》，载《现代财经》2009 年第 4 期。

[30] 高帆：《产业依赖假说与地区发展：理论描述及实证研究》，载《财经研究》2003 年第 10 期。

[31] 关爱萍:《产业同构测度的方法》,载《统计与决策》2007 年第 19 期。

[32] 国家教育发展研究中心:《2004 年中国教育发展绿皮书》,教育科学出版社 2005 年版。

[33] 韩凤芹:《地区差距与政府失灵》,载《中央财经大学学报》2005 年第 8 期。

[34] 韩士元、唐茂华:《京津冀都市圈一体化发展的合作重点及政府作用》,载《天津行政学院学报》2005 年第 4 期。

[35] 河北省发展改革委宏观经济研究所课题组:《解决环京津地带贫困与生态问题研究》,载《宏观经济研究》2004 年第 7 期。

[36] 何雄浪:《专业化产业集聚、要素流动与区域工业化——克鲁格曼中心—外围模型新发展》,载《财经研究》2007 年第 2 期。

[37] 何雄浪:《专业化分工、区域经济一体化与我国地方优势产业形成的实证分析》,载《财贸研究》2007 年第 6 期。

[38] 洪银兴:《从比较优势到竞争优势》,载《经济研究》1997 年第 6 期。

[39] 胡鞍钢、熊义志:《我国知识发展的地区差距分析:特点、成因及对策》,载《管理世界》2000 年第 3 期。

[40] 贾让成、楼伟波、李龙:《政府绩效考核机制:长三角经济一体化中政府竞争的源泉》,载《上海经济研究》2007 年第 5 期。

[41] 姜博、修春亮、赵映慧:《"十五"时期环渤海城市群经济联系分析》,载《地理科学》2009 年第 3 期。

[42] 江世银:《我国区域产业结构形成及其趋同的历史分析》,载《中国经济史研究》2005 年第 1 期。

[43] 景体华:《2005 ~ 2006 年:中国区域经济发展报告》,社会科学文献出版社 2006 年版。

[44] 金碚:《资源与环境约束下的中国工业发展》,载《中国工业经济》2005 年第 4 期。

[45] 金志云:《区域经济一体化两难抉择下的战略与策略》,载《求索》2007 年第 6 期。

[46] 靖学青:《长三角地区制造业结构趋同的实证分析与理性思考》,载《学习与实践》2006 年第 10 期。

[47] 景世民:《关于推进环渤海经济圈快速发展的对策探讨》,载《经济问题》2005 年第 11 期。

[48] 李方:《长三角经济一体化与金融资源配置优化》,载《社会科学》

2006 年第 8 期。

[49] 李锋、刘容子、齐连明、吴姗姗：《环渤海区域海陆一体化发展对策研究》，载《海洋开发与管理》2009 年第 5 期。

[50] 李寒芳：《环渤海经济圈的缺口》，载《法人》2004 年第 7 期。

[51] 李江、李素萍：《区域经济一体化中的地方政府间竞争——基于不完全信息博弈模型分析》，载《城市发展研究》2009 年第 8 期。

[52] 李金龙、王宝元：《地方政府管理体制：区域经济一体化发展的重要制度瓶颈》，载《财经理论与实践》2007 年第 1 期。

[53] 李靖宇、刘海楠：《论环渤海经济圈整体开发的区域一体化战略》，载《区域经济》2009 年第 1 期。

[54] 李平、陈娜：《区域经济一体化的新制度经济学解释》，载《哈尔滨工业大学学报（社会科学版）》2005 年第 2 期。

[55] 李清娟：《长三角产业同构向产业分工深化转变研究》，载《上海经济研究》2006 年第 4 期。

[56] 李荣国、陈君：《区域产业结构趋同及发展对策》，载《财经问题研究》2000 年第 8 期。

[57] 李善同、侯永志：《我国地区差距的历史、现状和未来》，载《改革》2004 年第 5 期。

[58] 李善同、侯永志等著：《中国区域协调发展与市场一体化》，经济科学出版社 2008 年版。

[59] 李双菊：《改革、市场化与中国地区差距的实证研究》，载《山西财经大学学报》2006 年第 2 期。

[60] 李铁立、徐建华：《"泛珠三角"产业、人口分布空间变动的趋势分析》，载《地理科学》2006 年第 4 期。

[61] 李燕华、王俊杰、党辉：《长三角地区产业结构趋同的合意性与非合意性分析》，载《郑州轻工业学院学报》2008 年第 5 期。

[62] 李亚力：《天津在京津冀区域经济发展中的基本战略》，载《南开学报（哲学社会科学版）》2005 年第 5 期。

[63] 梁慧超、李燕飞、金浩：《京津冀都市圈经济与"长珠三角"之比较及其发展取向》，载《现代财经》2007 年第 10 期。

[64] 梁琦：《中国制造业分工、地方专业化及其国际比较》，载《世界经济》2004 年第 12 期。

[65] 梁双陆、程小军：《国际区域经济一体化理论综述》，载《经济问题探索》2007 年第 1 期。

[66] 林毅夫、刘培林：《地方保护和市场分割：从发展战略的角度考察》，北京大学中国经济研究中心工作论文 No. C2004015。

[67] 林毅夫、刘培林：《中国的经济发展战略与地区收入差距》，载《经济研究》2003 年第 3 期。

[68] 刘澄、王东峰：《区域经济一体化的新制度经济学分析》，载《亚太经济》2007 年第 2 期。

[69] 刘刚：《后福特制研究》，人民出版社 2004 年版。

[70] 刘刚：《政府退出民间投资的启动和群聚生产与天津自行车产业的演变和发展》，南开大学经济研究所工作论文 2005 年。

[71] 刘刚、赵欣欣：《京津冀都市圈产业发展和演进趋势分析》，载《天津行政学院学报》2008 年第 1 期。

[72] 刘良忠、柳新华、徐清照：《环渤海区域经济一体化发展创新模式——山东和辽东半岛次区域优先发展带动战略探讨》，载《兰州商学院学报》2009 年第 4 期。

[73] 刘军、闫晓兵、姜彩楼：《中国地区差距的历史考察与实证研究》，载《经济体制改革》2009 年第 5 期。

[74] 刘瑞明：《晋升激励、产业同构与地方保护：一个基于政治控制权收益的解释》，载《南方经济》2007 年第 6 期。

[75] 刘瑞明、白永秀：《晋升激励与经济发展》，载《南方经济》2010 年第 1 期。

[76] 刘文成：《第四增长极》，中共中央党校出版社 2004 年版。

[77] 刘夏明、魏英琪、李国平：《收敛还是发散？——中国区域经济发展争论的文献综述》，载《经济研究》2004 年第 7 期。

[78] 刘作丽、贺灿飞：《京津冀工业结构趋同现象及成因探讨》，载《地理与地理信息科学》2007 年第 9 期。

[79] 柳新华、宋长虹：《关于兴建渤海海峡跨海通道的思考》，载《经济研究参考》2006 年总第 82 期。

[80] 罗布森：《国际一体化经济学》，上海译文出版社 2001 年版。

[81] 罗素·W·库珀：《协调博弈——互补性与宏观经济学》，中国人民大学出版社 2001 年版。

[82] 陆铭、陈钊、万广华：《因患寡，而患不均：中国的收入差距、投资、教育和增长的相互影响》，载《经济研究》2005 年第 12 期。

[83] 毛艳华：《珠三角产业集群成长与区域经济一体化》，载《学术研究》2009 年第 8 期。

[84] 梅强、马国建：《长三角地区信用现状及一体化信用体系构建研究》，载《区域发展》2007 年第 6 期。

[85] 孟涛：《论长三角经济一体化面临的三大困境》，载《生产力研究》2009 年第 19 期。

[86] 孟庆民：《区域经济一体化的概念与机制》，载《开发研究》2001 年第 2 期。

[87] 米运生：《金融自由化与区域经济增长差异——基于珠三角、长三角和环渤海的比较研究》，载《广东金融学院学报》2009 年第 4 期。

[88] 欧阳杰：《链式空间结构：京津冀核心区的发展模式》，载《北京规划建设》2005 年第 4 期。

[89] 潘文达：《环渤海区域经济发展战略初探》，载《学习与探索》2005 年第 3 期。

[90] 潘文卿等主编：《环渤海区域发展报告 2006——历史、现状与趋势》，企业管理出版社 2006 年版。

[91] 帕特南：《使民主运作起来》，江西人民出版社 2001 年版。

[92] 钱芝网：《长三角经济圈区域物流一体化探析》，载《生产力研究》2006 年第 10 期。

[93] 青木昌彦：《比较制度分析》，上海远东出版社 2001 年版。

[94] 青木昌彦、安藤晴彦编著：《模块时代——新产业结构的本质》，上海远东出版社 2003 年版。

[95] 邱风、张国平、郑恒：《对长三角地区产业结构问题的再认识》，载《中国工业经济》2005 年第 4 期。

[96] 邱风、朱勋：《长三角地区产业重复投资与协同发展研究》，载《财经论丛》2007 年第 6 期。

[97] 屈子力：《内生交易费用与区域经济一体化》，载《南开经济研究》2002 年第 2 期。

[98] 国家统计局：《全国及地方国民经济和社会发展统计公报（2006 年）》，国家统计局网站，http://www.stats.gov.cn。

[99] 任远，陈向明，（德）Dieter Lapple 主编：《全球城市——区域的时代》，复旦大学出版社 2008 年版。

[100] 任志新、康学芹：《区域经济一体化快速发展的经济学分析》，载《生产力研究》2006 年第 12 期。

[101] 上海财经大学区域经济研究中心：《2003 中国区域经济发展报告》，上海财经大学出版社 2003 年版。

[102] 沈金箴、周一星：《世界城市的涵义及其对中国城市发展的启示》，载《城市问题》2003 年第 3 期。

[103] 史占中、罗守贵主编：《都市圈经济一体化中的产业集聚与整合》，上海三联书店 2007 年版。

[104] 施用海、高耀松、章昌裕：《世界都市圈与中国区域经济发展》，中国商务出版社 2006 年版。

[105] 宋兴国：《努力探索环渤海区域金融合作的新途径》，载《华北金融》2005 年第 12 期。

[106] 孙德常、周祖常：《天津近代经济史》，天津社会科学院出版社 1990 年版。

[107] 孙虎军：《促进环渤海区域经济发展与加快天津滨海新区开发开放对接思路初探》，载《宏观经济研究》2007 年第 1 期。

[108] 孙世芳：《环渤海区域经济一体化面临的机遇与挑战》，载《经济论坛》2009 年第 2 期。

[109] 孙巍、何彬、王文成、谢淑萍：《地区性因素、集约性特征与工业经济增长——中国工业经济省际差异成因的经验研究》，载《中国软科学》2005 年第 8 期。

[110] 唐立国：《长江三角洲地区城市产业结构的比较分析》，载《上海经济研究》2002 年第 9 期。

[111] 唐茂华：《京津冀区域经济一体化战略构想与前景展望》，载《重庆工商大学学报》2005 年第 10 期。

[112] 王春业：《区域经济一体化背景下地方行政立法模式的变革》，载《社会科学辑刊》2007 年第 5 期。

[113] 王珺：《珠三角经济一体化的动力机制与实现标志》，载《学术研究》2009 年第 8 期。

[114] 王明皓、翟毅、刘玉娜：《京津冀经济区的研究》，载《城市经济》2005 年第 1 期。

[115] 王瑞成：《略论我国区域经济一体化背景下的区域公共治理》，载《南京政治学院学报》2006 年第 6 期。

[116] 王小鲁、樊纲：《中国地区差距的变动趋势和影响因素》，载《经济研究》2004 年第 1 期。

[117] 王小鲁、樊纲：《中国收入差距的走势和影响因素分析》，载《经济研究》2005 年第 10 期。

[118] 王秀玲：《对京津冀区域经济一体化发展的探析与思考》，载《中央

社会主义学院学报》2006 年第 3 期。

[119] 王燕武、王俊海：《地方政府行为与地区产业结构趋同的理论及实证分析》，载《南开经济研究》2009 年第 4 期。

[120] 王永锋、华怡婷：《环渤海地区产业结构趋同的实证研究》，载《经济与管理》2008 年第 2 期。

[121] 王志峰：《区域经济一体化中的治理机制创新》，载《天津社会科学》2006 年第 3 期。

[122] 王志华、陈析：《长三角制造业的同构与专业化》，载《统计与决策》2006 年第 8 期。

[123] 王志涛：《地区差距与地方政府的公共支出竞争》，载《社会科学辑刊》2006 年第 3 期。

[124] 王卓：《区域经济一体化贸易效应研究述评》，载《中国工商大学学报》2009 年第 4 期。

[125] 王卓等：《环渤海经济圈的经济整合研究》，载《经济纵横》2007 年第 2 期。

[126] 万广华：《中国农村区域间居民收入差异变化的实证分析》，载《经济研究》1998 年第 5 期。

[127] 魏后凯：《大都市区新型产业分工与冲突管理——基于产业链分工的视角》，载《中国工业经济》2007 年第 2 期。

[128] 魏敏、李国平：《基于区域经济差异的梯度推移粘性研究》，载《经济地理》2005 年第 1 期。

[129] 文武汉：《推进珠三角环保一体化》，载《南方经济》2009 年第 8 期。

[130] 吴良镛：《从京津冀及更大空间范围看天津和滨海新区的战略意义》，载《港口经济》2005 年第 5 期。

[131] 谢良兵：《京津冀经济一体化破题之困》，载《中国新闻周刊》2005 年第 21 期。

[132] 徐长山、任立新：《京津冀、“长三角”、“珠三角”经济圈之比较》，载《社会》2004 年第 9 期。

[133] 徐康宁、韩剑：《中国区域经济的“资源诅咒”效应：地区差距的另一种解释》，载《经济学家》2005 年第 6 期。

[134] 徐现祥、李郇：《市场一体化与区域协调发展》，经济发展论坛工作论文 No. FC20050063，www. fed. org. cn。

[135] 徐勇：《中国海岸城市带的形成与发展规划——兼论其地缘战略与文

化意义》，载《战略与管理》2000年第2期。

[136] 许召元、李善同：《近年来中国地区差距的变化趋势》，载《经济研究》2006年第7期。

[137] 姚腾霄：《环渤海区域经济一体化的现状与特点》，载《科教前沿》2009年第17期。

[138] 杨冬梅、李春成、赵莉晓：《京津冀都市圈电子信息产业区域经济合作研究》，载《中国科技论坛》2006年第2期。

[139] 杨开忠：《浅议京津冀区域发展》，载《前线》2004年第12期。

[140] 杨逢珉、孙定东：《欧盟区域治理的制度安排——兼论对长三角区域合作的启示》，载《世界经济研究》2007年第5期。

[141] 杨连云：《京津冀都市圈——正在崛起的中国经济增长第三极》，载《河北学刊》2005年第4期。

[142] 杨明洪、孙继琼：《中国地区差距时空演变特征的实证分析：1978～2003》，载《复旦学报（社会科学版）》2006年第1期。

[143] 杨小凯：《经济学——新兴古典与新古典框架》，社会科学文献出版社2003年版。

[144] 杨永福：《珠三角经济一体化的关键：转变政府职能》，载《学术研究》2009年第8期。

[145] 姚为群：《全球城市的经济成因》，上海人民出版社2003年版。

[146] 姚永军、张相文、程倩：《区域经济一体化经验研究述评》，载《经济评论》2009年第4期。

[147] 姚枝仲、周素芳：《劳动力流动与地区差距》，载《世界经济》，2003年第4期。

[148] 银温泉、才婉茹：《中国地区间市场分割成因与治理》，载《经济研究》2001年第6期。

[149] 于涛方、邵军、周学江：《多中心巨型城市区研究：京津冀地区实证》，载《规划师》2007年第12期。

[150] 张贵等：《产业集成化：产业组织结构演进新趋势》，载《中国工业经济》2005年第7期。

[151] 张吉鹏、吴桂英：《中国地区差距：度量与成因》，载《世界经济文汇》2004年第4期。

[152] 张颢瀚：《长江三角洲一体化进程研究》，社会科学文献出版社2007年版。

[153] 张颢瀚：《长江三角洲都市圈经济与行政区经济的矛盾和整合》，载

《江海学刊》2009 年第 4 期。

[154] 张可云：《京津冀都市圈合作思路与政府作用重点研究》，载《地理与地理信息科学》2004 年第 4 期。

[155] 张吉鹏、吴桂英：《中国地区差距：度量与成因》，载《世界经济文汇》2004 年第 4 期。

[156] 张二震：《论经济一体化及其贸易政策效应》，载《南京大学学报》1994 年第 1 期。

[157] 张晓明：《长江三角洲巨型城市区特征分析》，载《地理学报》2006 年第 10 期。

[158] 张晓明、张成：《长江三角洲巨型城市区初步研究》，载《长江流域资源与环境》2006 年第 11 期。

[159] 张晏、龚六堂：《地区差距、要素流动与财政分权》，载《经济研究》2004 年第 7 期。

[160] 赵群毅：《对"环渤海经济圈"概念的再认识》，载《北京社会科学》2006 年第 2 期。

[161] 赵延东：《社会资本理论述评》，载《国外社会科学》1998 年第 3 期。

[162] 郑毓盛、李崇高：《中国地方分割的效率损失》，载《中国社会科学》2003 年第 1 期。

[163] 郑王莹：《区域经济一体化实践与两岸经济合作机制创新》，载《东南学术》2005 年第 5 期。

[164] 周立群主编：《创新、整合与协调——京津冀区域经济发展前沿报告》，经济科学出版社 2007 年版。

[165] 周立群：《区域差异、发展战略与政策选择》，载《改革》2005 年第 1 期。

[166] 周立群、江霈：《京津冀与长三角产业同构成因及特点分析》，载《江海学刊》2009 年第 1 期。

[167] 周立群、罗若愚：《环渤海地区产业结构趋同探析及政策选择》，载《改革》2006 年第 3 期。

[168] 周立群、谢思全主编：《环渤海区域经济发展报告（2008）》，社会科学文献出版社 2008 年版。

[169] 周立群、祝茂：《环渤海地区经济发展尚存问题与对策》，载《环渤海经济瞭望》2004 年第 8 期。

[170] 周立群、邹卫星：《京津冀地区差距、因果累积与经济增长》，载

《天津社会科学》2006年第6期。

[171] 周良洛、佟仁城、许健、王玥、王际祥：《京津塘区域经济一体化问题探讨》，载《科学学研究》2006年第3期。

[172] 周俊旗：《论近代环渤海区域的社会变迁》，载《天津社会科学》1999年第2期。

[173] 周文良：《区域一体化背景下的制造业集聚、扩散趋势——基于广东省的分析》，载《经济问题探索》2007年第3期。

[174] 周振华：《崛起中的全球城市——理论框架及中国模式研究》，上海人民出版社2008年版。

[175] 周振华：《信息化与产业融合》，上海三联书店2003年版。

[176] 祝尔娟等：《全新定位下京津合作发展研究》，中国经济出版社2009年版。

[177] 朱春红：《对环渤海经济圈金融合作问题的思考》，载《商场现代化》2005年第10期。

[178] 朱文晖：《走向竞合——珠三角与长三角经济发展比较》，清华大学出版社2003年版。

[179] 朱晓明、许山白：《我国区域产业结构趋同问题研究综述》，载《人文地理》2007年第2期。

[180] 朱莺：《长三角区域消除“行政区经济”的有益思路》，载《宏观经济管理》2006年第9期。

[181] Young A. The razor's edge: Distortions and incremental reform in the People's Republic of China. Quarterly Journal of Economics, 2000, 115 (4): 1091 - 1135.

[182] Abbott Carl. The international city hypothesis: an approach to the recent history of U. S. cities. Journal of Urban History, 1997, 24 (1): 28 - 52.

[183] Demurger, S. Infrastructure Development and Economic Growth: An Explanation for Regional Disparities in China? Journal of Comparative Economics, 2001, 29 (1): 95 - 117.

[184] Dixit, A. and J. Stiglitz. Monopolistic competition and optimum product diversity. American Economic Review, 1977, 67: 297 - 308.

[185] Salvador, F., Forza, C., Rungtusanatham, M. Modularity, product variety, production volume, and component sourcing: theorizing beyond generic prescriptions. Journal of Operations Management, 2002, 20 (5): 549 - 575.

[186] Finn Wynstra, Mathieu Weggeman, Arjan van Weele. Exploring purcha-

sing integration in product development. Industrial Marketing Management, 2003, 32: 69 -83.

[187] Friedmann, J. The World City Hypothesis. Development and Changes. 1986, 17: 69 -83.

[188] Friedmann, J. Where We Stand: A Decade of World City Research. U. K: Cambridge University Press, 1995.

[189] Harrigan, K. P. Joint Ventures and Competitive Strategy. Strategic Management Journal, 1998, 9 (2): 141 -158.

[190] Helpman, E., Melitz, M. and Rubinstein, Y. Estimating Trade Flows: Trading Partners and Trading Volumes. The Quarterly Journal of Economics, 2008, 123 (2): 441 -487.

[191] Isabelle Brocas. Vertical integration and incentives to innovate. Int. J. of Industrial Organization, 2003, 21: 457 -488.

[192] Kjetil Bjorvatn. Economic integration and the profitability of cross-border mergers and acquisitions. European Economic Review, 2004, 48: 1211 -1226.

[193] Krugman, P. Increasing returns and economic geography. Journal of Political Economy, 1991, 99: 483 -499.

[194] Jian, Tianlun; Jeffrey D. Sachs and Andrew M. Warner. Trends in Regional Inequality in China. China Economic Review, 1996, 7 (1): 1 -21.

[195] Kanbur Ravi and Xiaobo Zhang. Fifty Years of Regional Inequality in China: A Journey through Central Planning, Reform and Openness. Review of Development Economics, 2005, 9 (1): 87 -106.

[196] P. N. Rosenstein-Rodan. Problems of Industrialisation of Eastern and South-Eastern Europe. Economic Journal, 1943, 53: 201 -211.

[197] Rangner Nurkse. Problems of Capital Formation in Underdeveloped Countries. New York: Oxford University Press, 1953.

[198] Richard Baldwin, Rikard Forslid, Philippe Martin, Gianmarco Ottavino and Frederic Robert-Nicoud. Economic Geography and Public Policy. Princeton University Press, 2003.

[199] Richard N. Langlois. Modularity in technology and organization. Journal of Economic Behavior & Organization, 2002, 49: 19 -37.

[200] Robert Solow. A Contribution to the Theory of Economic Growth. Quarterly Journal of Economics, 1956, 70: 65 -94.

[201] Sassen S. The Global City: New York, London and Tokyo. Princeton:

Princeton University Press, 1991.

[202] Viner, J. The Customs Union Issue. New York: Carnegie Endowment for International Peace. 1950.

[203] William D. Presutti Jr. Supply management and e-procurement: creating value added in the supply chain. Industrial Marketing Management, 2003, 32: 219 - 226.

后　记

本书是课题组对京津冀地区经济发展这一主题长期关注和研究的理论成果之一。

理论在一个国家的实现程度决定于这个国家对理论的需要程度。理论创新的发生是长期积淀和厚积薄发的结果，创新取向和创新实现并真正推动经济社会发展则取决于国家经济发展的需要。本课题研究即是在理论与实践的结合上对京津冀都市圈发展的一个探索。

中国的改革是分阶段推进的。每一时期和阶段要突破的体制障碍有所不同，改革的内容也不同。当将区域经济置于中国社会经济转型的大背景时，对这一问题的分析研究被赋予了深刻而丰富的内涵。对京津冀都市圈的理论研究即是总结和反思中国改革转型之路的重要内容，也隐含着探索今后改革发展战略的一些重要前提和基础。

本书是一个学术团队的集体研究成果，鉴于研究对象的现实性很强，笔者不仅对一些特定问题或专题作跟踪研究和理论探索，重视对快速变化和发展中的现实问题进行追踪、分析、总结、概括，在综合区域经济发展现实问题的基础上，疏理、运用、创新已有理论研究成果，提升到理论进行归纳和阐释，同时及时地为党和政府决策提供决策咨询，本书中的部分章节独立形成研究报告提交政府有关部门参考，并得到京津冀党和政府领导的重视和批示，较好的发挥了高校研究机构的“智库”的作用。注重对重大理论和现实问题的追踪，加强经济理论应用和对策研究，主动走出书斋投身于国家战略和国家发展，以应用研究促进基础研究，以基础研究支撑应用对策研究是本学术团队建设的特色和取向。

课题组对该主题的研究历时五年多，课题组在北京、天津、石家庄、唐山、廊坊、保定、沧州等地进行过实地调研，对滨海新区、中关村科技园、曹妃甸工业区、黄骅港等进行过多项专题研究。

本书的基本构思、章节构架由我提出，经课题组讨论后分头写作。邹卫星副教授与我对全书进行了总纂和修改。参加本课题研究和写作的有南开大学、河北大学、河北工业大学、首都经济贸易大学、天津财经大学、天津市人民政府合作交流办公室等大学和研究机构的研究人员。

本书的研究和撰稿分工如下：周立群（总论），周立群、张博（第一章），刘刚、吴浙、赵欣欣（第二章），周立群、宁俊飞（第三章），江霈、周立群（第四章），张贵、李洪敏、韩彦清（第五章），周立群、安虎森、张博、蒋涛（第六章），房林、邹卫星、王卫民（第七章）夏良科、邹卫星、鲁莹（第八章），邹卫星（第九章），周立群、邹卫星（第十章），安虎森、李瑞林（第十一章），牛立超、祝尔娟（第十二章），王金杰、张莉（第十三章），裴桂芬、郑明慧、赵翠（第十四章）

宁俊飞、李京晓、刘根节、李伟华、王志广等对部分数据进行了更新补充。经济科学出版社于源编辑为本书的编辑出版作了大量工作。谨此致谢。

周立群

2012 年 4 月于南开园

教育部哲学社會科学研究重大課題攻關項目
成果出版列表

书名	首席专家
《马克思主义基础理论若干重大问题研究》	陈先达
《马克思主义理论学科体系建构与建设研究》	张雷声
《马克思主义整体性研究》	逄锦聚
《当代中国人精神生活研究》	童世骏
《弘扬与培育民族精神研究》	杨叔子
《当代科学哲学的发展趋势》	郭贵春
《面向知识表示与推理的自然语言逻辑》	鞠实儿
《当代宗教冲突与对话研究》	张志刚
《马克思主义文艺理论中国化研究》	朱立元
《历史题材创新和改编中的重大问题研究》	童庆炳
《现代中西高校公共艺术教育比较研究》	曾繁仁
《楚地出土戰國簡册［十四種］》	陳　偉
《中国市场经济发展研究》	刘　伟
《全球经济调整中的中国经济增长与宏观调控体系研究》	黄　达
《中国特大都市圈与世界制造业中心研究》	李廉水
《中国产业竞争力研究》	赵彦云
《东北老工业基地资源型城市发展接续产业问题研究》	宋冬林
《中国加入区域经济一体化研究》	黄卫平
《金融体制改革和货币问题研究》	王广谦
《人民币均衡汇率问题研究》	姜波克
《我国土地制度与社会经济协调发展研究》	黄祖辉
《南水北调工程与中部地区经济社会可持续发展研究》	杨云彦
《产业集聚与区域经济协调发展研究》	王　珺
《京津冀都市圈的崛起与中国经济发展》	周立群
《中国民营经济制度创新与发展》	李维安
《中国现代服务经济理论与发展战略研究》	陈　宪
《中国转型期的社会风险及公共危机管理研究》	丁烈云
《面向公共服务的电子政务管理体系研究》	孙宝文
《人文社会科学研究成果评价体系研究》	刘大椿

书　名	首席专家
《中国工业化、城镇化进程中的农村土地问题研究》	曲福田
《东北老工业基地改造与振兴研究》	程　伟
《中部崛起过程中的新型工业化研究》	陈晓红
《全面建设小康社会进程中的我国就业发展战略研究》	曾湘泉
《自主创新战略与国际竞争力研究》	吴贵生
《转轨经济中的反行政性垄断与促进竞争政策研究》	于良春
《中国现代服务经济理论与发展战略研究》	陈　宪
《我国民法典体系问题研究》	王利明
《中国司法制度的基础理论问题研究》	陈光中
《多元化纠纷解决机制与和谐社会的构建》	范　愉
《中国和平发展的重大国际法律问题研究》	曾令良
《中国法制现代化的理论与实践》	徐显明
《生活质量的指标构建与现状评价》	周长城
《中国公民人文素质研究》	石亚军
《城市化进程中的重大社会问题及其对策研究》	李　强
《中国农村与农民问题前沿研究》	徐　勇
《中国边疆治理研究》	周　平
《中国大众媒介的传播效果与公信力研究》	喻国明
《媒介素养：理念、认知、参与》	陆　晔
《创新型国家的知识信息服务体系研究》	胡昌平
《数字信息资源规划、管理与利用研究》	马费成
《新闻传媒发展与建构和谐社会关系研究》	罗以澄
《数字传播技术与媒体产业发展研究》	黄升民
《教育投入、资源配置与人力资本收益》	闵维方
《创新人才与教育创新研究》	林崇德
《中国农村教育发展指标体系研究》	袁桂林
《高校思想政治理论课程建设研究》	顾海良
《网络思想政治教育研究》	张再兴
《高校招生考试制度改革研究》	刘海峰
《基础教育改革与中国教育学理论重建研究》	叶　澜
《公共财政框架下公共教育财政制度研究》	王善迈
《中国青少年心理健康素质调查研究》	沈德立

书　名	首席专家
《处境不利儿童的心理发展现状与教育对策研究》	申继亮
《WTO 主要成员贸易政策体系与对策研究》	张汉林
《中国和平发展的国际环境分析》	叶自成
*《改革开放以来马克思主义在中国的发展》	顾钰民
*《西方文论中国化与中国文论建设》	王一川
*《中国抗战在世界反法西斯战争中的历史地位》	胡德坤
*《近代中国的知识与制度转型》	桑　兵
*《中国水资源的经济学思考》	伍新林
*《转型时期消费需求升级与产业发展研究》	臧旭恒
*《中国金融国际化中的风险防范与金融安全研究》	刘锡良
*《金融市场全球化下的中国监管体系研究》	曹凤岐
*《中国政治文明与宪法建设》	谢庆奎
*《地方政府改革与深化行政管理体制改革研究》	沈荣华
*《知识产权制度的变革与发展研究》	吴汉东
*《中国能源安全若干法律与政府问题研究》	黄　进
*《农村土地问题立法研究》	陈小君
*《我国地方法制建设理论与实践研究》	葛洪义
*《我国资源、环境、人口与经济承载能力研究》	邱　东
*《产权理论比较与中国产权制度变革》	黄少安
*《西部开发中的人口流动与族际交往研究》	马　戎
*《中国独生子女问题研究》	风笑天
*《当代大学生诚信制度建设及加加强大学生思想政治工作研究》	黄蓉生
*《农民工子女问题研究》	袁振国
*《中国艺术学科体系建设研究》	黄会林
*《边疆多民族地区构建社会主义和谐社会研究》	张先亮
*《非传统安全合作与中俄关系》	冯绍雷
*《中国的中亚区域经济与能源合作战略研究》	安尼瓦尔·阿木提
*《冷战时期美国重大外交政策研究》	沈志华
……	

*为即将出版图书